北京市教育委员会2015年本科生研究训练项目专项

北京市农业经济管理重点建设学科系列学术著作

都市型经济管理专业大学生科研创新行动（2015）

赵金芳　胡宝贵　乔　多　主编

中国农业出版社

图书在版编目（CIP）数据

都市型经济管理专业大学生科研创新行动．2015 / 赵金芳，胡宝贵，乔多主编．—北京：中国农业出版社，2016.8

ISBN 978-7-109-22310-3

Ⅰ.①都… Ⅱ.①赵… ②胡… ③乔… Ⅲ.①经济管理—科研活动—北京 Ⅳ.①F127.1

中国版本图书馆 CIP 数据核字（2016）第 269063 号

中国农业出版社出版
（北京市朝阳区麦子店街 18 号楼）
（邮政编码 100125）
责任编辑 冀 刚

北京万友印刷有限公司印刷 新华书店北京发行所发行
2016 年 8 月第 1 版 2016 年 8 月北京第 1 次印刷

开本：700mm×1000mm 1/16 印张：23.75
字数：480 千字
定价：48.00 元

本书编委会

主　编：赵金芳　胡宝贵　乔　多

副主编：骆金娜　闻海洋　李　华

　　　　刘　芳　赵连静

委　员　（按姓名笔画排序）：

马俊云　王惠惠　勾德明　白　华

白艳娟　吕晓英　刘瑞涵　严继超

杜孝森　李　萍　李　嘉　李玉红

李宗泰　李瑞芬　杨博琼　何　伟

沈文华　张　宁　张志强　周　云

郑　洵　郑春慧　胡云惠　胡向东

桂　琳　夏　龙　倪冬梅　隋文香

蒲应龑

前言

为贯彻落实北京市教育委员会关于实施北京市大学生研究训练项目，进一步深化教育教学改革，调动本科学生参与科学研究积极性的工作要求。在北京农学院的统一部署和经济管理学院的大力支持下，北京农学院经济管理学院的38个科研行动计划小组在指导教师的精心指导和带领下，立足北京，放眼全国，对农产品市场营销、涉农金融企业发展现状、农业院校人才培养、城乡消费差异、农村土地利用、环境治理、食品安全、农民工、农村合作社等涉农问题进行了研究。科研行动计划小组关注社会热点现象，聚焦“三农”问题，对国家及地方出台的农业相关政策进行解读，到京内外进行实地考查调研，取得了丰富的第一手调研资料，并运用所学知识对取得的资料进行归纳整理、科学分类，发现存在的问题、分析问题的成因并提出解决问题的对策思路。书中数据翔实，论证充分。

大学生研究训练项目，使学生掌握了实证研究法、系统研究法、调查问卷法、访谈法、归纳法、比较法和图表法等多种调查研究方法；进一步熟悉、巩固了所学专业知识，提高了专业素养；明白了做人先做事的道理，学会了团队协作；提升了科研水平，掌握了科研论文的写作规范，为今后撰写调研实习报告和毕业论文打下了坚实的基础。

本书是在校内外专家精心评审和修订下，选出优秀论文汇编而成。由于成书时间短、科研水平及专业知识有限，书中如有不当之处，恳请读者批评指正，以促进后续科研项目的完善和学生科研水平的提高。

北京农学院经济管理学院

2016年2月

目录

乳制品进口对消费者品牌择定影响模式研究

项目组成员： 马思萱　郭昊晨　蔡紫娇
指 导 教 师： 刘　芳

摘　要： 近年来，人们不论是在消费能力还是在消费者维权意识上都有提升。随着消费者收入增长，人们对生活资料消费有了更多的关注，尤为突出地表现在对进口乳制品的选择上。特别是当今进口乳制品品牌占据国内市场的份额大幅增加，人们在购买乳制品中对品牌的择定也越来越重视。

本研究的核心是分析消费者择定乳制品的品牌影响模式，通过对调查结果的分析，提出加强和促进我国奶业和乳制品加工企业平衡发展的政策建议。

关键词： 进口乳制品　消费者　品牌形象　购买行为

前　言

受2008年中国乳制品污染事件的影响，我国乳制品行业遭遇重挫，情形每况愈下。后又由“皮革奶”、“老酸奶添加明胶”等事件引发了整个乳品行业的危机。这些乳制品安全事件重挫了消费者对国产乳制品的信心。根据网络调查显示，93.2%的消费者认为国外乳制品品质更有保障。近年来，乳制品进口不断增长，贸易逆差不断扩大。在2008年北京奥运会举办前，多美滋、惠氏、美赞臣和雅培等国外婴幼儿配方奶粉，占有四成左右的国内市场份额；而3年之后，市场份额超过了五成。由于进口乳制品品牌占据国内市场份额大幅度增加，人们在购买乳制品中对品牌的择定也越来越重视。但究竟消费者对进口乳制品的选择标准和倾向是什么？为了得知乳制品进口对消费者品牌择定的影响，本小组从进口乳制品品牌、消费者意见、进口乳制品品牌形象、消费者的购买行为等多方面进行分析比对和调查研究，最后得出乳制品进口对消费者品牌择定影响模式的结果。

（一）研究背景

在经过了第一阶段的调查，即网络查询和书籍资料了解后，本小组对此次项目主题有了初步的了解，明白了我国乳制品进口的现状。为了进一步调查消费者对进口乳制品的看法，本小组开始了第二阶段的调查，即设计调查问卷，在公共场所对一部分人群进行了抽样调查和问卷回收整理。本小组认为，这种抽样调查的方式更能够得出真实可靠的结论。

（二）研究目的

本次调查以2008年以后国内消费者对国产乳制品信心不足转而大量消费进口乳制品的状况为背景，通过背景调查、网络查询、书籍资料辅助，进而设计出调查问卷，进行抽样调查。样卷回收485份，并对其进行数据分析，从进口乳制品对消费者品牌择定的影响角度进行分析，从而反思我国乳制品行业存在的问题和不足。希望本次调查可供我国乳制品产业进行参考，使我国乳制品行业重新走上正轨。

一、数据分析

（一）样本说明

本研究的核心是分析消费者择定乳制品的品牌影响模式。通过问卷调查的方式，了解人们对于乳制品品牌的选择。本研究将乳制品分为液态奶（包括酸奶和鲜奶）和奶粉两大类别，从国内和国外知名品牌的两个角度切入，对调查结果进行分析，从而得出影响人们选择乳制品品牌的原因，并根据影响因素提出加强和促进我国奶业和乳制品加工企业平衡发展的政策建议。

此次采取抽样调查的方法，在北京六大城区进行问卷随机发放，一共500份问卷，共收回485份，样本分布见表1。

表1　消费者样本分布

城区	西城	东城	海淀	朝阳	石景山	丰台
数量	90	55	60	185	70	25

（二）消费者对乳制品品质的信心较低

从图1可以看出，有35%的消费者对国内乳制品的质量不信任，有20%的消费者因为收入水平有限，有17%的消费者因为没有食用乳制品的习惯，还有14%的消费者食用乳制品后会产生身体不适。虽然距2008年中国乳制品污染事件已经过去很长一段时间，但消费者对国内品牌的乳制品信心仍比较低。由此可见，相关企业在提升乳制品的质量上还需多费些心思。

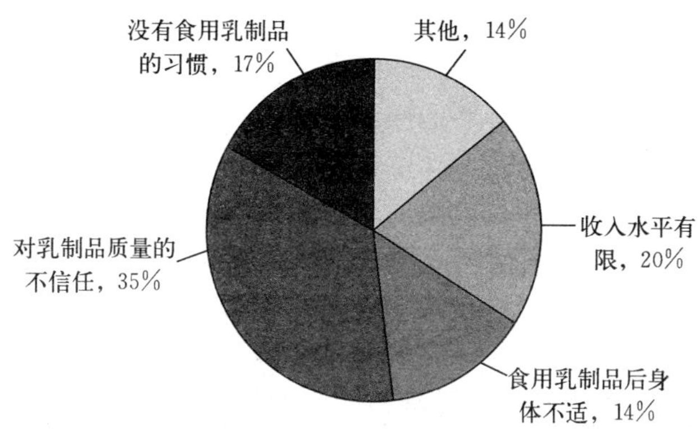

图 1　消费者不购买国内品牌乳制品的原因

（三）注重营养健康成为购买乳制品的主要原因

从图 2 可以看出，选择“营养健康”的消费者占 40%。说明随着人们生活水平的提高，消费者不仅关注乳制品的价格问题，更关注乳制品的营养价值以及乳制品给身体带来的有利影响。有 9%的人群选择“其他饮料替代品”，而出于“美容养颜”、“送礼需求”以及“其他”的消费者分别占了 4%、6%和 5%。

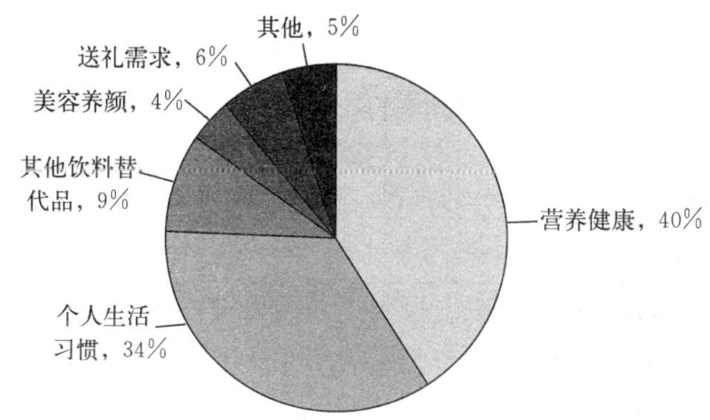

图 2　消费者购买乳制品的原因

（四）液态奶、奶粉品牌消费选择差异大

从图 3 可以看出，消费者购买液态奶的品牌类别中，国内品牌占最大比重，占比为 59.65%；而同时购买国内外品牌且以国内品牌为主的消费者占 30.08%。虽然国外品牌不是消费者购买液态奶的主要选择，但从图 3 中可以看出，国外乳制品也开始占据我国的消费市场。

而在奶粉消费方面，“仅选择国外品牌”的消费者有 29.39%；同时购买

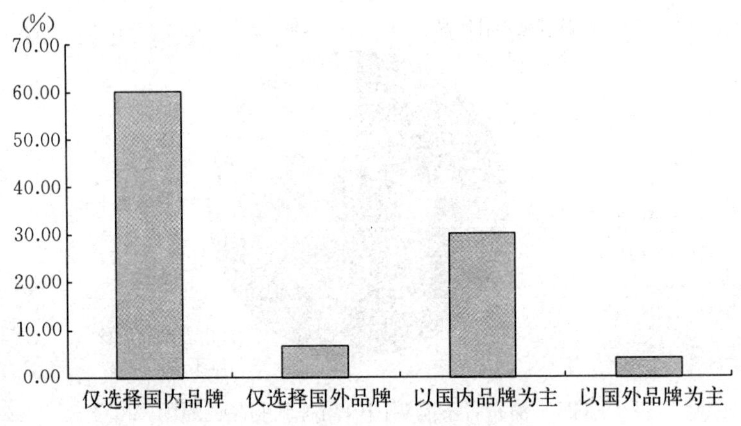

图 3　消费者购买液态奶的品牌选择

“国内外品牌且以国外品牌为主”的人群比例高达 49.17%，将近一半的比例，显示出北京市消费者购买奶粉主要以国外品牌为主（图 4）。

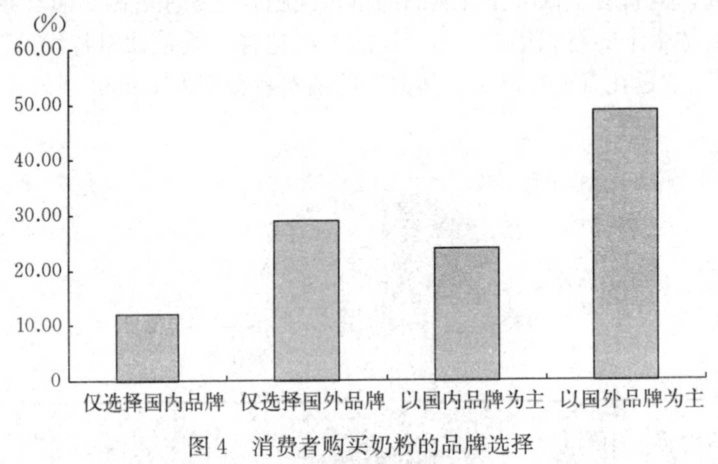

图 4　消费者购买奶粉的品牌选择

二、原因分析

通过以上分析，可以得知消费者对进口乳制品品牌选择的主要因素如下：

（一）2008 年中国乳制品污染事件后，我国奶业还处于恢复阶段

在 2008 年中国乳制品污染事件发生后，迫于交奶困难等原因，一些散养奶农淘汰宰杀了一部分奶牛，加之在 2010 年初的疫情和低温冻害影响下，各个地区也不同程度地存在奶牛的非正常淘汰现象，乳制品生产基础在不同程度上得到

了弱化。由于奶牛的繁殖周期较长等原因，一只犊牛成长到产奶的成母牛需要将近3年的时间，大量淘汰奶牛将会导致可用于产奶的成母牛存栏数量不足，从而使牛奶产量严重下降。另外，由于生产恢复要远远地落后于消费需求，特别是在2008年中国乳制品污染事件之后，三鹿集团股份有限公司让出了将近两成的奶粉市场份额，产需在一定程度上存在较大缺口，进口奶粉对恢复中的市场空间起到了适时填补的效果。现如今，人们生活水平正在不断改善，对于食品的营养和健康越来越注重，从而对乳制品的需求也越来越大。由于乳制品最大的消费群体是婴儿，乳制品的安全关乎下一代的成长，近年来国内乳制品安全问题时有发生，严重影响了乳制品行业的发展，由于遭受国产奶粉质量安全信任危机，多数消费作为父母在选购婴幼儿配方奶粉上面更加倾向于进口产品。因此，我国乳制品行业状况惨淡，进口乳制品逐年增加，贸易逆差不断扩大。目前，外资企业已经占领了国内一半以上的婴幼儿奶粉市场。受其影响，一些国内企业在宣传产品时也称产品原料完全来自进口。还有一些消费者通过入境携带、邮购等方式从国外购入婴幼儿配方奶粉，这也说明了一些消费者对国产婴幼儿配方奶粉的质量严重缺乏信任。

（二）《中华人民共和国政府和新西兰政府自由贸易协定》（以下简称《中新协定》）实施，新西兰乳制品出口优势明显

加入WTO以后，我国乳制品总体关税水平由52%降低了四成，其中奶粉进口关税为10%。而国外普遍通过贸易政策的方式对本国乳制品行业实施保护，单从乳制品关税税率看，欧盟为264%、印度为150%、美国为139%。自从《中新协定》实施之后，我国对新西兰的进口奶粉关税还要逐年递减1%左右，使得从新西兰进口的工业大包奶粉与其他国家相比每吨便宜700元左右。而且，2008—2010年美元对人民币持续增值，以美元计价的进口奶粉的成本也在一定程度上得到了降低，加工企业降低成本的需要更是得到满足。

（三）短期来看，我国乳制品进口仍会稳中有升

主要原因有三点：一是国内消费市场潜力巨大，对进口奶粉的结构性需求还在增加；二是国内奶粉与进口奶粉在生产成本和质量上，相比来说缺乏竞争优势；三是想要恢复消费者对国产奶粉的消费信心则需要较长时间。

（四）近年来，海外市场快速发展，网络贸易繁荣

消费者对进口乳制品的品牌选择因素值得深思，其中很大一部分原因是对国内乳制品的不信任，还有很大一部分原因是随着世界市场的多元化，人们的购物方式有了更多选择。海外代购的便利渠道和网上购物快速便捷的支付方式都让国民更倾向于选择进口乳制品或直接购买海外乳制品。

（五）进口奶粉具有价格和质量上的优势

决定产品具备竞争力与否的关键因素是成本和质量。虽然我国奶业发展较为迅速，可是总体生产效率其实并不高，豆粕、玉米等精饲料很大部分还是依赖于进口。近年来，随着饲料价格的上涨，奶粉生产成本一直在不断提高。而澳大利亚、新西兰等国的草地资源十分丰富，饲料价格相对于国内较低，生产成本在不发生重大自然灾害的年份较我国具有优势。如脱脂奶粉，2010 年国际市场价格约为 3 550 美元/吨，加上关税、增值税和运费等费用，进口到岸价在 3.6 万元/吨左右。相较国内，我国生鲜牛乳平均收购价在 3.5 元/千克左右，按 9 吨生鲜乳生产 1 吨脱脂奶粉来计算，国产脱脂奶粉的原料成本为 3 万元/吨，加上加工费、增值税和运费等费用，总成本为 3.8 万元/吨左右，高于进口奶粉价格。此外，在产品质量方面，发达国家的乳业控制措施和制度更严格，奶粉等乳制品质量较高。

三、结　论

综上得出，我国是进口乳制品需求大国。目前，我国进口乳制品主要来源于新西兰、澳大利亚等国家以及欧洲。尤其是新西兰，在 2008 年与我国签署了自由贸易协议之后，逐渐占据我国一半以上的进口乳制品市场，已经成为我国乳制品的最大进口国。

近年来，消费者选择进口乳制品的原因有一部分是对国内乳制品行业的信心不足，而消费者在选择进口乳制品的品牌时更多考虑的是品质优良，且安全性高于国内乳制品，再加上近年来购物渠道的多元化、海外市场的快速发展以及购物方式更加便捷，使得消费者对进口乳制品更加青睐。反观国内乳制品行业，不仅质量不过关，而且让消费者无法信赖。为了早日使国内乳制品行业重新得到信任，我国应当深刻反思，严抓乳制品生产，使消费者早日对国产乳制品发生改观。

值得高兴的是，从 2008 年以来，国内乳制品生产企业经历了低迷期之后，随着婴幼儿配方乳粉企业准入制度的实施及行业整合重组的到来，我国乳粉行业正在发生重大的变局。像以君乐宝乳业为代表的众多国内乳品生产企业迅速地抓住这一有利时机，准备着手反击。2014 年 4 月，君乐宝婴幼儿配方奶粉宣布其官方旗舰店正式上市并顺利入驻苏宁红孩子、天猫商城等国内主流电商，君乐宝相关负责人称，君乐宝成为国内第一家完全依托“网络直营销售和电话直营销售”的电商直营模式的优秀奶粉品牌。通过此种模式，由于与传统渠道相比，在中间环节上降低了一半的销售成本，再加之君乐宝奶粉使用天然牧场奶源，定价仅在 130 元/桶。继率先获得欧盟 BRC“食品安全全球标准”的 A 级证书之后，君乐宝牧场奶粉又以优秀成绩率先通过了欧盟 IFS（国际食品标准）认证，成为我国首家获得 BRC、IFS 双重认证的奶粉品牌。这一认证结果进一步展示了国产奶粉已经达到国际一流的品质水准。

四、改进措施

（一）加快转变乳制品生产模式，加大政府扶持力度

为了促使奶牛养殖更加标准化、规模化，可以通过发展农村合作社的方式来引导奶牛大规模集中养殖，督促牛群登记管理，推动牛群生产性能提升，在生产中推广应用先进技术，从而使奶牛的养殖效率得到提高。研究并制定生鲜乳科学合理的定价体系，由政府定期发布生鲜乳收购指导价格，保障奶农的合理收入。

（二）加强相关乳品行业的整治，防止乳品出现严重质量安全问题

2011 年 4 月，全国原有 1 176 家乳制品企业中（其中，婴幼儿配方乳粉企业 145 家），有 643 家企业通过了生产许可重新审核、107 家企业停产整改、426 家企业被审核淘汰，提高了行业准入门槛，促进了产业结构调整，有利于生产资源优化配置，改善乳品质量安全状况。应在此类行业各个环节定期开展整治行动。

（三）加强贸易调控措施，增强产品标识管理

运用卫生证书管理等技术手段，严格查验口岸，对于进口乳制品执行抽检制度，并对不符合卫生标准的乳制品，采取退货、暂停进口销毁等措施，严禁不符合我国检验检疫规定的乳制品进境。增强管理进出口贸易，对乳制品的进口实行登记制度，对进口奶粉的用途和流向实行备案管理，合理控制进口乳制品，以免其过快增长。

（四）加强生产厂商对乳制品加工原料监管，完善现有乳制品加工管理制度

在乳制品加工企业中实行生产原料备案管理制度，强化对进口原料奶粉在生产和储藏期间营养成分变化的检查监测，改进产品生产日期标识管理技术，对于以进口奶粉为原料的奶粉加工企业其产品的生产日期，要严格以出口国的生产日期为准。

主要参考文献

李海，2010. 国内乳制品在国际市场竞争中的现状分析 [J]. 中国商贸（19）.

宋聚国，等.2010. 进口对我国乳品产业安全影响的分析 [J]. 技术经济（2）.

朱立斌，2010. 2010 年中国奶业发展趋势预测 [J]. 中国乳业（1）.

基于供应链视角的中小企业债权性融资实证研究

项目组成员：孔　磊
指 导 教 师：夏　龙

摘　要：作为我国市场经济的活跃主体，中小企业对宏观经济和人们的生活发挥着重要的作用。近年来，为解决中小企业融资的问题，供应链融资模式应运而生。该融资模式削弱了银企之间信息的不对称性以及信贷风险，从而有力地推动了中小企业融资进程。本文采用线性回归分析的方法，对供应链金融模式下中小企业债权性融资模式进行了实证研究。研究结果表明，供应链融资模式所要求的存货、应收账款、预付账款等因素对中小企业的债权性融资能力有着显著影响，供应链的发展对中小企业融资发展提供了动力和活力。这为该模式在实践中的应用提供了实证支持。

关键词：供应链　债权性融资　中小企业

前　言

（一）研究背景

近年来，我国中小企业规模及数量发展十分迅速，是我国经济实现有效增长的主要推动力量。根据中小企业主管部门提供的估计数据，2012 年我国中小企业总数约在 1 000 万家，中小企业总产值、销售收入、实现利税和出口总额分别占全部工业总量的 60%、57%、40%和 60%。目前，我国中小企业创造的 GDP 占全国 GDP 比重已超过 50%，提供的城镇就业岗位占到 75%以上。中小企业在经济生活中的重要性，不仅局限于这些总量数据，也反映在我们生活的方方面面。无论对促进科学技术进步，还是在增加就业、扩大出口等方面，中小企业都发挥着不容忽视的作用。然而，2011 年，中小企业收到各金融机构贷款余额 21.77 万亿元，仅占到所有中小企业贷款余额总数的 39.7%，这显然不足以支撑中小企发展的资金需求。正因为中小企业的迅速发展与其所收到的资金支持不相对称，使多数中小企业受到融资难问题的困扰。尤其是 2011 年以来，受流动性紧张和通货膨胀压力持续高企的形势影响，中小企业资金紧张状况普遍加剧，盈利空间有所缩小，中小企业融资难题再次成为焦点。除了原材料、劳动力成本上涨等传统问题外，中小企业和金融机构间信息的不对称也加重了中小企业融资的困难。为解决中小企业融资难的现状，政府、中小企业、银行纷纷采取一系列的措施，一些新兴的理论也受到了各界的关注。在这些新型融资模式中，供应链融资，根据目前比较认可的定义，是指银行通过审查整条供应链，在对供应链管理程度和核心中小企业信用实力掌握的基础上，对其核心中小企业和上下游多个中小企业提供灵活运用的金融产品和服务的一种融资模式。这种融资模式把对单个中小企业的风险管理转移为对整个供应链的风险管理，因而减小了授信风险，提高了授信的可能性。本文旨在供应链的视角下，研究中小企业的外部债权性融资能力的影响因素，通过对供应链融资模式的理论梳理和分析，对此模式下中小企业的外部债权性融资能力的影响因素提出假设，并进行实证分析和验证，从而对新模式下中小企业的融资问题在一定程度上产生理论补充和实践应用价值。同时，通过研究也可以从侧面了解供应链融资模式在我国现阶段的所处状态和发展前景，对此后在这一领域的研究产生一定的推进作用。

（二）文献综述

供应链的概念可以追溯到20世纪80年代，哈佛商学院的迈克尔波特教授曾提出有名的“价值链”理论模型。从原材料到产成品的完整的产品链上，每一个加工的过程都是一个增值的过程，产品链也成了价值链。当产品的生产不仅仅局限于企业内，而是也可以存在于企业之间，供应链也纳入了这个增值的链条中，供应链管理、供应链融资等也相应发展起来。

在完整的供应链融资模式出现之前，一些相关的概念已经引起了公众的注意。任文超（1998）等提出设立物资银行，将银行不动产贷款为主的信贷模式转变为不动产贷款和动产质押贷款相结合的信贷模式。朱道立（2002）首次提出了“融通仓”概念，并探究了它的运作模式，向世人展示了这种全新的金融服务创新体制的重要作用。这些概念提出后，均成为供应链融资模式的重要组成部分。供应链融资模式的兴起一定程度上来自于人们对中小企业外部融资过程中信贷风险的关注。

近年来，供应链融资理论趋于成熟。尤其是金融危机后，中小企业面临生存的挑战，迫切需要更为有效的融资方式的支撑，于是，仓库融资理论开始兴起。目前，针对供应链下融资模式普遍认可的是将其分为融通仓模式（存货质押模式）、保兑仓模式（预付账款模式）以及应收账款模式。俞兆云（2008）将供应链融资模式归纳为基于存货质押融资、基于信用担保融资以及基于应收账款质押融资3种基本融资模式，并进行了深入的分析，为中小企业融资提供了新思路。杨健（2010）则将供应链管理下的融资模式分为保兑仓模式、代理融资服务模式、保理融资服务模式。尽管名称和操作有一些细节上的差别，这些分类方式却在实质上有很大的相似之处。

通过以上文献可以看出，起源于20世纪80年代的供应链金融理论是随着时间的推移和经济的发展不断发展成熟的，这些理论也为实务中的银行信贷模式以及中小企业融资新型模式提供了思路。

一、研究框架

本文根据上述理论进行实证检验，重点关注供应链融资模式的影响因素，将相关的理论进行整理分析，并提出如下假设。

根据目前普遍认可的分类标准，本文针对融通仓模式、保兑仓模式和应收账款模式下对企业债权性融资的影响因素进行了分析：

（一）融通仓模式

又称存货质押模式，是将大量占用企业资金的存货作为质押的对象来获得金融机构贷款的一种方式。其运作流程大致是：企业先以采购的原材料或产成品（存货）作为质押物存入由银行指定的第三方仓储机构，企业可以获得由银行提供的贷款。当提货人向银行付款后，银行向第三方物流公司发送指令，物流公司收到指令时方可让提货人提货，最后融资企业与银行结清。其银行重点考察的是企业是否有稳定的存货、是否有长期合作的交易对象以及整个供应链的综合运作情况，并以此作为授信决策依据。根据这一理论，可以做出以下假设：

假设一：企业的债权性融资能力与存货的持有量正相关。

（二）保兑仓融资模式

又称预付账款融资模式，融资的中小企业处于原材料的采购方。供应方给予中小企业的付款期限短甚至要求中小企业提前预付，减少了中小企业可用的现金，中小企业需要对这部分款项进行融资。首先，买卖双方、第三方物流及金融机构四方之间签署预付账款融资协议，中小企业将货物交由指定的第三方物流企业监管，物流企业用其开具的仓单向银行等金融机构质押申请贷款，银行向其开具商业承兑汇票并控制其提货权。融资企业通过保兑仓业务获得的是分批支付货款并分批提取货物的权利，不必一次性支付，有效缓解了短期资金压力。根据这一理论，可以做出以下假设：

假设二：企业的债权性融资能力与预付账款正相关。

（三）应收账款融资模式

该模式一般是为处于供应链上游的债权企业融资。应收账款融资多用于中小企业，相对核心企业处于供应链的上游。在这种融资模式下，中小企业以核心企业开出的应收款单据为凭证，向银行申请抵押短期贷款。应收账款模式使得融资企业可以及时获得银行提供的短期信用贷款，有利于缓解中小企业运营资金短缺问题和促进整个供应链的高效运作。根据这一理论，可以做出以下假设：

假设三：企业的债权性融资能力与应收账款正相关。

公司规模是一个公司业务规模的一个保障，其决定着公司的运行水平。公司规模越大，公司的市场影响力越大，受到金融机构的信赖程度也会相应增大。因此，公司规模越大，企业的债权性融资能力越大。可以做出如下假设：

假设四：企业的债权性融资能力与企业规模正相关。

企业的盈利能力也是影响企业债权性融资的一个因素，是判断公司未来发展潜力以及是否值得投资的一个比较重要的因素。然而，企业的盈利能力对企业债权性融资有两种效应：第一，企业的盈利能力越高，企业经营得越好，拥有的资金越充足，相对的融资风险就较低，因此其更容易取得融资；第二，企业的盈利能力高，其经营收益能完全满足企业的日常经营，就使得企业无须进行融资，这样就会使企业减少债权性融资。可以做出如下假设：

假设五：企业的债权性融资能力与企业盈利能力可能正相关也可能负相关。

二、实证研究

(一) 变量设计与定义

变量设计与定义见表1。

表1　变量设计与定义

变量名称	变量符号	变量度量
被解释变量（explained variables）		
资产负债率	Dar	负债总额/总资产（第 $T+1$ 年）
解释变量（explaining variables）		
公司规模	Size	ln（总资产）（第 T 年）
预付账款量	Prp	预付账款量/总资产（第 T 年）
应收账款量	Rev	应收账款量/总资产（第 T 年）
盈利能力	Roa	总资产收益率（第 T 年）
存货持有量	Inv	存货/总资产（第 T 年）

根据上述研究框架所建立的模型，如公式（1）所示：

$$Y=\beta_0+\beta_1 X_1+\beta_2 X_2+\beta_3 X_3+\beta_4 X_4+\beta_5 X_5 \tag{1}$$

式中，Y 为资产负债率；X_1 为公司规模（Size）；X_2 为预付账款量（Prp）；X_3 为应收账款量（Rev）；X_4 为盈利能力（Roa）；X_5 为存货持有量（lnv）；β 为常数。

（二）数据来源与描述统计

为了研究中小企业债权性融资，本文从 CSMAR 数据库中选取了中小企业板以及创业板中 2011—2012 年的相关财务数据。为避免不必要的因素对实证结果的影响，进行了如下筛选：一是只选取非 ST 的公司；二是剔除数据不全的样本。最终共选取了 846 个样本，其中包括中小企业板 624 家企业以及创业板 222 家企业。上述变量的描述统计见表 2。

表 2　变量的描述统计

变量名称（符号）	最小值	最大值	均值	标准差
资产负债率（Dar）	0.01	0.94	0.31	0.19
公司规模（Size）	19.36	26.29	21.20	0.76
预付账款量（Prp）	0.00	0.33	0.04	0.04
应收账款量（Rev）	0.00	0.60	0.13	0.09
盈利能力（Roa）	−0.02	0.35	0.07	0.04
存货持有量（lnv）	0.00	0.79	0.14	0.10

从表 2 可以看出，资产负债率的最小值为 0.01，最大值为 0.94，极差为 0.93，均值为 0.31。这说明资产负债率在中小企业之间有着巨大的差距，而整体处于较低的水平，说明中小企业仍存在融资难的问题。

（三）模型建立

本文采用逐步递增法建立回归模型，如表 3 所示。首先，就 5 个自变量进行一元回归，分别由模型 1～模型 5 所示。注意这 5 个模型的方程都是显著的，其中的自变量也是显著的。因此，依 R^2 的大小从高往低进行排列，进行逐步递增模型分析。模型 6 给出了 R^2 最大的两个自变量 Size 和 lnv 的回归结果，其方程是显著的，两个自变量也是显著的。因此，又增加 Roa，形成了模型 7。模型 7 的方程和所有的自变量也是显著的，于是又增加了 Prp，构成了模型 8。模型 8 的方程和所有的自变量也是显著的，于是又增加了 Rev，构成了模型 9。模型 9 的方程和自变量在 10%的显著性水平上也是显著的。因此，该模型是建立的最优模型。

表 3　回归模型

变量符号	模型 1	模型 2	模型 3	模型 4	模型 5	模型 6	模型 7	模型 8	模型 9	模型 10
Size	0.13***					0.11***	0.12***	0.11***	0.11***	0.11***
	0.01					0.01	0.01	0.01	0.01	0.01
lnv		0.78***				0.58***	0.49***	0.45***	0.46***	0.46***
		0.06				0.05	0.05	0.05	0.05	0.05
Roa			−1.46***				−1.43***	−1.36***	−1.23***	−1.23***
			0.15				0.12	0.11	0.11	0.12
Prp				1.38***				0.72***	0.79***	0.79***
				0.15				0.11	0.11	0.12
Rev					0.41***				0.43***	0.43***
					0.07				0.05	0.05
R^2	0.26	0.06	0.11	0.10	0.04	0.35	0.45	0.48	0.52	0.52
AR^2	0.26	0.06	0.10	0.09	0.04	0.35	0.45	0.47	0.51	
F	296.31	180.34	99.73	89.60	33.68	230.62	230.76	190.66	179.50	190.19
PF	0.00	0.00	0.00	0.00	0.00	0.00	0.00	0.00	0.00	0.00

注：***、**、* 分别表示在 1%、5%和 10%的显著性水平上显著。

对最优模型进行回归诊断。首先，是异常值的回归诊断，根据残差—拟合值图，模型中存在异常点。由于异常点不是特别严重，所以对此不做处理。其次，利用 VIF（方差膨胀因子）进行多重共线性检验，发现 5 个自变量的 *VIF* 均为 1 左右，远小于 10，所以模型中不存在多重共线性。最后，进行异方差检验，异方差检验的卡方统计量为 5.91，在 10%的显著性水平上，拒绝了模型不存在异方差的原假设。模型中存在异方差，采用异方差稳健性标准差的调整模型如模型 10 所示，注意到该模型的所有系数都在 10%的显著性水平上是显著的，所以模型 10 是我们选择的最终模型。

（四）模型分析

以模型 10 为基础来进行分析。在该模型中，5 个自变量在 10%的显著性水平上均是显著的，所以检验方程显著性的 F 统计量为 190.19，也是显著的。其方程的拟合优度为 0.52，说明 5 个自变量可以解释因变量的 52%，具有较好的拟合优度。

根据模型10，公司规模的系数估计值为0.11，说明在其他条件不变时，公司资产的自然对数每增加1个单位，资产负债率增加0.11。由于其估计的系数为正，验证本文企业的债权性融资能力与企业规模正相关的假设。所以，中小企业想要更好地进行融资，解决融资难的处境，提升企业本身的规模是非常有必要的。

存货的系数估计值为0.46，说明在其他条件不变时，存货与总资产的比值每增加1个单位时，资产负债率增加0.46。由于其估计的系数为正，验证本文企业的债权性融资能力与存货的持有量正相关的假设。

盈利能力的系数估计值为－1.23，说明在其他条件不变时，总资产收益率每增加1个单位，资产负债率降低1.23个单位。由于其估计的系数为负，说明企业的债权性融资能力与其盈利能力负相关，说明假设中第二种情况的影响要大于第一种情况对资产负债率的影响。

预付账款的系数估计值为0.79，说明在其他条件不变时，预付账款量与总资产的比值每增加1个单位，资产负债率增加0.79个单位。由于其估计的系数为正，验证本文企业的债权性融资能力与预付账款正相关的假设。

应收账款的系数估计值为0.43，说明在其他条件不变时，应收账款量与总资产的比值每增加1个单位，资产负债率增加0.43个单位。由于其估计的系数为正，验证本文企业的债权性融资能力与应收账款正相关的假设。

三、结　　论

本文基于供应链视角讨论了中小企业债权性融资的影响因素，研究表明，公司规模、预付账款量、应收账款量、存货持有量与资产负债率正相关，即这些变量可以增加中小企业债权性融资的规模；盈利能力与资产负债率负相关，即盈利能力越强，中小企业越不需要进行债权性融资。

供应链融资模式作为一种新型融资模式，有利于缓解企业和金融机构之间信息的不对称，有利于弱化金融机构对企业本身的限制，因而在实业和学术界的支持下，取得了快速的发展。从本文实证结果来看，供应链金融的3种基本融资模式即融通仓模式、应收账款模式、保兑仓模式的产生和发展均对中小企业债权性融资产生了重大的影响。除了供应链金融模式，社会各界也在尝试推出多种创新的融资模式，如关系型融资和针对科技型中小企业的专利权质押融资等。对于中小企业来说，融资问题仍然是其生存发展的重要话题，但也看到这些困难在逐渐减少。根据2012年金融机构贷款投向统计报告，中小企业贷款增长已超过各项贷款。这是中小企业的福音，也是我国经济社会的福音。希望中小企业可以把握机会，迎接挑战，实现发展和壮大。

主要参考文献

白少布，2009. 面向供应链融资企业信用风险评估指标体系设计［J］. 经济经纬（6）：90－94.

董双全，王华，2004. 中小企业融资问题研究［J］. 商业研究（12）：15－18.

何庆宜，郭婷婷，2010. 供应链融资模式下中小企业融资行为的博弈模型分析［J］. 南昌大学学报，32（2）：183－191.

计志英，2010. 供应链金融：概念研究进展与发展优势［J］. 金融经济（2）：122－123.

王灵彬，2006. 基于信息共享机制的供应链融资风险管理研究［J］. 特区经济（10）：105－106.

夏泰凤，金雪军，2011. 供应链金融解困中小企业融资难的优势分析［J］. 商业研究（6）：12－17.

闫俊宏，许祥秦，2007. 基于供应链金融的中小企业融资模式分析［J］. 上海金融（2）：14－16.

我国创业板中小企业融资效率研究

项目组成员：孔　磊　李　晨　宋　帅

指 导 教 师：赵连静

摘　要：企业的融资方式决定着企业的融资结构和融资效率，而融资效率又直接影响着企业的融资目的是否有效达到。债权融资与股权融资作为中小企业融资的重要方式，其融资的成本、效率直接影响企业的融资目的能否实现。本文以2012年46家创业板上市的中小企业为样本，分析融资方式对企业融资效率的影响。实证分析结果表明：债权融资与股权融资对中小企业的融资效率存在差异，债权融资的融资效率高于股权融资的融资效率。因此，为提高融资效率，中小企业应提高债权融资的比例，并通过信用体系建设、自身财务能力建设等途径吸引债权性投资。

关键字：中小企业　融资方式　融资效率

一、理论分析与文献综述

自改革开放以来，我国中小企业的快速发展，使其成为了市场经济的一个重要组成部分以及国民经济的新的增长点。它不仅在促进技术改革、减少交易成本、完善竞争、提高生产效率等方面发挥了十分重要的作用，而且还在吸收社会闲散人员和下岗职工等方面有着较好的作用，对稳定社会和发展经济做出了极大的贡献。

随着我国中小企业地位的提高，中小企业的融资问题也逐渐受到社会广泛的关注。一些经济发达的西方国家和地区，因为有着较完善的金融支撑体系、发达的金融市场、完善的法律法规，这一问题能够基本得到有效的解决。而由于我国目前处于经济体制发展中的特殊阶段，国家金融支持体系还不够完善、相关的法律建设不够健全、不达标的金融市场的运转且自身发展不完善等原因，共同导致了融资难的问题，从而成为了我国中小企业发展的障碍之一，也制约着我国中小企业在经济增长中所发挥的重要作用。因此，我国中小企业在融资方面所引起的各种问题受到了众多中外学者的关注。融资难的问题成为了阻碍我国中小企业发展的一个最急需解决的“瓶颈”。

在融资难问题的这个大的前提下，在众多的融资方式中，选择一个合理的融资手段对中小企业来说显得尤其重要。因此，政府、中小企业及专家学者研究并急需解决的重要问题之一便是选择和发展适合我国中小企业的融资方式，解决我国中小企业融资难问题，逐步提高金融资源利用效率。

魏开文（2001）结合我国中小企业的融资方式和特点，在模糊数学方法的基础上，通过对比股权融资效率、内部融资效率和债权融资效率，模糊综合评价了我国中小企业融资效率。

马亚军（2004）以融资效率提出了新的定义，并提出了跟企业的融资效率有关的 3 个方面含义：一是企业是否能以尽可能低的成本融通到所需的资金；二是企业所融通的资金能否得到有效的利用；三是从比较的和动态的观点来分析企业融资效率。

方芳和曾辉（2005）实证分析了我国中小企业板上市公司的融资效率，得出的结论和一般融资效率理论相吻合。我国中小企业融资方式的先后顺序为先是内源融资，然后是债权融资，最后是股权融资。

佟孟华和刘迎春（2012）通过分析辽宁省 9 家上市的中小企业的融资方式与融资效率的内在联系，认为债权融资会使中小企业的融资效率增加，而股权融资会使得中小企业融资效率下降。

王洪德（2011）认为，融资结构主要指的是公司股权资本和债权资本之间存在的比例关系。在创业板上市公司中，融资方式的选择会实质性地影响到公司股东、债权人以及经营者之间的相关利益，上市公司的治理效率也会受到影响。所以，融资结构的合理性与否是上市公司是否能有效治理的基础。

马亚军和宋林（2011）分析创业板上市公司的融资效率时，从比较和动态的角度进行考量，认为企业的融资效率包含以下两个方面：一是企业是否以最低的成本筹集到其所需的资金；二是企业是否能够有效利用这些筹集到的资金。

综上有关我国中小企业融资方面的研究与探索，对于我国中小企业融资工作的开展有着极为重要的推动作用与指导意义。在关于我国中小企业融资创新、融资方式选择的综合研究方面，还能进一步地进行更有针对性的研究和探讨。

二、研究方法与内容

（一）研究方法

本文是对国内外有关研究成果进行深入分析的基础上，应用宏观经济学、微观经济学、金融学、财务管理、计量经济学的有关理论，运用了比较分析、回归分析等方法，系统地阐述和构建了我国中小企业融资效率的问题。在研究的过程中，运用了规范与实证相结合、理论与实际相结合的分析方法。

（二）研究内容

本文主要研究债券融资与股权融资这两种方式对于融资效率的影响，以及目前我国中小企业的债券融资与股权融资方式占总资产的比重。

债权融资是指企业以负债的形式筹集资金，资金供给者到期享有本金和利息的融资方式。作为债权人最关心的是债务人到期还本付息的能力，债权人主要以利息收入作为收益，而中小企业通过银行的贷款，贷款不良率一般不能超过1.5%。对于债权人而言，这是一个相对低收益、低风险的项目。因此，债权人关注的重点在于债务人过去的交易历史以及日后贷款存续期间企业偿还本金支付利息的能力。债权融资主要有银行贷款、租赁和债权。

股权融资是指企业为了获得资本金而引入新股东的方式。所得的资金，作为企业的股本，不用还本付息，但企业的赢利与增长会共同惠及新股东与老股东。投资人的关注点在于投资后获得投资回报的概率以及回报的多少。一般来说，一个投资成功的项目所获得的回报可能是投入资金的几倍到几十倍，具有高风险、高收益的性质。所以，投资人对于单个项目的投资失败，有很高的容忍度。因此，投资人必须关注于被投资企业中长期的发展，而企业过去以及现在的盈利、亏损并不作为其投资与否的主要焦点。股权融资的具体形式有普通股、优先股和风险融资。

本文则是从债权融资与股权融资这两种方式所能给企业带来的经济效益差异上进行研究和探讨。

三、样本选择与研究设计

（一）样本选择

本文通过CSMAR数据库和大智慧股票软件选取了46家创业板上市的中小企业，并以其2012年的财务数据作为样本，以融资效率作为被解释变量，考察企业资产负债率和股东权益比率的变动对融资效率的影响，比较创业板上市公司债权融资与股权融资的融资效率。

（二）研究设计

1. 变量设计与定义 见表1。

2. 被解释变量：融资效率（financing efficiency，FE） 根据融资效率的概念和分析框架，融资效率的计算指标应该至少体现融资成本和资本使用效率的比较关系，故以企业在融资过程中的综合资本成本作为投入，以企业的资产收益率作为产出，并充分考虑融资结构的风险程度和债务资本的抵税效应来计算企业的融资效率。

表 1　变量设计与定义

变量名称	变量符号	变量度量
被解释变量（explained variables）		
融资效率	FE	资产收益率/资本成本率
解释变量（explaining variables）		
资产负债率	Dar	负债总额/资产总额×100
股东权益比	ER	股东权益总额/资产总额×100

计算见公式（1）：

$$融资效率（FE）= 资产收益率/资本成本率 \tag{1}$$

式中，资产收益率（ROA）的计算见公式（2）：

$$资产收益率（ROA）= 净利润/总资产 \tag{2}$$

资产收益率（ROA）反映每单位融资额的获利情况，并且在不同融资规模的企业间具有可比性。

资本成本率（WACC）采用企业不同融资方式加权平均资本成本，其计算见公式（3）：

$$资本成本率（WACC）=资本负债率×债权融资成本+权益资产比率×股权融资成本 \tag{3}$$

融资效率（FE）数值较大时，表示企业融资效率就越高；反之，企业融资效率就越低。

3. 解释变量

（1）资产负债率（debt asset ratio，Dar）。表示公司总资产中有负债筹集到的比重，该指标是衡量公司负债水平的综合指标，用来表示债权融资水平。其计算见公式（4）：

$$资产负债率=负债总额/资产总额×100 \tag{4}$$

（2）股东权益比（equity ratio，ER）。股东权益比是股东权益占总资产的比重，其计算见公式（5）：

$$股东权益比=股东权益总额/资产总额×100 \tag{5}$$

股东权益指的是企业总资产中扣除债务余下的部分，它反映公司的自有资本，以此来表示权益性融资水平。

（三）模型构建

融资效率与融资方式的回归方程见公式（6）：

$$y=\alpha+\beta_1\times x_1+\beta_2\times x_2+\varepsilon \tag{6}$$

式中，y 表示企业的融资效率；x_1 表示企业的资产负债率；x_2 表示企业的股东权益比率；ε 为误差；α 为常数；β_1，β_2 为常数。

四、实证结果分析

本文使用 Stata 软件对数据进行描述性统计以及回归分析，得出以下结果（表 2）。

表 2 描述性统计

变量	均值	标准差	最小值	最大值
融资效率	2.527	3.613	−11.896	19.884
资产负债率	0.215	0.144	0.045	0.610
股东权益比率	0.763	0.158	0.376	0.955

根据表 2 可以清楚地看到，融资效率的均值为 2.527，标准差为 3.613，最小值为−11.896，最大值为 19.884。这说明我国上市中小企业融资效率整体非常不稳定，且还具有较大的提升空间。有的企业通过融资取得了非常大的收益，而有的企业却血本无归，甚至造成了负的效应。融资效率最大值与最小值之间的极差达到了 31.78，说明两极分化特别严重。资产负债率的均值为 0.215，标准差为 0.144，最小值为 0.045，最大值为 0.610。说明中小企业通过负债融资的方式占总融资的比重较小，最小的仅有 4%。股东权益比的均值为 0.763，标准差为 0.158，最小值为 0.376，最大值为 0.955。说明股东权益的比重普遍过高，反映出我国中小企业更喜欢通过股权融资的方式融资。

将 46 个企业的资产负债率和股东权益比率平均分为 10 个组。以 0.01 为起点，间距为 0.09。利用 Excel 软件中的计数函数得出每组的个数，然后选取每组间隔的中点为横坐标的取值：如第一组为 0.01～0.10，选取 0.05 作为 x 的取值。每组的个数为纵坐标的数值制图，得到图 1 和图 2。

从图 1 中可以清晰地看到，绝大多数企业的资产负债率水平较低，有超过 30 家企业的资产负债率位于 10%～30%，且有 18 家企业集中位于 15%～25%。这说明我国中小企业融资方式中通过债权融资手段所占的比重是非常少的。

从图 2 可以清晰地看到，上市中小企业的融资结构中股权融资占了绝大部分，大部分集中于 65%～90%。其中，有 15 家企业的股东权益比率高达 80%～90%。这说明我国中小企业现阶段的融资模式是以股权融资为主，而债权融资只占企业融资的小部分。

图 3 为融资效率的分布图，依照上述同种方法，将融资效率均匀分为若干组，并用 Excel 软件中的计数函数得出每组的个数，进而做出融资效率的分布图。

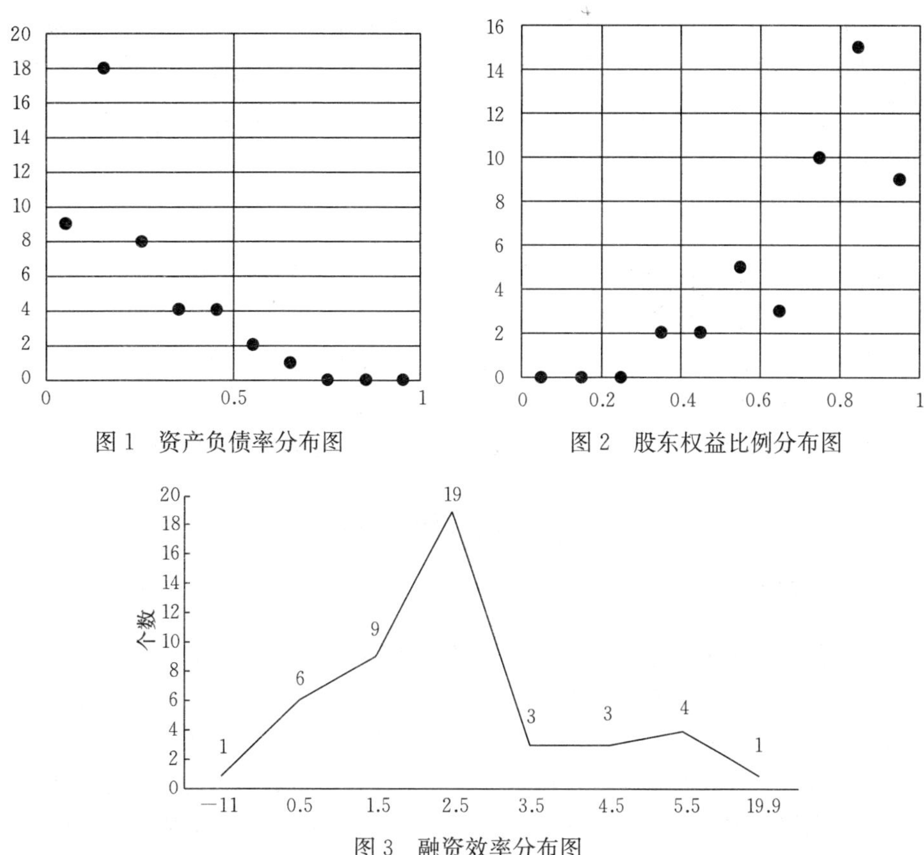

图 1　资产负债率分布图

图 2　股东权益比例分布图

图 3　融资效率分布图

从图 3 可以明显地看到融资效率的巨大，最大的能达到 19.9。这说明融资获得的收益是融资成本的 19.9 倍，这是非常高的融资效率；而最低的甚至为−11，也就是说，融资不仅没能使企业得到任何收益，反而却大大损害了企业的利益。另外，还能看到大多数的上市中小企业的企业效率集中在 2.5 左右，而 2.5 大于 1。这说明大部分的企业还是能够通过融资的方式来使企业获取利益的。但是，利益的增加值却很有限。所以，想要提升中小企业的融资效率，需要知道何种融资方式可以使融资效率最大化。因此，利用 Stata 软件做了融资效率的回归分析（表 3）。

表 3　融资效率的回归分析

融资效率	系数	标准差	t 值	$P>\|t\|$	系数矩阵	
资产负债率	60.041	22.982	2.610	0.012	13.693	106.390
股东权益比	54.411	20.856	2.610	0.012	12.351	96.471
常数	−51.912	20.820	−2.490	0.017	−93.901	−9.924

注：显著性水平为 5%，$P(F)=0.0415$，$R^2=0.1375$，$AR^2=0.0974$。

根据表3，在5%的显著性水平下，方程的P值为0.041 5<0.05，所以方程显著；$R^2=0.137\ 5$，说明了资产负债率和股东权益比解释了融资效率的13.75%，自变量中资产负债率的P值为0.012，股东权益比的P值也为0.012，说明自变量资产负债率和股东权益比都显著。

因此，可以得到回归方程如公式（7）所示：

$$y=-51.912+60.041x_1+54.411x_2 \tag{7}$$

式中，x_1为资产负债率；x_2为股东权益比。β_1的标准差为22.982，β_2的标准差为20.856，ε的标准差为20.820。

从回归分析的结果可以看出，当资产负债率每增加1%时，融资效率增加0.600；当股权权益比每增加1%时，融资效率增加0.544。所以，可以得出结论：资产负债率的变化对于企业融资效率的影响比股权权益比率的影响更大。

五、研究结论与建议

（一）研究结论

通过运用描述统计以及回归分析法对46家上市中小企业进行研究，可以得出如下结论：一是当前我国上市中小企业的融资效率普遍较低。一些企业的融资效率甚至小于0。这与我国上市中小企业的资产负债率普遍较低、股权融资作为融资方式首选、债权融资比例过低有关。二是债权融资和股权融资都能够提高中小企业的融资效率，但债权融资方式的融资效率显著高于股权融资方式的融资效率。

（二）政策建议

1. 融资模式选择　企业更好的运营与发展是企业融资的终极目的。因此，企业融资规模能够得到有效保持且在不影响企业经营的前提下，债权融资的力度应该相应地得到加大，且股权融资的份额应该有所减少，使融资的效率达到最大化。此外，对于中小企业，在实施融资决策前，应该认真地研究如何选择融资模式以及各种融资方式的使用时机、成本、条件和风险。这对于中小企业的发展前景具有深远意义。

2. 重视融资成本和融资收益的比较分析　融资后的企业收益程度应作为中小企业进行融资的首要考虑。因为融资要支付固定的利息，而且一定额度的融资费用和不确定的偿债风险都需要进行仔细考量。因此，要考虑采取适合的方式进行融资必须要确信使用筹集的资金所产生的收益要大于融资的总成本。这要作为中小企业融资决策的第一前提。

3. 融资规模要量力而行　我国中小企业在资金筹集的过程中，首先根据经营需求确定合理的融资规模。筹资超过预期，就会形成大量的闲置资金，造成不必要的融资成本，从而会增加企业的负债，使其难以偿还，加剧经营风险。但是，筹资不足，企业投资计划和正常的生产经营活动又会受到阻碍。因此，中小企业要根据自身经营对资金的需求、企业自身条件以及融资成本高低和融资的难易程度，谨慎而合理地确定企业的融资规模。

4. 寻求最佳的资本结构 在中小企业融资的过程中，以融资成本的考量为基础，由融资而产生的财务风险控制要能被高度重视起来，要逐渐扩展企业业务规模、预期经营成果、存量资产构成、现有资本结构与融资模式、融资规模形成科学的配比，要最大可能地选择财务风险可控的融资方式，来维持企业的可持续经营。即企业融资决策的进行，要尽可能地平衡融资风险与谋求企业价值最大化，也就是寻找一种企业的最佳资本结构。

5. 加快我国中小企业信用担保体系建设 中小企业融资中存在的失信问题较为严重，在切实解决中小企业的融资问题的过程中，最为关键的一点是不断促进我国中小企业的信用担保体系建设，要对各省市中小企业信用担保机构的运营情况加强监测，使信用与融资服务工作能够顺利通畅，且扎实有效地进行。以诚信推动企业融资，以融资加强企业发展。企业讲信用，是融资渠道顺利畅通的前提。此外，在中小企业迅速提高诚信的同时，金融机构积极参与也至关重要，信用评价结果的运用和参照，能够使信用度较高的企业得到贷款。这样贷后共同监督约束的信用环境就能够形成，并起到良好的促进作用。

6. 完善我国中小企业上市引领机制 通过中小企业上市扶持引领机制，扩大各地区中小企业上市扶持资金规模，使中小企业上市育成机制得到完善，使优质中小企业上市直接融资能够更快地推动。

主要参考文献

陈耿，周军，2004. 企业债务融资结构研究［J］. 财经研究（2）.

方芳，曾辉，2005. 中小企业融资方式与融资效率比较［J］. 经济理论与经济管理（4）：38－42.

黄辉，2009. 企业特征、融资方式与企业融资效率［J］. 预测（2），21－27.

黄文，2008. 我国中小企业融资现状及对策探讨［J］. 商场现代化（4）：175.

孔德兰，2009. 中小企业融资结构与融资策略研究［M］. 北京：中国财政经济出版社.

廖理，朱正芹，2003. 中国上市公司股权融资与债权融资成本实证研究［J］. 中国工业经济，183（6）：63－69.

马亚军，宋林，2004. 企业融资效率及理论分析框架［J］. 吉林财税高等专科学校学报（2）.

邱翠兰，2008. 浅析解决我国中小企业融资难的有效途径［J］. 商场现代化（5）：262－263.

武巧珍，刘扭霞，2007. 中国中小企业融资——理论、借鉴、融资体系的建立［M］. 北京：中国社会科学出版社.

小农户生产性服务需求情况调查

项目组成员： 李　雪　王　文　范　伟　李思奇　王小雷　张　松
指 导 教 师： 何　伟

摘　要： 小农户是农业生产经营的主体，其生产决策行为是多种因素相互作用的动态过程。农业生产性服务的发展反映了农业专业化、规模化和社会化程度，是农业现代化的基本特征。本文以内蒙古自治区巴彦淖尔市佘太乡和北圪堵乡的 60 个牧民的抽样调查数据和四川省宜宾市太平乡和普安乡的 40 户农民的抽样数据为基础，分析目前小农户对各项生产性服务的需求程度。结果表明，农户自身特征和服务信息来源对农户的生产性服务需求的影响较大，其他因素如生产规模、农业收入占家庭比重、农业收入等对农户的生产性服务需求意愿也产生了一定的影响。

关键词： 小农户生产性服务　需求意愿　定序 Logit 分析

前　言

农业生产性服务业是指为提高农业劳动生产率而向农业生产活动提供中间投入服务的产业。从服务的生产环节来看，农业生产性服务可分为产前、产中和产后服务。生产性服务的发展可以推动农业生产分工的不断细化，提高农业的专业化、规模化和市场化程度，实现农业的增产、增效。小农户是以家庭为单位的农业生产单元，是中国农业生产的主体之一，其对生产性服务的需求现状和意愿，一方面，可以反映农业生产性服务的供给情况、公共服务的可获得性情况；另一方面，也反映了我国生产性服务供给的薄弱环节。本研究针对小农户对农业生产性服务的需求意愿设计问卷，在问卷数据的基础上，实证分析影响小农户对生产性服务需求的主要因素。研究旨在引导资金的投入和相关产业的发展，为政府制定支农惠农和农业服务政策提供决策依据。

一、问卷设计及数据来源

问卷将影响小农户生产性服务需求的因素分为农户个人特征、家庭状况、社会因素 3 个方面。首先，在农户个人特征方面，小农户意味着生产规模小，在个人自主经营下，农业生产受农户本身个人特征的影响大。问卷将农户个人特征分为户主的年龄、性别、受教育程度、务农年限等几个方面，这些特征对于小农户的生产性服务需求会产生影响。例如，务农年限越大，所拥有的农业生产经验就越丰富；受教育程度越高，对新兴技术的接受程度就越高。这些都会影响到农户的生产性服务需求决策。其次是农户的家庭特征。我国是以家庭承包经营为主的农业承包体系。因此，除了农户个人的一些特征以外，家庭特征是很重要的因素。问卷将农户的耕种面积、务农人口占家庭总人口的比重、家庭年收入、农业收入占家庭总收入的百分比等指标作为影响生产性服务需求的家庭特征。最后，农户获取服务信息的来源途径。问卷将农户获取生产性服务信息的途径设置为是否参加合作社、与其他农户有无互相帮助、有无电视、有无计算机、能否上网、距离乡镇间距离远近等若干指标。

调研将样本分为种植业和畜牧业两个类别，调研地区分别为四川省宜宾市和内蒙古自治区巴彦淖尔市。四川省和内蒙古自治区分别是我国重要的粮食大省和牧区面积最大的省份，调研具有较强的针对性。调研采用随机抽样的方式，通过入户走访和随机截访采集数据，共发放问卷 120 份，有效回收问卷 100 份，回收率为 83.3%。其中，种植业发放 60 份，有效回收 40 份，回收率 66.7%；畜牧业发放 60 份，有效回收 60 份，回收率 100%。

二、样本特征

（一）种植业样本特征

从农户的基本情况来看（表 1），本次调研农户年龄偏大，主要集中在 35～65 岁。其中，35～50 岁最多。女性占比例较大，农户受教育程度主要集中在小学和初中，表明受教育程度较低。耕作面积小，80%的农户耕地面积在 0～5 亩*，有 15%的农户耕地面积在 11～15 亩。农业收入占家庭总收入的比重偏小，47.5%的农业收入占家庭总收入的 0%～10%。农户耕作年限长，47.5%的农户耕作面积在 21～40 年。农户受教育程度低，对于销售、包装等产业链的高级部分涉及少、认识低，农业技术化、机械化程度低，依旧属于产业链的底端，属于传统农业、经验农业的范围。

从农户对于生产性服务的需求程度来看（表 1），主要集中在购买农资和技术服务、资金服务。农业专业合作社和协会的参与程度低，仅仅有 17.5%的农户参与农业合作社或协会。农户相互帮助的程度高，原因在于农户生产规模小，

* 亩为非法定计量单位。1 亩=1/15 公顷。

生产成本高，生产效益低，难以形成规模经济。农村劳动人口的流失，大量务工人员的产生，农村的闲置耕地在不断地增加，农户为了提高耕作效率，壮大生产规模，以有限的劳动力创造更多的收益，提高生产技术是当今小农户生产性服务的主要需求之一。同时，受家庭承包经营的影响，农户耕作年限久，长期种植技术以长辈的耕作经验为主。因此，为了提高农业生产效率，农户对技术的要求在不断地增加的同时，改变生产方式、提高生产规模、农户闲置存款的缺乏，造成了农户对资金服务需求的不断提高。

从基础设施来看（表1），农户距城镇较远，有60%的农户到城镇的距离大于10公里。信息服务的需求程度为79.2%，表明农户对信息服务需求程度高。农村距市场远，信息获取渠道以电视为主，网络利用率低。反映出农户应变市场的能力低，盲目耕种农副产品。

表1　种植业小农户生产性服务需求比例

影响因素		样本个数	信息服务	技术服务	资金服务	保险服务	购买良种	水利设施	销售	包装	购买农药	购买农机	机耕
性别	男	17	0.71	0.7	0.59	0.76	0.82	0.82	0.59	0.12	0.82	0.88	0.71
	女	23	0.91	0.6	0.3	0.48	1	1	0.22	0.13	1	0.83	0.91
年龄（岁）	35以下	4	0.25	0.8	0.5	1	0.75	1	0.75	0	1	0.75	0.75
	35～50	20	0.85	0.7	0.45	0.4	0.95	0.95	0.45	0.25	0.9	0.85	0.75
	51～65	11	1	0.5	0.27	0.73	0.91	0.82	0.09	0	0.91	0.91	0.91
	65以上	5	0.8	0.8	0.6	0.8	1	1	0.4	0	1	0.8	1
受教育程度	小学	25	0.88	0.6	0.4	0.68	0.96	0.92	0.2	0.08	0.96	0.84	0.88
	初中	13	0.77	0.8	0.46	0.38	0.92	0.92	0.62	0.23	0.85	0.85	0.69
	高中及以上	2	0.5	0.5	0.5	1	0.5	1	1	0	1	1	1
耕地面积（亩）	0～5	32	0.84	0.7	0.47	0.53	0.94	0.94	0.41	0.16	0.94	0.88	0.84
	6～10	2	0.5	0.5	0.5	1	1	1	0	0	1	1	1
	11～15	6	0.83	0.3	0.17	0.83	0.83	0.83	0.33	0	0.83	0.67	0.67
耕作年限（年）	0～20	15	0.8	0.7	0.4	0.4	0.8	0.93	0.47	0	0.87	0.93	0.73
	21～40	19	0.84	0.6	0.32	0.68	1	0.95	0.26	0.21	0.95	0.79	0.84
	41～60	6	0.83	0.8	0.83	0.83	1	0.83	0.5	0.17	1	0.83	1
农业收入占总收入百分比（%）	0～10	19	0.84	0.4	0.26	0.58	1	1	0.05	0	1	0.9	1
	11～20	7	0.71	0.9	0.43	0.29	1	1	0.29	0	1	0.86	0.86
	>20	14	0.86	0.9	0.64	0.79	0.79	0.79	0.86	0.36	0.79	0.79	0.57
参加专业协会或合作社	是	7	1	1	0.71	0.86	0.86	0.71	0.86	0.57	0.71	0.71	0.57
	否	33	0.79	0.6	0.36	0.55	0.94	0.97	0.27	0.03	0.97	0.88	0.88
与农户互相帮助多少	多	27	0.89	0.6	0.33	0.52	1	0.93	0.22	0.04	0.96	0.85	0.89
	少	13	0.69	0.8	0.62	0.77	0.77	0.92	0.69	0.31	0.85	0.85	0.69

（续）

影响因素		样本个数	信息服务	技术服务	资金服务	保险服务	购买良种	水利设施	销售	包装	购买农药	购买农机	机耕
有无电视	有	37	0.81	0.7	0.46	0.57	0.92	0.92	0.41	0.14	0.92	0.84	0.81
	无	3	1	0.3	0	1	1	1	0	0	1	1	1
到乡镇的距离远近（公里）	≤5	12	0.92	1	0.58	0.83	0.83	0.75	0.83	0.42	0.75	0.67	0.58
	5～10	4	0.75	0.5	0.5	0.5	0.75	1	0.5	0	1	1	0.75
	＞10	24	0.79	0.5	0.33	0.5	1	1	0.13	0	1	0.92	0.96

（二）养殖业样本特征

据内蒙古自治区养殖业特点，调查问卷涉及了13种生产性服务类别，分别是信息、技术、资金、保险、优良种畜禽服务、饲料服务、饲养技术服务、防疫技术服务、治病服务、畜禽销售服务、屠宰服务、畜禽产品运输服务、畜禽产品生产服务。

从农户生产性服务需求的影响因素来看（表2），女性选择信息服务、技术服务、保险服务、饲料服务、饲养技术服务、防疫技术服务的比例明显高于男性；而在资金服务和优良种畜禽服务选择方面，男性和女性所占比例相同。从年龄这一变量进行分析可知，65岁以上的农户对所有服务的需求相对于其他年龄段农户来说，所占比例都是最少的。在技术服务、优良种畜禽服务、饲料服务中，35岁以下的农户所占比例最多，35～50岁的农户次之，51～60岁的农户、65岁以上的农户所占比例最少；在资金服务方面，35岁以下的农户最多，51～65岁的农户次之，之后依次是35～50岁和65岁以下的农户；在信息服务方面，35～50岁的农户居多，之后依次分别是35岁以下、51～65岁、65岁以下的农户；在饲养技术服务方面，35岁以下的农户所占比例最大；在保险服务和防疫技术服务中，年龄段在35～50岁和51～65岁的农户需求所占比例相同。在学历方面，初中水平的农户对各种农业生产性服务的需求较迫切，高中级以上学历的农户次之。

表2　畜牧业小农户生产性服务需求比例

影响因素		信息服务	技术服务	资金服务	保险服务	优良种畜禽服务	饲料服务	饲养技术服务	防疫技术服务
性别	男	0.42	0.47	0.50	0.27	0.48	0.45	0.38	0.37
	女	0.50	0.50	0.50	0.50	0.48	0.48	0.48	0.48
年龄（岁）	35以下	0.47	0.83	0.83	0.50	0.83	0.83	0.67	0.67
	35～50	0.83	0.45	0.40	0.35	0.45	0.43	0.38	0.38
	51～65	0.40	0.42	0.43	0.35	0.42	0.42	0.40	0.38
	65以上	0.17	0.17	0.17	0.17	0.17	0.00	0.17	0.17

（续）

影响因素		信息服务	技术服务	资金服务	保险服务	优良种畜禽服务	饲料服务	饲养技术服务	防疫技术服务
受教育程度	小学及以下	0.13	0.13	0.13	0.12	0.13	0.12	0.13	0.12
	初中	0.55	0.60	0.60	0.47	0.60	0.57	0.50	0.52
	高中及以上	0.23	0.23	0.27	0.18	0.23	0.25	0.23	0.22
家庭农业人口数（人）	2	0.25	0.22	0.25	0.18	0.23	0.22	0.23	0.20
	3	0.32	0.32	0.32	0.23	0.32	0.30	0.25	0.25
	4	0.28	0.28	0.28	0.22	0.27	0.27	0.25	0.27
	5	0.15	0.15	0.15	0.13	0.15	0.15	0.13	0.13
年收入（万元）	≤10	0.23	0.23	0.25	0.20	0.25	0.23	0.22	0.22
	10<X≤20	0.42	0.47	0.47	0.33	0.45	0.43	0.40	0.38
	>20	0.27	0.27	0.28	0.23	0.27	0.27	0.25	0.25
养殖规模价值（万元）	≤20	0.38	0.42	0.43	0.32	0.43	0.40	0.37	0.35
	20<X≤40	0.42	0.43	0.45	0.35	0.42	0.42	0.40	0.40
	>40	0.12	0.12	0.12	0.10	0.12	0.12	0.10	0.10
养殖年限（年）	≤10	0.73	0.76	0.78	0.61	0.76	0.73	0.66	0.66
	10<X≤15	0.12	0.13	0.15	0.10	0.13	0.13	0.15	0.13
	>15	6.67	6.67	6.67	5.00	6.67	6.67	6.67	5.00
农业占家庭百分比（%）	≤70	0.50	0.50	0.50	0.33	0.50	0.50	0.50	0.17
	70<X≤90	0.48	0.52	0.53	0.43	0.50	0.48	0.48	0.45
	>90	0.38	0.40	0.42	0.30	0.42	0.40	0.33	0.38
参加合作社	是	0.87	0.92	0.93	0.73	0.92	0.88	0.88	0.80
	否	0.50	0.50	0.67	0.33	0.50	0.50	0.33	0.50
与其他农户有无互相帮助	多	0.72	0.77	0.78	0.60	0.77	0.73	0.70	0.65
	少	0.20	0.20	0.22	0.17	0.20	0.20	0.17	0.20
有无电视	有	0.90	0.93	0.97	0.75	0.95	0.90	0.83	0.82
	无	0.17	0.33	0.33	0.17	0.17	0.33	0.33	0.33
有无计算机	有	0.63	0.63	0.70	0.52	0.70	0.70	0.65	0.62
	无	0.28	0.28	0.30	0.25	0.27	0.23	0.22	0.23
能否上网	能	0.47	0.52	0.53	0.40	0.53	0.53	0.48	0.48
	否	0.45	0.45	0.47	0.37	0.43	0.40	0.38	0.37
据乡镇间距离（公里）	≤50	0.73	0.73	0.82	0.58	0.78	0.77	0.68	0.67
	50<X≤100	0.83	0.83	0.83	0.83	0.83	0.67	0.83	0.83
	>100	0.10	0.10	0.10	0.10	0.10	0.10	0.10	0.10

随着家庭农业人口总数的增加，农户对各项农业生产性服务的需求也有一定的规律（表2）。除了饲养技术服务和防疫技术服务项目，农户对其他的生产性服务项目的需求比例具有以下的规律：家庭农业人口数为3人的农户对各项的需求比例最高，4人的农户次之，之后是2人的农户，5人的农户则排在最后。其中，农户对优良种畜禽服务的需求相较于其他生产性服务项目的需求而言，其比例的变化幅度较大。

年收入对农户的生产性服务项目需求也具有一定规律（表2）：年收入在10万～20万元的农户对各项服务项目的需求比例最大，年收入在20万元以上的农户次之，10万元以下的农户排在最后。

养殖规模的不同对各项生产性服务项目的需求也不一致（表2）：除了优良种畜禽服务，随着养殖规模价值的增加，农户对其的需求也在不断增长；而在其他的生产性服务项目中，养殖规模价值在20万～40万元时，农户的需求比例最大；当农户的养殖规模超过40万元时，农户对该服务项目的需求比例最小。

随着农户养殖年限的增加，农户对各项农业生产性服务项目的需求比例在逐渐减小（表2），具体如下：养殖年限在10～15年的农户与养殖年限在10年以下的农户相比，后者对各项农业生产性服务需求的比例远远高于前者；而养殖年限在15年以上的农户对其的需求则在5.00%～6.67%，相比较而言需求较少。

在被访农户中，参加合作社的农户居多，且合作社成员对各项生产性服务的需求意愿远高于非成员的需求。其中，对资金服务的需求意愿是最为强烈的。与其他农户有较少互相帮助的农户对信息服务、技术服务、资金服务、优良种畜禽服务、饲料服务、防疫技术服务的需求更为渴望；而对保险服务、饲养技术服务的需求较小。在被访农户中，家里有电视、计算机且可以上网的农户相对于家里没有电视、计算机且不可以上网的农户来说，他们对各项服务的需求意愿更为强烈。养殖地与乡镇的距离也会影响到农户对各项生产性服务项目的需求意愿：养殖地址与乡镇间的距离在50～100公里的农户的需求意愿最为强烈，距离在50公里以下的农户次之，而在100公里以上的农户对此的需求比例最少。

本次实证检验利用Minitab的软件，使用顺序Logit的方法，研究因变量与自变量之间的关系。由于本次因变量是表示程度的词，从不需要到迫切需要设置4个维度，利用顺序Logit的方法，探究当单位自变量上升1个维度时，因变量变化的。这次分别研究种植业和养殖业的因变量与自变量之间的关系，分别在种植业和畜牧业中选择相应的因变量和自变量，从而了解那些因素影响生产性服务需求量。

本次实证分析分别对机耕、保险、防疫、良种畜禽进行了重点的研究。科技的发展是小农户生产性服务需求扩大的基础，从农户生产性服务的需求意愿来看，除去传统农户生产性服务的需求方面，机耕等科学技术的需求是现代农业发展的基础。而对于养殖户来说，良种畜禽是根本的利益所在，每个有条件的养殖户都希望培育良种的畜禽，降低养殖的成本，提高肉羊、肉牛的品质，增加农户的收入。防疫工作与养殖业的发展、人类身体健康的关系十分密切。目前，动物疫病对养殖业的危害最为严重，它不仅可能造成大批畜禽死亡和畜产品损失，而且影响人们的生产和对外贸易，甚至某些人畜共患传染病还会给人类健康带来潜在威胁。由于现代规模化、集约化养殖业的畜禽饲养高度集中，调运、移动非常频繁，更易受到传染病的侵袭。所以，把养殖户对防疫服务的需求意愿作为非常重要的一个方面。保险服务对养殖户同样重要，投保后若牛羊等畜禽出现传染病等疾病时，能有效地减小损失，减轻养殖户的自身负担，保障其年收入不受影响。

三、影响因素分析

（一）种植业小农户对生产性服务（机耕服务）需求意愿的影响因素

1. 受教育程度对机耕的影响程度　将机耕的需求程度分为不需求、可有可无、需求、迫切需求 4 个维度，根据定序 Logit 的方式处理为 3 个断点，表示为常量（1）、常量（2）、常量（3）。受教育程度的系数为 0.478 178。在 90%的置信区间内，由表 3 可以看出，受教育程度的 P 值为 $0.059<0.1$，拒绝原假设，即受教育程度对机耕无影响的假设。因此，系数估计值 β 是显著的，意味着当受教育程度每上升一级，对机耕需求的偏好上升一级（如从不需求到可有可无）程度增加 56.31%。原因是：根据表 1 可知，本次调研的对象受教育程度大部分在小学和初中，年龄在 35～50 岁，教育程度越高，农户对新技术的接受度和认可度会增加。他们利用机耕等技术方式提高农业劳动生产率，降低农业成本，提高单位面积的产量，提高农业收入。

表 3　受教育程度对机耕的影响程度的回归结果

自变量	系数	系数标准误	Z	P
常量（1）	1.547 33	1.016 71	1.52	0.128
常量（2）	0.120 813	0.843 090	0.14	0.886
常量（3）	1.873 99	0.888 680	2.11	0.035
受教育程度赋值	0.478 178	0.253 154	1.89	0.059

2. 耕地面积对机耕的影响程度　耕地面积的系数为 0.374 545。在 90%的置信区间内，由表 4 可以看出，耕地面积的 P 值为 $0.067<0.1$，拒绝原假设，即耕地面积对机耕无影响的假设。因此，系数估计值 β 是显著的，意味着当耕地面积每增加 1 亩，对机耕需求的偏好上升一级程度增加 45.43%。原因是机耕可以

提高生产效率、减少工作的时间和劳动力。降低生产成本，提高市场竞争力，耕地面积越大，对机耕的需求程度越高。耕地面积的增加会对农民无形中产生更大的压力，这需要他们用更多的人力、物力去创造收益，而使用机耕可以提高效率和收益率。因此，更多的人更愿意采用机耕，进而对机耕的需求程度增加。所以，认为耕地面积对机耕有影响。

表 4　耕地面积对机耕的影响程度

自变量	系数	系数标准误	Z	P
常量（1）	1.520 78	1.053 66	1.44	0.149
常量（2）	0.108 362	0.879 714	0.12	0.902
常量（3）	1.925 10	0.912 484	2.11	0.035
耕地面积	0.374 545	0.204 259	1.83	0.067

3. 农业年限对机耕的影响程度　农业年限的系数为 0.057 286 0。在 90%的置信区间内，由表 5 可以看出，农业年限的 P 值为 0.042<0.1，拒绝原假设，即农业年限对机耕无影响的假设。因此，系数估计值 β 是显著的，意味着当农业年限每增加 1 年，对机耕需求的偏好上升一级程度增加 5.9%。这说明现在国家一直在扶持种植业，大力推广种植业的技术。无论是从电视、农技推广部门、报纸书刊还是乡镇下发的宣传册等渠道，农民都能轻易得知机耕的使用技术。本次调研的农户农业年限都在 10 年以上，他们长期依赖于过去的经验农业，成产效率低、生产成本高。随着科技的发展和农业科技的推广，农户对于机耕的需求在不断提高，迫切希望通过机耕等科技提高劳动生产率、增加农业收入。所以，农业年限对机耕有影响。

表 5　农业年限对机耕的影响程度

自变量	系数	系数标准误	Z	P
常量（1）	1.331 48	1.033 34	1.29	0.198
常量（2）	0.086 617 9	0.881 432	0.10	0.922
常量（3）	1.993 06	0.927 420	2.15	0.032
农业年限	0.057 286 0	0.028 163 5	2.03	0.042

4. 家庭农业人口数对机耕的影响程度　家庭农业人口数的系数为 0.878 772。在 90%的置信区间内，由表 6 可以看出，家庭农业人口数的 P 值为 0.006<0.1，拒绝原假设，即家庭农业人口数对机耕无影响的假设。因此，系数估计值 β 是显著的，意味着当家庭农业人口数每增加 1 人，对机耕需求的偏好上升一级程度减少 58.47%。原因是现在大多家庭的人口模式为“124”，家庭实际劳动人口数为

2人。在相同耕地面积的状况下，家庭人口数越少对机耕等技术依赖性越强。他们希望通过技术来弥补劳动力的差距，从而达到稳定的农业收入。

表6　家庭农业人口数对机耕的影响程度

自变量	系数	系数标准误	Z	P
常量（1）	5.549 06	1.284 20	4.32	0.000
常量（2）	3.876 21	1.018 71	3.81	0.000
常量（3）	1.798 94	0.837 337	2.15	0.032
家庭农业人口数	−0.878 772	0.317 557	−2.77	0.006

（二）养殖业小农户对生产性服务服务需求意愿的影响因素

1. 年收入与保险服务的需求程度　从表7中可以看出，P值为0.004＜0.05，所以拒绝原假设，系数估计值β显著。因此，年收入每增加1个单位，保险服务的需求偏好上升一级的程度就增加96.22%。这说明保险服务需求程度与养殖户的年收入是相关的，养殖户的年收入越高，对保险服务的需求程度越高。畜牧业保险是畜牧业发展的必要条件，畜牧业受到自然、经济、社会等因素的影响，其承受的风险也比较多。为了更好地让畜禽生长，需要花费大量的时间和投入用于调控一些不稳定因素如空气、水、能量和阳光，这样畜牧业就存在了一定的不稳定性。自然灾害对于畜牧业的损失也是比较大的，在畜牧业生产、流通、存储和销售等过程中都存在着一定的风险。为了最大限度地规避这些风险，最好的方式就是给畜禽上保险，来为自己的畜禽生长发展保驾护航。年收入越高的养殖户，给畜禽上保险就越有必要了，所以对保险服务的需求也就越高。

表7　年收入对保险服务的需求程度

自变量	系数	系数标准误	Z	P	优势比	下限	上限
常量（1）	21.206 5	8.106 08	2.62	0.009			
常量（2）	33.626 8	11.898 8	2.83	0.005			
年收入（万元）	−3.274 97	1.131 21	−2.90	0.004	0.04	0.00	0.35

2. 年收入与防疫服务的需求程度　从表8中可以看出，P值为0.027＜0.05，所以拒绝原假设，系数估计值β显著。因此，年收入每增加1个单位，防疫服务的需求偏好上升一级的程度就增加25.43%。这说明防疫服务需求程度与养殖户的年收入是相关的，养殖户的年收入越高，对防疫服务的需求程度越高。随着我国畜牧业持续稳定发展，规模化、集约化养殖程度不断提高，动物疫病发

生、传播的风险也在加大，对疫苗的需求空间广阔。为了减少因疾病造成的经济损失，年收入越高的养殖户，畜牧业对疫苗的需求程度越高，如给羊群打疫苗后能降低羊群滋生疾病的可能性，提高了羊群的生长质量，从而促进了畜牧业的发展。

表 8　年收入对防疫服务需求程度

自变量	系数	系数标准误差	Z	P	优势比	下限	上限
常量（1）	0.353 709	0.969 568	0.36	0.715			
常量（2）	4.251 97	1.185 11	3.59	0.000			
年收入（万元）	−0.293 440	0.132 956	−2.21	0.027	0.75	0.57	0.97

3. 农业占家庭百分比与优良种畜禽需求　从表 9 中可以看出，P 值为 0.001＜0.05，所以拒绝原假设，系数估计值 P 值显著。因此，农业占家庭百分比每增加 1 个单位，优良种畜禽的需求偏好上升一级的程度就增加 99.9%。这说明农业占家庭百分比与优良种畜禽需求是相关的，农业占家庭百分比越高，对优良种畜禽的需求程度越高。因为一个以畜牧业为主业的家庭，对优良种便越重视，如在养羊一开始就投资优良种的小羊羔，培育良种，这对日后整个羊群的成长有极为重要的影响，调整畜牧产业结构，畜牧业的生产方式逐渐由数量规模向质量效益型转变，优良种也使得养殖户增加了不少的经济收入。

表 9　农业占家庭百分比与优良种畜禽需求

自变量	系数	系数标准误	Z	P	优势比	下限	上限
常量（1）	5.531 22	2.049 75	2.70	0.007			
常量（2）	20.228 0	5.627 50	3.59	0.000			
农业占家庭百分比	−20.934 1	6.058 99	−3.46	0.001	0.00	0.00	0.00

四、结论以及政策性意见

小农户在农业生产性服务的需求意愿的选择上有很大的不同，从小农户的需求强度来看，由弱到强依次是包装、销售、资金服务、保险服务、技术服务、信息服务和购买农资（购买良种、购买农机），且主要的小农户倾向于购买农资、技术服务、保险服务、信息服务。由于以小农户为单位，随着农业成本的提高，农户希望通过技术提高劳动生产率，通过提高农业资料品质提高单位生产量。农户希望利用保险这种方式规避风险，由于农村保险业务少、种类少、保险知识普及化程度低，出现供需差。农户对农业信息的获取渠道单一，以电视为主农户迫切需要农业信息，农业信息系统建设不健全，农户盲目耕种下造成巨大损失下，对农业信息的需求也在不断提高。而包装和销售，由于农业生产规模小，农产品对市场供应度低，因此对销售和包装的需求低。从影响生产性服务的因素来说，农户为女性的话，更加倾向于信息服务和购买农资；农户为男性的话，更倾向于技术服务和保险服务。

综上所述，生产性服务的建设和完善，可以推动农业现代化、产业化和专业化，促进农业产业链的完善。因此，政府不仅要加大对生产性服务的供给力度，而且加大对生产性服务市场的勘查，了解农户对生产性服务的需求状况，迎合农户需求。本文政策性意见如下：第一，建立主要农产品的供给保证机制，努力使现代农业的物质基础更扎实，稳定地发展农业生产。粮食生产要注意稳定种植面积、优化农业结构、提高单位产量，使农民丰产丰收。第二，加强技术装备。落实耕地保护制度，国家对高标准农田的建设力度应该加大。加快大中型灌区配套改造、灌排泵站更新改造、中小河流治理，扩大小型农田水利重点县覆盖范围，大力发展高效节水灌溉，发展节水农业、绿色农业、环保农业，提高农民对环境的保护意识。加强雨水蓄积利用、堰塘整治等工程的建设力度，提高防汛抗旱减灾能力。加大对建造小型水库、除险加固的财政建设支持力度。从土地出让收益中提取的农田水利建设资金应该及时足额计提并管好、用好。农业灌排工程费用由财政适当补助的政策不应空谈，要落到实处。第三，提高农产品流通效率。统筹规划农产品市场流通的布局，重点支持重要农产品集散地、优势农产品产地市场建设，加强农产品期货市场建设，适当增加新的农产品期货品种，培育具有国内外影响力的农产品价格形成和交易中心。加快推进以城市标准化菜市场、生鲜超市、城乡集贸市场为主体的农产品零售市场建设。加强粮油仓储物流设施建设，发展农产品冷冻贮藏、分级包装、电子结算。健全覆盖农产品收集、加工、运输、销售各环节的冷链物流体系。大力培育现代流通方式和新型流通业态，发展农产品网上交易、连锁分销和农民网店。第四，完善对农产品的市场监控，提升食品安全水平。第五，不断改善农业生产经营体制，稳步提高农民的组织化程度。第六，健全农业保护支持制度，不断加大惠农强农富农政策。加大农业补贴力度，完善对农业主产区的资金补偿、耕地保护补偿以及生态补偿，加速获得农业的合理利润、让主产区财力逐步达到全国或各省的平均水平。不断加大补贴农业资金的规模，朝主产区和优势产区集中新增的补贴，新增补贴向专业户、家庭农场、农民生产合作社等新型生产经营主体倾斜。第七，提高农业的科技创新能力和知识产权保护，继续实施种业发展等重点科技专项。推进国家农业科技园区和高新技术产业示范区建设。第八，加大国家反腐倡廉建设的力度，加大对财政部门、各级相关部门的监管力度，国家对农村的资金拨款应真正落实到农民手里。

主要参考文献

孔祥智，徐珍源，2010. 农业社会化服务供求研究——基于供给主体与需求强度的农户数据分析 [J]．广西社会科学（3）.

李俏，张波，2011. 农业社会化服务需求的影响因素分析——基于陕西省 74 个村 214 户农户的抽样调查 [J]．农村经济（6）.

庞晓鹏，2010. 农业社会化服务供求结构差异的比较与分析——基于农业社会化服务供求现状的调查与思考 [J]．农业技术经济（7）.

熊鹰，2010. 农户对农业社会化服务需求的实证分析——基于成都市 176 个样本农户的调查 [J]．农村经济（3）.

庄丽娟，贺梅英，张杰，2011. 农业生产性服务需求意愿及影响因素分析——以广东省 450 户荔枝生产者的调查为例 [J]．中国农村经济（3）.

基于 Logit 模型和 Probit 模型的医药类上市公司经营绩效影响因素分析

项目组成员：薛赵欣
指 导 教 师：夏　龙

摘　要：本文以A股市场上所有涉及医药研发和医药制造的医药类上市公司作为研究样本，采用国泰安经济金融研究数据库中上市公司2014年第三季度的财务数据，通过建立上市公司经营绩效综合评价的Logit和Probit模型以及根据结果进行分析，对我国医药类上市公司经营绩效的影响因素进行了总结，得出了其主要影响因素，具体分析了每个因素的特征，为投资者进行投资决策提供了数据参考。

关键词：医药类上市公司　经营绩效　资产负债率　Logit　Probit　模型

一、研究目的

医药行业作为一个关系国计民生的行业，具有一定的行业特殊性。一方面，与一般企业一样，作为市场经济一个追求利润最大化的主体，医药类企业将盈利作为企业发展的一个重要目标；另一方面，不同于其他企业的是，医药企业的发展又在支持国家的医疗服务、提高国民的健康水平方面担任了重要角色。医药类市场具有不同于其他市场的特性，要衡量其经营绩效，资产负债率就是一个评价公司负债水平的非常重要的综合指标。同时，也是一项衡量公司利用债权人资金进行经营活动能力的指标，也反映债权人发放贷款的安全程度。如果资产负债比率达到100%或超过100%，说明公司已经没有净资产或资不抵债。

在研究医药类上市公司经营绩效的同时，探究其影响因素成为一个很重要的课题。根据结果分析企业的经营及存在的问题，并据此提出改进意见，对于医药类上市公司具有一定的建设意义。不仅可以帮助投资者和政策制定者了解医药行业内企业的发展状态及预测其成长性，还可认识到医药行业内企业的发展局限。

二、数据来源与变量说明

本文的研究对象是医药类上市公司，样本是根据中华人民共和国国家统计局 2014 年医药类产业分类进行筛选得出。

（一）数据来源

数据来源于国泰安经济金融研究数据库，部分缺失数据从同花顺和网易财经中获取。为达到本文研究目的，采用了最新的数据，即选取了 2014 年第三季度的财务数据进行研究，以掌握企业经营的最新动态。因此，剔除掉缺失变量，本文共选取了国泰安经济金融研究数据库中医药类企业共 72 家进行研究。

（二）变量说明

要衡量公司经营绩效，选取资产负债率这个指标来进行说明。由于资产负债率是数值型变量，因此要采用 Logit 模型进行研究，所以对 72 家上市公司样本数据进行了编辑。如果以 1 作为因变量资产负债率的衡量指标，是不太现实的，因为资不抵债这种情况比较少见。又鉴于研究的数据选自医药类，国家统计局网站显示，2014 年医药行业的资产负债率为 44.45%，所以将 72 家上市公司大致分为两类，资产负债率大于 0.44 和资产负债率小于 0.44，小于 0.44 定义为经营绩效较好。

三、描述性统计

选取了两个自变量流动比率 X_1、速动比率 X_2 与因变量做了箱线图 1、图 2。

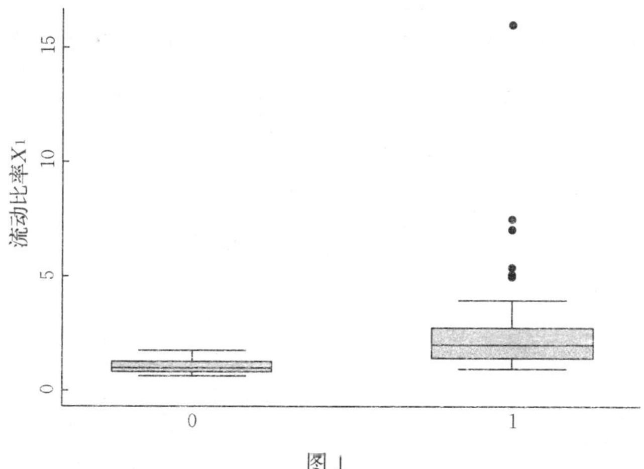

图 1

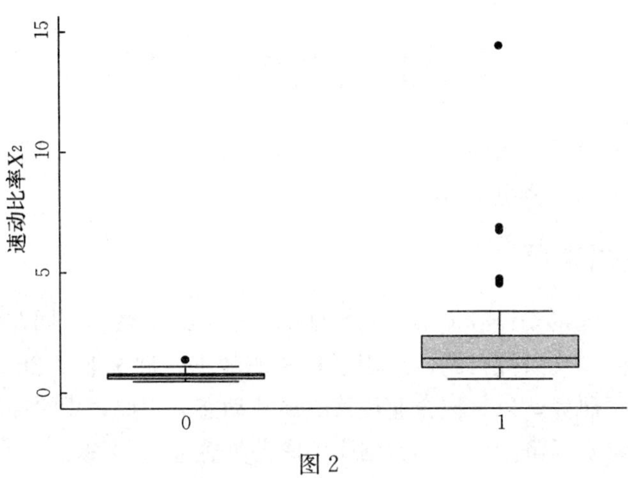

图 2

结果显示，72 家公司中大部分公司的流动比率、速动比率大都集中在一段数值上，有少量公司呈现了偏大或偏小值，可以进行回归分析。

$$Y=\beta_1 X_1+\beta_2 X_2+\beta_3 X_3+\beta_4 X_4+\cdots+\beta_{13} X_{13}$$

具体的指标描述以及描述统计量见表 1。

表 1

变量	名　称	符号	性质	描　　述	预期关系
因变量	资产负债率	Y		流动资产/流动负债	
自变量	流动比率	X_1	定量变量	（流动资产－存货）/流动负债	正
	速动比率	X_2	定量变量	负债总额/资产总额	负
	长期资本负债率	X_3	定量变量	非流动负债/（非流动负债＋股东权益）	负
	营业利润率	X_4	定量变量	营业利润/营业收入	正
	资产报酬率	X_5	定量变量	净利润/总资产平均余额；总资产平均余额＝（资产合计期末余额＋资产合计期初余额）/2	正
	净资产收益率	X_6	定量变量	净利润/股东权益平均余额；股东权益平均余额＝（股东权益期末余额＋股东权益期初余额）/2	负
	每股收益	X_7	定量变量	净利润/总股数	负
	利润总额增长率	X_8	定量变量	（本期利润总额－上期利润总额）/上期利润总额	负
	营业收入增长率	X_9	定量变量	（本期营业收入－上期营业收入）/上期营业收入	正
	每股现金净流量	X_{10}	定量变量	（营业业务所带来的净现金流量－优先股股利）/流通在外的普通股股数	负

（续）

变量	名　称	符号	性质	描　　述	预期关系
自变量	总资产周转率	X_{11}	定量变量	营业收入/应收账款平均占用额；应收账款平均占用额=(应收账款期末余额+应收账款期初余额)/2	负
	存货周转率	X_{12}	定量变量	营业成本/存货平均占用额；存货平均占用额=(存货期末余额+存货期初余额)/2	正
	应收账款周转率	X_{13}	定量变量	营业收入/平均资产总额；平均资产总额=(资产合计期末余额+资产合计期初余额)/2	负

四、数据建模

（一）OLS 全模型分析

首先进行了一个 OLS 全模型回归，具体如表 2 所示。从全模型来看，其拟合优度为 0.662 1，说明所有自变量可以解释因变量 66.21%；F 统计量为 8.74，在 10%的显著性水平上，拒绝了所有斜率系数为 0 的原假设，说明方程是显著。不过，并非每一个自变量都是显著的，从估计结果上看，X_1、X_2、X_4、X_6、X_7、X_8、X_9、X_{10}、X_{12}、X_{13}是不显著的。其次，将该结果存储，命名为 M_1。对 M_1 进行回归诊断，残差—拟合值图显示有个异常点，变量添加图显示有一个强点。于是，检验 M_1 的 cook 距离，发现有一个样本点的 cook 距离为 2.580 521 3，大于 1，确实有异常值。利用方差膨胀因子进行多重共线性检验，发现 VIF 最大的变量为 X_2，值为 93.06；其次是 X_1 值为 91.20，显著地大于 10，说明 M_1 中有多重共线性。最后，利用 BP 检验进行异方差检验，其卡方统计量为 0.31。在 10%的显著性水平不拒绝 M_1 不存在异方差的原假设，说明模型不存在异方差。由于 M_1 有异常值，没有异方差，本文解决异常值和多重共线性，将 cook 距离大于 1 的样本点删掉，进行后面的估计。

表 2

变量名称	系数估计值	标准差	P 值
X_1	0.307 347 7	0.157 309 7	0.056
X_2	−0.338 908 5	0.170 754 9	0.052
X_3	−2.526 183	0.359 066 2	0.000
X_4	0.074 023 3	0.316 560 9	0.816

（续）

变量名称	系数估计值	标准差	P值
X_5	4.173 86	1.447 911	0.006
X_6	−0.296 210 3	0.282 162 8	0.298
X_7	−0.300 158 6	0.216 849	0.172
X_8	−0.014 225 8	0.014 517 8	0.331
X_9	0.307 479 5	0.209 130 4	0.147
X_{10}	−0.069 993 7	0.079 812 7	0.384
X_{11}	−0.766 532 7	0.198 902 4	0.000
X_{12}	0.061 053	0.037 457 9	0.109
X_{13}	−0.000 623 1	0.004 111 6	0.880
F	8.74		
P值	0		
判决系数	0.662 1		
调整后的判决系数	0.586 3		

（二）OLS 的最优模型

对删掉异常值的数据重新进行全模型估计。在这里选用剔除法，在 10%的显著性水平上，按 P 值大小，从大到小依次剔除因变量。结果如表 3 所示，剔除不显著的因变量之后，最终显著的有 X_3、X_5、X_{11} 3 个因变量。接着，将该结果存储，命名为 M_2。从 OLS 的最优模型来看，其拟合优度为 0.600 2，说明所有自变量可以解释因变量的 60.02%；F 统计量为 34.03，在 10%的显著性水平上，拒绝了所有斜率系数为 0 的原假设，说明方程是显著的。

对 M_2 进行回归诊断，根据残差—拟合值图和变量添加图显示有异常值。利用方差膨胀因子进行多重共线性检验，说明 M_1 中没有多重共线性。最后，利用 BP 检验进行异方差检验，其卡方统计量为 0.06。在 10%的显著性水平不拒绝不存在异方差的原假设，说明模型不存在异方差。

可以得出，当长期资本负债率 X_3 增加 1 个百分点时，医药类上市公司经营绩效较好是不好的−2.54 倍；当资产报酬率 X_5 增加 1 个百分点时，医药类上市公司经营绩效较好是不好的 1.30 倍；当总资产周转率 X_{11} 增加 1 个百分点时，医药类上市公司经营绩效较好是不好的−0.59 倍。其他结果不显著。

表 3

变量名称	系数估计值	标准差	P值
X_3	−2.544 543	0.278 055 1	0.000
X_5	1.306 54	0.523 585 6	0.015

（续）

变量名称	系数估计值	标准差	P 值
X_{11}	−0.592 084 8	0.088 692 7	0.000
F	46.30		
P 值	0.000 0		

（三）Logit 模型

接下来，对所有因变量进行了 Logit 全模型的分析，对 Logit 全模型进行回归诊断，残差—拟合值图显示有异常点，逐个删掉异常点，最终得到 Logit 模型如表 4 所示。显著的自变量有 X_1、X_3、X_9、X_{11}，接着将该结果存储，命名为 M_3。对 M_3 进行回归诊断，发现残差—拟合值图显示没有异常点。

可以得出，当流动比率 X_1 增加 1 个百分点时，医药类上市公司经营绩效较好是不好的 8.65 倍；当长期资本负债率 X_3 增加 1 个百分点时，医药类上市公司经营绩效较好是不好的 −25.3 倍；当营业收入增长率 X_9 增加 1 个百分点时，医药类上市公司经营绩效较好是不好的 8.44 倍；当总资产周转率 X_{11} 增加 1 个百分点时，医药类上市公司经营绩效较好是不好的 −8.35 倍。其他结果不显著。

表 4

变量名称	系数估计值	标准差	P 值
X_1	8.658 216	3.735 332	0.020
X_3	−25.393 8	8.847 477	0.004
X_9	8.444 095	4.786 898	0.078
X_{11}	−8.358 822	3.561 853	0.019
χ^2 检验统计量	67.85	虚拟判定系数	0.765 5
Prob＞χ^2	0.000 0		

（四）Probit 模型

再对所有因变量进行了 Probit 全模型的分析，对 Probit 全模型进行回归诊断，残差—拟合值图显示有异常点，逐个删掉异常点，最终得到 Probit 模型如表 5 所示。显著的自变量和 Logit 模型结果相同，分别是 X_1、X_3、X_9、X_{11}，接着将该结果存储，命名为 M_4。对 M_4 进行回归诊断，发现残差—拟合值图显示没有异常点。

可以得出，当流动比率 X_1 增加 1 个百分点时，医药类上市公司经营绩效较好是不好的 4.55 倍；当长期资本负债率 X_3 增加 1 个百分点时，医药类上市公司经营绩效较好是不好的－13.36 倍；当营业收入增长率 X_9 增加 1 个百分点时，医药类上市公司经营绩效较好是不好的 5.17 倍；当总资产周转率 X_{11} 增加 1 个百分点时，医药类上市公司经营绩效较好是不好的－4.28 倍。其他结果不显著。

表 5

变量名称	系数估计值	标准差	P 值
X_1	4.554 061	1.867 651	0.015
X_3	－13.367 7	4.093 87	0.001
X_9	5.173 864	2.586 245	0.045
X_{11}	－4.286 607	1.676 38	0.011
χ^2 检验统计量	67.01	虚拟判定系数	0.756 1
Prob＞χ^2	0.000 0		

（五）模型对比

现在得到了 OLS 全模型、OLS 最优模型、Logit 最优模型、Probit 最优模型 4 个模型，对这 4 个模型进行了结果对比，对比结果如表 6 所示。由表 6 可以看出，OLS 模型对于因变量的拟合效果并不好。基于此，本文在 Logit 和 Probit 之间进行选择最优模型。

AIC 是衡量统计模型拟合优良性的一种标准。它可以权衡所估计模型的复杂度和此模型拟合数据的优良性。BIC，与 AIC 一样是对模型的拟合效果进行评价的一个指标。BIC 值越小，则模型对数据的拟合越好。

综上所述，对比 AIC 和 BIC 两个指标来看，明显 Logit 模型优于 Probit 模型。所以，认定 Logit 最优模型是最终模型。

表 6

模　型	命名	自变量个数	AIC	BIC
OLS 全模型	M_1	13	42.590 73	74.464 05
OLS 最优模型	M_2	3	34.699 91	43.806 58
Logit 最优模型	M_3	4	30.781 42	42.164 75
Probit 最优模型	M_4	4	31.619 22	43.002 55

（六）对最终模型解释

在 Logit 最优模型中，如表 7 所示，显著因变量有 4 个，分别是 X_1、X_3、

X_9、X_{11}。由此可以判断，流动比率 X_1、长期资本负债率 X_3、营业收入增长率 X_9、总资产周转率 X_{11} 是影响企业资产负债率 Y，也就是企业经营绩效的最主要指标。也就是说，当流动比率增加 1 个百分点时，医药类上市公司资产负债率小于 0.5 是资产负债率大于 0.5 的概率的 8.658 216 倍。由于以上市公司资产负债率作为衡量其经营绩效的主要指标，换句话说，当流动比率增加 1 个百分点时，医药类上市公司的经营绩效较好是经营绩效较差的概率的 8.658 216 倍。同理，当长期资本负债率增加 1 个百分点时，医药类上市公司的经营绩效较好是经营绩效较差的概率的－25.393 8 倍；当营业收入增长率增加 1 个百分点时，医药类上市公司的经营绩效较好是经营绩效较差的概率的 8.444 095 倍；当总资产周转率增加 1 个百分点时，医药类上市公司的经营绩效较好是经营绩效较差的概率的－8.358 822倍。

表 7

变量名称	系数估计值	标准差	P 值
X_1	8.658 216	3.735 332	0.020
X_3	－25.393 8	8.847 477	0.004
X_9	8.444 095	4.786 898	0.078
X_{11}	－8.358 822	3.561 853	0.019
χ^2 检验统计量	67.85	虚拟判定系数	0.765 5
Prob>χ^2	0.000 0		

五、结　　论

通过前面的分析，可以得出以下结论：

一般来说，企业经营绩效的内容主要有 4 个方面：盈利能力、偿债能力、成长能力和营运能力。为全面考虑企业的发展，更为全面地衡量企业综合经营绩效的方法中对企业获取现金的能力也加以考虑。应该从盈利能力、偿债能力、营运能力、成长能力以及获取现金的能力这 5 个方面，对医药类上市公司的绩效进行全面、综合的评价。并由此分析得出，2014 年第三季度中医药类上市公司中主要影响其经营绩效的因素为流动比率、长期资本负债率、营业收入增长率、总资产周转率。

可以推断，医药类上市公司的盈利能力、营运能力和偿债能力是一个医药类上市公司具备较高综合绩效的关键因素。另外，需要注意的是，这些企业面临的普遍问题是成长性不是很高，这一点可能需要结合医药类的具体行业特征来解释。

总的来说，一方面，医药行业属于高成长性的行业，但其中具体到子行业而言，中药类企业的成长性更高，而以抗生素为主要产品的企业成长性较低；另一方面，医药行业本身对研发十分重视，研发水平对企业未来的发展能力有很大的影响，未来具有很大的不确定性，因而医药类企业的成长性指标并不是一个非常确定的衡量标准。由于未来的波动性很大，因而分析结果显示成长性指标的作用并不令人满意，并不代表成长能力的开发已经不是医药类企业的发展重点，相反，综合排名位置靠前的企业更需要注重成长能力的开发，寻找利润增长点，否则很可能被其他企业取代。

最后，从各企业所在省份来看，广东省、江西省、江苏省、上海市以及湖北省的医药企业整体绩效水平较高。猜测一方面，这可能是由于当地医药企业较多，行业内激烈的竞争导致的；另一方面，这些地区本身市场环境较为优越，市场开放程度、技术水平都较高，从而为企业发展提供了良好的环境。具体原因本文未对其进行分析，还有待进一步的研究。

主要参考文献

古扎拉蒂，2000. 计量经济学（上，下）［M］. 北京：中国人民大学出版社.

唐国兴，1988. 计量经济学——理论、方法和模型［M］. 上海：复旦大学出版社.

伍德里奇，2003. 计量经济学导论——现代观点［M］. 北京：中国人民大学出版社.

张寿，于清文，1984. 计量经济学［M］. 上海：上海交通大学出版社.

邹至庄，1988. 经济计量学［M］. 北京：中国友谊出版公司.

北京市畜牧企业品牌建设研究

——以北京市生猪企业为例

项目组成员： 侯　赛　郭德华　施圣龙　洪煜然　曹　润

指 导 教 师： 李玉红

摘　要： 作为重要的市场主体之一，企业在市场中有着重要的作用，是商品的提供者和销售者。企业是否遵守市场运行规定生产安全放心的产品，决定了消费者能否在市场上获得高质量的产品。我国现有的猪肉消费市场广阔，猪肉需求基本保持平稳的态势。但消费者对于有关生猪的概念并不是很清楚，存在对猪肉认知混乱等问题。在本文中，对消费者群体进行了一次调查，了解了消费者对于购买猪肉时相关消费习惯、支付意愿、企业信息披露等相关信息。经过此次研究，发现了现有畜牧企业存在生产环节监督不完善、企业品牌营销策略不合理、产品种类没有特色等问题，同时发现消费者对畜牧企业猪肉生产环节质量安全尤为关心。这成为企业是否能够使自己的产品成为受消费者信赖的品牌的关键因素。

关键字： 北京　猪肉消费　质量安全　品牌　营销策略

前　　言

中国是猪肉生产和消费大国，猪肉产量占世界猪肉产量近一半。随着我国城镇居民收入水平和生活水平的不断提高，人们对猪肉的消费需求出现了从追求数量到追求质量、风味并重转变的趋势。我国猪肉安全事件频发也使广大消费者需要寻找更安全、放心、健康的猪肉。本文以北京市生猪企业为例，分析企业建立发展猪肉品牌的必要性，探讨企业品牌建设所面临的机遇和威胁，希望为促进猪肉生产企业品牌建设健康发展提供借鉴。

一、北京市猪肉供应链消费基本概况

（一）消费者对于猪肉消费偏好的相关情况

1. 猪肉常购品种调查　如图 1 所示，常规猪肉和无公害猪肉为消费者普遍购买的品种，各占总样本的38%和37%。相比而言，更为安全放心的绿色猪肉、有机猪肉只占总样本的11%和12%。品质和质量更为上等的品牌猪肉只占总样本的2%。

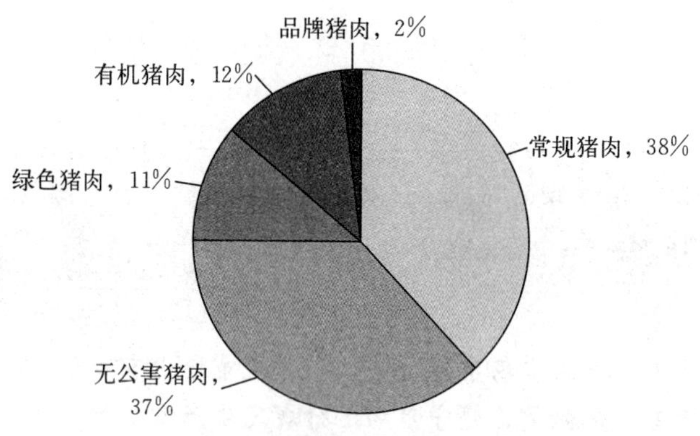

图1 猪肉常购品种

2. 购买该品种猪肉的原因 如图2所示，31%的消费者选择了质量安全是购买该品种猪肉的原因，24%的消费者认为价格才是他们选择该品种猪肉的原因，有14%的消费者认为各品种猪肉没有太大区别，甚至有7%的消费者不清楚各个品种猪肉之间有什么差别。

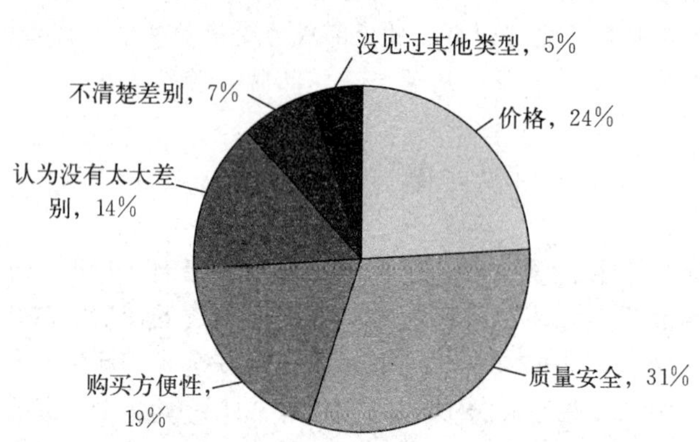

图2 购买该品种猪肉的原因

3. 猪肉质量安全的关注度 从图3可以看出，76%的消费者对猪肉的质量安全问题是十分关注的，只有2%的消费者对猪肉的质量安全表示不关注。

4. 消费者对猪肉质量安全水平由高到低排序 如图4所示，根据消费者的排序可以看出，消费者认为热鲜猪肉质量水平是最高的，其次是冷鲜猪肉，只有少部分消费者选择了冷冻猪肉。

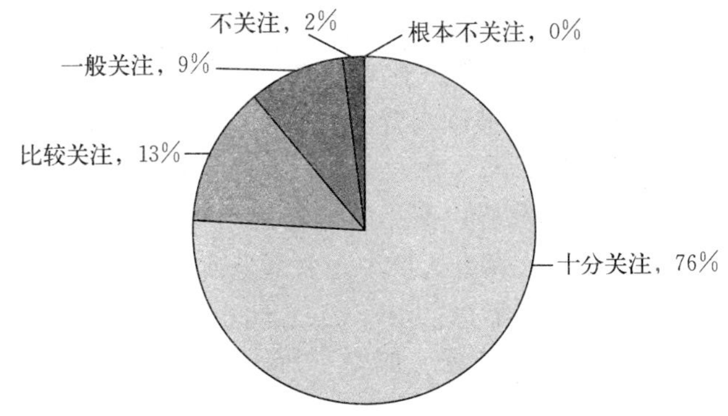

图 3　猪肉质量安全的关注度

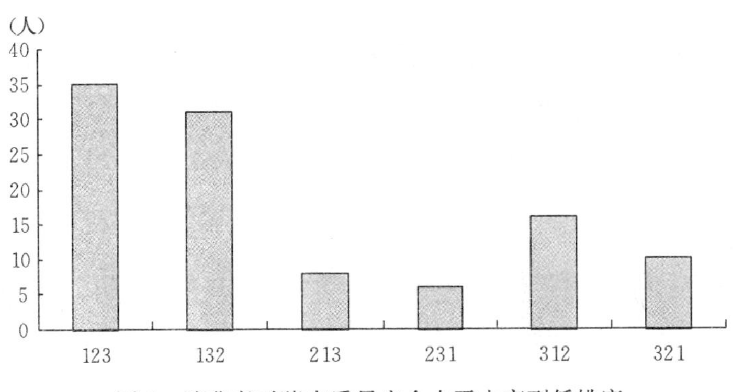

图 4　消费者对猪肉质量安全水平由高到低排序

1. 新鲜猪肉　2. 冷冻猪肉　3. 冷鲜猪肉

(二) 消费者对于信息披露和价格支付意愿的相关情况

1. 了解猪肉安全的主要途径　通过分析可以知道，目前消费者获取猪肉安全信息的主要途径是通过电视。报纸和杂志是消费者认为了解猪肉安全方面信息最可靠的信息源。

2. 消费者对政府提供猪肉安全信息的满意度　由数据得出，有 39%的消费者对经销商发布的安全信息表示一般，25%的消费者对政府提供的安全信息表示不满意，还有 15%的消费者持无所谓态度。

3. 消费者迫切需要政府提供的信息　调查结果显示，消费者对于列举出的各选项的关注度相差不多。但是，对生产和经销的卫生情况和生猪产地疫情的关注度相对较高。

4. 未来 5 年猪肉的消费量变动及原因　在调查中看到，未来 5 年内猪肉消费量分别为增加、减少、没有明显变化的家庭数相差不大。但从总体而言，较多家庭猪肉的消费量会增加。

（1）未来5年内，消费者对猪肉的消费趋势呈增加态势。其中，消费者认为增加的原因为猪肉降价。可见，价格影响需求。

（2）在调查中，有34%的被调查者认为未来5年内会减少对猪肉的消费量。其中，大部分人认为减少的原因为收入减少，少部分人认为猪肉涨价或增加其他肉类消费。反映出自身价格及替代商品的价格对猪肉消费量有很大的影响。同时，随着就业压力的增加，在调查人群中，大部分人对未来自己的工资收入不乐观，这些原因共同影响着猪肉消费。

5. 消费者判断猪肉安全的依据 如图5所示，在对猪肉安全的标准及其重要程度的9个指标中，消费者普遍认为这9个指标都很重要。但发现，色泽、新鲜度等外观因素，农药和兽药残留及是否获得无公害猪肉基地认证3项指标有部分消费者认为无关紧要；而价格、是否有安全认证标识、购买场所和卖方信誉则被认为是非常重要的。受瘦肉精、注水猪肉等影响，猪肉的色泽、新鲜度等外观要素已经不再是消费者判断猪肉是否安全的准则，消费者更愿意相信有安全认证标识，去具有良好信誉的购买场所进行购买。

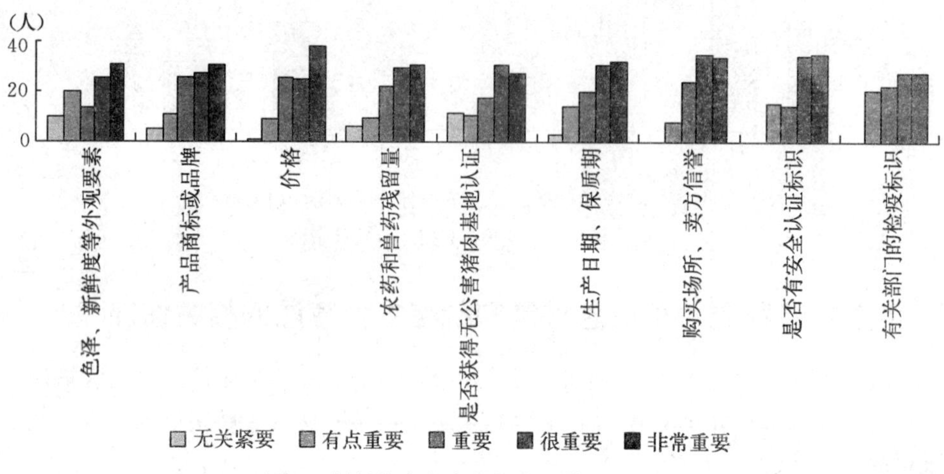

图5 判断猪肉安全的标准及其重要程度

二、北京市猪肉企业的品牌建设现状

北京市猪肉企业的品牌建设在商标数量以及质量方面有很大的不足，特别是相对北京市的经济发展以及日益扩大的企业规模来说，北京市生猪企业的驰名商标数量和著名商标的数量还远远不够。目前，知名度较高的有精气神、佳家康、黑六、荷尔美等8家企业。北京市急需尽快培育出一批更优质品牌以适应经济社会的快速发展。此外，企业品牌经营意识还不够强，企业品牌营销策略不合理，不少企业偏重短期效益，忽略长期发展。与国外高端猪肉品牌的建设相比，北京市生猪企业品牌建设的体制、机制与国际先进水平还有一定差距。企业必须学习国外先进的管理思想，形成适合本土企业发展的制度策略。一个没有现代企业制度的企业，不可能谈得上实施品牌战略。

三、数据来源及样本基本特征

（一）调查方案

在针对北京市消费者的调研中，选择北京市的海淀区、朝阳区、东城区和西城区 4 大主城区以及丰台区、大兴区、昌平区、门头沟区、顺义区和房山区 6 大城市功能拓展区作为调查地区。调查地点主要包括大型超市、公园和居民社区。被调查对象为家庭食品的主要购买者。在调查时，采用一对一访谈的形式以保证问卷质量。经整理，剔除无效样本 10 份，最终获得有效样本 110 份。

（二）样本特征描述

样本的社会人口统计特征如下：从性别看，被调查者 54%为女性，男性占 46%，男性少于女性；从年龄分布看，被调查者的年龄分布较为均匀，以 31～40 岁人群为主，其次为 30 岁以下及 41～50 岁人群。人均收入以中低层收入人群为主，调查数据较具有代表性；从学历水平看，被调查者的学历水平呈正态分布；被调查人群学历分布范围较广，高中以上技校中专学历人数最多。从收入看，被调查者的家庭月均收入整体上呈正态分布，家庭月均收入在 2 001～5 000 元的被调查者所占比例略高，占 45%，家庭月均收入低于 2 000 元的被调查者所占比例较低；从家庭规模看，被调查者的家庭以三口之家居多，低于 2 人和高于 6 人的家庭占比较少；总体来看，样本的社会人口统计特征分布较为合理，调研数据能反映北京市消费者的基本情况。具体见图 6～图 8。

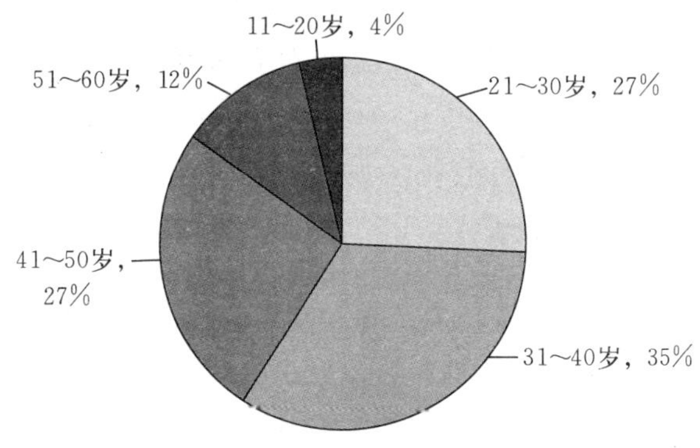

图 6　被调查人群的年龄分布

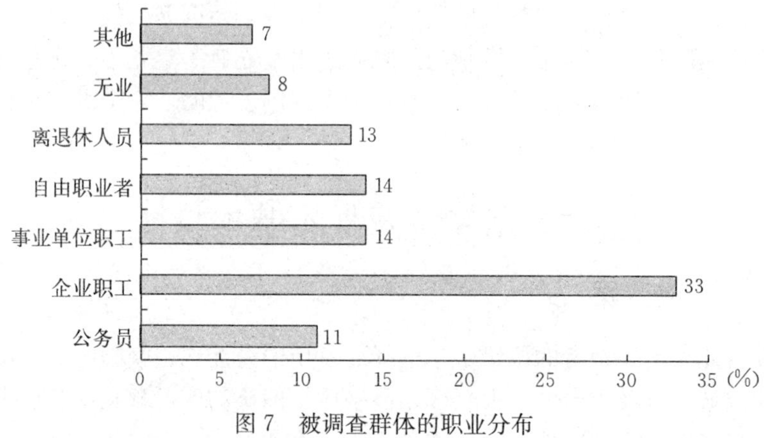

图 7　被调查群体的职业分布

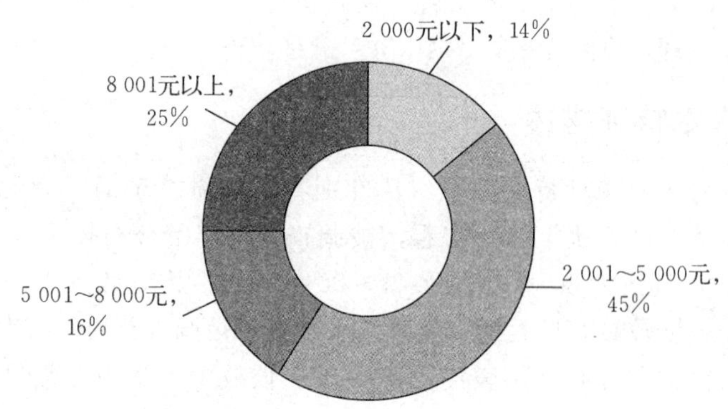

图 8　被调查群体的收入分布

四、企业品牌建设问题

（一）消费者对猪肉标识认知度低

如图 9 所示，通过调查数据发现，被调查者对有机食品的标志较为熟悉，对绿色农产品的标志熟悉度较低。可见，在日常生活中，消费者对相关认证标识的认知度不强，从市场层面来说，消费者对绿色农产品、有机食品的关注度仍不够。

（二）购买渠道不规范

从图 10 可以看出，消费者普遍选择在超市和农贸市场购买猪肉，猪肉专卖店和没有固定购买地点的比例较低。可以看出，消费者对专业的猪肉专卖店购买没有较大偏好。若想要保证猪肉的质量安全，就应该加强超市和农贸市场的质量监督，同时还要加强对猪肉专卖店的宣传力度。

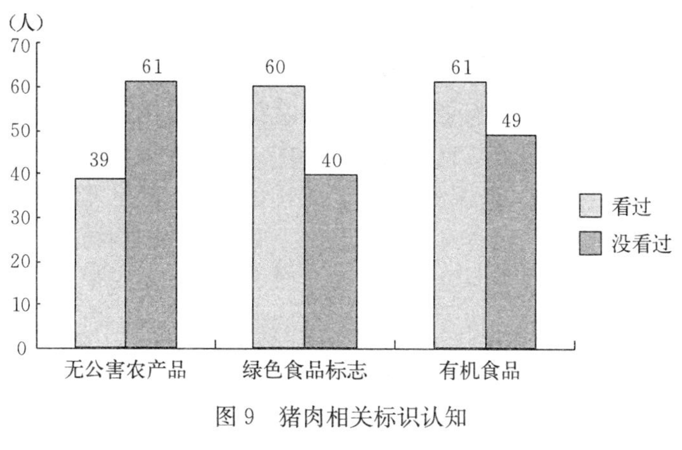

图 9　猪肉相关标识认知

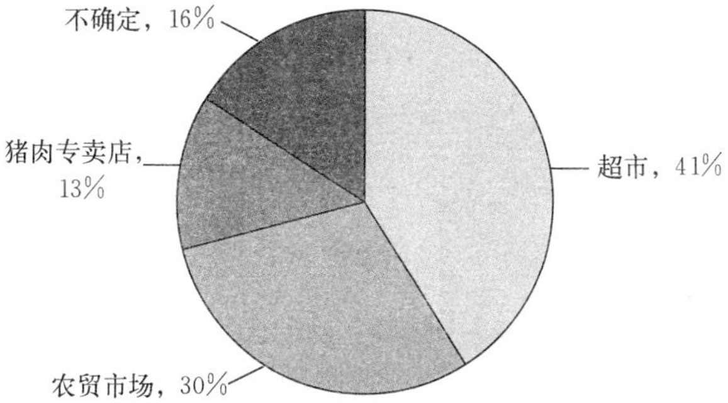

不确定，16%
猪肉专卖店，13%
超市，41%
农贸市场，30%

图 10　猪肉产品购买地点

（三）消费者能接受的最高价格有限

在调查中看到，大部分的消费者依旧购买常规猪肉和无公害猪肉，分别占总样本的38%和37%。而购买品牌猪肉的消费者只占总样本的2%。在对购买这些品种猪肉的原因做调查时，价格原因成为影响消费者购买不同品种猪肉的重要因素。这种关注度使猪肉品牌的定价和消费市场相对比较单一。但是，品牌猪肉质量较好、价格较高的产品，在市场上的销售量却相对较低。产品本身成本较高，若将价格相对降低，利润自然会降低。价格定位成为影响猪肉品牌打入市场的重要原因之一。具体如图 11 所示。

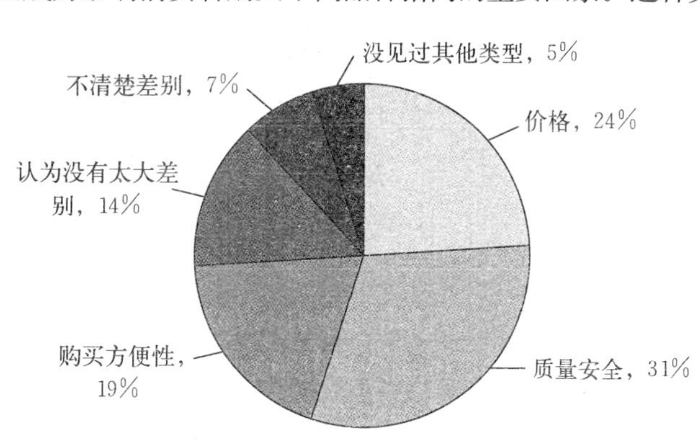

图 11　购买该品种猪肉的原因

（四）猪肉安全信息缺少权威性和透明性

目前，消费者获取猪肉安全信息的主要途径是通过电视、报纸和杂志、网络等媒体，在对不同来源渠道信息的信任调查中，消费者最为信任的信息来源渠道是“政府部门”，其次是“商家和生产商”，排在第三位的是发布的信息。频发的猪肉质量安全事件使得消费者对媒体信息、企业广告和购物场所的促销宣传等难以辨别真伪。在众多信息来源渠道中，由于政府发挥食品安全的监管职责，发布信息也更具权威性，所以消费者较为信任政府的相关公告。消费者认为生产商的生产流程信息不能做到完全公开，透明性差，这对于企业建立品牌非常不利。如何扭转消费者对企业信息不信任的态度，需要企业花费大量的时间精力去改善。具体如图 12、图 13 所示。

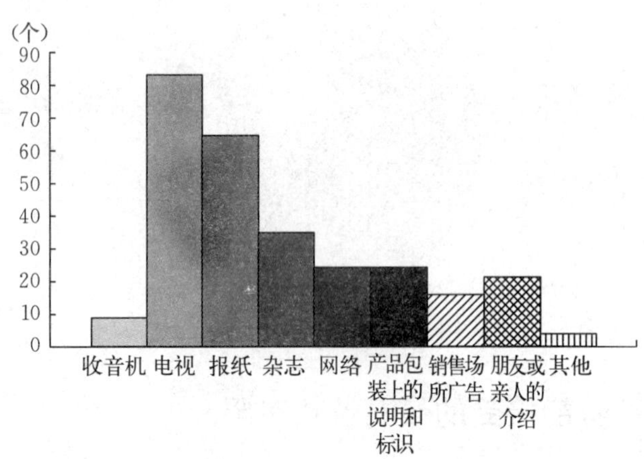

图 12　消费者了解猪肉安全的主要途径

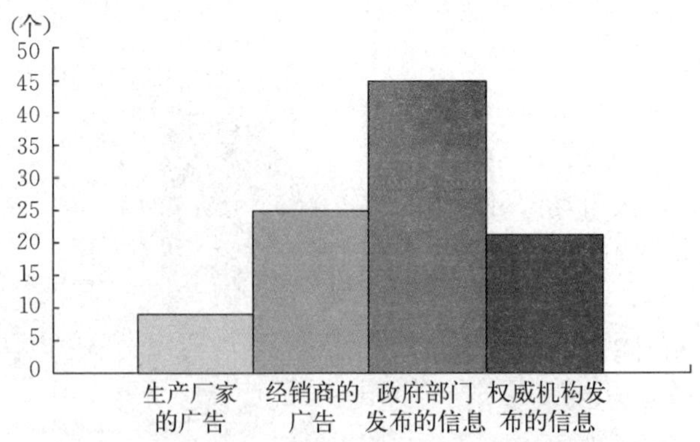

图 13　广告消费者认为猪肉安全方面最可靠的信息源

（五）缺乏对猪肉的质量监督

近年来，瘦肉精、病猪肉等猪肉质量安全事件的发生使得消费者对猪肉质量安全问题关注程度较高。被调查消费者中，对猪肉质量安全问题“十分关注”和“比较关注”的消费者占到样本总体的 73.4%和 12.8%，“一般”和“不太关注”的消费者仅占样本总体的 8.3%和 1.8%。饲料及添加剂的生产、兽药的生产和使用、生猪饲养、屠宰及加工等环节是消费者普遍关心的问题。在对猪肉安全影响较大的环节中，40%的人认为对猪肉安全影响最大的是运输环节，对猪肉影响最薄弱的环节是兽药的生产和使用。同时，饲料及添加剂的生产与生猪饲养环节被认为是比较薄弱的环节。调查中了解到，消费者认为添加剂、兽药的不合理使用使猪肉在源头上就出现了问题。其次屠宰和加工的环境是否干净无菌也决定着猪肉是否安全无污染。也有部分民众对猪肉安全的问题持怀疑态度，甚至质疑猪肉中存在注水、药物残留等问题。猪肉的卫生和安全问题是消费者购买地点选择的首要条件，若企业想建立品牌，卫生和质量安全的保证会成为吸引消费者和保证销售的重要因素。所以，猪肉的质量安全是企业建立猪肉品牌首先和必须要面对的问题。

屠宰和加工的环境是否干净无菌也决定着猪肉是否是安全无污染。消费者质疑生产商乃至质监部门对这些环节的监控是否认真到位，这就影响了企业建立品牌时能否保障所生产的产品在每个环节都能经过严格控制，这对于能否赢得消费者对产品的信任非常重要。具体如图 14、图 15 所示。

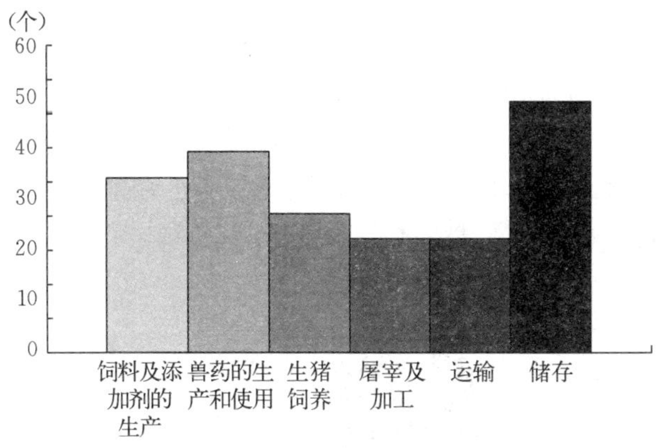

图 14　对猪肉安全影响较大的环节

（六）企业品牌营销策略不合理

就本次问卷涉及的 4 个企业来说，从知名度上来看，家佳康排名第一，知晓其品牌的消费者达 61%，荷尔美和黑六几乎不相上下，分别达到 57%和 56%，相比之下

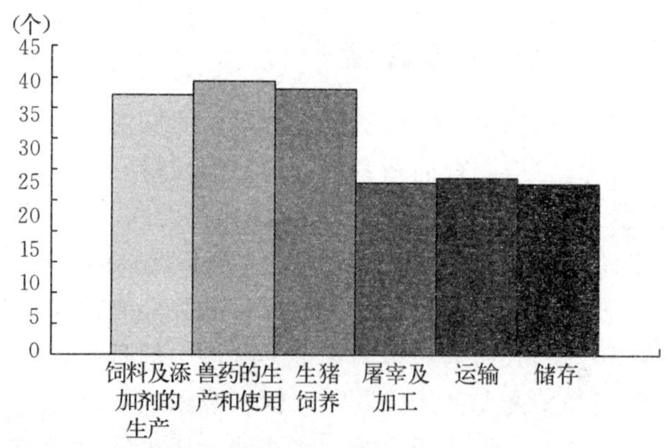

图 15　对猪肉安全影响薄弱的环节

鹏程的知名度最低，仅有 44%；从购买频率上来看，家佳康的顾客中有 55.2%选择了“偶尔”，而经常购买的只占 27.6%；荷尔美的情况也类似，47.7%的顾客选择“偶尔”，36.4%的顾客选择“经常”。这两个品牌虽然知名度相对较高，但是客源不够稳定。黑六和鹏程的客源就更加稳定，在“从不”、“偶尔”和“经常”3 个选项中，选择“经常”的比其余两项都多，其中黑六选择“经常”的占总比例的 42.0%，鹏程选择“经常”的占 37.6%；从满意度上来看，选项按照从好到坏一共 5 个，这 4 个品牌各有特点。家佳康的数据中前四项的分布是最平均的，也就是说，各个选项都有 20 名左右的投票，最后一项“不满意”的票数占 5 个，在 4 个品牌里排名第三；黑六则侧重最明显，选择中间项的人数达到 50%，总体来看民众感觉中等偏上；不过比较可喜的是，黑六的数据中不满意选项为 0，排名第一；荷尔美呈现比较明显的正态分布，第一选项和第四、第五选项均较少，第二、第三选项数量最多，但是它的情况急需引起大家注意，因为荷尔美的调查结果显示，选择“不满意”的顾客有 15 名，比率达到了 17.2%。这部分顾客不仅不会带来经济效益，反而会影响潜在市场，对品牌形象的树立非常不利，若不引起重视，必将带来损失（图 16）。

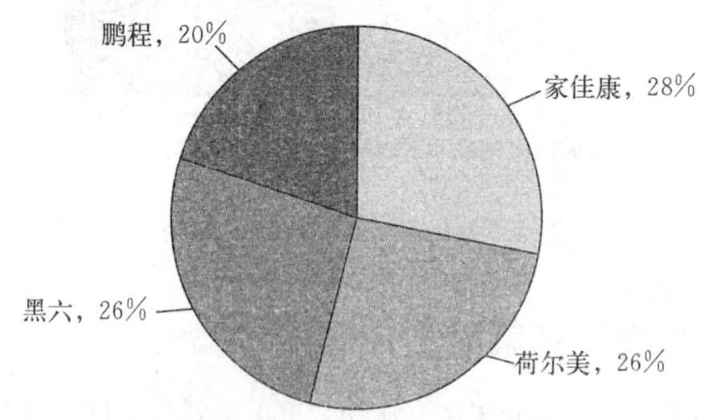

图 16　企业品牌的知名度

五、政策建议

（一）加强对猪肉标识认知，规范购买渠道

消费者对相关食品标识认知不清，可以看出是对有无食品认证标识的不重视。国家相关卫生、检疫部门和食品监管部门应该加强对食品标识的普及，填补消费者的知识空白。而消费渠道的不规范则会引发一系列的食品安全质量问题，所以建议广大消费者在超市及猪肉专卖店购买。对于企业来说，若想把自己的品牌推广出去，必须要建立便捷的购买渠道，寻找合适的销售地址。同时就政府而言，应该加大力度让消费者更清晰地分辨有品牌保证的猪肉与普通猪肉的区别，这样能够增加品牌猪肉的销量，也是对企业品牌的保障。企业应该在坚持保质保量的同时，增加市场份额，多做宣传与推广。政府同时也要对猪肉散户进行规划并加大监察力度，减少不安全猪肉在市场上的份额，减少质量安全问题的发生。

（二）采用需求差异定价，优质优价

猪肉企业可以对猪肉进行精细分割，对消费者喜欢但是产量较低、质量较好的排骨、里脊肉等采用优质优价策略：对其他部位的猪肉则采取相对较低的价格，满足不同层次顾客的需要。在单价方面，采取“以九定价”策略，降低消费者对价格的直观感受，使消费者从心里感觉到实惠。

（三）加强信息公开，强化信息审核

在电视等媒体途径上传播的消息是一把双刃剑，企业如果要树立良好的品牌形象，就要选择恰当的媒体，树立良好形象。猪肉品牌经销商最好的宣传模式依旧是在电视台的权威节目中进行广告宣传，如条件可能的话，可参加农业类节目录制。企业要加强猪肉安全方面的信息发布力度，对于猪肉生产销售环节等详细信息也应成为公开发布的重要环节之一，这样能够使消费者快速地认同企业品牌。政府作为最受关注的信息源需要及时地将猪肉安全的消息最准确、最快速地传递给消费者。并且应该加强监督，防止虚假广告的出现。同时，企业也应配合政府的调查，积极提供相关信息。这有利于企业在政府乃至消费者心目中树立安全可靠的形象。

（四）加强监管，营造促进质量安全行为协调的政策环境

作为猪肉生产企业，如何在生猪饲养时将兽药的使用对消费者公开化，使消费者相信猪肉安全是建设品牌的重要问题。同时，改善猪肉储存状况，保证猪肉肉质和新鲜度，防止注水猪肉的产生，也是应解决的问题之一。企业不应利用消

费者对生产环节的错误认知，在这些环节上偷工减料。要在生产车间建立严格的生产机制和安全检查机制，保证在每个生产环节的安全。政府首先应普及有关猪肉安全的相关知识，让消费者对猪肉安全有正确的认识。其次，政府应加强对每个环节监察的力度，发挥北京市食品药品监督管理局等部门的作用，进行常规常态化检查。主要还是强化监管机制，不让企业在任何环节做出对食品安全有恶劣影响的事情，可以赋予监察机关较大的权力，还应增强其执行力，并清晰划分各种权责界限，避免互相推卸责任或因结构混乱而无法查处的情况出现。政府还可通过政策对企业进行激励，如奖励一段时间内质量没有出现问题的品牌，举办同类产品的品牌年度评比，并根据结果给予品牌在一定时间内销往其他地区市场的政策便利（为了避免地区保护主义影响品牌发展，甚至为品牌走出国门做贡献）。

（五）优化企业营销策略，扩大品牌市场占有率

首先，企业应分别针对自己的品牌做出明确的市场定位，采取优质优价策略，对不同的肉品采取不同的定价，以满足不同层次客户的需求，最大化地获取利润。其次，严格保证品质的情况下增加投资，设计令人耳目一新的包装，节假日推出礼盒套装，从精神层面触及消费者的神经，这应该会大量增加顾客的“回头率”，在市场战略上实现从“量”到“质”的重心转移。再次，针对消费者满意率的问题，企业应该尽快做市场调查，同时从企业内部分析可能令消费者不满意的原因，双管齐下，尽最大努力稳定市场份额。最终强化品牌影响力，在电视台、广播电台、地铁、公交及互联网等平台宣传，使企业品牌可以在更广阔的主流媒体上宣传，提高品牌知名度。最后，将资金用于设备的研发、改进等科技含量较高的项目上，主要目的是提高效率，降低单位生产成本。这样有利于扩大生产规模，将产品销往更远的市场，直接扩大消费者群体，同时在同类竞争中争取价格优势，吸引关注，方便抢夺顾客。当品牌在逐渐扩大的顾客群体中日益稳定的时候，无需投资过多广告宣传，从百姓口碑中便形成了品牌效应，有利于长远发展。

主要参考文献

乔娟，王道正，2012. 高端猪肉生产企业的营销策略及 SWOT 分析——以北京市为例［D］. 北京：中国农业大学.

居民主观幸福的影响因素分析

——从住房方面分析

项目组成员：绳兴赫
指 导 教 师：夏　龙

摘　要：本文采用 ols 模型和定序 Logit 回归方法实证分析年龄、教育程度、月收入、住房面积和居民主观幸福感之间的关系。研究发现：住房面积与幸福感显著正相关，家庭住房面积越大，居民主观幸福感水平越高；收入越多，居民的幸福感也越高。因此，为了提升居民主观幸福感，增加人民福祉，需要进一步深化住房制度改革，努力增加住房供应，保障人民基本住房需求；提高人民生活水平，维护社会和谐；合理规划城市建设。

关键词：住房面积　收入　主观幸福感　ols 模型　定序 Logit 回归

前　　言

古往今来，幸福一直是人们追求的理想境界和探讨的永恒主题。人民幸福是社会主义和谐社会的根本标志，也是社会主义和谐社会建设的根本目标。生活幸福不仅是个人追求的生活目标，提高人民幸福感也是政府的执政理念。伴随着幸福话题的深入人心，越来越多的人研究什么能使人幸福。我国特有的传统文化赋予了住房对于居民幸福感独特的意义，我国是以家为主体的社会，住房是家的实体，住房直接关系着民众的幸福。所以，本文所要研究的就是住房与居民主观幸福的影响因素。

一、描述统计

本文把年龄、教育程度、月收入和住房面积作为自变量，其中教育程度分为初中、高中、本科。住房作为一种商品，也同时是一种资产、一种财富。对于大多数家庭而言，住房是家庭最大的资产，所以月收入也是自变量之一。提到住房，肯定会想到住房的面积，所以住房面积也是其中的自变量。因变量为居民主观幸福，分为不幸福、比较幸福、幸福、非常幸福，编号分别为1、2、3、4。

本文数据来源是通过口头提问的方式获取的，一共调查了50个居民，通过向他们提问并记录，然后在整理到表格中。调查对象在17～80岁，对象是所熟悉、认识的人。

二、回归建模

（一）ols全模型

见表1。

表1

变量名称	系数估计值	标准差	*P*值
age	−0.01	0	0.01
income	0	0	0.2
area	0.01	0.01	0.03
edu	1.26	0.23	0
_cons	1.05	0.34	0
F	82.22	判决系数	0.88
*P*值	0	调整后的判决系数	0.87

首先本文进行了一个全模型回归，从全模型来看（表1），其拟合优度为0.88，说明所有自变量可以解释因变量88%。F统计量为82.22，在10%的显著性水平上，拒绝了所有斜率系数联合为0的原假设，说明方程是显著的。不过并非每一个自变量都是显著的，从估计结果看，income是不显著的，将该方程命名为$m1$。通过检验可得出，没有异常值和多重共线性，也没有异方差。

从表1中可知，年龄每增加1岁，居民主观幸福感就会减少0.01个单位，说明岁数越小，对世界的向往越美好、越天真，不用担忧住房的问题；但随着年龄的增长，就会希望拥有自己的房子，所以就为买房的事情所担忧。所以，从住房方面分析，岁数小的幸福感就会比岁数大的幸福感要多。因为岁数小的不用担心住房问题，家长都为他们准备妥当了，但岁数大的就得靠自己的能力去奋斗。月收入与居民主观幸福感无关，从这可以看出，人们的幸福感并不取决于金钱。住房面积每增加1平方米，居民主观幸福感就会增加0.01个单位。这表明，住房面积的大小与居民主观幸福感高度相关，即居住空间越大，居民幸福感越高。因为居住的舒服了，心情也会不一样，所以幸福感也就会越高。教育程度每增加1个高度，居民幸福感增加1.26个单位。因为知识越多，见到的和所了解的就越多，对内在的关注就会更多一些，对精神世界的关注度就会高，就容易想通一些事情，所以就越幸福。

（二）ols最优模型

见表2。

表2

变量名称	系数估计值	标准差	*P*值
age	−0.01	0	0.01
area	0.02	0	0
edu	1.33	0.22	0
_ cons	0.94	0.33	0.01
F	107.47	判决系数	0.88
*P*值	0	调整后的判决系数	0.87

采用逐步剔除法建模，剔除了*P*值最大的income变量，利用逐步剔除法估计的最优模型，本文命名为mols。从ols最优模型来看（表2），其拟合优度为0.88，说明所有自变量可以解释因变量88%。*F*统计量为107.47，在10%的显著性水平上，拒绝了所有斜率系数联合为0的原假设，说明方程是显著的。从表2中可知，年龄每增加1岁，居民主观幸福感就会减少0.01个单位。说明岁数越小，对世界的向往越美好、越天真，不用担忧住房的问题，所以岁数小的幸福感就会比岁数大的幸福感要多。因为岁数小的不用担心住房问题，家长都为他们准备妥当了，但岁数大的就得靠自己的能力去奋斗。住房面积每增加1平方米，居民主观幸福感就会增加0.02个单位。这表明，住房面积的大小与居民主观幸福感高度相关，即居住空间越大，居民幸福感越高。因为居住的舒服了，心情也会不一样，所以幸福感也就会越高。教育程度每增加1个程度，居民幸福感增加1.33个单位。因为知识越多，见到的和所了解的就越多，对内在的关注就会更多一些，更注重本质的东西。

（三）使用定序logit的全模型

见表3。

表 3

变量名称	系数估计值	标准差	*P* 值
age	0.89	0.04	0.02
income	1	0	0.05
area	1.42	0.18	0.01
edu	798	1.60e	0.99
P 值	0		
LR	105.32	判决系数	0.779

其次本文采用定序 logit 的全模型，从这个全模型看（表 3），其拟合优度为 0.78，说明所有自变量可以解释因变量 78%。LR 为 105.32，在 10%的显著性水平上，拒绝了所有斜率系数联合为 0 的原假设。说明方程是显著的，不过并非每一个自变量都是显著的。将该方程命名为 ologitall。从表 3 中可知，随着年龄每增加 1 岁，居民的主观幸福感增加 0.89 个单位。收入每增长 1 元，居民的幸福感增加 1 个单位。住房面积每增加 1 平方米，居民的幸福感增加 1.42 个单位。可以看出，住房面积与居民的幸福感高度相关，住房面积越大，居民越幸福。原因可能是人们居住的环境比较舒服，所以就幸福。教育程度不显著，说明与居民主观幸福感无关、无影响。

（四）定序 Logit 的最优模型

见表 4。

表 4

变量名称	系数估计值	标准差	*P* 值
age	0.89	0.04	0.01
income	1	0	0.04
area	1.47	0.19	0
P 值	0		
LR	103.85	判决系数	0.768

采用逐步剔除法建模，剔除了 *P* 值最大的 edu 变量，利用逐步剔除法估计的最优模型，本文命名为 ologitu。从 Logit 最优模型来看（表 4），其拟合优度为 0.77，说明所有自变量可以解释因变量 77%。LR 为 103.85，在 10%的显著

性水平上，拒绝了所有斜率系数联合为 0 的原假设，说明方程是显著的。从表 4 可知，年龄每增加 1 岁，居民的幸福感增加 0.89 个单位，收入每增长 1 元，居民的幸福感增加 1 个单位。住房面积每增加 1 平方米，居民的幸福感增加 1.47 个单位。

（五）比较

见表 5。

表 5

模型	自变量个数	A	AIC	BIC
m1	4	5	62.856	72.417
mols	3	4	62.688	70.336
ologitall	4	7	43.958	57.343
ologitu	3	6	43.42	54.897

本文现在有 4 个模型，有 2 个全模型和 2 个最优模型。为了获得最终模型，利用 AIC 和 BIC 准则进行判断，具体如表 5 所示。m1 模型的 AIC 是 62.856，BIC 是 72.417；mols 模型的 AIC 是 62.688，BIC 是 70.336；ologitall 模型的 AIC 是 43.958，BIC 是 57.343；ologitu 模型的 AIC 是 43.42，BIC 是 54.897。从中可看出，ologitu 的 aic 和 bic 最小，所以选择 ologitu 为最终模型。据此，可得出年龄、收入和住房面积与居民的主观幸福有关系。

三、结　　论

研究发现，年龄越大，居民主观幸福感越高。原因可能是年龄越大，阅历越多，经历的多了，就把事情看淡了，所以想得开，没有那么多烦恼；越年轻越刚强，容易冲动，想不通的事情越多。所以年龄越大，居民主观幸福感越高。收入越多，居民主观幸福感越高，原因是收入越多，就有钱买房子了，居住的地方也就稳定下来了，有一个稳定的住所，所以幸福感水平越高。住房面积与幸福感显著正相关，家庭住房面积越大，居民主观幸福感水平越高。

总之，住房状况与人们的幸福息息相关。拥有住房，不仅是财富的象征，更是家的载体。它不仅仅是居住的问题，也关系到人们是否可以过得幸福，是否可以建设一个幸福美好的社会。所以，国家加强对住房的管理是很有必要的，国家应努力增加住房供应，保障人民基本住房需求；公平分配居住空间，确保住房分配均衡；合理规划城市建设，提高居住环境舒适度。

主要参考文献

黄嘉文，2013. 教育程度、收入水平与中国城市居民幸福感——基于 CGSS2005 的实证分析［J］. 社会（5）：181－203.

柯燕，黄小荣，2011. 主观幸福影响因素的模型构建［J］. 湖北社会科学（7）：53－56.

刘洪玉，杨帆，徐跃进，2013. 基于 2010 年人口普查数据的中国城镇住房状况分析［J］. 清华大学学报（哲学社会科学版）（6）：138－147，158.

大学生课外阅读量的影响因素分析

项目组成员： 韩　珊
指 导 教 师： 沈文华

摘　要：“读书是上帝赐予人独享的福分。书籍让我们有幸在任何时候，无论贫富荣枯，都能诗意地栖居在、生活在语言文字编织的奇妙而梦幻的乌托邦里，从而成就人作为万物之灵的殊荣。”

随着不同阶段教育改革的不断推进，人们越来越重视学生在课余时间的阅读。前苏联教育家苏霍姆林斯基曾说过：“让学生变聪明的方法，不是补课，不是增加作业量，而是阅读、阅读、再阅读。”学生的阅读能力与其学习成就有密切的关联。学生阅读经验越丰富、阅读能力越强，越有利于各方面的学习。一个人的精神发育史实质上就是一个人的阅读史。学生阶段是人生读书的黄金时期，因此大学生要在这段时期里充分利用大学不同于初高中的教学特质，充实自己的精神世界，为今后的人生做好铺垫。

关键词： 大学生　课外阅读　线性回归　单因素方差分析

前　　言

高尔基曾说：“书籍是人类进步的阶梯。”阅读的重要性可概括为文化保存、知识经济、信息社会信息与传播等。作为21世纪的大学生，时代为我们提供了舒适的阅读环境、便捷的条件、数量庞大的阅读书籍以及更高的知识储备要求，只停留于书本教材的阅读已经远远不够。我们需要提高自身素质，增加品质道德修养，拓展知识面，而这些都可以在大量的阅读中得到积累和发展从而完善自身。然而，有相当一部分大学生却在闲散的课程设置和安逸的大学生活中荒废了时光，娱乐活动几乎占据了全部的时间，图书馆仅在期末考试复习阶段得到有效利用。这是急需改变的现状。

本文通过调查大学生课外阅读方面的基本情况，从中发现问题，探索如何解决问题，从而提出合理的建议，有针对性地给予广大同学指导和帮助，努力提高大学生课外阅读的兴趣和质量，引导当代大学生正确合理地进行课外阅读。

本文采用SPSS软件对2014年北京农学院大学生课外阅读情况的影响因素进行分析，主要采用了问卷调查法进行了较为全面的调查。调查包括了北京农学院在校大学生自主阅读、学习观念、课程阅读要求以及社团阅读活动。通过上述影响因素深入分析对大学生课外阅读的影响并希望通过这次调查能够全面而真实地反映北京农学院在校大学生课外阅读现状，为大学生今后的课外阅读提供参考。

一、研究框架

（一）研究设计

见图 1。

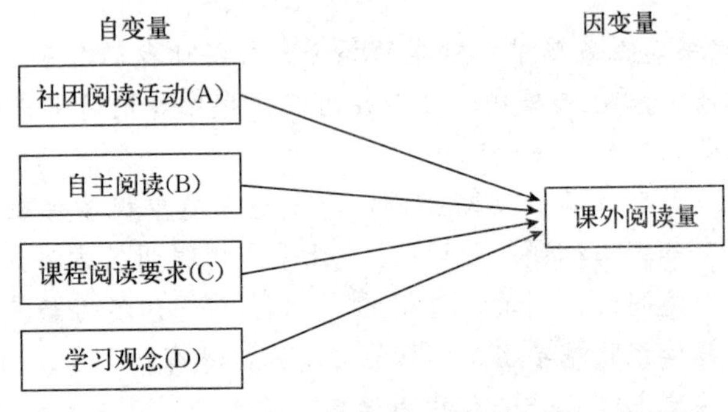

图 1　研究相关的变量和因变量

本文中所研究的大学生课外阅读量与自主阅读、学习观念、课程阅读要求和社团阅读活动紧密相关。这些影响因素都会影响大学生课外阅读量。

社团阅读活动是学生根据自身兴趣爱好和发展需要自行选择的学习型活动，更多具有同样阅读爱好与习惯的学生聚集在一起，会对学生的阅读习惯形成积极的影响，增加课外阅读量，并潜移默化地形成阅读的永久性习惯。社团阅读活动越频繁，课外阅读量越大。

自主学习，这是与传统的接受学习相反的一种现代化学习方式，以学生作为学习的主体，通过学生独立的分析与探索来实现学习目标。脱离课堂教学的硬性规定，学生在自主学习中往往会主要针对自己感兴趣的知识选择书籍和资料进行阅读，这在很大程度上会扩知识储备量，拓宽视野。自主学习积极性越强，课外阅读量越大。

课程阅读要求是在学校教学过程中，教师通过课程论文写作和课程论文报告等形式要求学生广泛搜集资料阅读文献。这样的阅读要求不仅仅局限于专业课程，更多的是要求学生通过课外阅读从大量的资料中进行整合。课程阅读要求越高，课外阅读量越大。

学习观念是学生对学习的主观认识与客观认识系统化的集合体。学生往往会根据自身形成的学习观念进行学习活动。因此，应付式的学习观念往往会造成学生对学习的厌恶，而正确积极的学习观念，认为学习是帮助认识和理解世界的看法，则有助于增强对学习和阅读的渴望，促使学生更多地进行阅读并通过这样学到知识有助于更清晰深刻地认识世界。学习观念越积极，课外阅读量越大。

本文采用回归分析法、相关分析法和单因素方差分析法对上述数据进行分析，从而得出大学生课外阅读量的影响因素。

（二）数据来源

本文的研究主题及大学生课外阅读的影响因素是通过 4 个自变量反映的。本文的研究数据，采用了 2014 年北京农学院大学生学习与发展调查数据，调查北京农学院本科生 4 年的追踪数据。该调查通过发放问卷的形式完成，共 1 822 份问卷被有效回收，调查对象采用了随机抽取的形式（表 1）。

表 1　描述性统计量

变　量	均值	标准差	N
(a) 去图书馆/自习室学习	64.088 5	27.409 76	1 822
(c) 广泛搜集查阅资料并进行整合	66.124 5	26.540 24	1 822
(d) 参加学习社团（如读书会、英语俱乐部等）	51.19	50.000	1 811
(b) 学习就是帮助我们认识和理解世界	74.824 7	21.808 54	1 801

二、实证分析

（一）相关分析

从表 2 中可以看出 4 个变量之间的相关性，4 个变量之间没有明显的相关关系。Bootstrap（B）的偏差均为 0.00，可以进行回归分析。从表 2 中可以看出，探究式学习和合作性学习之间是负相关关系。在控制力主动学习合作水平之后 4 个变量的相关系数仍具有统计学意义。

表 2　相关性分析

控制变量				(a) 去图书馆/自习室学习	(c) 广泛搜集查阅资料并进行整合	(d) 参加学习社团（如读书会、英语俱乐部等）	(b) 学习就是帮助我们认识和理解世界
(a) 去图书馆/自习室学习	Pearson 相关性			1	0.241**	0.180**	0.206**
	显著性（双侧）				0.000	0.000	0.000
	N			1 801	1 801	1 801	1 801
	Bootstrap	偏差		0	0.000	0.000	0.000
		标准 误差		0	0.025	0.023	0.023
		95% 置信区间间	下限	1	0.196	0.134	0.158
			上限	1	0.290	0.223	0.252

（续）

控制变量				(a) 去图书馆/自习室学习	(c) 广泛搜集查阅资料并进行整合	(d) 参加学习社团（如读书会、英语俱乐部等）	(b) 学习就是帮助我们认识和理解世界
(c) 广泛搜集查阅资料并进行整合	Pearson 相关性			0.241**	1	0.184**	0.263**
	显著性（双侧）			0.000		0.000	0.000
	N			1 801	1 801	1 801	1 801
	Bootstrap	偏差		0.000	0	0.000	0.000
		标准 误差		0.025	0	0.022	0.023
		95% 置信区间	下限	0.196	1	0.139	0.216
			上限	0.290	1	0.229	0.307
(d) 参加学习社团（如读书会、英语俱乐部等）	Pearson 相关性			0.180**	0.184**	1	0.157**
	显著性（双侧）			0.000	0.000		0.000
	N			1 801	1 801	1 801	1 801
	Bootstrap	偏差		0.000	0.000	0	0.000
		标准 误差		0.023	0.022	0	0.023
		95% 置信区间	下限	0.134	0.139	1	0.113
		间	上限	0.223	0.229	1	0.204
(b) 学习就是帮助我们认识和理解世界	Pearson 相关性			0.206**	0.263**	0.157**	1
	显著性（双侧）			0.000	0.000	0.000	
	N			1 801	1 801	1 801	1 801
	Bootstrap	偏差		0.000	0.000	0.000	0
		标准 误差		0.023	0.023	0.023	0
		95% 置信区间	下限	0.158	0.216	0.113	1
			上限	0.252	0.307	0.204	1

**表示在 0.01 水平（双侧）上显著相关。

（二）回归分析

建立一般性模型如公式（1）所示，所有变量的描述统计入表 1。

$$kW = X_0 + AX_1 + ABX_2 + ABCX_3 + ABCDX_4 + e \qquad (1)$$

可以得出，大学生课外阅读量与自主阅读、学习观念、课程阅读要求和社团阅读活动紧密相关。它们的显著性水平均在 1%的显著性水平下显著。回归分析见表 3。

表 3　回归分析

模　型	非标准化系数	*t*	*Sig.*	共线性统计量	
				容差	*VIF*
（常量）	0.095	36.193	0.000		
自主学习（B）	0.32	−3.810	0.000	0.920	1.087
课程阅读要求（C）	0.33	−2.975	0.003	0.894	1.118

（续）

模　型	非标准化系数	t	$Sig.$	共线性统计量	
				容差	VIF
学习观念（D）	0.40	−2.300	0.002	0.909	1.100
N	1 822				
R^2	0.64				
$A \cdot R^2$	0.64				
F	207.4				
$Sig.$	0.00				

从表 3 中可以形成的模型如公式（2）所示。

$$kW=0.032B+0.033C+0.040D+e \quad (2)$$

参加学习社团因素（A）被剔除。

可以看出模型（2）中的 3 个变量均在 1%的显著性水平下显著；调整 $A \cdot R^2$ 值为 0.64，可以解释因变量变异的 64%；$Sig.$ 值为 0.00<0.05，所以在 1%水平下显著，方程成立，解释力度很强并且显著。

由此得出，自主学习每增加 1 个单位，课外阅读量增加 0.32 个单位。它们之间是正相关关系，由学生自主前往图书馆和自习室进行学习的形式来增加学生课外阅读。从自己的主观意愿出发，在没有老师的要求和作业的负担下进行课外阅读，以学生作为学习的主体，通过学生独立的分析、探索、实践、质疑、创造等方法来实现学习目标。这对于课外阅读量的增长具有显著性的影响。

课程阅读要求每增加 1 个单位，课外阅读量增加 0.33 个单位。不同于出于主观意愿的自主学习，课程要求主要是教师规定给学生的阅读要求或者通过课程作业、课程论文的方式变相规定的阅读要求，主要侧重于以教师的影响力指导和督促学生进行课外阅读。从模型中可以得知，该影响因素对于学生的课外阅读量有显著的影响。

学习观念每增加 1 个单位，课外阅读量增加 0.4 个单位。学习观念是在长期的学习过程中形成的对于学习的主观观念，即学习是什么、学习的用处以及学习会带来什么等。这样的主观观念在之后的学习过程中又会反过来影响学习。如本文所述的学习就是帮助学生认识和理解世界的学习观念就比学习只是为了获取分数的观念来得更主动，拥有这样学习观念的学生就更偏向于主动获取知识并接受知识。所以，他们会更倾向于以阅读课外书籍的方式来扩充自己的知识量，并由此帮助他们更好地认识和理解世界。

三、影响因素线性回归分析

（一）自主学习

表 4 即为单因素方差分析的结果，第一列未变异的来源，分别为组间变异、

组内变异和总数变异。检验统计量 F 为 9.862，显著性<0.001。由此可以认为，4 种不同的学习情况的课外阅读均值存在十分显著的差异。

表 4　ANOVA

模型	平方和	df	均方	F	显著性
组间	33.360	3	11.120	9.862	0.000
组内	2 049.900	1 818	1.128		
总数	2 083.260	1 821			

注：对非指定的书籍（本）（拓宽知识面）方差分析。

本文中自主学习影响因素按具体情况分为很经常、经常、有时和从未 4 个等级，通过单因素方差分析了解各水平的自主学习情况对课外阅读量的是否具有显著性影响。

各组件样本均值的折线图如图 2 所示，可以很直观地展现各组样本的关系及其与相应的分组变量间的关系。可以看出，很经常去图书馆及自习室自主学习的学生阅读课外书籍的数量是最多的，其次是经常图书馆及自习室的学生。这都是在意料之中并且具有绝对的因果关系。出乎意料的是，从未去图书馆或自习室的学生课外阅读数量高于有时去图书馆或自习室的学生。根据对数据外的分析认为，这是由于阅读课外书籍存在很多种不同的方式，也有很多适合阅读的场合。所以出现了这样的偏差，但这并不妨碍印证假设，即去图书馆和自习室学习对课外书籍阅读有影响，去图书馆和自习室越多，课外书籍阅读越多。

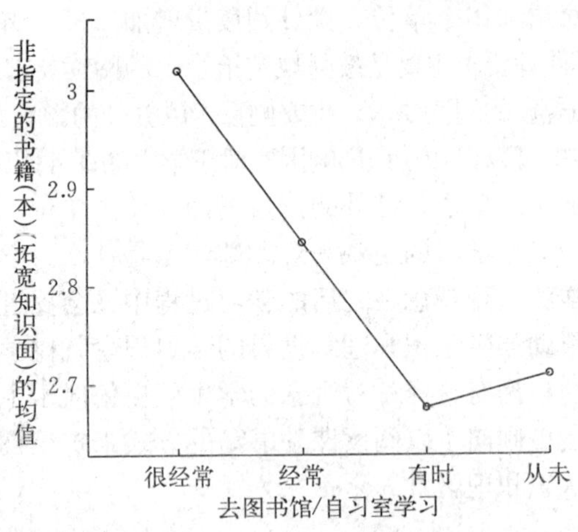

图 2　自主学习对课外阅读量的影响

（二）课程要求

表 5 为单因素方差分析的结果，检验统计量 F 为 9.872，显著性<0.001。

由此可以认为，很经常、经常、有时和从未这 4 种不同的广泛搜集并整合资料的课程要求的课外阅读均值存在十分显著的差异。

表 5　ANOVA

模型	平方和	*df*	均方	*F*	显著性
组间	33.393	3	11.131	9.872	0.000
组内	2 049.867	1 818	1.128		
总数	2 083.260	1 821			

注：对非指定的书籍（本）（拓宽知识面）方差分析。

影响因素按具体情况分为很经常、经常、有时和从未 4 个等级，通过单因素方差分析了解各水平的自主学习情况对课外阅读量的是否具有显著性影响。

各组件样本均值的折线图如图 3 所示，展现出各组样本的关系及其与相应的分组变量间的关系。可以得出，课外书籍的阅读量总体按照广泛搜集查阅资料的频繁程度递减而递减，很经常广泛搜集查阅资料并进行整合的学生课外书籍阅读最多，直至从未广泛搜集查阅资料并进行整合的学生课外书籍阅读最少。这样的结果主要得益于教师对于学生的指导与要求。

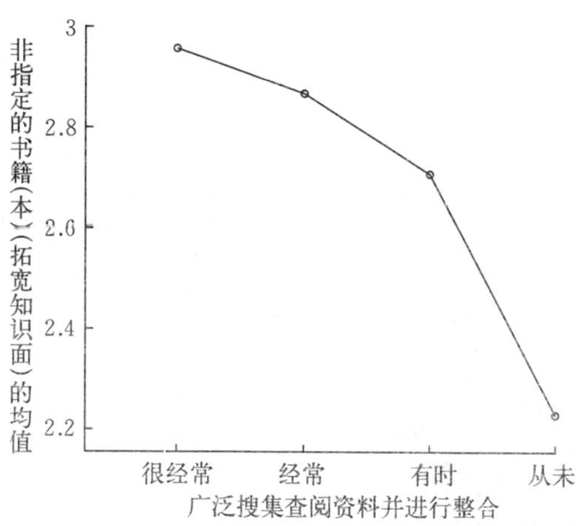

图 3　课程阅读要求对课外阅读量的影响

（三）学习观念

表 6 为单因素方差分析的结果，检验统计量 F 为 5.444，显著性＝0.001。由此可以认为，非常同意、同意、不同意和非常不同意这 4 种不同的对于学习就是帮助认识和理解世界的学习观念的课外阅读均值存在差异。

表 6　ANOVA

模型	平方和	df	均方	F	显著性
组间	18.510	3	6.170	5.444	0.001
组内	2 036.850	1 797	1.133		
总数	2 055.360	1 800			

注：对非指定的书籍（本）（拓宽知识面）方差分析。

图 4 展现的是很直观且符合预期的学习就是帮助认识和理解世界的学习观念对于课外书籍阅读量的影响是显著的，并且学习观念越主动课外书籍阅读量越大，反之亦然。

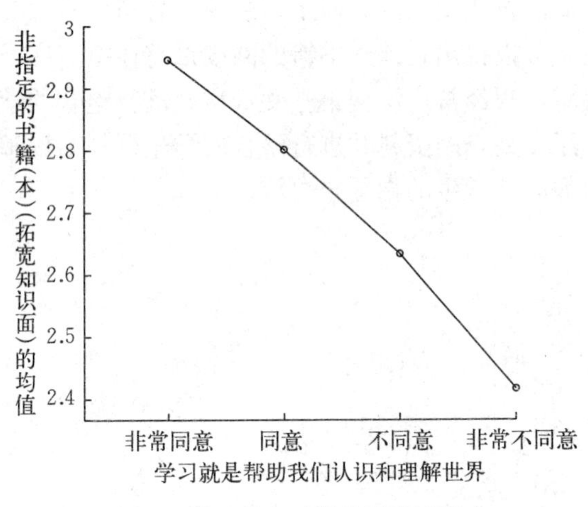

图 4　学习观念对课外阅读的影响

四、结　　论

基于 2014 年北京农学院大学生学习与发展调查数据，本文实证研究了大学生课外阅读的影响因素。基本结论如下：

（一）自主学习对于课外数据阅读有显著性的影响

基于此结论，从培养学生的阅读习惯入手，潜移默化地改变学生的阅读习惯，增强校园阅读氛围，培养学生在大学阶段极其需要但目前有稍显不足的自主学习能力，从而增加他们的课外阅读量。

（二）课程要求对课外阅读具有显著性影响

需要在课堂教学或课程作业中由教师带领撰写学术性论文或者专业课程作业，并由此展开自己的课外阅读量。这一点在良好的自主阅读学习习惯尚未养成的时候显得尤为重要，可是说是在形成良好的自主学习习惯过程中和保持良好的自主学习习惯中不可缺少的影响因素。

（三）学习观念对课外阅读有显著性影响

观念不具有决定性作用，但是会影响学生对事物的看法和态度，积极的学习观念帮助学生形成积极的学习阅读习惯，对于增加学生课外阅读是有帮助的，但这主要是依靠学生自己的心态调整。

（四）参加学习社团不对课外阅读有显著影响

虽然如此，但是在学习生活中适当地参加自己感兴趣并且对自己的学习有益的社团对学习或是身心健康都是有益的。

主要参考文献

陈捷，2001. 加强课外阅读指导　提高学生综合素质——大学生课外阅读现状调查［J］. 重庆石油高等专科学校学报（1）：58－60.

谌晓煜，1998. 大学生课外阅读基本情况的调查分析［J］. 高等农业教育（12）：88－90.

谌晓煜，1999. 大学生课外阅读的基本特点［J］. 广西大学学报（哲学社会科学版）（S3）：168－170.

李艳辉，彭英姿，2009. 增强学生课外阅读兴趣，提高学生课外阅读效果——关于大学生课外阅读情况的调查思考［J］. 企业家天地下半月刊（理论版）（1）：115－116.

余双好，梁涛，1996. 大学生课外阅读现状调查与思考［J］. 青年探索（3）：7－10.

王艳，2014. 基于课程教学的大学生课外阅读指导路径探析［J］. 中国市场（40）：182－184.

温颖，2008. 非英语专业大学生课外英语阅读情况调查［D］. 桂林：广西师范大学.

吴平，2000. 大学生课外阅读倾向的偏颇与引导对策［J］. 黔东南民族师专学报（4）：122－124.

吴向荣，1996. 大学生课外阅读浅论［J］. 泰安师专学报（4）：448－451.

杨冬梅，2006. 关于大学生课外阅读现状的分析及对策［J］. 教育探索（3）：93－94.

叶佶，2015. 基于实证调查下的大学生课外阅读问题分析及对策［J］. 科技展望（2）：263、265.

邹育艳，2009. 大学生课外阅读现状及对策研究［D］. 重庆：西南大学.

京津冀玉米流通损耗问题研究

项目组成员：武　莹　田　静　马肇宏　黄梦瑶　陈　晨　齐佳宁
翟苹苹　王　可　高　磊　王梦圆
指导教师：倪冬梅

摘　要： 粮食水平是由粮食的生产能力和粮食的流通能力共同决定的。二者之间更为重要的就是粮食的流通能力，因为粮食流通损耗量的保证是粮食能否安全地从生产到最终消费的重要保障。通过对京津冀玉米和加工玉米的流通体系进行分解，从产后农户收割、晾晒、储藏、脱粒称重、运输加工等环节分析玉米流通体系发展现状及存在的问题。从这些过程中得出哪些因素是导致玉米损耗的最主要过程，并且得到以下结论：收割方面，损耗主要是手掰方面花费劳动力多、时间长，现在只有种植面积小的农户使用这种方法，机械收割已经普遍，机械收割主要损耗在于收割机的遗漏以及玉米破损、破粒等方面；晾晒方面，主要就是玉米水分蒸发，大概蒸发玉米10%～20%甚至更多的水分；储粮方面，京津冀农户储存玉米占全国玉米年总产量一半左右，由于储存设施条件简陋、烘干能力不足、缺乏技术指导服务，每年因虫、霉、鼠、雀造成的损失比例在8%左右，损失严重。

关键字： 玉米　京津冀　损耗　流通　收割　脱粒　晾晒　称重　运输

前　　言

中国自古以来就是一个农业大国，玉米是我国主要农作物之一、是主要的粮食品种。在我国近几年的发展中，由于种子研发技术的发展以及种植面积的扩大，玉米的产量也在与日俱增。在华北地区，最主要的区域就是京津冀，京津冀玉米的发展在我国玉米生产中也起到了至关重要的作用。但是，伴随着玉米产量的增加，一些玉米损耗问题也在更加严峻地展现在我们面前。根据农业部有关专家测算，京津冀粮食损失率为7%～11%，远高于发达国家平均损失率，每年仅粮食损失量就高达500亿斤*，数量惊人。玉米在产后农户储藏环节、烘干、加

* 斤为非法定计量单位。1斤=500克。

工、运输等环节都有不同程度的损失。

一、调研背景

玉米在京津冀有很大的种植面积，约占全国玉米种植面积的10%，占全国玉米总面积的10%，在京津冀农业中占主导地位，对保障国家粮食安全以及我国玉米产业的发展也起着至关重要的作用。近几年，由于每亩产量的提升以及种植面积的增加，使得我国玉米产量大幅度的增加。但是，饲养业和深加工业的成长也带动了玉米需求量的扩大。因此，虽然玉米的种植面积在不断扩大，京津冀也需要从外埠购买更多的玉米，才能满足需求。如图1、图2是玉米产量与种植面积的部分年份数据。

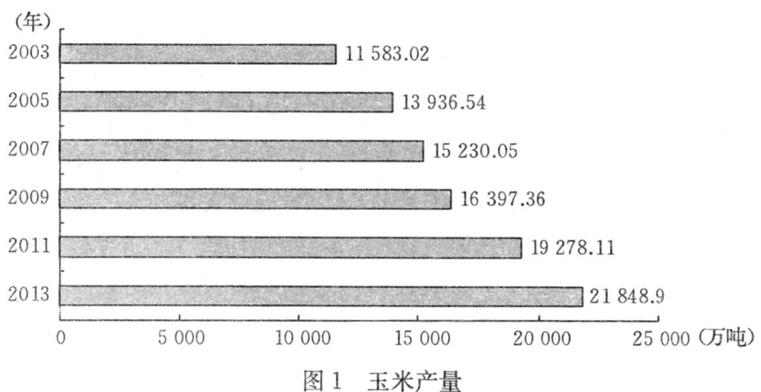

图1 玉米产量

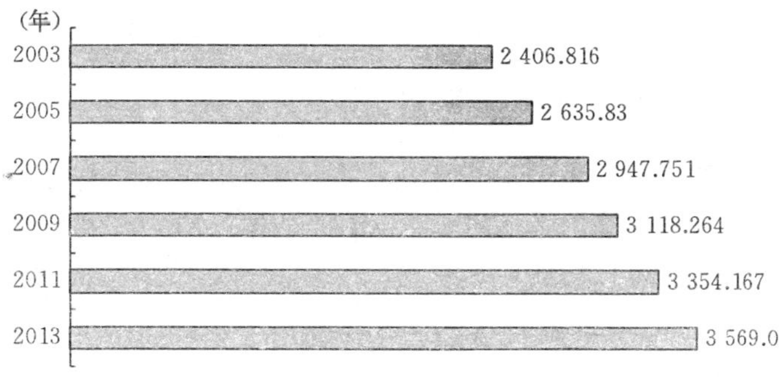

图2 玉米种植面积（单位：万公顷）

从图1、图2可以看出，玉米产量从2003年11 583.02万吨上升到2013年21 848.9万吨，上升了约88.62%，玉米的种植面积也由2003年的2 406.816万公顷提高到了3 569.0万公顷。由此可见，玉米产业在我国的发展非常地迅速，所以减少玉米损耗也是势在必行的事情。

二、调研目的

不仅是在京津冀，甚至从整个国家来说，玉米生产从收割到储存，是一项严密的系统工程，从增加产量到颗粒归仓，哪个环节都疏忽不得。此次调研的目的是了解玉米在京津冀整个流通过程中的损耗问题，哪些问题是导致损耗的最大因素，这些因素的损耗量分别是什么，怎么去改善这些因素，让农民最为困扰的因素都有哪些。从中总结出观点以及提出对应建议，力求做到玉米损耗量减少，为我国粮食安全做出贡献。

三、调研方法

对京津冀玉米损耗的问题进行研究调查期间，采取电话调研、问卷调研和实地调研的方式。首先对北京郊区种植玉米的农户进行预调研，调查北京农户在玉米收割、晾晒、脱粒、运输等环节的情况以及损耗。为了调研的准确性以及全面性，在后期调研中，又深入地进行调研。先对北京郊区的农户进行二次访问，然后又对河北一些种植玉米的农户进行实地问卷访问（如秦皇岛以及秦皇岛附近地区），对收集回来的问卷进行挑选、排查，最后将几次调研结果的数据录入计算机，进行下一步的数据分析。主要分析京津冀种植玉米的农户在种植过程中以及收割、晾晒、脱粒、称重、运输等流程中农户对于玉米生产问题的处理以及损耗问题的分析。

四、玉米在各环节的损耗分析

（一）收割环节的玉米损耗量分析

1. 收割方式的选择 通过调查得出，京津冀使用收割机收割玉米占大多数，而只有不到20%的农户采用手掰的方式（人工收割）收割玉米（图3）。究其原因，采用机械方式收割玉米的优势在于，一是收割效率高，大大解放了劳动力，提高了劳动生产率；二是随着近几年收割机械化的普遍发展和收割机技术的日益成熟，使大多数农户都开始采用这种方式进行收割；三是国家政策的大力扶持。

2. 不同收割方式对玉米损耗的影响 玉米在收割过程中发生损耗量的多少取决于农户采用何种的收割方式。玉米收割有两种方式，分为机械作业和手掰方式（人工收割）。

（1）手掰方式（人工收割）。当玉米植株出现倒伏折断，无法进行机械作业时，就要被迫采用人工收割的方式。人工收割的优点是玉米遗留少、抛洒少，缺

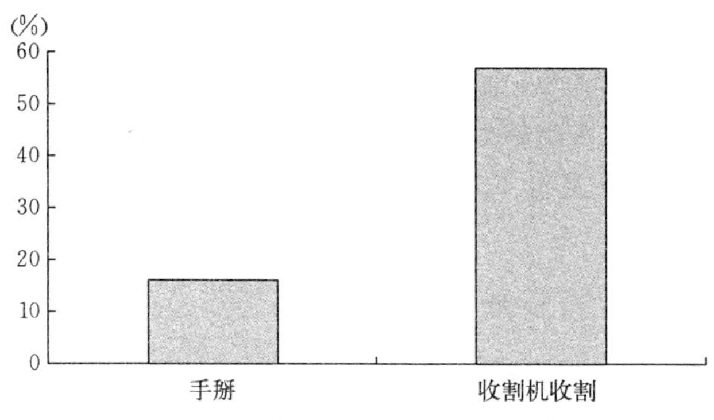

图 3　收割方式的选择

点是劳动强度大、效率低。

（2）机械作业。近年来，绝大部分玉米地块采用机械收获的方式。机械收获采用玉米收获机，按照收获产品的状态，又可分为带苞皮玉米和不带苞皮玉米两种类型。机械收获的优点是效率高，缺点是损耗较大。

最早使用的玉米收割机械是带苞皮玉米类型的，这种机械的优点是不受玉米成熟程度影响，经剥皮、晾晒、脱离、脱粒后，玉米籽品质有保证，缺点是损耗较大；近年来，不带苞皮玉米类型的收割机也开始受到农户的欢迎，普及使用。该类型的玉米收割机的优点是效率高，缺点是损耗大，易受玉米成熟程度影响。

据田间调查，机械收割（带苞皮玉米）后，散落在地里的玉米籽粒为 10 千克/亩，玉米籽的破损率达 15%以上；机械收割（不带苞皮玉米）后，散落在地里的玉米籽粒为 77 千克/亩；人工收割后，散落在地里的玉米籽粒为 1.5 千克/亩。通过不同收割方式玉米损耗情况对比分析得出，机械收割（带苞皮玉米）方式收获的玉米质量好、成本低，优于人工收割方式。

3. 降低收割过程中玉米损耗的措施　我国玉米生产过程中，实现收割机械化是农业现代化的重要标志，对提高玉米产量和减轻劳动强度意义重大。在收割机械化过程中，如何把收割过程中的粮食损失降到最低，是必须重视的问题。

（1）为了减少收割损耗量，应尽量使用带苞皮玉米的收割机。1990 年以后，收割机最早从西方等国家进口，现在基本呈普及态势。随着收割机械化程度的提高，收割机国产比重的增加，玉米联合收割机的质量也有所提高。玉米联合收割机，与前几年上市的技术区别，就是有带苞皮玉米和不带苞皮玉米两种选择，带苞皮玉米收割机的损耗量小于不带苞皮玉米得收割机。所以，为了减少粮食损失量，应尽量使用带苞皮玉米的收割机，只把玉米掰下来，掰回家后农户自己慢慢去皮，力求达到颗粒归仓目的。如果农户为了省事，可以使用不带苞皮玉米的收割机，但是粮食损失量就必然增加，籽粒打落在地上，不容易回收。

（2）为了减少收割损耗量，应加强玉米种子的选择和田间的耕作管理。玉米种子的选择，要选择收获期适中、长势强势、抗倒伏能力强的玉米品种。高度越高，密度越大，后补苗越多，倒伏越严重，甚至全趴在地上的大倒伏地块不利于机械化的收割，否则，损失量十分严重；而高度适中，密度适宜，根状茎粗，没有后补苗，倒伏轻，甚至根本不倒，这样的地块，利于收割机械化且损失量较少。

（二）晾晒环节的玉米损耗量分析

1. 京津冀玉米晾晒环节的现状及分析 经过调查得出，京津冀有82%的农户认为，玉米需要经过5天以上的晾晒才能够销售；其中37%的农户认为，玉米要晾晒5～7天后可以销售，45%的农户认为晾晒7天以上的玉米才能销售；而认为玉米需要晾晒5天以内才能出售的农户只占总数的18%（图4）。所以得出，玉米需要经过5天以上的晾晒后才能够销售。

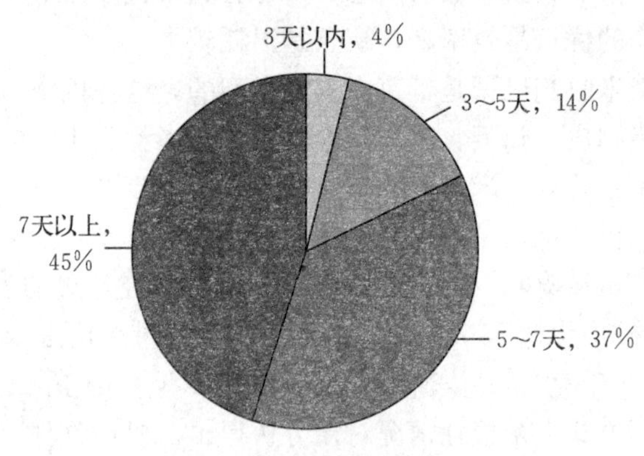

图4 晾晒天数

在晾晒玉米过程中，京津冀农户认为玉米水分蒸发在30%以下的种植农户占总数的96%；其中，30%的农户认为玉米水分蒸发在10%以下，45%的农户认为玉米水分蒸发在10%～20%，有21%的农户认为玉米水分蒸发20%～30%；仅仅有4%的农户认为玉米水分蒸发30%以上（图5）。所以得出，玉米晾晒过程中蒸发的水分应在20%以下。

2. 京津冀玉米晾晒环节应注意的问题 通过对京津冀玉米种植农户的调查发现，玉米晾晒不能保留太多水分，以预防在储存过程中发霉腐烂，也不能晒干以致水分流失严重。应将晾晒天数控制得当，把水分蒸发量保证在最有利于储存的范围内。为此，玉米种植农户采取科学的晾晒方法就显得尤为关键。京津冀玉米种植农户制定因地制宜的晾晒方法对保证玉米种子质量、保证玉米损耗量、种植农户增收都具有十分重要的意义。经过对京津冀玉米种植农户的走访调查，总

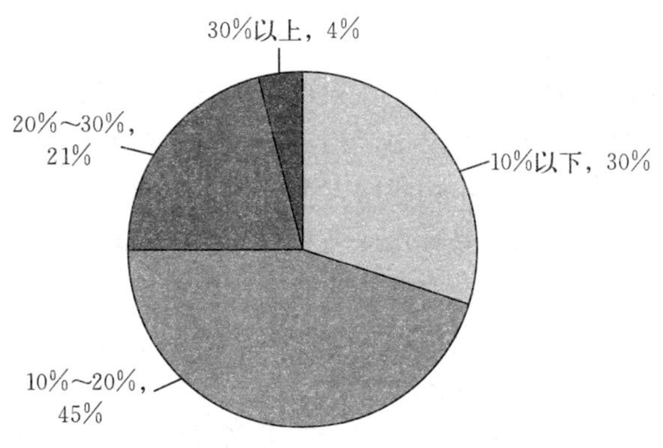

图 5　蒸发水分

结出一些科学的晾晒方法：

（1）田间站秆扒皮晾晒。9 月中旬为此方法晾晒的最佳时间，当母本果穗进入蜡熟后期，农户需采取自上而下的方法将果穗顶部的苞叶剥开，务必一剥到底，不能将苞叶留在子粒上面。这样做是为了防止苞叶复原造成果穗基部积水，农户最好用麻绳或皮套将苞叶捆绑固定，使果实完全外露。

（2）田间高茬晾晒。玉米种植农户在收获果穗的同时，需要每隔 4～6 母本行留 2 行，将玉米茎秆割掉，只留茬高 50 厘米左右，然后把果穗外部的苞叶剥掉，留里面的 3～4 片苞叶，每 6～8 个果穗捆成 1 把，挂在茬上，随扒随绑随挂，2～3 天转动 1 次。

（3）晒场晾晒。玉米种植农户将苞叶去除干净，然后将花丝的果穗平铺在房顶或晒场进行晾晒，要求果穗均匀摊平，不宜过厚，每天翻动 1～2 次。

需要注意的是，除了田间站秆扒皮、高茬晾晒外，不论采取哪种晾晒方法，均要求注意晾晒场地必须地面干燥、通风向阳，并备有防雨设施。切不可将果穗装仓、装袋或大堆、长时间存放，以免造成不必要的晾晒损耗。

（三）脱粒环节的玉米损耗量分析

1. 京津冀玉米脱粒的现状

（1）京津冀玉米脱粒调查现状。在我国广大的玉米种植地区，有两种脱粒方式：手工脱粒和机械脱粒。但随着农业机械化的发展，机械脱离方式逐渐普及，已经取代了手工脱粒方式。

经过资料调查，我国玉米脱粒机主要以机动、简易式、5TY 系列、纹杆式滚筒（长度≤700 毫米）为主，是大多数农民对玉米分段收获的重要机具，其中使用最多的代表机型是 5TY－26－130 型。在进行工作时，晒干的玉米穗通过喂料斗进入纹杆式滚筒，在高速回转纹杆式滚筒的多次冲击和玉米穗、纹杆式滚筒、栅格式凹板的相互揉搓，完成籽粒脱粒。农民利用脱粒机来完成脱粒的全部过程。

（2）我国玉米脱粒的生产现状。在我国生产玉米脱粒机的生产企业都不是单单只生产专门的玉米脱粒机，而是生产稻麦脱粒机、粉碎机、组合机等混合的中小型企业。经过查阅数据得知，在我国大部分地方，农业技术并不是很发达，这对农业生产非常的不利。如果要真正提高农业的生产，真正解决农民玉米脱粒的困扰，首先就是要保证有非常专业的企业去生产脱粒机，并且有固定的生产车间等必备的加工设备、测试设备以及拥有专业素质的工作人员。只有在这些外部条件都具备的情况下，才能保证农民在种植过程中能够顺利地对玉米进行脱粒。

（3）我国玉米脱粒的技术现状。对于大多数的农民来说，玉米收割问题是玉米种植过程中需要劳动量最大的环节，占整个玉米种植劳动量的一半以上。在我国，玉米脱粒机的组成部分主要有纹杆式脱粒滚筒、栅格式凹板、喂料斗、籽粒滑板以及机架等。

（4）农民使用玉米脱粒机的使用现状。玉米脱粒机是农民在收割完成后专门用于在场上脱粒已晾晒过的玉米棒，农民在脱粒过程中对玉米所占的水分有着很严格的要求。例如，脱粒时玉米籽粒含水率14%～18%，单位功率生产率不小于500千克/千瓦时。经过走访调查发现，只要是种植玉米的农户家里，一家一户一般都有1台，玉米脱粒机大多数的使用寿命为3年左右。

2. 玉米脱粒影响因素　由于我国大多数人口还都是农民，所以我国一直以来都是种植玉米和消费玉米的大国。但是存在的普遍问题是机械化水平不高，因此要研究并且解决玉米机械化的问题就显得尤为重要。

图6显示，对于大多数种植玉米的农民来说对玉米出售的方式都是脱粒销售，81%的调查者选择机械脱粒，仅仅有18%的会选择不进行脱粒。查阅历史资料发现，在我国的大部分地区，农民在收割完成后的玉米中水分含量为25%～35%，甚至在特殊的地方、特殊的季节，籽粒含水率更高。在收割玉米的过程中，不能直接进行脱粒而是采取分段收获的方式。由于玉米脱粒与收割方式的分离，相当于又给农民带来一定程度的损失。经过电话调查周边种植玉米的农民和实际到秦皇岛的调查相结合，得出农民在进行玉米脱粒时的损耗量。

种植玉米本来就是受晾晒天气和晾晒场地影响比较大的事情，并且还耗费大量的劳动力，如果在每一个小的环节都有玉米的损耗，那么对于农民来说，全过程下来的损耗也是大多数农民不可以接受的。农民迫切的需求是玉米收割完成后直接脱粒。要解决这个一直困扰农民的问题就要先找到玉米脱粒的影响因素是什么。根据玉米收获实验的研究结果可知，影响玉米脱粒性能的主要因素有籽粒含水率、滚筒转速、脱粒间隙、安全防护、机械化加工、焊接技术、正确使用等诸多因素的影响。下面主要分析滚筒转速、脱粒间隙这两个重要的因素。

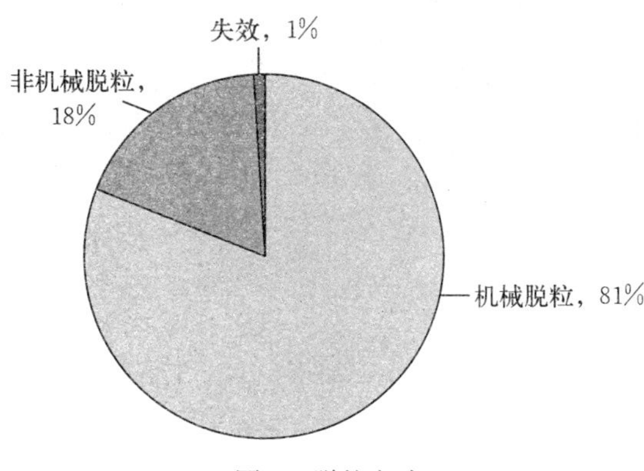

图6 脱粒方式

(1) 滚筒转速。滚筒的转速由滚筒旋转时纹杆顶端的圆周速度决定。圆周速度过大，脱净率会提高，但破碎率将增大；反之，圆周速度过小，破碎率降低，但脱净率将会降低。因此，必须选择合理的圆周速度就显得尤为重要。根据查阅《农业机械设计手册》可以发现，推荐转速在10～16米/秒，并且查阅数据可知，因速度在15%左右，可以推断出，纹杆式玉米脱粒的滚筒转速在1 400转/分左右。

(2) 脱粒间隙。纹杆式滚筒与栅格式凹板组成的间隙称为脱粒间隙。为了适应不同品种的玉米和不同含水率的玉米，脱粒间隙一般应可调节，调节机构主要由弹簧、调节杆等组成。一般情况下在进行脱粒工作时，调整间隙为8～25毫米，加上作业时弹簧的作用，能够自动实现一定的微量调节，将会较好地满足脱粒要求。

(四) 储存环节的玉米损耗量分析

1. 京津冀玉米储存现状分析 京津冀99%的农户认为玉米在储存环节损耗量在20%以下；其中，77%的农户认为玉米在储存环节损耗量在10%以下，22%的农户认为玉米在储存环节损耗量在10%～20%。仅有1%的农户认为玉米在储存环节损耗量在20%～30%，没有农户认为玉米在储存环节损耗量在30%以上（图7）。所以得出，京津冀玉米在储存环节中的损耗量在30%以下。京津冀大多数玉米种植农户能够在储存环节中把玉米损耗量控制在合理的范围内，下面需要研究的就是如何在这个基础上降低储存中的玉米损耗量。

2. 玉米在储存过程中损耗原因分析 经过调查得出，京津冀43%的农户认为储存玉米损耗的原因是玉米水分流失，34%的农户认为储存玉米损耗的原因是玉米变质，12%的农户认为储存玉米损耗的原因是老鼠偷吃，其余11%的农户认为储存玉米损耗的原因是其他原因（图8）。所以得出，玉米水分流失是储存

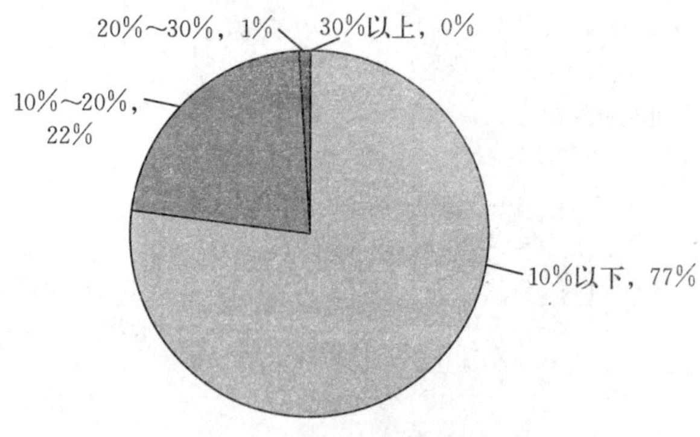

图 7　储存损耗

玉米损耗的主要原因，其次分别为玉米变质、老鼠偷吃和其他原因。可见，如果水分流失、玉米变质、老鼠偷吃这三大问题能够得以解决将大大降低京津冀玉米在储存环节中的损耗量。

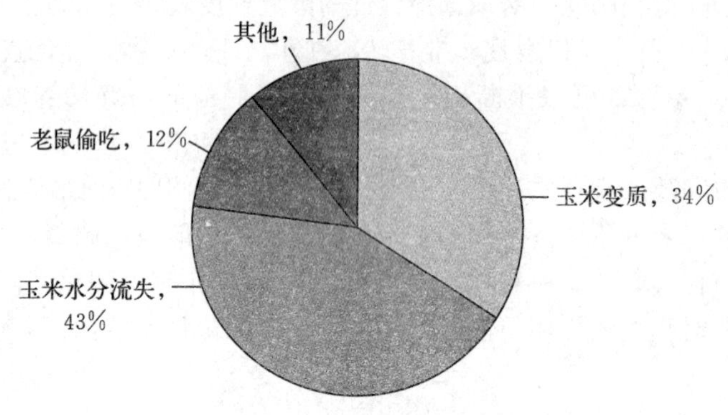

图 8　储存损耗原因

3. 京津冀地区玉米储存环节应注意的问题

（1）玉米种植农户应做好玉米入库前的准备工作，确保玉米密封、清洁、干燥。种植农户可以在玉米入库前 2～3 个月用生石灰吸潮，也可以选用去湿机除湿或者在仓库地面铺设防潮层。以减少地下潮气被玉米吸收返潮，引起劣变造成损耗。

（2）种植户应做好仓库清理和消毒，将其他种子和杂质彻底清除，严禁化肥、农药混入，对仓库内使用的仓具进行晾晒、消毒以防止病虫害的发生。

（3）严格把控好玉米贮藏入库的质量关，清选整理是降低玉米损耗的重要环节。

（4）合理堆放玉米，防止品种混杂；合理地进行密闭、通风，以控制温度、水分和氧气，制约玉米的生命活动，使损耗大大减少。

（5）严格检查，跟踪监测贮藏种子的质量，及时处理，防止损失。

（五）称重环节的玉米损耗量分析

由图9可以看出，有96%的农户表示在玉米的称重过程中可以接受10公斤以内的损耗，其中有68%的农户认为在称重过程中0.5公斤以内的损耗是可以接受的，反映出大对数农户希望玉米在称重过程中可以尽量地避免损失，不想自己辛苦了一年的作物在称重过程中有过多的损耗；只有4%的农户表示可以接受玉米在称重过程中有10～100公斤的损耗。此次调查的农户采用了随机发放问卷的方式，农户家中种植玉米的面积有一定的差异，之所以有少数的农户可以接受玉米在称重过程中有较多的损耗，是因为玉米的种植面积要远远多于接受0.5公斤以内的农户。

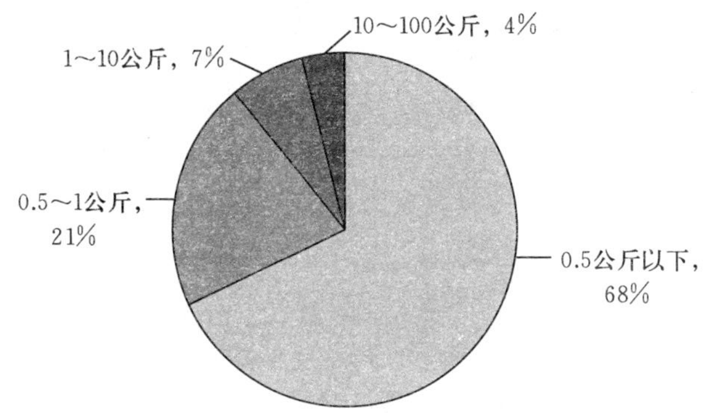

图9　称重可能忽视的重量

所以，可以得出：大多数种植户希望可以在玉米的称重过程中尽可能地减小损失，一是不想辛苦耕作的作物在最后称重过程中有过多的损失；二是想获得更多的经济收益。随着科学技术的不断提高，玉米的称重方式也由原来的借助人力与秤的组合不断地发展到机械化的称重方式，称重技术越来越趋向机械化，越来越多的劳动力得以从玉米称重中解放出来。但是，玉米在称重过程中的损耗问题仍然存在，损耗量相对应其他环节来说较小。这种在称重过程中的浪费不仅仅是经济效益的损失，更是绿色生态的损失。要不断地发展科学技术，积极地寻求新的称重方式，尽可能地减少玉米在称重过程中的损失，在提高经济效益的同时，更可以提高生态效益。这一举措有利于践行五位一体的发展模式，也有利于积极响应科学发展观。

（六）运输环节的玉米损耗量分析

1. 京津冀玉米在运输环节损耗量分析　从图10中可以看出，有93%的农户表示玉米在运输过程中的损耗量占玉米总量的比率在20%以下；其中有74%的农户表示玉米在运输过程中的损耗量占玉米总量的10%以下；有19%的农户认为此比例在10%～20%；只有3%的农户表示在玉米的运输过程中，玉米的损耗量占玉米总量的比率在30%以上。虽然大多数的农户表示在玉米的运输过程中，玉米的损耗量占玉米总量的比率在10%以下；仅有少数比例的农户表示在玉米的运输过程中，玉米的损耗量占玉米总量的比率在30%以上。但是，玉米在运输过程中所损失的占比仍然过大。

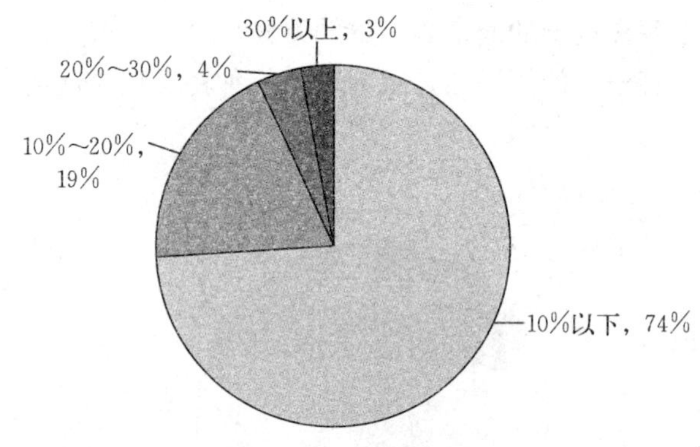

图10　运输过程损耗

2. 玉米在运输损耗原因分析　从图11中可以看出，就玉米在运输过程中发生损耗的原因这一问题中，有24%的农户认为是由运输方式落后引起的；有34%的农户认为是由于装玉米的袋子质量差引起的；有16%的农户认为是因为玉米在中转调运过程中时间过长引起的；还有26%的农户在玉米运输过程中发生损耗的原因这一问题中选择了“其他”选项，但是也没有过多地注明原因是什么，这也许是本次问卷设计的不严谨之处。但同时也表明：就玉米在运输过程中发生损耗的这一问题中，还有相当一部分原因是我们没有想到的，要继续深入的研究这一问题，争取早日减小玉米在运输过程中的损耗。

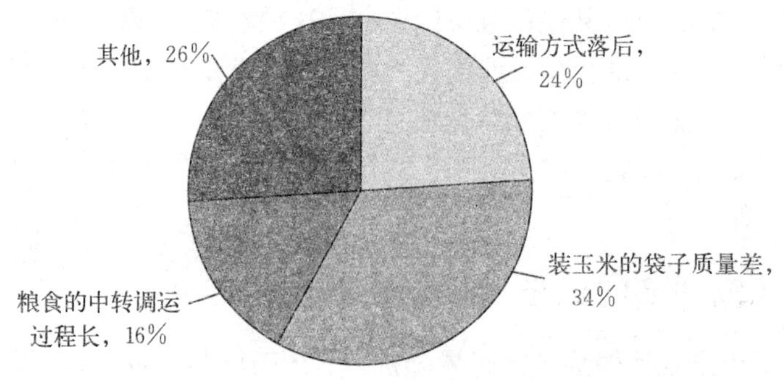

图11　运输过程损耗原因

所以，从问卷反映出的结果来看，农户认为在运输过程中玉米损耗的主要原因是装玉米的袋子质量差。针对这一个问题，可以在现有技术的基础上，积极推广结实耐用的材料应用于玉米包装袋的生产中，减少因包装袋质量差所导致玉米遗漏、丢撒等损失；也有一部分农户认为玉米的损耗是由于运输方式落后引起的，其中包括因为运输车性能落后，引起的玉米水分蒸发过多而引起的退货或减价出售的情况，也有因为玉米在运输过程中发生霉变而引起的经济损失；要解决这一问题，除了在玉米装车前进行一定的预处理外，也可以通过引进带有新功能的控温运输车来解决，以减少玉米在运输过程中的损耗。

五、结　　语

通过此次调研，本小组对京津冀玉米在流通过程中的损耗情况有了大致的了解，对各个环节的损耗进行了分析，也通过在北京、天津、河北的走访，了解了玉米在各个环节的损耗问题。其中，造成玉米损耗量最主要的环节是脱粒、储存和运输，收割、称重对于玉米损耗量的影响很少。虽然有些问题需要长时间地不断改进才可以解决，但是被调查的农户依旧认为京津冀玉米的损耗情况将会被很好地改善。

这次调研总结出以下措施可以减少玉米在流通过程的损耗量：一是为了减少收割损耗量，可以改善收割机，应尽量使用带苞皮玉米的收割机。二是为了减少收割损耗量，应加强玉米种子的选择和田间的耕作管理。三是采用科学的晾晒方法：田间站秆扒皮晾晒、晒场晾晒、田间高茬晾晒。四是改善脱粒器的滚筒转速、脱粒间隙等问题。五是把玉米放置在干燥的地方，避免玉米变质，隔离地面，防止老鼠偷食。六是积极推广结实耐用的材料应用于玉米包装袋，引进带有新功能的控温运输车。

主要参考文献

胡志超，张会娟，钟挺，等，2011. 推进南方丘陵山区农业机械化发展思考［C］.2011 年全国丘陵山地农机化技术发展高层论坛.

刘玉，蒙达，等，2014. 京津冀地区粮食产量变化及其作物结构分析［J］. 经济地理，34（8）.

柳琪，2012. 中国农机竞争全景图（13）——京津冀、齐鲁、黑吉辽玉米机大战［J］. 农业机械（31）.

中国农业机械化科学技术研究院，2007. 农业机械设计手册［M］. 北京：中国农业技术科学出版社.

重度污染天气对大学生生活的影响

项目组成员： 朱剑峰　李新同　梁家珺　李　哲　魏东雄
指 导 教 师： 夏　龙

摘　要： 改革开放以来，我国工业迅猛发展，经济发展取得了举世瞩目的成就。但是，人们生活条件得到显著提高的同时，高速的经济发展的背后隐藏着严重的环境污染问题。作为国家未来的栋梁，大学生的健康发展对国家的未来至关重要。所以，研究重度污染天气对大学生生活的影响是一个很急切的现实问题。据此，项目组成员根据重度污染具体情况制定相关问题，展开调查研究，通过制作和发放调查问卷的形式来了解重度污染天气对大学生身体健康、出行等方面的影响。并通过调查问卷的反馈提出一些切合实际的建议和解决方案。

关键字： 重污染天气　大学生　身体健康　生活方式

前　言

日常生活中，人们经常能听空气质量指数（AQI）这个词汇。空气质量指数（Air Quality Index，简称 AQI）共分六级，从一级优，二级良，三级轻度污染，直至五级重度污染，六级严重污染。监测的污染物包括二氧化硫、二氧化氮、一氧化碳、臭氧、PM10 和 PM2.5 共 6 个种类。空气污染气象条件预报等级标准和空气质量指数（AQI）等级标准相一致，分为六级，明确预报了气象条件对于空气污染的影响。空气质量标准指数超过 500 为重度污染天气，此时敏感人群应该停止户外运动，一般人群应该减少户外运动。

现在的大学生以户外运动为主，大学生每天上课、进行体育锻炼都会在户外停留，因而重污染天气对大学生的户外活动造成了很大的影响。作为北京农学院的学生，每天一早醒来看不到阳光，满眼尽是灰蒙蒙的天空，一部分学生选择继续睡觉，不去上课；还有一部分学生，每天看到重污染天气，心情压抑，情绪低落，学习效率下降，心理健康受到很到冲击。由此可以看出，重污染天气对大学生的日常生活产生了一定的影响，为了了解重污染天气对大学生日常生活造成多大范围多深程度的影响，项目组对此展开调查研究。

本小组采用制作调查问卷的方法，向高校大学生分发调查问卷，回收调查问卷，分析调查数据，最后总结重污染天气对大学生日常生活的产生的实际影响。想以此来呼吁更多的人去关注空气污染问题，关注大学生的心理健康和身体健康，为大学生健康发展营造一个良好环境。

一、调查设计与样本点状况

（一）学历

从此题的数据中可以看出，参与调查的学生的学历集中在大学本科和专科，所占比例达到80%，学生不会在此时考虑买房，因为他们的事业没有稳定（图1），收入很难具备买房的条件；高中、初中及其他参与与调查的学生所占比重较低。因为高中以下及其他的人群，多集中于初中高中以及小学，尤其是小学以及初中生，由于其认识水平的有限，所以没有对于污染天气的明显感受与看法。而大学本科生与专科生这一群体，知识水平，认识水平都较其他的群体有了显著的提升，并且生活较为独立，多数不再和家长一起居住，形成了自己的生活习惯。所以，较其他群体而言，大学生这一学生群体比较有研究价值。

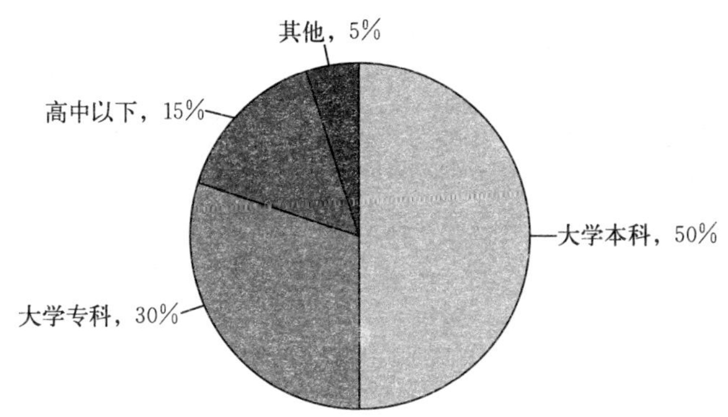

图1　受调查者的学历状况分布

（二）性别

从性别构成来看，参与调查的学生性别分布，女生占比达到60%，男生占比为40%（图2）。从性别差异的角度考虑，在一般情况下，女生对于空气质量对生活的影响这一问题较男生敏感。而对于街头问卷调查而言，女生的参与度比较高，对她们而言更在乎自身的保养，对于此事也较为热情。故参与调查的女生占比比男生多出20个百分点。

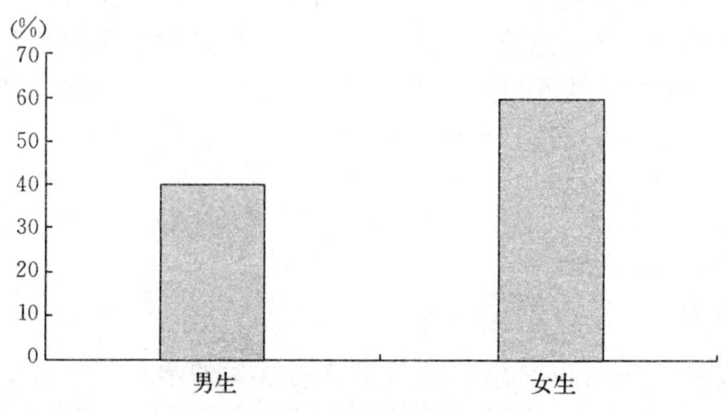

图 2　受调查的男女生比例

（三）雾霾天气的出行方式

出行方式调查结果显示，占比例最大的是轨道交通，即地铁或轻轨，达 43.59%；接下来依次为：坐公交车占 40.17%，私家车占 29.06%，坐出租车占 23.08%，骑自行车占 13.68%；占比例最小的是步行（11.11%）（图 3）。由此可以看出，绝大部分人选择公共交通方式出行，这也正是国家政策支持和倡导的绿色出行，即采用对环境影响最小的出行方式，节约能源、提高能效、减少污染、有益于健康、兼顾效率。乘坐公共交通工具可以减少城市能源的使用，从而降低污染物的排放，提高空气质量。此外，骑车是最健康、经济的出行方式，如果出行的距离不超过 5 公里，在天气和身体条件合适的情况下，有部分人骑车出行。但是，由于生活节奏加快或是没有足够的精力，很多人不得不放弃这种方式。同样，步行的人就更少了。随着社会经济的快速增长，人们消费观念的进步，城市机动车保有量迅速增加，这也导致能源需求及其大气污染排放不断上升。交通拥堵、汽车尾气和城市污染问题日益严重，北京市一直坚持限号的政策也是为了改善这种情况。

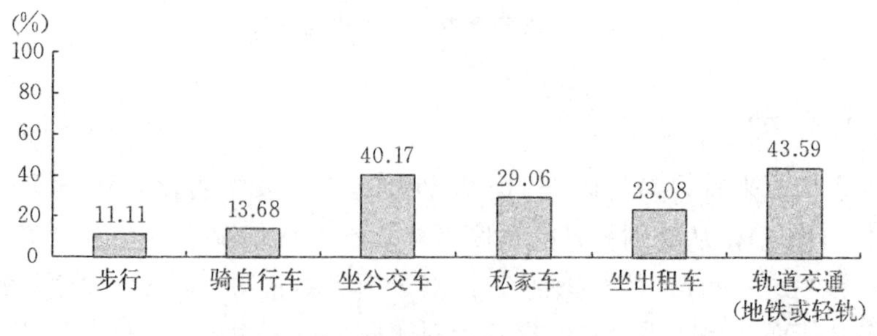

图 3　雾霾天气出行方式

（四）雾霾天气是否影响开车出行频率

在学校，有部分同学平时选择开车来上学。而在这些同学中，80%的人都会因为雾霾减少开车出行的频率，以免造成交通事故，给自己和他人造成不必要的麻烦。只有20%的人认为，雾霾天气不影响开车出行频率，只要做好一些措施便可以。一些有经验的同学认为，在雾霾严重时务必在行车时打开车灯，至少要打开示宽灯提示其他车辆你的位置，如果能见度非常差，那么要打开前、后雾灯。另外雾中行车时，要遵守交通规则限速行驶，千万不可开快车。可视距离越短，车速就必须越低。在行驶中也不要用开车窗的方式来通风。还有一些同学认为说不清、不了解，还要视具体情况而定。

（五）应对雾霾采取的措施

如何应对雾霾，对于大多数学生来讲，他们的第一反应就是尽量不出门！PM2.5对人体危害很大，它能附载大量有害气体、重金属等物质，直接进入肺部，并通过支气管和肺泡进入血液，对肺泡和血管内皮造成缓慢持续的损伤。雾霾天气要尽量不出门，尤应避免户外晨练。如果一定有事外出，最简单的措施就是戴口罩，很多人也会选择专业防尘口罩，在一定程度上过滤细颗粒物，起到防护作用。平时很多学生在家长的影响下也会注意合理地调节饮食，进食清淡、易消化且富含维生素的食物，多喝水、多吃新鲜蔬菜和水果，以起到润肺除燥、祛痰止咳、健脾补肾的作用。另外，注意少吃刺激性食物，适当多吃梨、橙子、萝卜、枇杷、百合、莲子等清肺化痰的食物。此外还有一些同学表示，家里也利用设备除尘，即空气净化器过滤PM2.5。应对雾霾，没有人选择忽略，同学们都会采取适当的办法保护好自己和身边的人。

（六）所在城市引起雾霾原因

引起雾霾的原因中，工业废气排放占42%，汽车尾气排放占32%，生活垃圾处置不合理占16%，周围城市的影响占10%（图4）。随着城市经济的飞速发展，各地政府都十分重视工业发展，同时造成了不可避免的工业废气污染。很多同学表示，自己所在的城市周边都有越来越多的工厂，工业废气污染主要是人类在生产和生活活动过程中燃烧矿物燃料，采矿时凿岩、爆破，建材粉碎、筛分，冶炼铸造等而造成的。大气污染物主要有尘埃颗粒、二氧化碳、二氧化硫或氮氧化物几种。大量的工业废气排入空气，使环境质量大幅度下降从而导致雾霾天气的形成。排在第二位的是汽车尾气排放。汽车排放的尾气是一种流动分散污染源，它常常聚积在繁华地带和居民集居的地方。科学分析表明，汽车尾气含有上百种不同的化合物，其中的污染物有固体悬浮微粒、一氧化碳、二氧化碳、碳氢化合物、氮氧化合物、铅及硫氧化合物等。城市中多高层建筑物，使汽车排放的污染物不易稀释扩散，造成汽车排放物浓度过高，还容易形成雾霾层。此外，生活垃圾处置不合理也有影响。随着城市居住人口的增长和生活水平的提高，城市垃圾数量逐年增加。近10余年，我国城市垃圾排放量的年平均增长速度为7%～9%，我国城市垃圾总量在未来10～20年间将随城市化进程加快而增大。可见，垃圾的不合理处置会造成恶性堆积，从而对环境造成严重影响。此外，周围城市的影响引起雾霾占据小部分比例。

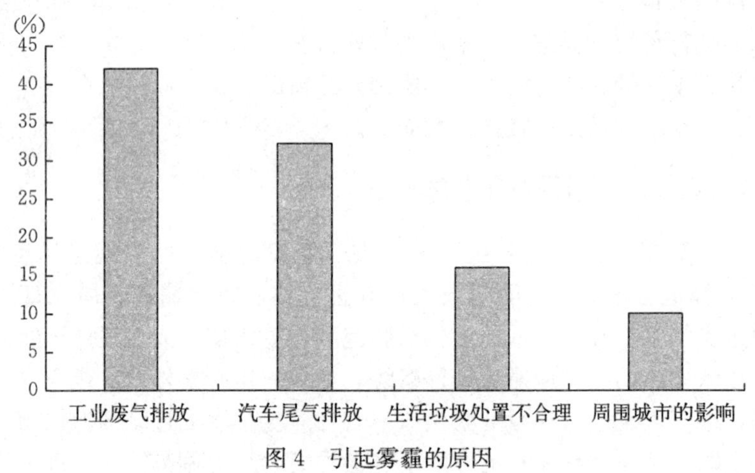

图4　引起雾霾的原因

（七）雾霾天气是否影响戴口罩出行的频率

受雾霾天气的影响，很多人出行都会戴口罩。最近雾霾天气持续严重，呼吸系统和循环系统相关的并发症概率都持续升高，如慢性支气管炎、支气管哮喘、冠心病。在这种天气下，长期的影响因为污染的颗粒里，有重金属颗粒和有机物，特别是对肺癌而言，能增加肺癌的发病率。如果长期总在这种污染的环境下，肯定会增加患病的概率，特别是小朋友、老年人和已经患有慢性病的人。这三类人群必须减少户外活动的时间，如果有外出活动，务必戴口罩，最好是一种型号n90的口罩，可以过滤PM2.5。呼吁大家为了自己和家人的健康尽量减少尾气排放。那到底雾霾天气是否会影响戴口罩出行的频率呢，我们为此进行了详细的调查，96%觉得影响出行，只有4%的人觉得不影响（图5）。从数据上来看，雾霾天气还是对学生出行的影响很大，我们身为大学生，应该倡导大家对于环境保护的认识，从一点一滴做起，为我们身边的人负责，希望北京的天可以像以前一样蓝！

（八）雾霾对烟花购买量的影响

通过调查发现，44.4%的被调查者表示今年春节会放烟花爆竹，43.6%的人

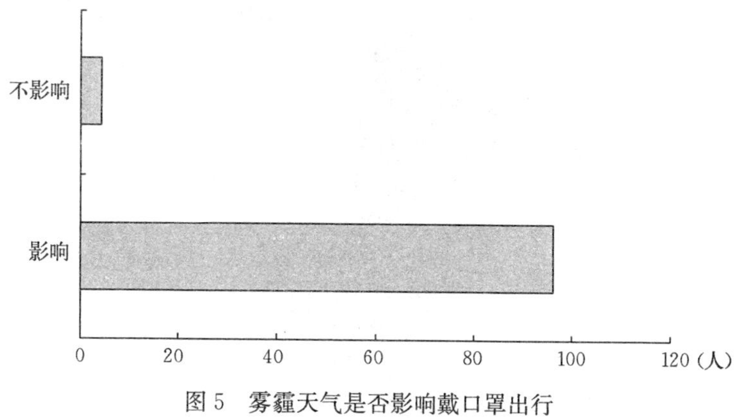

图5　雾霾天气是否影响戴口罩出行

则称不会，还有12.0%的被调查者则表示要“看心情”。选择过年不购买烟花爆竹的受访者有很多原因：其中69.7%的受访者选择“空气污染”、62.1%的受访者则是“担心安全”、56.4%的受访者是因为“会产生大量垃圾”、还有47.8%的受访者则是因为“噪声太大”。选择过年购买烟花爆竹的市民也有如下几个原因：65.8%的受访者选择“热闹，有年味”、58.5%的受访者是因为“传统习惯”、还有32.2%的受访者是因为“孩子喜欢”。根据北京市环保局资料显示，每年春节期间，尤其是除夕、正月十五，北京市空气质量都会受到不同程度的影响，或中度污染或重污染。其主要原因就是燃放烟花爆竹，污染物被集中排放到了空气中。如果遇到低气压的气象条件，污染会更加严重。在受调查的北京市民中，有30.4%的市民因为空气污染而选择放弃购买烟花爆竹。可见，雾霾的影响已经成为民众是否购买烟花爆竹的主要原因。

（九）对身体状况的影响

对于支气管哮喘、慢性支气管炎、阻塞性肺气肿和慢性阻塞性肺疾病等慢性呼吸系统疾病患者，雾霾天气可使病情急性发作或急性加重。如果长期处于这种环境还会诱发肺癌。而且雾霾天对人体心脑血管疾病的影响也很严重，会阻碍正常的血液循环，导致心血管病、高血压、冠心病、脑溢血，可能诱发心绞痛、心肌梗塞、心力衰竭，使慢性支气管炎出现肺源性心脏病等。在受调查的人群中，20%的人觉得雾霾对自己的身体状况没什么感觉，这些人大多数是上班族，整天在屋子里活动不出去。有50%的人在雾霾天气下感觉有点不舒服，30%的人感觉很不舒服（图6）。由此可见，居民已经逐渐认识到雾霾对自己身体健康的危害，但是市民除了佩戴口罩之外，还没有找到更好地预防雾霾危害的措施。

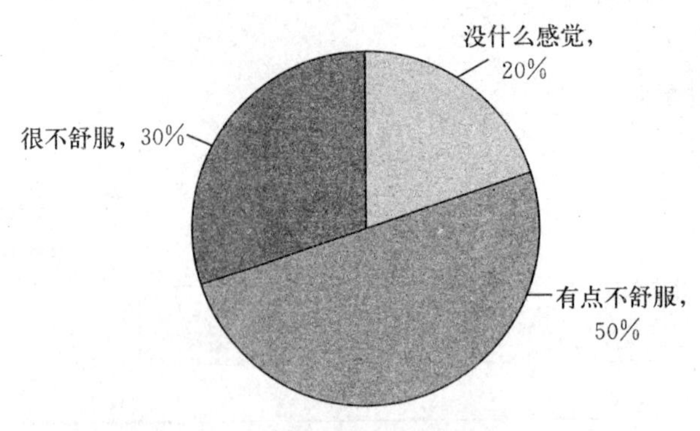

图 6　雾霾对身体的影响

（十）心理健康状况的影响

在受调查的人群中，有 76%的人认为雾霾天气对自己的心情有很大的影响；有 17%的人感觉雾霾天气对他们的心情有一点影响，但是影响不是很大；只有 7%的受调查者认为雾霾天气对他们的心理健康没有关系。可见，绝大部分居民的心理健康状况会受到雾霾的影响，雾霾天气阴沉昏暗，空气污浊，人的情绪也会变的低落，心情烦躁，做起事来缺乏活力。

（十一）污染天气对未来是否购买清洁能源车的影响

机动车排放总量大，是造成空气污染的重要因素。在北京市本地 PM2.5 来源中，机动车排放污染占比达 32%，且均为低空排放。行驶中的机动车还起到了“搅拌器”的作用，造成了道路扬尘，危害公众健康。

新能源汽车是指采用新型动力系统，完全或主要依靠新型能源驱动的汽车，主要包括纯电动汽车、插电式混合动力汽车及燃料电池汽车。节能汽车是指以内燃机为主要动力系统，综合工况燃料消耗量优于下一阶段目标值的汽车。发展新能源与节能汽车是降低汽车燃料消耗量，缓解燃油供求矛盾，减少尾气排放，改善大气环境，促进汽车产业技术进步和优化升级的重要举措。

我国新能源汽车经过近 10 年的研究开发和示范运行，基本具备产业化发展基础，电池、电机、电子控制和系统集成等关键技术取得重大进步，纯电动汽车和插电式混合动力汽车开始小规模投放市场。近年来，汽车节能技术推广应用也取得积极进展，通过实施乘用车燃料消耗量限值标准和鼓励购买小排量汽车的财税政策等措施，先进内燃机、高效变速器、轻量化材料、整车优化设计以及混合动力等节能技术和产品得到大力推广，汽车平均燃料消耗量明显降低；天然气等替代燃料汽车技术基本成熟并初步实现产业化，形成了一定市场规模。但总体上看，我国新能源汽车整车和部分核心零部件关键技术尚未突破，产品成本高，社会配套体系不完善，产业化和市场化发展受到制约；汽车节能关键核心技术尚未完全掌握，燃料经济性与国际先进水平相比还有一定差距，节能型小排量汽车市场占有率偏低。

在受访者中，只有40%的人选择会考虑购买新能源汽车，其余55%的人均选择不会考虑购买新能源汽车这一选项。而选择再考虑的学生群体中，绝大多数人担心新能源汽车尤其是电动汽车的续航问题、质量问题以及充电桩建设不到位等技术配套设施的问题。仅仅有5%的学生选择了不会考虑这一选项。由此可见，绝大多数学生群体愿意出于保护环境的因素购买新能源汽车。但由于基础设施建设的不到位以及担心质量问题，多数人选择了观望态度。因此，我国必须制订充电设施发展规划和技术标准。完善充电设施标准体系建设，制订实施新能源汽车充电设施发展规划，鼓励社会资本进入充电设施建设领域，积极利用城市中现有的场地和设施，推进充电设施项目建设，完善充电设施布局。电网企业要做好相关电力基础网络建设和充电设施报装增容服务等工作，完善城市规划和相应标准。将充电设施建设和配套电网建设与改造纳入城市规划，完善相关工程建设标准，明确建筑物配建停车场、城市公共停车场预留充电设施建设条件的要求和比例。加快形成以使用者居住地、驻地停车位（基本车位）配建充电设施为主体，以城市公共停车位、路内临时停车位配建充电设施为辅助，以城市充电站、换电站为补充的，数量适度超前、布局合理的充电设施服务体系。研究在高速公路服务区配建充电设施，积极构建高速公路城际快充网络。完善充电设施用地政策。鼓励在现有停车场（位）等现有建设用地上设立他项权利建设充电设施。通过设立他项权利建设充电设施的，可保持现有建设用地已设立的土地使用权及用途不变。在符合规划的前提下，利用现有建设用地新建充电站的，可采用协议方式办理相关用地手续。政府供应独立新建的充电站用地，其用途按城市规划确定的用途管理，应采取招标拍卖挂牌方式出让或租赁方式供应土地，可将建设要求列入供地条件，底价确定可考虑政府支持的要求。供应其他建设用地需配建充电设施的，可将配建要求纳入土地供应条件，依法妥善处理充电设施使用土地的产权关系。严格充电站的规划布局和建设标准管理。严格充电站用地改变用途管理，确需改变用途的，应依法办理规划和用地手续。完善用电价格政策。充电设施经营企业可向电动汽车用户收取电费和充电服务费。2020年前，对电动汽车充电服务费实行政府指导价管理。对向电网经营企业直接报装接电的经营性集中式充电设施用电，执行大工业用电价格；对居民家庭住宅、居民住宅小区等非经营性分散充电桩按其所在场所执行分类目录电价；对党政机关、企事业单位和社会公共停车场中设置的充电设施用电执行一般工商业及其他类用电价格。电动汽车充电设施用电执行峰谷分时电价政策。将电动汽车充电设施配套电网改造成本纳入电网企业输配电价。推进充电设施关键技术攻关。依托国家科技计划加强对新型充电设施及装备技术、前瞻性技术的研发，对关键技术的检测认证方法、充电设施消防安全规范以及充电网络监控和运营安全等方面给予科技支撑。支持企业探索发展适应行业特征的充电模式，实现更安全、更方便的充电。鼓励公共单位加快内部停车场充电设施建设。具备条件的政府机关、公共机构及企事业等单位新建或改造停车场，应当结合新能源汽车配备更新计划，充分考虑职工购买新能源汽车的需要，按照适度超前的原则，规划设置新能源汽车专用停车位、配建充电桩。落实充电设施建设责任。

（十二）出于环境因素的考虑，你会不会在郊区买房

根据北京市环境保护局发布的《2014 北京市环境状况公报》，位于昌平定陵的城市清洁对照点 PM2.5 监测结果为 74.5 微克/立方米，低于北京市平均水平 13.3%。区域背景传输点监测结果表明，位于北部边界的京东北和京西北区域站 PM2.5 年平均浓度值为 67.4 微克/立方米，低于北京市平均水平 22%；位于南部边界的京西南、京东南和京南区域站 PM2.5 年平均浓度值为 112.7 微克/立方米，高于北京市平均水平 31%，二氧化氮年平均浓度范围在 35.8～66.9 微克/立方米，延庆区、怀柔区和平谷区达到国家二级年均值标准，其余区未达到国家标准。北京市的北部、西部郊区空气质量明显好于中心城区。然而，受访者中 80%的人更愿意在空气更好的郊区买房，其余 20%的人不愿意在郊区买房。

二、结　　语

本次关于重度污染天气对大学生生活影响的课题调查研究的对象主要是本科与专科大学生群体。这一群体，知识水平、认识水平都比较高，具有很大的研究价值。而且在受调查人群中，女生所占的比例相对较大，可以看出女生对于天气状况的敏感程度比男生高。在重度污染天气中，大部分同学会尽量避免外出，也会注意合理地调节饮食，进食清淡、易消化且富含维生素的食物来保持身体健康。在那些选择出行的同学当中，他们也更多地选择乘坐公交车、地铁等公共交通出行，如果距离较近的话会直接骑自行车或者步行。通过调查，发现大部分同学认为重度污染天气对自己的身心健康造成了很大的影响，会经常患有呼吸疾病，而且在污染天气下心情也变得非常压抑。同时，重度污染天气也会影响同学们现在以及未来的消费方向。由于同学们对雾霾天气的认知，所以大部分同学会在将来选择购买新型能源汽车，来缓解城市的空气污染问题。对于这一点，政府应该把充电设施及配套电网建设与改造纳入城市建设规划，因地制宜制订充电设施专项建设规划，在用地等方面给予政策支持，对建设运营给予必要补贴。电网企业要配合政府做好充电设施建设规划。完善新能源汽车产品质量保障体系。新

能源汽车产品质量的责任主体是生产企业，生产企业要建立质量安全责任制，确保新能源汽车安全运行。支持建立行业性新能源汽车技术支撑平台，提高新能源汽车技术服务和测试检验水平。建立新能源汽车产品抽检制度，通过市场抽样和性能检测，加强对产品的质量监管和一致性监管。研究建立车用动力电池准入管理制度。在消费这方面，大部分同学希望以后自己可以定居在北京郊区或一些空气较好的城市，为自己以后长时间的健康着想。

综合来看，严重的污染天气给我们的生活带来的很多负面的影响，希望我们每个人能够从自身做起，低碳出行。国家也应当出台相关政策降低污染物的排放，还地球一个洁净的蓝天，使人民的生活远离空气污染物的影响。

主要参考文献

北京市环保局，2015. 2014 北京市环境状况公报 [Z]. 03 - 01.
国务院，2012. 节能与新能源汽车产业发展规划（2012—2020 年）[Z]. 06 - 28.

无公害猪肉的市场认知与购买行为调研与分析

项目组成员：甄玉洁　胡鑫瑶　武文艺　康　宁

指导教师：李宗泰

摘　要：猪肉作为中国传统的肉类产品，在我国肉类膳食结构中，一直居于主导地位，猪肉的安全状况更是受到消费者的关注与重视。随着人们生活水平和收入水平的不断提高以及“安全、健康、绿色”消费意识的增强，消费者对猪肉产品的消费偏好由注重数量逐渐向追求安全、健康、营养等方向演化。因此，以无公害猪肉为例，通过调研了解到消费者对无公害猪肉的市场认知程度，运用描述统计和回归分析的方法分析数据，得出消费者对无公害猪肉的社会认知度有待提高，购买意愿不太强烈的结论。最终针对无公害猪肉的消费问题提出意见和建议。

关键词：无公害猪肉　消费者购买行为　食品安全

前　言

随着经济的不断发展和居民收入的不断提高，人们对食品安全的意识也在不断增强，对此国家推出了一系列针对无公害猪肉的措施。无公害猪肉是指在养猪的全过程中，采用无公害、无残留、无激素的饲料以及饲料添加剂，控制环境和饮水的质量标准，规范兽药的使用品种及用量的猪肉。无公害猪肉重金属抗生素含量低，不含瘦肉精和其他有害激素。

本文拟从统计学的角度来研究居民对无公害猪肉的市场认知并分析其购买行为，旨在通过这次调研，有针对性地了解北京城镇居民对无公害猪肉质量安全的认知状况、信任状况和购买意愿状况以及影响认知、信任和购买意愿的主要因素。从而提出对无公害猪肉消费问题的意见和建议。这对于引导北京市居民消费、制定相关政策、改善人民生活水平以及构建以人为本的和谐社会都具有重要意义。

（一）研究背景

猪肉作为人们日常生活中主要的食用肉类之一，其质量安全问题备受广大消费者的关注。在科技和经济飞速发展下，国民收入水平不断提高，同时食品安全知识也在不断普及，消费者对猪肉的消费也在不断转型，无公害猪肉逐渐被端上消费者的餐桌。由于我国目前肉类消费市场的食品安全状况令人担忧，出现了“虫卵猪肉”、“病死猪肉”等负面事件，使消费者在购买猪肉的问题上产生疑惑，严重影响我国肉类消费市场发展。无公害猪肉作为无公害产品之一，通过国家安全卫生的审查出现在市场上，但其是否被广大消费者接受，仍未得到验证。因此，针对消费者对无公害猪肉的市场认知与购买行为进行调研与分析。

（二）研究目的

消费者的健康是提高食品安全性的最终目的，消费者对待猪肉质量安全问题的态度，会体现在其购买行为上；而其购买行为又会影响政府和食品供应者的决策。因此，如何理解消费者的认知与行为，成为食品安全问题的重要研究部分。

通过对无公害猪肉质量安全方面的消费者行为研究，一方面，可以检验目前无公害猪肉质量安全的工作成效；另一方面，通过对消费者相关购买行为的研究，把握影响消费者购买无公害猪肉的各项因素，以此提出相关的意见和建议，为政府优化猪肉安全市场的相关政策和猪肉供应商的生产策略提供依据。

（三）调查概述

1. 调查方式 采用的方法是随机发放 150 份调查问卷，调查人员针对北京市不同地区的消费者分别进行调研，主要来自市区、京郊等地。共有 3 名调查人员进行调查问卷的发放，分别在朝阳区、丰台区、延庆区、昌平区等地的各大超市、居民小区，用面对面发放问卷的方式进行实地调研，共收回 150 份问卷，有效率为 100%。

2. 问卷设计 问卷从消费者的性别、年龄、居住地、家庭收入情况、对无公害猪肉的信任情况以及愿意购买的原因等方面进行调查研究。

3. 数据分析 运用 SPSS 软件进行数据统计，用描述统计描述现状，并用回归分析分析了相关影响因素，为本文提供数据依据。

一、数据分析

（一）消费者基本情况

见表 1。

表1 消费者基本情况

项 目	分 类	频率	百分比（%）
性别	女	77	51.3
	男	73	48.7
年龄	21～30岁	15	10.1
	31～40岁	32	21.3
	41～50岁	44	29.3
	51～60岁	51	34.0
	61岁及以上	8	5.3
居住地方	城区	56	37.3
	郊区政府所在地	42	28.0
	郊区镇	52	34.7

1. 性别 根据目前国情来看，我国家庭食材选购方面主要是由女性购买，所以女性消费者购买无公害猪肉的比例比男性消费者高。现如今，大部分的家庭烹饪工作由女性完成，就无公害猪肉购买问题来看，如果想增加无公害猪肉的销售量，应该加大对女性消费者的推销力度，针对女性消费者做出不同种类的推销方法。

2. 年龄 统计问卷数据得出，21～30岁消费者占总消费比重10.1%，31～40岁消费者占总消费比重21.3%，41～50岁购买者占总消费比重29.3%，51～60岁占总消费比重为34.0%，61岁及以上消费者占总消费比重为5.3%。21～30岁的主要消费者为年轻的上班族，生活节奏较快，更推崇简单快捷的生活方式，对猪肉的安全性、营养性要求不高，从而购买无公害猪肉的比例较少。从30岁开始，购买无公害猪肉的消费者逐渐增多，主要集中在41～60岁。通过数据得出，年龄越大对购买无公害猪肉的意愿越强烈。随着年龄的不断增长，消费者更加注重生活质量，对食品的安全性、营养性有更高的标准，更愿意购买健康、安全的无公害猪肉。61岁及以上的消费者因为对无公害猪肉的认知程度较低，相对于年轻消费者关注渠道较少，从而购买比重较低。

3. 居住地 调查人员分别从城区、郊区政府所在地和郊区3个不同地点发放调查问卷。消费者居住地越靠近城区，无公害猪肉的宣传推广力度更大，购买途径更多，因此，居住在城市的消费者对无公害猪肉的消费量更多；消费者居住地越靠近郊区，无公害猪肉的宣传力度较弱，购买途径较少，因此，居住在郊区镇的消费者对无公害猪肉的消费量较少。

（二）日常购买猪肉的地点

在调查问卷中，有4个选项可供调查者进行选择，分别是大型或连锁超市、社区便利店、农贸市场和其他购买地。调查结果如图1所示。

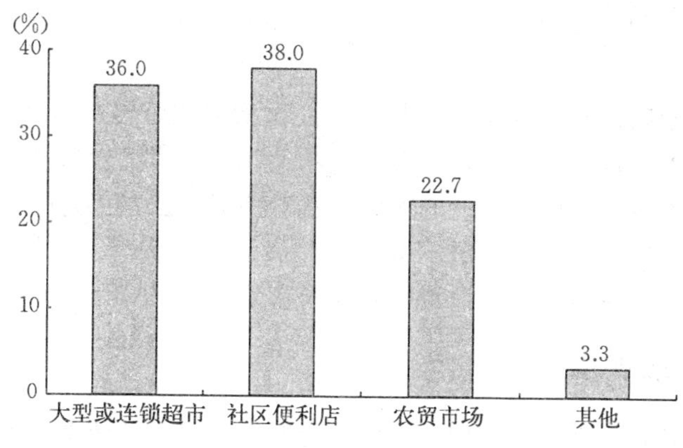

图 1　消费者日常购买猪肉地点

通过分析日常购买猪肉的地点可以发现，在社区便利店购买无公害猪肉的消费者更多。由于无公害猪肉价格偏高，因而无公害猪肉很难在农贸市场进行推广。

（三）家庭月收入

从北京市统计局于 2015 年 10 月 23 日发布的数据来看，2015 年 1～9 月城镇居民人均可支配收入为 36 047 元，由此可以推算出北京市城镇家庭人均可支配月收入为 4 005.22 元。以三口之家为例，除子女无收入外，家庭月收入为 8 010.44元。此次调查的结果如表 2 所示，北京市城镇居民家庭月收入水平在 7 001～9 000元，与北京市统计局统计的数据偏差较小。所以，本文中关于家庭收入对消费者购买无公害猪肉行为的影响具有真实性。

表 2　家庭月收入水平

项　目		频率	百分比（%）	有效百分比（%）	累积百分比（%）
有效	5 000 元及以下	5	3.3	3.3	3.3
	5 001～7 000 元	26	17.4	17.4	20.7
	7 001～9 000 元	44	29.3	29.3	50.0
	9 001～12 000 元	23	15.3	15.3	65.3
	12 001～16 000 元	22	14.7	14.7	80.0
	16 001～20 000 元	19	12.7	12.7	92.7
	20 001 元及以上	11	7.3	7.3	100.0
合计		150	100.0	100.0	

从调查对象的家庭月收入水平总体分布的情况来看，家庭月收入在 5 000 元及以下的群体占 3.3%，5 001～7 000 元区间的样本占到样本总体的 17.4%，

家庭收入在 7 001～9 000 元的样本占 29.3%，收入在 9 001～12 000 元的占 15.3%。

消费者的家庭月收入越高，对购买无公害猪肉的意愿越大。在实际调查中，走访的几家超市、社区便利店以及农贸市场的无公害猪肉价格比普通猪肉价格均偏高。所以，月收入一般及较低的家庭虽然对购买无公害猪肉有意愿，但因为他们对食品支出的预算较少，一般不会选择购买无公害猪肉。月收入较高的家庭，由于经济较宽裕，所以他们更愿意购买无公害猪肉。

（四）了解渠道

在调查消费者对无公害猪肉的了解渠道时，50.7%的消费者是通过媒体报道了解到相关安全信息的，20.0%是通过销售点标识和人员宣传介绍了解的，29.3%是通过亲友介绍了解到相关安全信息的（图 2）。

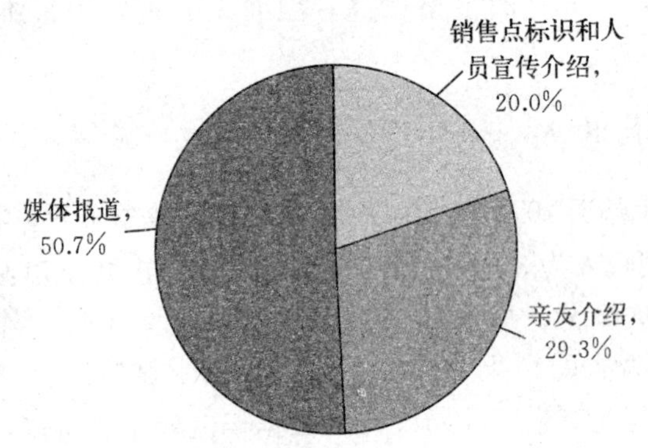

图 2　消费者了解渠道

由图 2 可以得知，消费者通过销售点标识和人员宣传介绍了解的占总体的较少部分，说明消费者在消费点了解的较少，目前市场上针对无公害猪肉的宣传还不是很到位。有些消费者通过亲友介绍了解到相关安全信息的，体现出消费者在购买方面会与亲友进行交流，愿意听取亲友的介绍，同时体现出了对无公害猪肉等安全问题的关注程度。由此推断，无公害猪肉通过电视媒体、网络媒体、广播等媒介进行推广，从而提升无公害猪肉的生产销量。

（五）信任程度

由表 3 分析可以发现，仅有 8 名被调查者表示完全不信任，占总比的 5.3%；9 名被调查者表示非常信任，占总比的 6.0%；21 名被调查者表示基本不信任，占总比的 14.0%；72 名被调查者表示有些信任，占总比的 48.0%；40 名被调查者表示基本信任，占总比的 26.7%。

表 3　消费者对无公害猪肉的信任度

项　　目		频率	百分比（%）
有效	完全不信任	8	5.3
	基本不信任	21	14.0
	有些信任	72	48.0
	基本信任	40	26.7
	非常信任	9	6.0
合计		150	100.0

大部分消费者对无公害猪肉的信任程度一般，集中在有些信任和基本信任。企业应通过有效手段对无公害猪肉进行宣传，增加消费者对无公害猪肉的信任度。相关政府部门应该大力扶持企业推广无公害可追溯猪肉制度，方便消费者查询无公害猪肉的源头，使得消费者对无公害猪肉更放心。通过增加消费者对无公害猪肉的信任程度可以提高无公害猪肉的销量。

（六）普通猪肉与无公害猪肉的认知区别

经调查研究发现，如表 4 所示，消费者认为普通猪肉与无公害猪肉“没有区别”的有 15 人，占 10%；认为“非常好”的有 18 人，占 12%；认为“有些好”的有 33 人，占 22%；认为“好”的有 44 人，占 29.3%；认为“略好一点”的有 40 人，占总比的 26.7%。

表 4　消费者对无公害猪肉的认知

项　　目		频率	百分比（%）	有效百分比（%）	累积百分比（%）
有效	没有区别	15	10.0	10.0	
	略好一点	40	26.7	26.7	10.0
	有些好	33	22.0	22.0	36.7
	好	44	29.3	29.3	58.7
	非常好	18	12.0	12.0	88.0
合计		150	100.0	100.0	100.0

大部分消费者认为普通猪肉与无公害猪肉略好一点，所以如果加强消费者的认知推广，那么消费者对普通猪肉与无公害猪肉的区别就会上升一定层次。少部分消费者是由于无公害猪肉的命名比普通猪肉更有档次，并没有真正对其安全与营养有深刻的理解与认识。所以，对消费者普及食品安全方面的知识有很大必要。

（七）购买原因

由图 3 可知，44.0%的消费者购买无公害猪肉是因为其安全性高，18.7%的

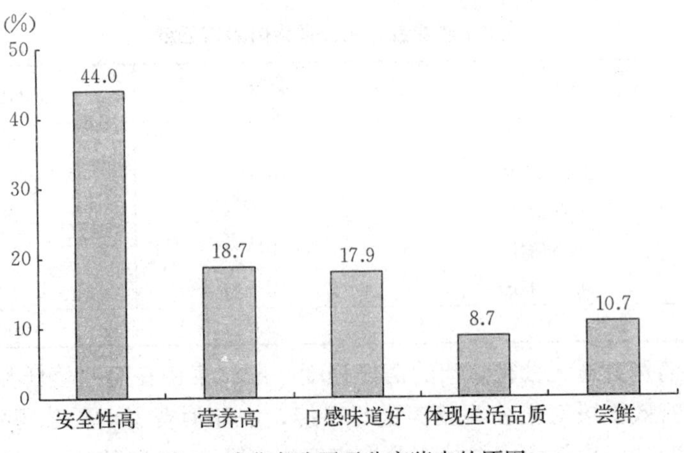

图3　消费者购买无公害猪肉的原因

消费者购买无公害猪肉是因其营养价值比较高，17.9%的消费者认为无公害猪肉的口感味道比较好，10.7%的人购买无公害猪肉是为了尝鲜，8.7%的人认为无公害猪肉能够体现生活品质。

无公害猪肉在消费者关注的安全性、口感、营养方面都比普通猪肉占有优势，所以消费者更喜欢购买。在食品安全状况堪忧的状况下，应该有大部分的消费者是从安全方面考虑购买无公害猪肉的，但调查结果仍有17.9%的消费者是由于口感味道较好而选择购买，10.7%的消费者是为了尝鲜。这说明消费者对于无公害猪肉并没有十分的了解，对其消费也只是出于时尚跟风的消费。

二、影响购买行为的因素分析

对消费者的性别、年龄、居住地、信任度、了解渠道、对无公害猪肉的认知、购买猪肉地、购买原因和家庭月收入水平这九方面影响其消费无公害猪肉的回归性分析。

设随机变量Y为消费者对无公害猪肉的消费意愿，一般变量X_1为性别，X_2为年龄，X_3为家庭月收入水平因素，X_4为居住地，X_5为了解渠道因素，X_6为购买猪肉地因素，X_7为购买原因因素，X_8为信任度因素，X_9为消费者对无公害猪肉的认识因素，则多元线性回归模型为：

$$Y=\beta_0+\beta_1 X_1+\beta_2 X_2+\beta_3 X_3+\beta_4 X_4+\beta_5 X_5+\beta_6 X_6+\beta_7 X_7+\beta_8 X_8+\beta_9 X_9+\varepsilon$$

式中，β_0为回归常数；β_1、β_2、β_3、β_4、β_5、β_6、β_7、β_8、β_9为回归系数；Y为被解释变量（因变量）；X_1、X_2、X_3、X_4、X_5、X_6、X_7、X_8、X_9是可以精确测量并可控制的一般变量，称为解释变量（自变量）。

由表5可以看出，相关系数$R=0.366$，判定系数$R^2=0.134$，调整的判定系数为 0.078。这说明样本回归效果不是很好，所以根据表 6 进行修正，选出两个具有显著性的因素，分别为家庭月收入水平和信任度，针对这两个因素进行分析。

表 5 模型汇总

模型	R	R^2	调整 R^2	标准估计的误差
1	0.366[a]	0.134	0.078	0.826

预测变量：(常量)，对无公害猪肉的认知、年龄、购买原因、渠道，居住地，性别，家庭月收入水平、购买猪肉地、信任度。

表 6 系数[a]

模 型		非标准化系数		标准系数	t	*Sig.*
		B	标准误差	试用版		
1	(常量)	1.133	0.534		2.120	0.036
	性别	−0.010	0.140	−0.006	−0.071	0.943
	年龄	0.001	0.065	0.001	0.017	0.986
	家庭月收入水平	0.129	0.044	0.243	2.965	0.004
	居住地	0.058	0.084	0.057	0.684	0.495
	渠道	0.033	0.088	0.030	0.377	0.707
	购买猪肉地	−0.100	0.088	−0.099	−1.133	0.259
	购买原因	0.005	0.051	0.009	0.106	0.916
	信任度	0.211	0.082	0.226	2.569	0.011
	区别	−0.023	0.064	−0.032	−0.353	0.725

[a] 因变量：是否购买。

由表 7 可以看出，修改后的相关系数 $R=0.351$，判定系数 $R^2=0.123$，调整的判定系数 R^2 为 0.111。这说明样本回归效果修正后比修正前好了一些，针对家庭月收入水平和信任度两个因素进行分析（表 8）。

表 7 修改后模型汇总

模 型	R	R^2	调整 R^2	标准估计的误差
1	0.351[a]	0.123	0.111	0.811

预测变量：(常量)，信任度，家庭月收入水平。

表 8 系数[a]

模 型		非标准化系数		标准系数	t	*Sig.*
		B	标准误差	试用版		
1	(常量)	1.064	0.270		3.935	0.000
	家庭月收入水平	0.129	0.042	0.242	3.109	0.002
	信任度	0.211	0.073	0.225	2.892	0.004

[a] 因变量：是否购买。

家庭月收入对消费者消费无公害猪肉的意愿有显著性影响，家庭月收入越高的人越容易消费无公害猪肉。因为收入高的人群对自己的食品安全要求更高，会对食品的安全性更加关注，所以有显著性影响。

消费者对无公害猪肉的信任程度对其消费无公害猪肉存在较大影响，说明消费者自身对无公害猪肉越信任，就更容易产生购买欲望。而消费者对无公害猪肉的信任程度越低，就不愿对其进行购买。

三、结　　论

从调查、整理、分析数据得出，消费者的年龄、家庭月收入水平、对无公害猪肉的信任程度和购买无公害猪肉的原因等因素影响无公害猪肉的消费程度。购买无公害猪肉的女性消费者大于男性，城区消费者的购买比重大于郊区。消费者的家庭月收入越高，对无公害猪肉的价格承受能力也随之提高。随着年龄的增长，消费者对生活质量的标准不断提高，更加注重食品的健康与安全，对无公害猪肉的安全性、健康性的要求也有所提高。而由于无公害猪肉的宣传力度较小，各种宣传渠道不健全，导致消费者对无公害猪肉的认知度并不高。但大多数消费者还是认为无公害猪肉相对于普通猪肉更安全可靠，如果价格在他们的消费承受能力之内，消费者还是愿意购买无公害猪肉。

四、改进措施

通过以上统计和分析，得出以下改进措施：

（一）对政府部门提出的建议

一是加强对无公害猪肉市场的监控，增加相关的监督部门，严格查处问题猪肉。二是政府应扶持无公害猪肉企业的发展，给予无公害猪肉企业优惠政策，降低无公害猪肉的生产成本，从而降低无公害猪肉的价格，吸引更多消费者购买。三是政府应加大无公害猪肉的科研力度，培养更多技术型专业人才，为无公害猪肉提供科学保障。

（二）对企业提出的建议

一是企业应以诚信为基础，做“良心肉，放心肉”。从源头杜绝“问题猪肉”的发生。二是企业要优化生产链，从猪的饲养环境、饮用水源、食用饲料到猪肉加工过程等方面做起，确保猪肉的绿色、安全、环保。三是企业应当加大无公害猪肉的宣传力度，利用报纸、网络、广播的大众新闻媒介进行推广。四是企业应将生产无公害猪肉的环节透明化，建立无公害猪肉的可追溯制度。例如，商品包装上贴有可追溯管理系统标签，使消费者可通过扫描二维码查看所购肉品部位，整头猪的品种、重量、出生和屠宰时间、饲料来源以及供、产、销各环节所有信息。

（三）对消费者提出的建议

一是消费者应该客观认真地对待自己日常的食品安全问题，为了自己和家人的健康着想，适当了解食品安全信息，理性消费。二是消费者应增强对食品监督的意识，发现问题猪肉要及时向质量监督部门举报揭发。

主要参考文献

郭艳艳，2013. 消费者对猪肉食品安全支付意愿的实证研究［D］. 上海：上海交通大学.

宁芳蓓，孙世民，曲芙蓉，2010. 猪肉消费者超市购买行为的调查与经济学分析［J］. 物流工程与管理（12）.

祁胜媚，杜垒，封超年，2011. 消费者对农产品质量安全的认知行为及影响因素分析——对江苏省扬州市消费者的调查［J］. 江苏农业科学（2）.

曲芙蓉，2012. 优质猪肉供应链中超市质量安全行为研究［D］. 泰安：山东农业大学.

税雪，2011. 成都市冷鲜猪肉市场消费者行为研究［D］. 雅安：四川农业大学.

王杰，2012. 城镇消费者购买绿色农产品行为研究［D］. 乌鲁木齐：新疆农业大学.

杨庆先，陈文宽，2010. 对家庭农产品购买行为模式的探究——基于四川安县城镇家庭的调查［J］. 生产力研究（7）.

袁承运，2008. 感知风险和超市生鲜品购买意愿的关系分析［D］. 南京：南京农业大学.

张蓓，黄志平，文晓巍，2013. 农产品质量安全危机下的猪肉购买行为研究［J］. 商业研究（7）.

张玉红，杜红平，2010. 我国超市生鲜经营的物流现状与发展对策研究［J］. 商业时代（6）.

房地产价格波动及影响因素分析

——以燕郊地区为例

项目组成员：郭　昊　李　瑾　马倩雨　王馨谊
指 导 教 师：白艳娟

摘　要：本文通过对近些年全国以及燕郊地区的房地产市场价格的波动情况进行简要分析，结合国家出台的涉及房地产业的宏观政策，探讨燕郊房地产市场的影响因素，进而解决我国房地产业发展中存在的问题，针对当前形势对房地产市场发展提出合理建议。

关键词：宏观政策　房地产价格　影响因素

前　言

（一）研究背景

自新中国成立以来，中国的房地产政策经过了计划经济时期住房制度阶段、住房制度改革阶段、住房制度市场化阶段3个时期。伴随着房地产制度性政策和调控性政策的不断配合推出，我国的房地产市场取得了可观的成绩。但近年来，我国大部分地区尤其是一线城市，房价持续上涨，且其上涨的速度远远超过城镇居民家庭可支配收入的增长速度，以市场分配机制为主的城镇住房体制下，较高的房价无疑会带动整个国民经济的快速发展，房地产市场发展过快对金融业乃至整个宏观经济的健康发展构成极大危害，甚至会造成社会的动荡不安等不可忽视的恶性影响。

（二）研究目的及意义

本文研究意义在于使地产市场回归理性发展。由于房地产的特殊地位及其对政策的制约性，为了促进房地产业及国民经济的健康发展，基于房地产制度变迁的大背景，对房地产相关政策加以系统科学的分析，预测房地产市场的发展趋势，以便采取前瞻性的措施引导市场健康持续发展，抑制泡沫的出现，促进经济繁荣，增加社会稳定。

本文通过研究近些年全国以及燕郊地区的房地产市场价格波动，结合供求关系、微观宏观理论分析探讨了房地产价格波动的影响因素，进而为房地产市场回归理性发展提出合理建议。

燕郊地区处于北京周边，具有特殊的地理位置，其房地产市场非常具有代表性，因此本文以燕郊地区房地产市场为例着重分析。如果燕郊房地产市场能够回归理性发展，将会为全国房地产市场发展起到一定示范作用，同时也能够带动全国房地产市场回归理性发展。

一、房地产价格波动分析

（一）全国房地产价格波动分析

中国作为人口大国，人口基数大，对住房的需求也较高。近些年，房地产价格的波动愈发引起人们强烈关注，各地房价暴涨，一些城市和地区的价格翻了一番。大众认为近年房价波动的主要因素有两点：一是国家政策的调控，二是随着房价上涨居民购买房产的意愿强烈。下面对全国房价波动进行具体的数据分析。

图 1 为全国商品房价格波动图，可以看出 2005—2013 年商品房的价格走势整体呈上升趋势，随着中国经济不断发展，近年来房地产价格也不断增长。2005 年受宏观调控的影响增长幅度较为缓慢。2006 年证券市场“998”行情开始爆发，房地产相对有所发展，但是价格还比较稳定。2008 年受到国际金融危机影响，股票一路下滑。我国房地产也受到影响，有关部门针对现状提出四万亿振兴计划。2009 年一年间房价增长迅速，而且北京、上海、广州出现了天价房。2010 年房地产市场受到国家政策的影响，1 月颁布“国十一条”、3 月颁布“央企退房”两项政策，增加了首付金额和限购数量，但随后受“9·29”新政调控影响，增长幅度较为缓慢。在所有房地产投资资金来源中，银行贷款一般占到 60%左右，增加了首付金额也增大了银行方面的压力。2011 年 8 月房地产限购标准出炉了，对于许多大型城市的居民产生了很大影响，北京、上海、广州、深圳等地区价格出现一定幅度轻微下降，直到 2012 年，相比较 2010 年房地产成交额高了 3 成左右。从 2012 年 6 月开始，房地产价格又出现了大幅度的上升，并在之后到达了一个顶峰期。住建部提出“限购松绑”政策，中央层面放开对限购等短期行政手段的限制，允许地方调整。全国 47 个城市范围内，均有不同程度的松绑。“9·30”房贷新政，放宽了贷款基准，首套及二套房的首付下降，多项政策使居民购房的热情高涨，整体呈上升趋势。在“十二五”期间，政府规划建设 3 600 万套保障房来保障民生问题。这些年中央对房地产的调控由支持到抑制，再到支持，一路的变革，符合经济发展需要，也迎合了市场走向。

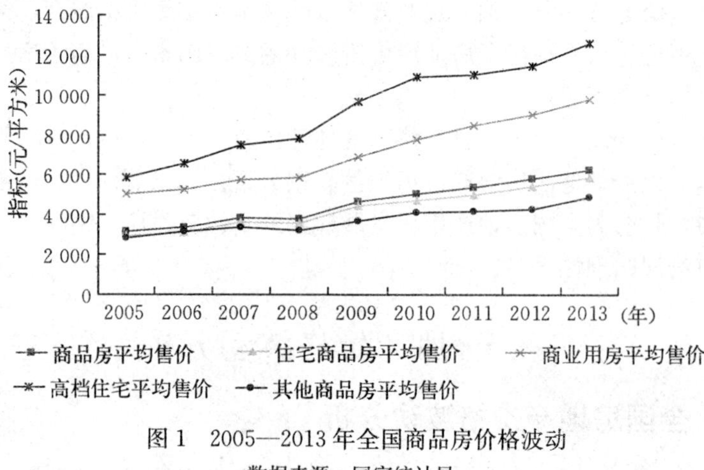

图 1　2005—2013 年全国商品房价格波动

数据来源：国家统计局。

（二）燕郊房地产价格波动分析

燕郊经济技术开发区隶属于河北省三河市，距天安门距离 30 公里，距首都国际机场 25 公里，南距天津港 180 公里，东距秦皇岛港 260 公里。燕郊历史悠久又临近潮白河，有着得天独厚的优势。交通上规划建有 6 条与北京衔接的通道，包括京哈高速路、迎宾路、燕顺路、京哈公路复线、神威北路、南外环路。同时，地铁八通线在通州八里桥处留有接口，未来将会延伸八通线的城铁，穿过燕郊。燕郊开发区经 10 余年的快速发展，现已成为京东地区新兴的投资热点。北京市民有 10 万人在燕郊有房产，各类房地产开发商也在不断涌入，导致近些年燕郊地区的房价也在快速上升。

图 2 显示的是 2007—2013 年燕郊房地产平均售价，由于统计的不精确性，想要统计燕郊历史房价非常困难，但是可以看出 7 年间价格出现了明显波动，总体

图 2　2007—2013 年燕郊房地产平均售价

数据来源：河北省统计局。

是呈现上涨趋势。全国出现购房热，燕郊也不例外，从统计的数据可以看出2009年燕郊房价开始明显上涨。与往年的增长幅度比较，增长十分迅速。2011年由于国家发布了诸多限购条款，轻微打消了居民购房的热情，但并没有持续多久。2012—2013年间又出现新一轮爆发。2013年传出了新规划，《新京报》头条就是北京至燕郊廊坊拟明年通轻轨。北京地区房价连涨，购房需求增加，导致燕郊地区几乎所有房价都大幅度增长，大型房地产项目如天洋城4代、首尔甜城、夏威夷南岸等，每平方米价格更是达到了新高，同比涨幅达到50%，开启燕郊房地产万元时代，以实现京津冀一体化融合发展的政策。

二、燕郊房地产价格影响因素

房价的波动与一个国家或城市的发展相互影响，相互渗透，密不可分。经济因素、社会因素、行政因素、房地产的内在因素和环境因素无一不影响着房地产价格。

（一）经济因素

1. 周边经济对燕郊房价的影响　燕郊地处与北京、河北的交界处，大城市的经济迁移和发展带动了燕郊的经济增长，使得其经济产业结构不断优化升级，整体经济呈向上发展，吸引了房地产市场的投资和消费者的目光。

2. 自身的经济因素　燕郊是一个国家级的经济开发区，后又建立高新技术产业园区，形成信息电子、生物医药、新型材料、绿色食品和旅游休闲五大主导产业，不断吸引着外资，外资加剧着产业升级。二者不断循环，使得地皮上涨，房价自然水涨船高。

3. 房地产的内在价值，是房地产价格形成的基础，供求规律和竞争规律也是房地产价格的重要因素　随着经济化进程的推进，产业结构不断升级，地皮价格上扬，同时政府政策的不断加强，导致燕郊房源需求扩大并且价格呈上涨的态势。

（二）社会因素

1. 人口　燕郊城市化不断加深，产业开始大量升级，吸引了大量人口，再加上一些周边大城市人口外迁，人口的上涨刺激了商品的需求，促进了房价的上涨。

2. 理财观念　近年来，社会整体经济水平上升，总体来说人们的生活越来越富足，投资理财的观念逐渐增强，燕郊也不例外。越来越多的人热衷于房地产的投资，于是房价被逐渐抬高，又因为燕郊的经济水平有限，所以其房价波动又远不如一线城市剧烈。

3. 人文历史 燕郊自古就是京东重地。辽宋以来，这里更是借助潮白河码头和京榆古道而兴起，商贾云集，文化盛行。良好的商业基础使燕郊发展起来更容易，思想更易解放，有了这样的历史因素也使人们对于燕郊地区的发展充满信心，使得人们愿意为其投资，愿意助其发展。

（三）行政因素

燕郊地处北京周边，由于北京资源有限，承载力过高，导致房价过高。加之政府开始限制控制房源，一些人因为买不上房或是没有足够的资金，开始将购房地点从北京移到周边地区。而燕郊地区的经济发展水平前景好，房价也没有北京高，所以备受青睐。

（四）环境因素

1. 自然环境 人们生活水平逐渐提高，住房不再是一种基本需求，更多的是一种选择方式，燕郊生态怡人，自然环境优美，自然吸引了人们的关注。

2. 交通环境 燕郊交通便捷，京哈高速公路、京秦、大秦电气化铁路横贯东西，有着良好的交通条件。

3. 文化教育环境 燕郊紧挨大学城，拥有各类专业人才 2 万名，人才储备量今非昔比。这些人才可以支援高新产业的发展，经济不断向前推动，同时也在无形中推动着燕郊房价的发展。

三、燕郊房地产市场建议

燕郊自古以来就是京东重地，随着时代的发展，燕郊地区也在不断地发展繁荣。现今，人们生活水平不断提高，人口不断随之膨大，随着土地资源的稀缺，不少城市已然出现住房情况越来越紧张的情况。对于大城市的人们来说，住宅需求往往大于住宅供给。因此，在城市内出现高额的房价是一件很正常的事情。而像燕郊这类地区，房地产价格相对于这些城市来说相对便宜，而且具有很大的升值空间。因此，燕郊这类地区近些年也越来越受到人们的追捧。但通过以上一系列对于燕郊房地产的分析和研究，同样也可以得知，即使越来越受人热捧，燕郊地区也还是存在很大的问题。因此，提出以下 4 点建议：

（一）完善住房保障制度

住房保障制度一直是社会保障体系的一个方面，住房保障制度可以保障每个人都有房子住，政府通过实施一些特殊的政策，帮助住房有困难的人解决这个问题。2015 年 6 月，燕郊地区住房公积金贷款额度由原来 40 万元调整到 60 万元，并且如果居民连续足额缴存住房公积金 6 个月及以上，可申请住房公积金个人住房贷款，但只有这些是无法来抑制过快增长的房价。在燕郊地区，除了要调节住房公积金，还要随经济发展不断提高自己的保障水平。与此同时，要深入调查，准确掌握每户家庭的收入与开支以及需求情况，根据这种情报来解决那些低收入群体与困难户的问题。政府也可以通过补贴、贴息等政策手段扶持低收入家庭租房或购房，同时还可以加大廉租房的供给力度，以此来缓解低收入者买不起或租不起房的现象。例如，2010 年，甘肃省已开工建设廉租房、经济适用房等保障性住房 16.56 万套，大大改善了当地低收入家庭的住房条件，使得甘肃省住房保障水平进一步提高。因此，完善住房保障制度对于抑制过高增长的房地产价格很有帮助。

（二）加强监管措施

房价过快增长，其中政府要承担很大一部分责任。正是由于当地政府监管不严，而且现今人们对于房子的需求也在不断增长，导致了一部分投机商进入房地产行业进行炒作，不断抬高房价，从而形成如今房价过高的情形。因此，要加强对于房地产的监督，公平对待每一个参与交易的群体。而且，政府的监管程序必须要进一步完善，其中在监管过程中要必须保持透明，及时进行监管执法，违法必究。这样才能杜绝有人投机进行恶意炒房的行为。同时，政府也可以颁布房地产环节方面的法律法规，用法律法规来严厉查处在房地产环节钻法律漏洞、恶意抬高房价的人。政府也应该定期举办房展会，及时发布房地产市场相关信息，并规范商品房网上签约和合同备案管理，以此加强政府的监管措施。例如，2015 年 5 月邯郸市人民政府《关于进一步促进房地产业平稳健康发展的若干意见》以及天津市《关于加强房地产项目开发监管八项措施的通知》，就是体现政府加强在房地产上的监管措施。

（三）进行宏观调控

宏观调控是国家综合运用各种手段对国民经济进行的一种调节与控制，它可以保持社会总供给与总需求的基本平衡，弥补市场调节的不足并且稳定物价。如果想要放缓房价的速度，上调利率是一个很好的方法。在我国，购买房子所要花费的利息不是很高，反而只需要花费很低的价格。因此，越来越多的人不停地买房。上调利率，就可以增加对于购买者的压力，从而进一步降低购房者的数量，最终可以实现房地产市场需求减少。例如，我国曾为抑制部分城市房价过快上涨，决定将个人住房转让营业税免征时限由 2 年恢复至 5 年，以此来抑制过快增长的房价。这是我国通过调整税率和增减税种税目，来引导房地产市场发展，减少了人们在房地产市场中的投机行为。而且，政府也可以通过制定房地产商品的相关价格标准来对房地产市场的价格进行调控，保证房地产价格合理，平衡房地产市场。这些都是政府可以通过宏观调控的手段来实现抑制房地产市场过快增长的房价。

（四）引导人民理性、适度消费

量入为出适度消费，避免盲从理性消费，地产作为一种商品，这需要人们依据正确的消费观念来进行买房，要根据人们收入水平来选择买房。例如，收入低的家庭可以考虑租房或是买较为便宜的旧房子，收入较高的则可以买较为好一点的房子，同时也可以把自己原来的房子卖出去或者租出去，这样既满足自己的需求，同时还提供了住房。通过这样便可以减少囤房的现象，还可以提供不少可供人居住的地方。

相信随着房地产制度性政策的不断完善，房地产市场的发展会越来越健康，房地产调控政策的数目会逐步减少，中国将建立适应市场经济法则，体现中国国情又符合国际惯例的房地产市场体系。

主要参考文献

范志勇，2008. 中国房地产政策回顾与探析［J］. 学术交流（8）.
何海芝，2015. 浅谈国家宏观调控的内涵和现实意义［J］. 今日湖北旬刊（6）.
宋辰，2005. 把握宏观趋势追踪行业发展——解读我国住房保障制度［J］. 中国经济信息（17）：27－28.

我国中小企业资产负债率的影响因素实证分析

项目组成员：史新颖
指 导 教 师：夏 龙

摘 要：本文以同花顺股票信息网中的23家A股股票为样本，就中小板上市公司的财务状况、盈利空间、股东权益的收益水平以及企业的经营成果等因素进行回归分析，从而得出有意义的结论。

关键词：上市公司 财务状况 股东权益 回归分析

一、研究目的

关于公司资本结构的实证研究，国内外学术界大致分为两个方向：一个方向以MM定理为中心，主要探讨公司价值与资本结构之间的关系，形成资本结构的主流理论；另一个方向着重研究影响公司资本结构的各种因素，即资本结构因素学派。王成华、李明等众多研究结果表明，影响资本结构的因素主要有行业因素、公司规模、盈利能力、经营风险。而周白清、毛自强和关悦等对各国公司资本结构的比较研究则发现，资本结构不仅是公司自身的决策问题，而且与一国的文化差异、经济发展阶段、金融体系以及公司治理机制等国家因素密切相关。

近年来，对我国上市公司结构的实证研究不断出现。沈艺峰（2000）从企业规模、企业的市场价值、企业盈利能力和行业因素等方面，对我国上市公司资本结构进行实证分析。陆正飞和辛宇以1995—1997年期间在上海证券交易所的35家机械及运输设备行业的公司为样本，在控制行业因素的情况下，就上市公司资本结构与获利能力、规模、资产担保价值以及成长性等因素进行多元回归分析，得出三点结论：一是不同行业的资本结构有显著差异；二是企业的资本结构与获利能力显著不相关；三是规模、资产担保价值和成长性等因素对企业资本结构没有明显的影响。

本文将以同花顺股票信息网中的23家A股股票为样本，就中小板上市公司的财务状况、盈利空间、股东权益的收益水平以及企业的经营成果等因素进行回归分析，从而得出有异议的结论。

二、数据来源与变量选取

本文以同花顺股票信息网站中小板上市的23家A股股票为样本，采用回归建模的方法对上市公司资产负债率的影响因素进行实证研究，以求得出有意义的结论。本文采用资产负债率（—dr）作为因变量，自变量分别为总资产（lnasset，本文在后续的讨论中对总资产取对数，以便研究）、毛利率（gpr）、净资产收益率（eps）、每股收益（npr）。具体见表1。

表1 因变量和自变量

变量	名 称	符号	性质	描 述	预期关系
因变量	资产负债率	dr	定量变量	反映企业的财务状况	
自变量	总资产的自然对数	lnasset	定量变量	反映企业的经营规模	正
	毛利率	gpr	定量变量	反映企业的盈利空间	负
	净资产收益率	eps	定量变量	反映股东权益的收益水平	正
	每股收益	npr	定量变量	反映企业的经营成果	负

三、描述统计

本文的描述性统计结果见表2。

表2 描述性统计结果

项目	dr	lnasset	gpr	eps	npr
平均	0.32	11.99	37.81	3.25	0.14
标准误差	0.03	0.16	3.04	0.86	0.04
中位数	0.20	11.80	35.33	3.03	0.16
众数	0.33	11.19	25.27	2.41	0.14
标准差	0.17	0.77	14.61	4.15	0.19
方差	0.02	0.59	213.62	17.25	0.03
峰度	−0.05	1.42	0.68	1.90	6.70
偏度	0.66	0.94	1.033	0.19	2.27
区域	0.65	3.40	54.01	20.18	0.91
最小值	0.07	10.75	18.20	−6.60	−0.09
最大值	0.72	14.15	72.21	13.58	0.82
求和	7.58	275.83	869.7	74.77	3.26
观测数	23	23	23	23	23

四、回归建模与全模型分析

首先进行了一个全模型回归，具体见表 3。从全模型来看，其拟合优度为 0.47，说明所有自变量可以解释因变量 47%；F 统计量为 4.03，在 10%的显著性水平上，拒绝了所有斜率系数联合为 0 的原假设，说明方程是显著的。但并非每一个自变量都是显著的，从估计结果看 eps 和 npr 是不显著的，将该方程命名为 $m1$。对 $m1$ 进行回归诊断，残差—拟合值图显示有 4 个异常值，变量添加图显示有 4 个强点，于是检验了 cook 距离，发现所有样本的 cook 距离均在可接受范围内。根据以上结论，认为全模型中存在 4 个异常值。然后，利用方差膨胀因子进行多重共线性检验，发现 VIF 值最大的变量为 npr，其值为 5.08，显著地小于 10，说明模型 $m1$ 中没有多重共线性。最后，利用 BP 检验进行异方差的检验，其卡方统计量为 4.36，并且在 10%的显著性水平下拒绝 $m1$ 不存在异方差的原假设，即说明模型 $m1$ 存在异方差。暂时不解决异方差，先删除所检验出的 4 个异常值，从而先进行后面的分析。

表 3　全模型分析

变量名称	系数估计值	标准差	P 值
lnasset	0.11	0.04	0.02
gpr	−0.01	0.00	0.00
eps	0.01	0.02	0.53
npr	−0.36	0.33	0.28
cons	−0.74	0.50	0.15
F	4.03	判决系数	0.47
P 值	0.02	调整后的判决系数	0.36

（一）逐步剔除法

对数据进行全模型估计，而后采用逐步剔除法进行建模。利用逐步剔除法估计的最优模型如表 4 所示，本文命名为 $m2$，新模型 $m2$ 的拟合优度为 0.42，F 统计量为 7.38，在 10%的显著性水平上，拒绝了所有斜率系数联合为 0 的原假设，说明方程是显著的，变量也是显著的。

表 4　逐步剔除法估计的最优模型

变量名称	系数估计值	标准差	P 值
lnasset	0.06	0.03	0.03
gpr	−0.01	0.00	0.00
cons	−0.23	0.30	0.45

（续）

变量名称	系数估计值	标准差	P 值
F	10.5	判决系数	0.57
P 值	0.00	调整后的判决系数	0.51

（二）逐步递增法

现在再利用逐步递增法进行回归建模。首先，估计了所有自变量的一元方程，然后根据拟合优度将所有自变量从大往小依次排列，按拟合优度大小依次进行递增回归，其最优模型如表 5 所示，本文将其命名为 $m3$，模型 $m3$ 的拟合优度为 0.42，F 统计量为 7.38，在 10%的显著性水平上，拒绝了所有斜率系数联合为 0 的原假设，说明方程是显著的，变量也是显著的。

表 5　逐步递增法估计的最优模型

变量名称	系数估计值	标准差	P 值
lnasset	0.06	0.03	0.03
gpr	−0.01	0.00	0.00
cons	−0.23	0.30	0.45
F	10.5	判决系数	0.57
P 值	0.00	调整后的判决系数	0.51

现在有两个最优模型，分别为逐步剔除法所得的模型 $m2$ 和逐步递增法所得的模型 $m3$（这两个模型相同）。

为了获得最终模型，利用 AIC、BIC 准则进行判断，具体结果如表 6 所示。模型 $m1$ 的 AIC 值为−21.764 4，BIC 值为−16.086 9。模型 $m2$（$m3$）的 AIC 值为−36.258 2，BIC 值为−33.424 9。由此可见，模型 $m2$（$m3$）相较于 $m1$ 更优。

接下来，再做一次回归诊断。诊断结果如下：残差拟合值图显示无异常点，变量添加图显示无强点，cook 距离检验也未发现异常，并且无多重共线性。另外还发现，经过删除异常值、逐步回归等步骤后，异方差已经消失。据此，可以得到结论，模型 $m2$（$m3$）为最终确定的最优模型。

表 6　AIC、BIC 准则判断结果

模型	自变量个数	AIC	BIC
全模型	4	−21.764 4	−16.086 9
逐步剔除	2	−36.258 2	−33.424 9
逐步递增	2	−36.258 2	−33.424 9

模型 $m2$（$m3$）是选择的最终模型。至此，充分证明了结果与预期吻合，进而可以得出结论：总资产、毛利率这两个因素对资产负债率有显著影响。即总资产增加 1%，资产负债率降低 0.53%；毛利率每增加 1%，资产负债率降低 0.02%。而净资产收益率和每股收益这两个因素对资产负债率无影响。

五、结论与局限

（一）结论

综上所述，影响上市公司资产负债率的因素中，净资产收益率和每股收益这两个因素对上市公司资产负债率无显著影响。宏观因素对上市公司资产负债率影响较大，企业的资产负债率更多受到宏观经济条件的影响，与我国的经济发展阶段、股票市场发达程度等宏观经济因素密切相关。我国上市公司的资产负债率偏低，上市公司可以更好地利用财务杠杆作用，提高公司的业绩。

（二）主要局限

一是资本结构是长期决策的结果，而我国的证券市场只有短短 10 多年的历史，实证分析受到样本数据量和时间长度的制约，一定程度上影响了结论的稳定性。

二是由于数据采集和处理时间的关系，本文只以中小板股市为分析样本。虽然其他板块股市具有高度的“同质性”，但这种处理无疑会影响结论的普遍意义。

主要参考文献

刘敏祥，2011. 定量分析与定性分析 [J]. 理论沙龙（7）.
马月青，2014. 钢铁企业偿债能力分析 [J]. 煤炭经济研究（8）.
张向青，2009. 企业卓越理财 [J]. 学术论坛（6）.
周西燕，2010. 企业长期偿债能力财务比率的运用及分析 [J]. 商业会计（2）.
庄红梅，2010. 企业短期偿债能力分析指标研究 [J]. 河南科技（6）.

基于消费视角微信营销的经济效应分析

项目组成员：王章伊　芦昱舟　王冠琳　朱　株　项　琳
指 导 教 师：蒲应䶮

摘　要：微信营销因其高速、便捷、立体、广泛的特点及优势，以迅雷不及掩耳之势在中国经济领域掀起一阵全新的经济热潮。在这个网络经济蔓延的年代，微信营销是一种应运而生的、创新的、并不断丰富的企业营销模式，同时更带动着消费领域、消费水平、消费理念和消费手段的创新。经过近几年的发展，微信营销的广度和热度已经不言而喻，这无疑给中国经济注入了新鲜血液，为国民生产总值的稳步提升做出了突出的贡献。本文通过一系列调查数据，立足于消费视角，着重对微信营销产生的几种典型经济效应进行系统的分析。同时，引用一系列事实论据，分析微信营销的种种隐患以及发展前景。

关键词：微信营销　创新　消费　经济效应

前　　言

近年来，电子商务迅猛发展，各个企业也加快了营销模式的多元化发展，向网络营销迈进。毋庸置疑，微信营销在整个网络营销系统中的地位举足轻重。微信营销的大众化日益显著，也正悄然地影响着整个经济领域。消费者是市场的主体，故而微信营销对经济的影响更多地体现在对消费的影响。微信营销就在我们身边，可是我们对这一新兴营销模式的了解却少之甚少：微信营销相较其他营销模式的突破性体现在何处？微信营销是怎样地影响着经济呢？这些影响体现着怎样的经济效应呢？微信营销的个中隐患何以体现，又该怎样克服呢？基于这些思考，通过问卷调查、专家咨询、文献资料查阅等方式搜集了大量数据，对数据进行了处理和分析。同时，结合计量经济学、微观经济学、市场营销学等相关的经济学知识以及多个事实论据，对数据分析的初步结论进一步分析和论证，实现定量分析和定性分析的有机结合。不可否认的是，每个事物都会经历产生、发展、繁荣、衰退和消亡。当前，中国乃至世界的经济日新月异，创新便意味着淘汰，作为营销手段的微信营销更不外如是。那么，微信营销的未来又将何去何从呢？

一、研究背景

随着世界逐渐进入网络信息化时代，在这种社会大背景下各商家选择发展网络市场。而微信作为现如今最热门的网络社交信息平台之一，也被各类商家争相抢占。微信营销这种最新的营销模式逐渐成为最热门的网络营销模式之一。微信这种网络社交形式不存在距离的限制，用户可以通过注册微信后，与周围的“朋友”互相联系，查阅自己所需的信息，商家就可以通过向用户提供所需的信息，宣传自己的产品，从而实现一对一的网络营销。商家通信息平台进行二次开发，从而形成一种线上线下微信营销方式。这种营销模式极大地方便了消费者。随着这种营销方式的推广，大部分消费者选择用这种方式进行消费。在这个大背景下，选择对这新型营销模式进行调查分析。

二、微信营销的发展现状

随着智能手机在中国的普及，带动了国内移动网络的飞速发展，而腾讯公司在QQ之后推出的又一大型网络交流平台——微信，在一夜之间就成为我们生活中必不可少的工具。

（一）微信营销

微信营销是在这个网络经济时代中，由企业或是个人营销的一种模式。微信营销是随着人们使用微信的热情高涨而兴起的一种能在网络上营销的方式。微信并不存在着买卖双方之间的距离限制，使用者在注册微信账户之后，可以与周围同样是在微信上注册的“朋友”之间形成一种有形的联系，订阅自己想要知道的信息。商家通过为用户提供他们所需要的信息来推广自己店里的产品，从而实现了点对点也就是一对一的营销。

微信营销主要是体现在以安装IOS系统和安卓系统为主的手机或者是平板电脑上的一些移动客户端而进行的区域的定位营销，商家们可以通过微信上的各个公众平台，结合微信的会员管理系统来展示商家微活动、微支付、微会员、微推送、微官网。这已经形成了一种极为主流的线上与线下的微信互动的营销方式。

（二）微信营销的特点及优势

微信营销成为当下热门，被80后、90后所关注。以下几个微信营销的特点和优势造就了它的火热。

1. 微信营销的特点 与传统的营销方式相比较：

（1）信息多样化。无论是什么样的商家都需要有人为他们宣传才能更好地将商品卖出去，而在微信上，用户们无论是商家还是买者，他们通过强大的朋友圈所传播的信息内容量非常大，而且形式非常多样。文字信息已经是最基本的宣传形式，此外还有精美的图片、优美的小视频等。

（2）沟通及时化。在淘宝等网购平台上，有时候顾客急需了解一些产品或是快递方面的问题，想要跟商家沟通，但是商家并不能保证随时在线，及时地回答顾客的问题，这样就会导致一小部分的客户流失。而在微信上面做营销的商家们可以随时随地、每时每刻都处于营销的状态，不用担心顾客发送的消息很晚才能看到。可以随时与消费者保持互动的状态，让消费者及时得到自己想要的信息。

（3）及时地收集反馈并调整目标。商家在微信上营销能够在第一时间内了解到顾客的需求，得到消费者实时反馈，从而进一步调整自己的营销目标。

（4）互动技巧化。微信营销更加强调宣传的内容性，只有宣传的内容丰富、有趣，才能引起大家的注意，才会引来更多的顾客。在微信上进行营销的商家都有着娴熟的互动技巧，如果你在微信上买过东西就会知道，微信商家很热情而且很会说话，也许你一开始会有些犹豫，但是最后你会被商家说服而买下你犹豫不决的商品。

（5）对营销过程的检测、分析与总结。微信营销不光是单纯的买卖商品，更需要的就是对营销的过程进行实时的检测、分析与总结。如果商家只知道卖东西，不知道自己为何会赚钱或是赔钱之类的一系列问题，那么商家并不能持续经营下去。只有定期地对微信营销的过程实施检测、分析与总结，微商的营销才会一直持续下去。

2. 微信营销的优势 与传统的营销方式相比较：

（1）微信营销在传播上不受空间的限制，商家随时随地都会在线，用户们可以随时向商家提问。

（2）信息的曝光率很高。需要知道，信息的到达率与信息的曝光率并不是一回事，各类推送信息直到用户将其打开才算是真正的曝光，有些收信人根本就不打开这类的推送信息，就直接将其送进回收站里，所以曝光率并不是很高。而在微信朋友圈之内基本上都是自己的好友，所以转发的消息基本都会打开一探究竟，基本上可以达到了百分百的曝光率。

（3）在微信上进行营销更有利于维护老用户。如果是做营销的人员就都知道，维护老用户的成本可远不及去开发新的客户。由于在微信上的受众人群更精准，推送出去的信息曝光率高，企业就可以大大地节省了客户运营成本。而且，商家经常会说“此店只在微信上有”之类的话来留住更多的客户。

（4）在微信上进行营销更有利于营销活动的开展。如果微信用户关注了商家的微信公众号之后，商家不单单可以通过文字来宣传自己的店铺，还可以通过语音功能为用户们发去优美的声音，而且可以吸引用户们的关注，很想点开听听里面的内容来满足自己的好奇心；还可以通过发送美丽的图片，让用户们更清晰地、直观地了解到商家所要宣传的最新的信息；还可以发送小视频，有不少用户还是挺喜欢看微信上的小视频，搞笑类的就更好了。

2014 年 1 月至 2015 年 3 月微信使用人数增长情况见图 1。

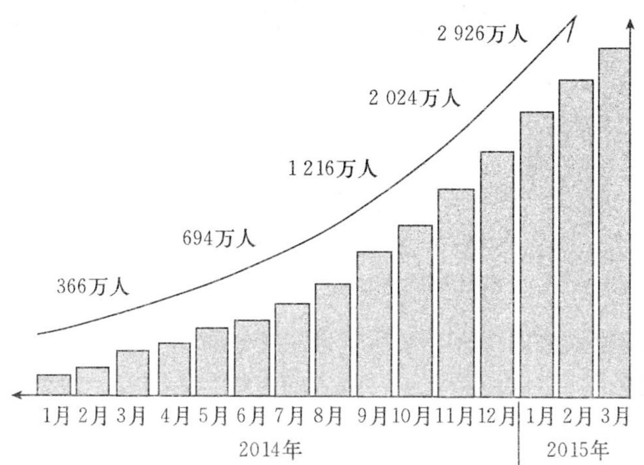

图 1　2014 年 1 月至 2015 年 3 月微信使用人数增长情况

数据来源：http：//www. ebrun. com。

出人意料的是，从城市的分布上来看，微商的人群主要是集中在三线及三线以下的城市，占比高达 68%，增长速度明显快于一二线的城市（图 2）。

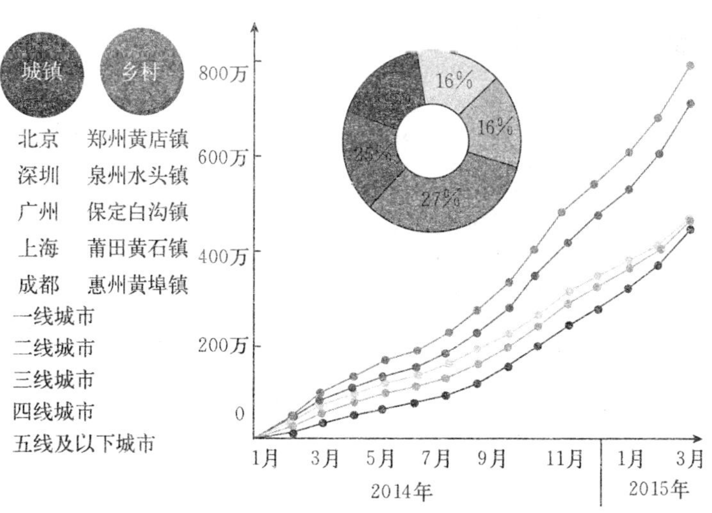

图 2　2014 年 1 月至 2015 年 3 月各城市微商分布情况

数据来源：http：//www. ebrun. com。

从使用的人群分布上来看，由微店统计的数据显示可知，80 后、90 后的微店商家数量占比高达 88%（图 3）。

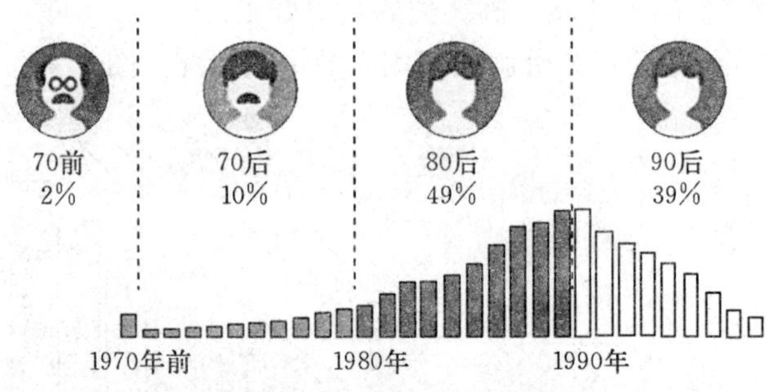

图 3　微信使用人群分布情况

数据来源：http：//www. ebrun. com。

根据微店商家人群的特征，微店管理层还特意为了更加深入地了解大学生开微店的情况，做了一个“最热衷于开微店的大学”的调查。根据最后的数据结果显示，广州大学最为热衷于开微店排名第一，集美大学位居第二，中山大学则排名第三（图 4）。

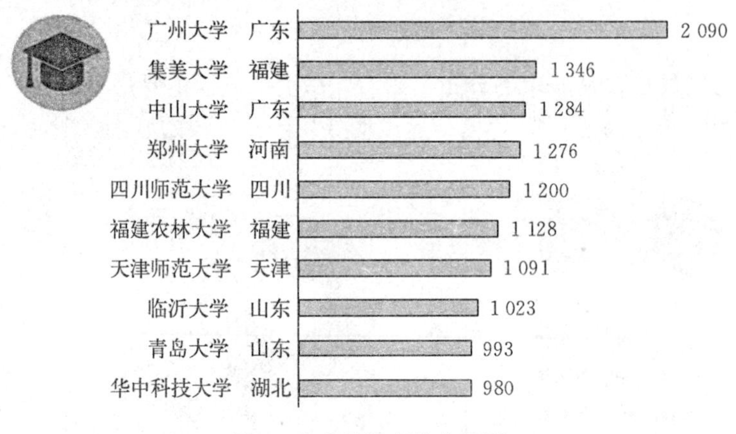

图 4　各高校微商分布情况

数据来源：http：//www. ebrun. com。

除此之外，微店还调查并统计出了第一季度增长最快的类目，排名第一的是巧克力/蛋糕类，第二是新鲜蔬菜，第三名则是蛋制品/乳制品。除了前三名之外，像是土特产、摄影服务之类的也都有涉及。

3. 微商能够迅速发展的主要原因

（1）以淘宝、1 号店、天猫、唯品会、京东为主的各大网购平台已经逐渐走向成熟，网络购物的制度日渐完善。

（2）大量中小型新老品牌都有寻找新销售渠道的集体冲动，导致了各大实体店也纷纷开起了微商店铺。

（3）随着网购越来越受欢迎，实体店行业相对越来越不景气。

（4）实体店里可容纳的就业岗位确实有限，不足以让更多的人参与其中。

（5）以90后作为代表的网络原住民对于各种社交媒体都是轻车熟路。

（6）创业的风潮越来越活跃，尤其近几年在网上创业的更加活跃。俗话说得好，70后要跟对老板，80后要找到好的老板，90后则更喜欢自己去做老板。

（7）现如今，创业是国家领导层所积极鼓励的发展方向，社会对于自主创业有着足够的鼓励与支持。

三、微信营销的有利影响

（一）品牌效应

品牌是用以区分一个或一些产品的名称、记号或其组合，是货真价实的保证，是信号标准，更是一种文化。品牌效应则是商机的牵引者，一个企业、一种商品的成熟度和公认度便从品牌效应中体现而来。

品牌效应是市场经济的产物，微信营销也不外如是。立足于消费视角来看，一个利用微信营销手段的商人，之所以选择这样一个走在潮流前沿的营销方式，是因为其对自己市场的明确定位，也可以叫做消费者定位——过亿的微信使用者。

消费者定位又该定在哪里呢？其一就是用户心理。乔布斯曾说：“用户不知道他们需要什么，而我们创造的东西就是他们需要的！”这就是在说，用户需求就是市场。微商推出他们定位的用户需求，推送一系列有关其品牌的正面信息，并时时创新信息内容、宣传多种优惠手段，以更大限度满足用户的心理诉求，让品牌深入人心，并迅速在上亿个微信圈子内流传开来。这就是在新营销模式下，品牌带领的各认所需、各取所需的用户大军。

（二）蝴蝶效应

1963年，美国气象学家爱德在一篇科学论文中指出：“一只蝴蝶在热带轻轻扇动一下翅膀，就可能给一个遥远的国家造成一场飓风。”不久，通过这个论断，“蝴蝶效应”一词开始风靡全球。蝴蝶效应的实质是一种混沌现象，即初始条件的微小变化能给整个动力系统带来巨大的连锁反应，正所谓“一着不慎，满盘皆输”、“失之毫厘，谬以千里”。这也可以用一首广为流传的西方民谣来进行通俗的解释：

丢了一钉子，坏了一只铁蹄；
坏了一只铁蹄，折了一匹战马；
折了一匹战马，伤了一位骑士；
伤了一位骑士，输了一场战斗；
输了一场战斗，亡了一个帝国。

“蝴蝶效应”因其大胆而广泛的美学色彩，被应用于诸多领域，不论是军事领域，抑或是政治领域，甚至是经济领域。在经济学中，“蝴蝶效应”有着举足轻重的地位，列为十大经济效应之一。经济市场，作为一个错综复杂、日新月异，而又时常暗潮汹涌的系统，其中任何一个细微的变化都可能带来整个市场翻天覆地的变化。从消费视角来看，由于消费者越来越关注商品的品牌公认度、服务态度、服务水平以及购物环境等。微信营销作为一种新兴营销模式，对消费方式、消费环境、消费水准等各个方面都有显著影响。当然，这也可以进一步理解为微信营销影响着整个经济市场，不论微信营销是往好的方向发展，还是因其某些隐患而渐而衰退。

（三）粉丝效应

用户被好的东西所吸引，进而聚集成一个社群，并通过社群的不断发展壮大，更多地促成交易，形成一种社群商业模式。这就是当前移动互联网经济时代，由粉丝效应而促成发展的全新商业模式——粉丝经济。

粉丝效应在微信营销中见于“吸粉”和“扩粉”。挖掘潜在客户，并使之成为自己的粉丝，这个过程就是吸粉。微信营销通常怎么吸粉呢？微信营销的一大特色在于买卖双方接近 360°的无死角沟通：通过卖家推出的一系列优惠活动，让消费者产生“占了大便宜”的想法；通过用户体验活动，让用户切身体验货真价实；通过互动环节，让消费者更全面地了解品牌故事、产品性能等。如果顾客愿意买单，那么恭喜你，吸粉成功。至于如何扩粉，就在于老粉丝对用户体验的分享以及商家更进一步的圈粉活动了。总之，微信营销的粉丝效应关注流量，致力于打造消费群。

四、案　　例

小米的微信营销是微信营销经典案例之一，小米自 2013 年开始启用微信营销模式，陆续推出各种活动吸引消费者，使其销售量创历史新高。小米微信营销的成功离不开其独特的微信营销方法和策略。消费者是微信营销成功的一个重要因素，所以微信公众号要有一定量的粉丝支持。小米首先利用微博、第三方合作和小米官方渠道等诸多方面结合来拉粉，使小米的微信公众平台粉丝数量在短时间内达到百万。其次，小米又推出了一系列的活动来活跃公众号，像小米的“非常6+1”、米粉节抢答活动，通过活动又增加了知名度，粉丝数也大量增长。粉丝们可以通过小米的微信公众号来预订小米手机、充值话费、查询订单、了解小米产品信息等，这些都拉近了小米与粉丝之间的距离。小米手机微信公众号最大的亮点在于人工客服，小米账号有9名客服人员，每天会对百万小米微信粉丝的留言进行回复，虽然小米微信后台已经开发了可以抓关键字回复的功能，但客服人员还是会对留言一对一回复。小米采用的是互动式的微信公众平台的营销模式，推出活动来吸引粉丝的关注度，在众多粉丝中会有一定的潜在消费者，为小米手机日后通过微信推广、销售商品积攒了销售对象，同时通过活动使粉丝们更加了解小米手机，为小米手机的出售争取了更多的可能性。粉丝们除了参与活动，平时还可以通过小米手机微信公众平台进入小米商城查看购买小米手机、查询订单以及从小米在微信上推送的消息中了解小米手机的最新消息。这样一来，消费者可以更方便地了解小米手机的消息以及选择购买小米手机。在需要更换手机时，消费者也许就更倾向优先考虑购买小米手机。小米的公众平台还可以预定手机，加之采用饥饿营销模式，能使其微信专场内的15万部手机在不到10分钟内就预售完毕。内部人士透漏说，那次总共有超过2 000万人到达过小米手机的微信专场页面，有637.9万人尝试参与支付预约，193.8万人最终成功预约，其用户活跃度让人瞠目。当然，小米微信营销的成功不仅在于其手机的销售量，更在于其与消费者的互动，“客服”是小米手机对于其微信营销的准确定位，消费者能够通过微信平台留下自己在购买手机前或使用手机过程中出现的疑问，小米的客服人员就会对留言进行一对一的回复，这样能够更加细致准确的解答粉丝们的疑问，如此高质量地与粉丝互动，使粉丝感受到了小米贴心的服务，粉丝对于小米手机的信任度和忠诚度就会更高。同时，也利于小米手机形成好的口碑，更有助于提高品牌的知名度，树立良好的品牌形象，也会有更多的消费者加入到小米手机的粉丝中来，了解并购买小米手机。久而久之，小米就能通过微信来吸引并且稳定住一大批小米手机的品牌粉丝。

不仅大品牌可以通过微信营销提高销售量，小店铺也可以进行微信营销。深圳有一家桑拿中心，通过微信营销每个月收益多了60万元。这一家桑拿中心老板比较关注网络上的东西，他留意到最近有越来越多人玩微信，因此觉得他们的桑拿中心可以利用微信渠道来推广。这家店的老板采用的办法是：第一步就是要求所有技师必须学会熟练地使用微信，并且给每名技师配置了一部3G手机。然后让所有的桑拿技师都开通微信，建立个人账号，个人头像里面放上青春朝气的相片。每个人个性签名里面写上浪漫诗句，特别注明“seqing勿扰”。朋友圈里先放一些同样时尚青春的照片，权限设定为“允许陌生人看10张照片”之后，安排桑拿师拿着手机到周边一些居民区以及写字楼场所来回走动两三个小时，过程中技师的微信会收到不少搭讪，平均每人每天不少于 20 次，一个月每个技师手机可以有千人搭讪。50 名技师就有 5 万人搭讪。在搭讪过程中，要求技师们被及问及职业时要直接说明，而且要求技师们不要主动地邀请聊天对象到会所消费，对于外出邀请可以用工作忙走不开的理由拒绝。微信设计了集中聊的方式，当技师去服务时候把手机集中一起，统一由几个人回复继续跟聊天对象聊天。技师们被要求每隔两三天在朋友圈里面发一两张生活照，以维持朋友圈活跃度。一般整个微信好友中，有 5%左右的人会来桑拿会所消费。这样 5 万人的搭讪就可换来 3 000 位左右的客人。最后效果也是很明显的，平均每个人消费 168 元的套餐，每天通过微信过来消费的客人不少于 100 人，周末的时候更多，仅此一项每月增加收入超过 60 万元。这家店的老板关注到了网络时代的变化，意识到了微信作为新型聊天工具越来越火热，可以通过这个平台来宣传自己的店。他采用的是让服务技师与附近的人聊天的方式暗示消费者们来消费，通过聊天透露给那些“附近的人”自己的职业，在无形中也会起到宣传自家桑拿中心的效果，然后在平时的闲聊中逐渐地获得那些人的信任，在那些微信好友有意到桑拿中心消费时，也许就会抱着“熟人办好事”的心理来考虑到技师所在的桑拿中心来消费。老板并没有让技师们在聊天过程中直接宣传自己的店或者邀请对方来消费，事实上也是分析到了微信用户讨厌推送广告的心理，在自然的聊天中透露自己的职业及工作地点等更会让对方更加信任，这样会有更多来此家桑拿中心消费的可能性。老板要求技师们的微信号里放上充满青春气息的照片，事实上也是为自己的店面阳光的形象打广告，注明了“seqing 勿扰”是告诉那些潜在的消费者，这家桑拿中心服务的合法性。这样以暗示打广告的方式吸引到的大批消费者所带来的收益也是不容小觑的。

五、微信营销的不利影响

微商迅速发展后的不利影响主要有以下几点：

（一）信任危机

最近几年，网络购物作为一种新兴的购物方式吸引了很多消费者，而微信营销更是“新兴”中的“新兴”。由于微信营销有着轻松便捷、价格低廉的特点，接受并喜爱这种购物方式的人越来越多。而与此同时，屡屡见诸报端的欺诈、投诉无门、强制交易等问题，也使微信营销发展蒙上了阴影。由于本身交易方式的特殊性及监管上的困难，收钱不发货、额外收取运费等行为造成了比较严重的信任危机。

（二）信息不对称

消费者无法真实地了解商品的具体情况，如规格、颜色、使用寿命等情况。

只能通过广告来比较鉴别，具有非常明显的不确定性。收到的物品与宣传不符、功能欠缺，甚至是残次品。卖家提供虚假信息，收钱不发货，骗取钱财。卖出的东西不开具发票或相关凭证，不负责售后服务，退换困难。

（三）支付环境安全

商家依托的网站不承担责任，推诿拖延。利用网络进行诈骗，盗用用户名和密码等违法行为导致微信营销的支付环境不够安全。

（四）熟人模式

如今的微博、微信，随着网络时代的发展，不断更换着网络社交的工具。而瞄准“熟人模式”的社交营销，正在微信平台上越来越火。这种模式适用于不少草根创业者们，无需通过卖家身份审核，卖家在自己的微信朋友圈营销里展示商品，双方买卖基于朋友圈的熟人关系。

但这样一来，买卖双方通过平台发起的交易是建立在信誉基础上的。一旦卖方货品有问题，或者买方爽约，都存在消费维权无源追溯的问题，买卖双方都存在风险。对电子商务而言，固定客源、稳定的资金流和健康的经营模式都是关键。其中，诚信更是触犯不得的“红线”。在熟人间做生意本身就放大了诚信要求。可见，熟人圈生意的创业模式并不能长久，“从模式上看，这种熟人生意和大学校园里 BBS 上的跳蚤市场板块并没有太大差别，而大学生之间的商品往来风险还要小得多。”熟人交易容易放松对商品货源、发票、售后等环节的考察，然后一旦出现问题，对客源的打击则是成倍的。

（五）代理商渠道压货和内部消费

一些微商的品牌虽然有数据显示其卖出大量商品并且有好评，但是并不代表着这些卖出的物品全部到达普通消费者的手里，很有可能其中一大部分的商品都跑到了各级代理的手中，尤其是在校大学生做代理，最开始是想要自己找一份兼职赚一些零花钱，辛辛苦苦地在自己的朋友圈中刷屏，最后却因为商家的诱惑而自己购买了这些东西，有些因销售不出反而使自己成了最终的消费者。这样看起来更加像是渠道压货和内部消费。

六、微信营销的危机

现如今，微信营销成为最受欢迎的营销方式之一，但这种营销模式也遇到了很大的危机。

由于这种营销模式与淘宝、天猫等网络营销方式相比，对商家没有过多的要求，除了一些集体商户外，个人也可以通过微信渠道随意地进行微信营销。大量的商家看到微信营销显著的成效后纷纷效仿，很多商家在并不十分了解微信营销的情况下便着手起微信营销，在没有真正地接受过严谨的营销培训或掌握营销知识的情况下便加入到微信营销的行列。盲目地进行营销得不到粉丝的关注甚至会引起粉丝的反感心理，不仅自己宣传达不到预期效果，更会导致微信营销引起微信用户的抵触，影响其他商家在微信上的营销效果。

很多人利用“熟人模式”每天在朋友圈中进行轰炸式的营销，导致朋友圈被各种商品信息刷屏。大量的商品信息会导致人产生厌烦，许多人就会选择忽略这些信息，甚至会选择屏蔽商家或者取消关注。

七、完善微信营销的建议

（一）完善相关的法律法规

可以使执法人员对在微信上发布虚假广告、出售假冒伪劣商品等违法的行为处罚时有法可依，使微信营销的行为更规范。如此，消费者在维权时也有相应的法律法规支持，会使消费者维权的积极性提高，起到对微信营销间接监督的作用。

（二）加强微信平台的监管力度

建立健全有效的微信平台的监管机制，能够使微信营销有一个良好的发展环境，对于微信营销中发布的虚假消息要及时地勒令删除，情节严重的要对其公众号进行封号，涉及违法的行为更要严惩不贷。减少不法商家通过微信营销欺骗消费者而降低整个微信营销市场的信誉度的事件发生，才能使微信营销健康的发展。

（三）规范公众号申请程序

对于企业或商家申请公众号的环节要严格把控，对于注册商家信息的真实性要反复确认后方可允许申请公众号，从根本上斩断不法商家欺骗消费者的意图。

（四）建立用户评价系统

对于进行微信营销的公众号，可以建立一个用户评价系统，已购货的用户或者体验过服务的用户对于商家的商品或服务可以进行评价反馈。这样既方便了其他消费者对于此账号微信营销信息真实性的了解，也可以当做是反馈供商家改善服务或制订更加合适的微信营销方案。

（五）消费者自身也应提高警惕

微信购物时，最好保留好卖家的信息，对于一些聊天记录、交易记录以及参与有奖活动的记录，最好都留有截屏等证据，以便受骗后在维权时有据可依。

（六）商家应提高推送消息的质量

把最想宣传的信息写在消息的标题中或者前几句话中发送一次即可，消息在精不在于多。在一个时间段内总是重复推送相同的消息到公众号或朋友圈，不仅不能吸引更多的消费者，反而会引起粉丝的厌恶心理甚至会取消对商家微信的关注。

（七）商家应经常性地推出活动

单一地在微信上推送广告信息，时间久了，商家的微信公众号反而存在感会下降，甚至会面临被取消关注的危险。不时地推出一些活动，会调动粉丝对公众号了解的积极性，在互动的过程中增加粉丝对于商品或商家的亲切感，激发潜在顾客的消费欲望。

TPP的新战略和对中国贸易的冲击

项目组成员：李安卿　杜芊芊　祁晓晨　杨静函　穆紫娇　张玮琛
师　勇
指导教师：郑　洵

摘　要： 2015年10月，TPP各国达成协议标志着TPP正式成立。面对对中国并不友好的TPP，中国面临着巨大的挑战。本文从TPP谈判的背景、TPP的内容、TPP对中国的冲击等方面分析TPP的运行机制，同时发现问题以寻找中国应对冲击的方式。

关键词： 经济北约　关税壁垒　自贸区　谈判背景　内容　冲击　应对方式

前　　言

2008年经济危机席卷全球其影响直到今日依旧明显，并且深入社会生活的各个方面。在现在的后危机时代，欧美逐渐放弃逼迫中国进一步对外开放，而是转向另一个极端，为了构建新的世界贸易格局，弥补WTO漏洞，签署了一系列以TPP为框架的战略经济伙伴协定。

一、TPP谈判的背景

TPP是跨太平洋战略经济伙伴关系协定，也被称为“经济北约”。起源于2005年7月，智利、新西兰和文莱、新加坡签署的“跨太平洋战略经济伙伴关系协议”。总的来说，进入21世纪以来世界经济格局发生了巨大的变动。

美国的经济发展步伐逐渐放缓，而中国的综合经济实力不断提升，GDP连续多年快速增长。新兴经济体快速发展，改变了之前以美国为首的世界经济格局，全球的经济重心开始“东移”。在2008年金融危机后的后危机时代，美国的经济恢复速度十分缓慢，已经难以走出经济危机的泥潭。2008年，美国宣布加入TPP谈判，并且在条约的制定上有意地对货币体系以及行业开放，对关税等诸多方面也提出了具体的要求；而在政治体制方面，也提出了变相要求，这就意味着TPP有意地在排除中国。

随着谈判的不断深入，越来越多的国家选择跟随美国加入TPP谈判。在日本加入后，TPP成员国合计27万亿美元的GDP已经相当于全球GDP的40%，其货物贸易总额接近全球贸易的1/3。2015年10月5日，美国、日本、澳大利亚和其他12个国家已经结束跨太平洋战略经济伙伴关系协定（TPP）部长级谈判，达成TPP贸易协定。一些更激进且乐观的美国分析人士认为，该协定将进一步发展美国主导的世界贸易规则，而中国将再次陷入困境。

二、TPP的内容

与以往的贸易协定相比，TPP的内容涵盖了更多方面，不仅和货物贸易市场注入密切相关，还包含海关程序、动植物检验检疫、原产地规则、贸易救济、贸易技术壁垒、政府采购、知识产权、解决争端的机制以及竞争政策等相关的条款。将协议内容归总起来主要有以下几个方面：

（一）贸易自由化、便利化

第一，按照TPP的第三条，关于货物贸易的规定指出，TPP全部成员国都要求遵照协定相关要求，对货物贸易自由化分阶段实现，并且任何品目均不得例外，也就是贸易自由化要更加得全面。

在第四款中还提出，在没有其他规定的条件下，协定一旦生效，则同时废除和别的缔约国的全部关税。而关税废除的最终期限因国家的不同而有略微差异。

此外，以生效日期为2001年的新加坡—新西兰自由贸易协定以及新加坡—文莱自由贸易协定为依据可知，各缔约国贸易自由化的时间可以依据原协定所规定时间有所提前。

第二，按照TPP第四条中和原产地规则相关的规定，和原产地规则不相符的产品包括其他相关商品在贸易自由化中都被列为对象。这一类产品第一种是完全取得的产品或者生产出来的产品，第二种是和关税编号变更标准相符或者按照规定公式计算后，累计附加值公式计算后超过45%的产品。计算累计附加值参照如下公式：

$$(\text{总价额}-\text{非原产材料的价格})/\text{总价额}\times 100\%\geq 45\%$$

其中需要特别注意，“总价额”的计算方式为依据“船上交货价”而得出的交易价额，而计算非原产材料价格的依据为由“到岸价格”而得出的交易价格。采用自我证明这一方法来提供原产地证书，其制作方为出口商或者是制造厂商。在货物运输中，直送原则是必须遵守的规定，如果货物在运输中需要经过第三国，且滞留时间在半年之内的，并且无需其他作业和装卸，货物能够保持良好状态时，则其相关费用按照关税规定中的特惠待遇收取。

第三，关于关税手续在TPP第五条规定中，针对通关手续的便捷化、关税合作及评价、事前演示以及贸易的无纸质文件化、紧急货物的通关和风险管理等诸多方面都提出了具体的要求。而其中对于物品清关手续规定了其完成时间必须在货物到达之后的两天之内。

（二）消除非关税壁垒

第一，针对贸易救济措施，在 TPP 第六条中指出，本协定不应该影响到世界贸易组织（WTO）关于某些权利及义务的规定。例如，在关贸总协定（GATT）中的第十九条、第六条等中所涉及的相关规定等。

第二，在 TPP 的第七条中，针对动植物卫生检疫措施（SPS）所制定的相关规定就是遵照世界贸易组织（WTO）所制定的《实施动植物卫生检疫措施的协议》(SPS）对各项工作及工作的进一步实施进行具体的规定的。其中需要特别注意的是，动植物卫生检疫采取的是对等的措施，亦即在非疾病发生区域被认定的条件下，进口国对出口国的风险管理能力应该持认可态度。

第三，在 TPP 第八条中，针对贸易技术障碍所制定的规定，其具体的权利及义务、国家标准及其应用、适合性评价、对等措施、设置 TBT 委员会、协议等参照的是世界贸易组织制定的 SPS 协定。

第四，在 TPP 第九条中关于竞争政策所制定的规定中指出，包括民间及政府经营活动在内的所有商业活动，不应该因为其具有不同的原产地、销售目的以及事业体而在对待待遇上有所不同，要将竞争方法应用起来，促进贸易及投资壁垒的减少或废除；要通过竞争法的建立及完善，对反竞争商业行为加以禁止；对于竞争对手协商以及反竞争安排等不良习俗予以取缔，防止垄断地位的滥用现象；促进竞争政策执法部门的建立及完善，使其能够对所有反竞争商业活动采取有效措施予以禁止。

（三）服务贸易自由化

在 TPP 的第十二条中，针对服务贸易制定了相关的制度及规定，所谓服务贸易自由化，其所指的自由化不但包括服务的跨国境、服务消费的跨国境、商业网点的跨国境，还包括服务提供者的跨国境。

参照关贸总协定所制定的《服务贸易一般协定》，制定了 TPP 的服务贸易协定，它的主要内容包括了国民及最惠国待遇、当地据点及市场准入。在市场准入方面，还在下述五方面进行了具体的限制：①服务提供者数量；②服务贸易总额或资产；③服务提供者数或服务总产出；④对务领域的雇用或相关自然人总数；⑤提供服务的法人或者合资事业形态方面的限制。在金融、航空运输、政府采购及服务提供方面都不适用服务贸易中的相关规定。否定名单法是服务自由贸易的具体约束方法。在世界贸易组织的服务贸易自由化基础上，新西兰、新加坡以及智利还承诺采取一定的措施及制度促进进一步的自由化，其中还有一些特别的规定。

（四）政府采购

TPP 第十一条中针对政府采购的规定为内国民以及无差别待遇必须在每个成员国及其缔约国企业之间施行。从政府采购角度来说，每个成员国在对待其缔约国所提供的服务、物品时，其所施行的待遇必须和本国的服务及物品相等甚至更高，也必须高于或等于本国。另外，从 TPP 第十一条可知，和政府采购相关的抵消措施及方法是不被允许的，同时对招投标程序过程也制定了相关的具体规定。中央和地方政府机构都是作为政府采购的机构。其中，新西兰的政府机构有 35 个，新加坡的政府机构有 23 个，智利的政府机构有 20。政府采购的标准指标为物品及服务的 5 万 SDR（特别提款权）和建设项目的 500 万 SDR。

（五）知识产权保护

依据《关于与贸易相关的知识产权协定》（TRIPs 协定），TPP 制定了关于保护知识产权的规定，包括保护著作权、商标、设计、知识专利、集成电路的电路配置和尚未公开的各种信息等的知识产权。参照一般性原则，TPP 成员国在承诺 TRIPs 协定及其他和知识产权相关的多国协定方面是有权利及义务的。

（六）战略合作

TPP 的第十六条关于战略性合作制定的规定为泛太平洋战略性经济合作委员会相关会议将由 TPP 定期组织召开，旨在进一步推进各成员国之间的战略性合作，合作涉及研究、科技、教育、文化等诸多产业。

（七）补充协定

TPP 的补充协定包括两个，分别是《关于劳动合作的备忘录》和《环境合作协定》。按照 TPP 相关规定，补充协定和 TPP 密不可分，成员国如果不遵守两大补充协定，意味着其自动退出 TPP。

1.《关于劳动合作的备忘录》 参照此备忘录：作为 ILO（国际劳动机构）成员国，各国必须履行自身义务，《关于劳动的基本原则和权力的 ILO 宣言以及其跟进措施》相关规定也必须履行，同时还需要保持和国家劳动法、政策及习俗的一致性；各成员国所指定的劳动法规政策的制定不能有不合适的方面，劳动习俗中的贸易保护性也不可延续。此外，参照此备忘录，还设立了问讯处，且针对协商等方面还制定了具体的规定，同时还对非政府组织与会员国之间的劳动合作加以呼吁，旨在对各成员国间的劳动合作加以进一步推进。

2.《环境合作协定》 按照这一协定：各会员国所实行的环境政策及习俗应该保持和国际规则之间的一致性，其所开展的环境保护水平较高；各成员国的环境政策主权也会在保护之下，环境政策的制定不能有不适合的方面。为了对贸易安全性加以保护，即便对贸易及投资加以鼓励也不能对环境规定有所忽视。另外，该协定还做出一些其他的具体的规定，包括开展环境合作、设立问讯处、环境协商等，并呼吁非政府组织参与环境合作。

综合这些条款可见，TPP 的条约与 WTO 相比相似之处还很多，都有知识产权保护等方面的有关条款，都要求消除贸易壁垒，TPP 的条件更为严格。而 TPP 区别于 WTO 表现在：要求零关税的产品有 90%，货币自由兑换和要求国企私有化。

WTO 的地位在 TPP 成立之后受到了严重的冲击，尤其是其要求缔约国家 90%的商品实行零关税，使得 WTO 体系内的国家失去贸易竞争力，进一步会导致 WTO 最终解体。也有专门针对中国的地方那就是货币自由兑换这一点。人民币正在国际化的起步阶段。美国长期施压要求人民币升值，如果人民币可以自由兑换，那么会使中国经济大幅度地变动。所以，就因为这一条就将中国拒之门外。还有国企私有化。这一条也是针对中国的，作为一个社会主义国家，中国虽然在推进国企私有化，但是在很多领域私有化是不符合国情，同时也是不符合中国的意识形态的。让目前中国庞大的、垄断性的国有企业化为私有制，国家利益将受到极大冲击。

三、面对 TPP 中国的机遇和挑战

一个新的区域协定一般出现在一体化进程受阻而区域经济迅猛发展的潮流下，通常认为它有特殊性的产生背景。所以，较其他协定来看，内容也存在些许的差别。TPP 的出现其最直接的影响者便是亚太区域的经济贸易协作了，不难发现，对我国的经济发展战略和对外贸易等各个方面都产生了重大的冲击和影响。更为重要的是，美国加入 TPP 后，TPP 谈判出现了新变化，美国的主导地位逐步显现，其提出的新方案也出现于很多章节。在 2011 年 11 月的 APEC 工商领导人峰会上，会议进程中奥巴马作为美国总统表示，美国单就 TPP 谈判协议纲要这一文件与相关国家已经达成一致意见；随着奥巴马的表态，美国贸易代表办公室发布 TPP 纲要文件核心内容，其主要特征表现在以下 3 个方面：一是全球贸易新标准的树立是其设计理念的根本目标，致力于“21 世纪自由贸易协定范本”的筑造；二是在其内容构成上，重点为经济一体化；三是从推进策略来看，针对现有成员国具有很大的灵活性。

总的来说，TPP 协议具有较大的开放性，未来在吸纳新成员国时，伴随着

新问题的出现，协议将允许为其提供解决修改方案。然而，目前国内似乎对TPP的关注程度明显不够。事实显而易见，它绝对是近年来国际贸易乃至政治格局里的重大变化，尤其对中国而言。TPP对中国来讲既是机遇也是挑战，这就需要从多个角度和方面来分析了。

如果中国被排除在外，那么中国的贸易数额会极具减少。由于加上制造成本、商务成本、关税的成本等，单单从价格来看，中国的商品已然不可能和TPP体系之内的商品进行竞争了，美国等进口量很大的国家，就有可能不从中国进口商品。这样看来，中国的贸易顺差便会大打折扣了。那么，当中国贸易顺差大打折扣，同时中国的外汇占款大幅度减少，进而外汇储备量也将大大减少，甚者可能会经常性出现逆差，因为进口的原油、铁矿石等中国需求量大。从此，中国可能从世界贸易大国的霸主地位，大幅度消减为贸易中等国，逐渐从世界第一贸易顺差国大幅度跌落为世界第一贸易逆差国，中国从世界第一外汇储备国削弱为外汇储备小国。中国近十年的进出口数据见表1。

表1　中国近十年的进出口数据

指标	2014年	2013年	2012年	2011年	2010年	2009年	2008年	2007年	2006年	2005年
进出口总额（百万美元）	4 303 037	4 158 993	3 867 120	3 641 864	2 973 998	2 207 535	2 563 255	2 176 570	1 760 440	1 421 910
出口总额（百万美元）	2 342 747	2 209 004	2 048 714	1 898 381	1 577 754	1 201 612	1 430 693	1 220 456	968 978	761 953
进口总额（百万美元）	1 960 290	1 949 989	1 818 405	1 743 484	1 396 244	1 005 923	1 132 567	956 116	791 460.9	659 953
进出口差额（百万美元）	382 457	259 014.5	230 309	154 897.9	181 510.3	195 687	298 123	264 344	177 520	102 000

从大的方面来说：

一是影响中国经济的情况：随着首轮TPP谈判的启动，很多亚太国家对其都表现出了极大的兴趣，谈判成员国未来也必定为持续增加，而外界的关注度随着日本及韩国加入谈判而大幅提升。在形成TPP协议纲要之后，美国其实可以签署相关法律文件以推定协议。而此过程中，中国一直是不被接纳的。一旦实质性TPP协议形成，对于中国的贸易歧视必定非常严重，同时也会带来一定的贸易转移效应。从数据上看，中国的对外贸易出口额中有一半以上是面对美国及东亚各国的，在中国贸易伙伴中，美国、韩国、日本以及东盟都排名前十。但是，中国并未签订和美国、日本以及韩国之间的双边自贸协定，而这些国家一旦和别国签署，则贸易转移效应必将十分典型。另外，分析中国的贸易结构可知，在出口上，中国和韩国、日本以及东盟国家之间的竞争关系非常明显，随着其他亚太经济合作组织成员如日本等国的加入，中国贸易转移效应也将进一步加大，中国出口市场将会面临 TPP 的挤占，中国经济也将受其负面影响。

二是影响中国政治的情况：立足于政治角度，美国通过 TPP，其目的在于和东亚国家之间加强经济联系，从而使得东亚区经济被分散，对东亚地域的政治及经济发展构成阻碍。在中国经济的不断发展中，也对东亚地区造成了较大的影响。并且，在东亚地区的经济合作格局中，中国的轴心地位逐渐显现，对于政治也有一定的发展。这是美国所抵触的。不难发现，美国其实就是为了避开中国，促使中国断开和东南亚国家的关系，对东亚一体化进程予以阻止。通过 TPP 美国重新回到亚洲，而美国在东亚所表现出的劣势也会因为 TPP 得以改变，进而主导亚太地区乃至全世界地区，中国发展空间也会因此被压缩。

三是在中国国家安全方面存在的影响：自从“9・11”事件发生以后，国家安全受到了美国的高度重视，安全问题是建设自贸区中首要考虑的问题，对其重视程度超过了对自身的深化。分析美国在 TPP 谈判国中的拥有情况可知，美国主要都以东亚地区作为其军事伙伴。完全显示了在 TPP 的建设中，美国倒向于优先选择军事同盟国作为自由贸易协定的合作伙伴，美国希望进一步加强与东亚军事盟友的合作关系，通过 TPP 产生更密切的经贸联系。然而在亚太新格局中，美国对中国显然是排斥的。随着美国在制定 TPP 协议中的不断介入，中国既定亚太战略终将会在 TPP 上面临新挑战。

四是影响中国自贸区战略的情况：不可忽略的是，亚太国家的较量表现在各个方面，何况是在自由贸易协定上，因为在现实中自由贸易协定其实已经成为亚太国家实现战略的关键组成因素。中国在亚太实施的自贸区战略也出现了挑战，那就是正在加快的 TPP 谈判进程。美国要通过 TPP 对未来的亚太自由贸易区发挥主导作用，这样就可以阻碍“10＋3”、“10＋6”或“东亚共同体”这些战略项目的发展。其实 TPP 的内容、方针是美国主要针对中国而设计的，事实上，这个也被一些亚太地区国家所赞同、支持。中国在此形势下，必然面对着很强大的压力。当今的中国是个强大的发展中国家，相比之下，美国这个发达国家必定很想阻碍中国的进步和发展，所以美国肯定不愿降低甚至放弃在亚太地区的地位和话语权，进而美国一定会努力推进亚太经济伙伴关系，以此来稳固自身地位，并发挥自身应有的主导权和话语权。另外，“10＋3”及“10＋6”区域贸易自由化进程也面临着延迟的局面，原因在于 TPP 的一些政策条款，就像是高度的贸易自由化，还有全面市场的开放承诺。中国在 TPP 的一些条款中被压制得不得喘息，所以中国将会面临降低贸易自由化利益的局面，在区域合作机制中，也将降低其影响力。

综上，在亚太战略中，美国十分地针对中国，当然也不得不防范中国。另外，在政治和安全方面，中国的地位将会被打压而降低。另外，中国和美国在同区域参与自由贸易协定并非是完美时机，因此中国在加入TPP方面还是有一定困难的。

通过以上内容能够看出，我国的对外贸易会被限制和阻碍，这是TPP的可怕之处。这就让人联想到10多年前，中国在加入WTO后，对外出口有了很大的发展前景和空间，这直接就拉动了经济的增长。再看加入WTO 3年之后的中国，对美贸易顺差和总额越来越大，这让美国人民开始争论，更成为了政治话题中人们心心念念的内容。中国在加入WTO前曾许下开放市场等一系列承诺，事到如今，5年、10年的保护期都已然成为过去式，但实际上中国并未完成多少。相比之下，美国却早已开始一系列的关税制裁和双反调查等各种反制措施。

从小方面来说：

一是中国在产业结构的调整上压力会变大，大面积降低的货物贸易进口关税可能会有很大的冲击。最初TPP就确定了高于WTO的标准，在很多货物（大于90%）实行零关税，这其中也包含工业品和农产品。所以，TPP若是全面实现规划，则将会对中国部分产业产生冲击，纺织、汽车和乳制品这3个产业冲击最大（图1～图3）。

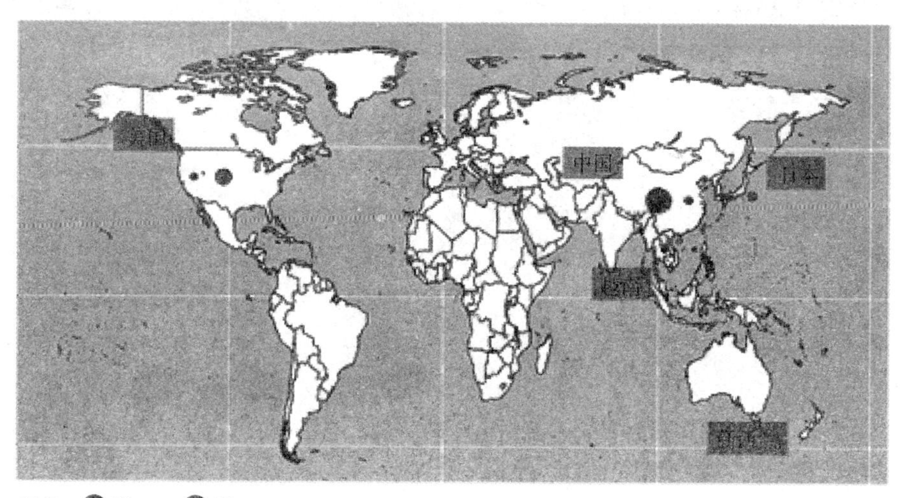

种类 出口 进口

金额(美元) 100亿 200亿 300亿 400亿 500亿

图1 2009年纺织品产业进出口贸易额数据分析

数据来源：BACI International Trade Datebase。

二是对中国的服务贸易领域开放有很大的冲击，尤其会挑战现有市场资本账户和准入账户管理体制，增加金融方面的竞争，特别是金融服务业开放才会导致

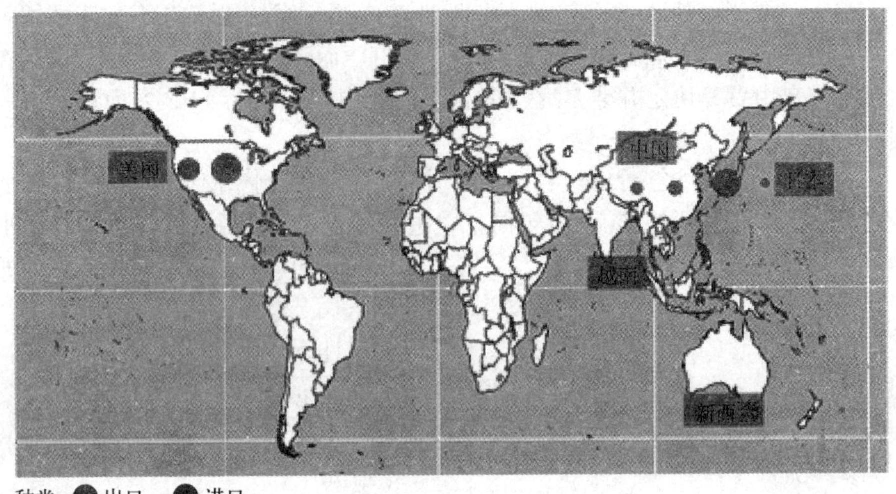

种类 ● 出口 ● 进口

金额(美元) ● 100亿 ● 200亿 ● 300亿

图 2　2009 年汽车产业进出口贸易额数据分析

数据来源：BACI International Trade Datebase。

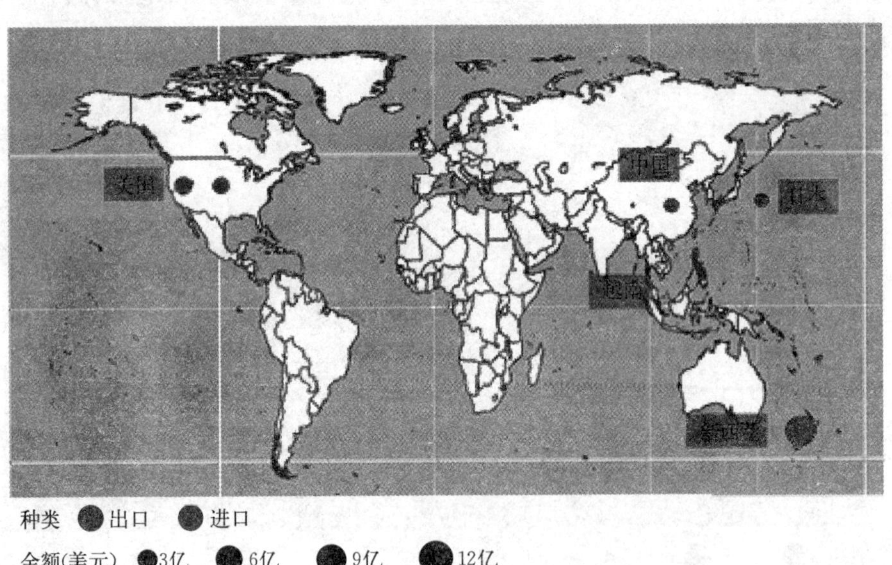

种类 ● 出口 ● 进口

金额(美元) ● 3亿 ● 6亿 ● 9亿 ● 12亿

图 3　2009 年乳制品产业进出口贸易额数据分析

数据来源：BACI International Trade Datebase。

以上两个冲击。

三是在投资领域，负面清单和投资争端解决机制以及高标准的准入前国民待遇，将限制中国对外资的相机处置能力和控制。

四是在知识产权保护方面，在很短的时期内可能会增加中国技术进口成本，延长知识产权保护期限和过高的对知识产权的保护标准就是原因。

五是不利于一些国企生存发展，原因在于竞争中性政策会使得中国国有企业包括融资支持在内的诸多方面面临着较大的阻碍。

与此同时也应看到，其实TPP的议题对中国的冲击可能并没有像人们心中所想那样负面。事实上，TPP提倡多数原则与中国经济升级和改革开放联系紧密，所以对中国而言，以上所列举的种种冲击挑战也是机遇。

建立多边自由贸易体系是长久的战略，所以与TPP相比，经济条件水平差别较大的国家若要进入这个组织，也有很大的挑战和困难。在未来10年，美国能否持续推动这一机制发展（相同的战略高度下），这也是一个大大的问号。其实，中国可以大大弱化TPP对本国的排斥效应，那就是加强与多个主要经济体及亚太组织的自由贸易谈判，并且保持经济持续增长，扩大开放强度。当然，即使能够如此，中国也要在自我完备时对TPP保持战略上的警惕，这样才能保证社会的稳定和经济的增长。

四、中国应对冲击的方式

在几十年的发展之后，中国的政治、经济、安全包括文化等方面都有很大的提升，如今中国社会正面临转型，同时现实情况的阻碍以及挑战依旧存在。要在TPP挑战中从容以对，中国应积极地面对，时刻准备。

当前中国需要深思，到底是否应该参与TPP谈判、如何参与谈判。因为中国与TPP成员国以及可能扩大的TPP成员国都有着直接或间接的贸易往来。

若是不参与谈判，会受到很多负面影响：

首先，中国会被排除在规则制定过程之外。TPP框架的形成中没有中国，那么在亚洲经济一体化进程中，中国的影响力将会减小。但是，TPP对于新成员国加入的规则是全体成员国一致同意才可。因此，这项规定也让新成员国拥有了影响力，在对战略和经济格局方面。

其次，不参与谈判会影响中国在其他区域谈判中的讨价还价。相比那些同时参加多个区域贸易谈判的国家，中国明显处在相对不利的位置。尤其是在日本加入TPP谈判后，日本在中日韩自贸区谈判中拥有不可多得的优势，所以日本就能够在谈判中提高要价能力。

再次，成立后的TPP会产生转移效应以及贸易替代。这会产生两个动力链，消减关税的幅度会因为不断扩大的自由贸易区贸易规模而变大，在不断增强的贸易创造效应下，非成员国贸易转移效应也会随之增强。

最后，中国在参与TPP谈判中可能会面临较高的精力和成本。因为只要TPP成员国制定出协议的最终框架，那么中国将来若要加入TPP的话，就必须与其中所有成员国进行谈判，还要使自身满足所有条件。

对此，需要引入专家的意见。部分专家的观点是 TPP 绝对不可能把中国孤立。因为随着中国的亚太自贸区和“区域全面经济伙伴关系”两个方面的推进，其对中国的冲击是有限的。

在冲击下，中国有以下几种应对方法：

第一，通过促进关税大幅降低的方式，中国的很多行业产品都提升了自身的竞争力，国民福利水平也得以改善。就拿汽车行业来说，高关税使得中资及外资企业都得到了保护，中方合资伙伴在此背景下也无疑创造自身品牌。关税的大幅降低使得外资品牌失去了合资的掩护，不再可能获取超额利润。而中国的民族品牌也由此获得了技术合作、市场销售以及兼并扩张等方面的更大空间。关税的大幅降低对于我国企业成本及居民生活成本的减低是非常有利的，也使得国民的福利水平得以大幅提升。同等重要的是，在零关税的环境下民族品牌依旧可以得到发展，如电信企业中的华为即便是缺乏关税保护，依旧不断壮大且跻身于世界一流企业行列，这是值得认真总结的。

第二，很多国家如日本、越南以及马来西亚等都对开放农产品设置了很多的阻碍，而在谈判中，中国要想找到利益平衡点，就需要对意见同盟等形式加以充分的利用。

第三，中国对金融业进行市场化改革正处于不断推进之中，市场将逐渐实现由浅入深地放开。在未来几年，资本项目在中国的可兑换可能会逐步实现，而 TPP 谈判时需要耗时，所以对于中国而言，并不存在较大难度。

第四，通过提高知识产权的保护标准可以保护中国的自身利益。当前，中国正在不断增加自己的创新能力，中国的专利申请数截至 2011 年已经达到了 43.6 万件，紧随日本及美国之后，专利数中正在生效者也达到了 69.7 万件，世界排名第三。较之美国和日本，中国在 2007—2011 年专利申请数的增长数量较高，成为了当之无愧的专利申请大国。这说明未来中国在保护知识产权方面也将会拥有更多的诉求。

第五，“国企竞争中性”条款对中国来说存在着机遇。“竞争中性”并不代表对国有企业采取排斥的态度，而是提倡公平竞争。中国贷款利率基本实现了市场化定价，所以国企未来对于债券融资将会表现出更多的依赖性，而其信用等级也将成为市场对其进行定价的依据。对于未来，中国进行国企改革必将是以防止其垄断以及对社会资源的过度占用为根本方向。

第六，应主动要求参加谈判，争取最好结果，对参谈国判断的形成起到影响作用，从而对谈判的进程及结果也能够起到间接影响作用；加快以中国为主导的自贸区建设，增强实力，增大自身筹码；把现有的中国—东盟自贸区以及中国同其他国家的自贸区升级为更高的标准，加强与东盟及其他国家及地区的经济合作，不断开发市场准入、服务贸易和 TPP 的相关标准；在中美双边投资协定

（BIT）的谈判中态度更加积极，但是 TPP 谈判的开始不能以完成中美 BIT 谈判为前提；主动对不发达国家减免单方面关税，成为更多国家最大的贸易伙伴，让参与 TPP 的各方国家认识到与中国谈 TPP 很有利于实现共赢，打消其“奇货可居”的施舍想法。

第七，不论是不是能加入，中国改革开放的步伐都要加快。一是要对形成要素价格以及汇率的机制加快改革。促进资本市场的不断开放，对于金融业内外资准入也要不断提高其水平。二是国有企业应加快改革步伐，减少并消除垄断现象，促进市场竞争，企业条件成熟要实现民营化。三是要进一步推动劳工、环境以及知识产权保护标准，使之和国际接轨。四是要分阶段降低中国制造业的关税水平。

图 4 是关于中国加入 TPP 后世界经济数据的预想。

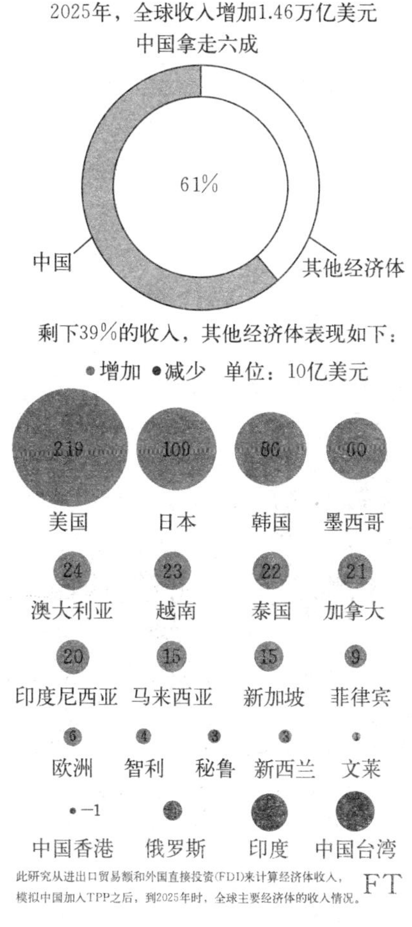

图 4　如果中国加入 TPP，世界会怎样？

数据来源：Peter A. Petri，Micheel G. Plummer and Fan Zhai，*China in the TPP*。

总而言之，中国应该争取在 TPP 谈判中的主动地位，不能因为犹豫而错失良机。应该通过 TPP 谈判实现自身实力的提升，从而使其能够为中国的经济升级服务。

主要参考文献

陈筱乐，2016. TPP 对亚太地区相关经济体的影响研究［J］. 中国管理信息化（1）.

李向阳，2012. 跨太平洋伙伴关系协定：中国崛起过程中的重大挑战［J］. 国际经济评论（5）.

刘昌黎，2011. TPP 的内容、特点与日本参加的难题［J］. 东北亚论坛（3）.

冉冰娜，2014. TPP 的发展影响以及我国的对策研究［D］. 沈阳：沈阳工业大学（8）.

徐长文，2011. TPP 的发展及中国应对之策［J］. 国际贸易（2）.

北京市农业保险发展需求

项目组成员：杨　睿　王睿涵　高　磊　段雨恒
指 导 教 师：吕晓英

摘　要：北京市农业保险是维护北京市农业生产的一种手段，是为农民承担自然灾害风险的保险。研究北京市农业保险的需求和发展方向，有利于北京市农业生产的长远发展。本次调研选择密云区东套里村和太子务村作为样本，抽取80人针对北京市农业保险做调查。调查发现，农民对于农业保险的认知度不够，只是简单地了解农业保险，并不是真正深入了解农业保险的重要性；农民对于农业保险的满意度有待提升；北京市农业保险细节方面落实欠佳；在保费补贴政策的宣传力度不够。并提出相应建议：加大政府宣传，提高农民对农业保险的认知度；提高北京市农业保险政策的满意度；加大北京市农业保险的落实范围；加大政府补贴政策的宣传。

关键词：农业保险　保险需求　农业灾害　农民收入　政策补贴

前　　言

自2007年5月北京市政策性农业保险建立起来，覆盖范围越来越大，政策的效果也越来越显著。政策性农业保险已经覆盖了北京市13个区以及首农集团等涉农单位。开办政策性农业保险的险种有大豆、玉米、小麦、生猪等23种。有效保护了农民受灾后的利益，尽量弥补了农民受灾后的经济损失。北京虽然不是一个农产业密集的大市，但郊区的农业发展也为北京市的农产品供应提供了重要的保障。因此，本小组在北京市密云区就农业保险的需求和农业保险的实施情况进行了调查。

一、北京市农业保险发展现状

（一）北京市农业保险收入和赔付情况

2014年，北京市所有参与农业保险的农户有12.6万户，其中选择参加政策性农业保险的农户达到了11.8万户，北京市整体政策性农业保费收入达到了4.06亿元，保险金额是108.2亿元。2014年，北京还开展了新的试点。例如，生猪价格指数保险稳定了农户的收入；北京杂交小麦种业一揽子保险也保障了北京自主研发项目，推动了北京自主研发的积极性。北京市农业保险的政府补贴政策已经覆盖了北京市 13 个郊区，保费的补贴为 50%，种类覆盖了小麦、玉米、豆类、水稻、西瓜、露地蔬菜、种猪养殖、生猪养殖、渔业养殖等 23 类品种，覆盖范围越来越广，一步一步发挥保障作用。在农业保险政府补贴的制度下，北京市近两年来为农户做了很多的事，切实保护农民的利益，在很多农业保险方面都进行了尝试，包括自然风险、技术风险、市场风险、意外风险等，努力维护农村社会和谐稳定，培养了农户防范风险、参与农业保险的意识。北京市将继续完善农业保险政策性补贴，建立更全面的风险防范体系，对农业保险进行更大范围的推广，并且加强政府补贴力度。

（二）北京市农业保险的参保品种、费率和风险责任

北京市农业保险参保类型主要分为种植业保险和养殖业保险。其中，种植业保险参保品种包括小麦、玉米、豆类、水稻等农作物保险以及苹果、梨、桃等经济林保险；养殖业保险包括种猪、奶牛、肉鸡、肉鸭等禽畜养殖保险和渔业保险。

如表 1 所示，农作物保险保险金额在 500～700 元，保险费率在 3%～8%，赔付金额在 15～56 元。保险责任包括雹灾、雨灾及暴雨形成的洪涝、火灾、六级（含）以上风、泥石流、山体滑坡、穗发芽、旱灾、冻灾、病虫害。

表 1　农作物保险的险种保险金额、费率、费用

险种	保险金额（元）	保险费率（%）	保险费（元）
小麦	600	4	24
玉米	600	7	42
豆类	500	3	15
水稻	700	8	56

由表 2 可以看出，经济林保险的保险金额在 1 000～5 000 元，保险费率在 6%～7%，保险费的金额在 60～350 元。保险责任和农作物保险相似，包括雹灾、雨灾及暴雨形成的洪涝、六级（含）以上风、泥石流、山体滑坡、低温冻害、干旱、病虫害。

表 2　经济林保险的险种保险金额、费率、费用

险种	保险金额（元）	保险费率（%）	保险费（元）
苹果	2 000、4 000	7	140、280
桃	2 000、3 000	7	140、210
梨	2 000、4 000	7	140、280

（续）

险种	保险金额（元）	保险费率（%）	保险费（元）
葡萄	2 000、3 000	6	120、180
柿子	1 000、2 000	6	60、120
樱桃	3 000、5 000	7	210、350
枣	1 000、2 000	6	60、120

如表 3 所示，禽畜养殖保险险种包括能繁母猪、生猪等，保险金额在 30～8 000元。其中，肉鸡、肉鸭的金额最低，为 30 元；奶牛的保险金额最高，为 8 000元。保险费率在 1%～6%。保险费用在 0.3～400 元。保险责任为自然灾害、意外事故、二三类病害、疫情。渔业保险的保险金额分别为 8 000 元和 15 000元，赔付率为 3%，赔付金额分别为 450 元和 2 400 元。保险责任包括自然灾害或者意外事故、人体投毒或者育苗流失。

表 3　禽畜养殖保险的险种保险金额、费率、费用

险种	保险金额（元）	保险费率（%）	保险费（元）
能繁母猪	3 000	6	180
生猪	1 000	5	50
奶牛	6 000、8 000	5	300、400
肉鸡	30	1	0.3
肉鸭	30	1	0.3

二、北京市政策性农业保险运行机制

北京市自 2007 年 5 月正式启动政策性农业保险制度，经过 8 年的探索和创新，形成了具有北京特色的政策性农业保险制度，被人们称为“北京模式”。北京市政策性农业保险制度采取政府引导、政策支持、市场运作、农民自愿的方式运作。

北京市政策性农业保险由政府、保险公司、农民三方相互协调、相互制约。政府与参保农户之间的关系为农户直接到村委会投保，告知参加保险的土地数量面积并且缴纳保费，保险公司以村为单位，与村委会签订保单。当发生灾害、农户受到损失时，由保险公司进行勘察，按照与村委会签订的保单中的赔偿额度，在村委会的监督下，对农户进行赔偿。村委会作为政府基层组织，有效调节了参保农户与保险公司之间的关系。

北京市政府与保险公司之间的关系为政府设立了政策性农业保险工作小组，负责调研农业保险政策，提出合理建议，编制未来规划，计算保险费率以及预算，选择商业保险公司开展政策性农业保险业务，对农业保险进行宣传并且进行灾情勘察。北京市政府也对保险费用进行补贴，其中包括农民保费补贴，北京市补贴农民50％的保费，各区根据自身情况给予参保农民10％～30％的保费补贴，但市、区两级的保费补贴最高不能超过80％；经营管理费用补贴，北京市政府直接补贴保险公司保费，北京市政府按照保险公司的规模补贴10％。

风险管理方面，按照简单赔付率来算，一般不超过100％，然后在受灾年赔付率起点为160％，赔付率在160％以内的由保险公司承担。其中，保险公司的赔偿来自于北京市政府的政策性补贴以及其他投保却未受灾农户缴纳的保险金。北京市政府补贴保险公司，保险公司补贴受灾农户，这一资金流动，形成了财政向农业部门的转移支付。当赔付率在160％以上的全部由政府承担，160％以上又分为两个部分，第一部分为160％～300％，北京市政府通过购买再保险，将160％以上的部分转移到其他商业性保险公司，有效地分散了巨灾风险；第二部分为300％以上，则由巨灾风险准备金承担，北京市专门安排财政按照上一年的农业增加值的1‰预提巨灾风险准备金。这种方式既能储备资金，又可以在发生重大灾害时缓解财政压力。

三、北京市农民受灾情况

对于北京市农业保险需求和发展的研究，有必要调查北京市农业发展过程中遭受的灾害，包括自然灾害、病虫鸟兽活动的为害、人为因素造成的灾害。自然灾害是不良天气造成旱、涝、水土流失、阴雨过多光照不足、台风等。病虫鸟兽为害是各类病虫害、鸟害、鼠害、野猪破坏等。人为因素造成的灾害是不正确的耕作造成土壤结构破坏、大量化学农药使用、药物使用不当、人为践踏等造成的为害。这对北京市农业保险起决定性作用。以种植业为例：

由表4得出，近年来北京主要的自然灾害为洪涝和风雹，导致北京市种植业受到了比较严重的经济损失。北京属温带大陆性气候，特点是降水集中、早晚温差较大。降水集中使得洪涝灾害不断，典型例子就是“7·21”大暴雨，给北京带来了巨大的经济损失。大陆性气候温差较大引起风雹的形成，同样给农作物带来了低温冻害。

表 4　2010—2014 年北京市自然灾害造成的受灾面积

单位：万亩

灾害	2010 年	2011 年	2012 年	2013 年	2014 年
洪涝	0.9	59.5	86.4	14.7	
低温	3.75	5	0.3		
旱灾		3			39.15
风雹		21.6	20.1	25.65	40.8

数据来源：农业部种植业管理司灾情数据库［OL］. http：//202.127.42.157/moazzys/zaiqing.aspx.

对北京市农业产生影响较大的农业灾害包括气象灾害和生物灾害。近年来，由于人们对生物灾害的认知逐渐增多，已经能够很好地进行防治。如对于种植业，直升机高空喷药防虫害已经是人们习以为常的防治手段，并且十分有效。气象灾害方面，在全球气候变暖的大前提下，北京市的恶劣天气开始显现。当然，政府部门为做好农业自然灾害的预防、应急处置和灾后农业生产恢复，最大限度地减轻自然灾害造成的农业损失，保障都市型现代农业安全、有序和可持续发展，北京市制订了《北京市农业自然灾害突发事件应急预案》。但这对于农民来说并不是万全之策，购置保险是保护好自己的利益有一种常见的手段，北京市农业保险的需求和发展由此体现。

四、北京市农业保险调查问卷分析

本次调研在密云区共抽取样本 80 人，其中东套里村 40 人、太子务村 40 人。80 人中，男性 65 人，女性 35 人，男女比例为 13∶7。80 人中，22 人家里共有 1～3 人，占总样本 27.5%；44 人家里共有 4～6 人，占总样本 55.0%；14 人家里共有 7～9 人，占总样本 17.5%。被采访者年龄集中在 40～60 岁，他们的文化程度如图 1 所示。

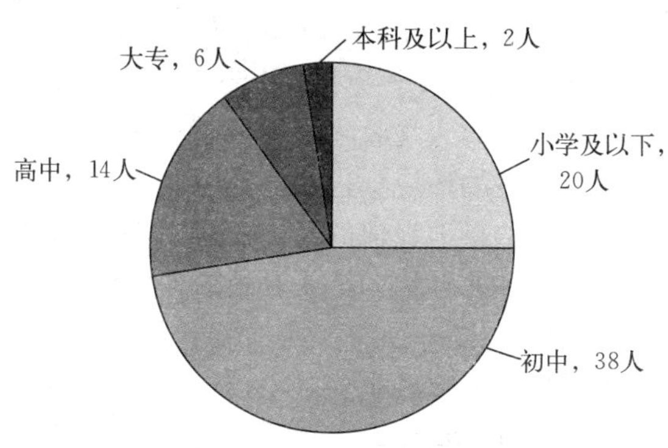

图 1　调研样本文化程度

文化程度为小学及以下的农户有 20 人，占总样本的 25.0%；更多的是接受初中文化教育的农户，占总样本的 47.5%。接受高中教育的农户占 17.5%，接受专科教育的农户占 7.5%，还有一小部分文化程度在本科及以上的农户只占 2.5%。这反映了一个问题就是——农户普遍文化程度不高。农业生产需要文化知识，但很多农户只接受了九年义务教育，这使得农户接受教育的时间不长，并不能很快地认识到北京市农业保险对北京市农业生产的重要性。还有一个问题就是农户文化程度较低，很少自发地了解北京市农业保险给农民带来的福利，只能被动地通过政府宣传、村干部讲解来了解农业保险，对于北京市农业保险的了解渠道比较少。调研样本中，农户的人均纯收入如图 2 所示。

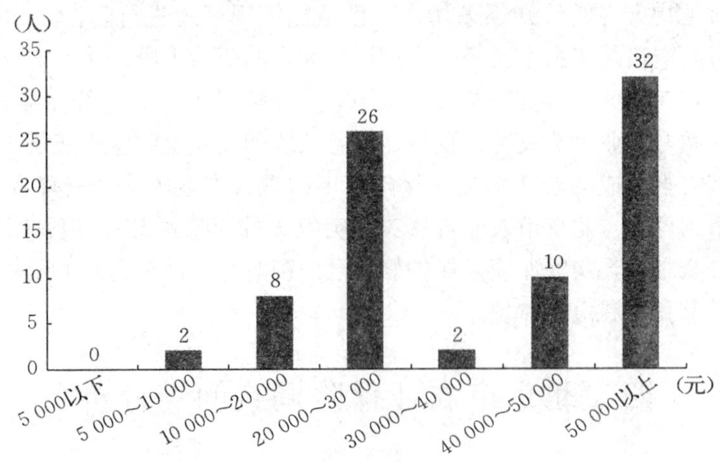

图 2　调查样本年人均年收入

处于 5 000 元以下收入水平的 0 人；5 000～10 000 元年收入水平的有 2 人；10 000～20 000 元年收入水平的有 8 人；20 000～30 000 年收入水平的有 26 人，占本次调研总样本的 32.5%；30 000～40 000 元年收入水平的农户共有 2 人；40 000～50 000 元年收入水平的共有 10 人；50 000 元以上的共有 32 人，在本次调研样本中占 40.0%。套里村和太子务村是密云区的模范村，这两个村的有机蔬菜和杏仁产量都较高，所以年人均收入水平较高于北京市农民年人均收入。农民收入提高后，有了一个良好的环境促进农业的发展，扩大了北京市农业保险的需求。调查样本中，为自己的耕地投保的共有 37 人，未投保的 43 人，投保和未投保的比例为 0.86∶1。调查样本中，67 人种植农作物为主要经济来源，2 人养殖家畜为主要经济来源，11 人以外出务工为主要经济来源。这说明该样本中农户主业是种植业，但未投保的人数还是要多于投保的人数，所以农民没有较强的投保意识。在收入较高、耕地面积较多的情况下，还有一半以上的人没有投保，这使得农户在生产过程中要承担更多的风险。经过调查，80 位农户认为，在农业生产遭受损失时选择储蓄弥补损失的共 28 人；通过国家、社区无偿救助的共 4 人；选择借款或者贷款的共 7 人；选择农业保险的共 13 人；选择其他的共 28 人。其比例如图 3 所示。

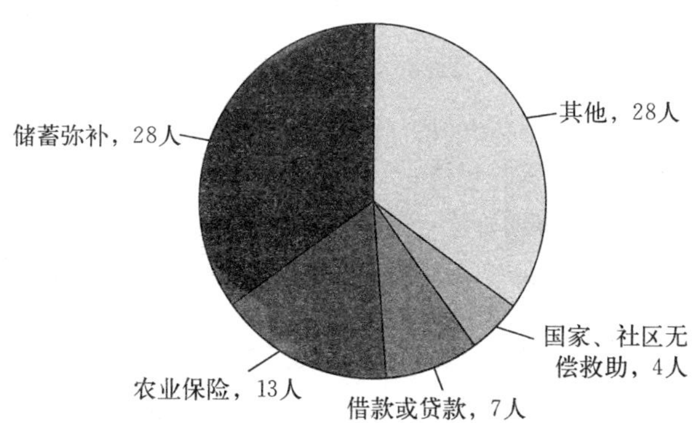

图 3　当农业生产受到损失时，农户渡过难关的方式

当农业生产受到损害时，选择用储蓄弥补的农户，占总样本的 35%；而选择以农业保险的方式来弥补经济损失的只有 13 人，占总样本的 16.3%。说明农户不够了解农业保险能承担农业生产的风险的这一特点，当农业生产受到损失时，农户多选择用储蓄、借款来弥补经济损失。

从对农业保险的认知角度来看，通过对农业保险的了解程度方面的调查，结果显示，5%的农户非常了解，10%的农户比较了解，43%的农户一般了解，43%的农户不了解。说明农业保险在太子务村和东套里村的认知程度还不够，了解农业保险的农户比不了解农业保险的农户多 14%，说明大部分农户了解农业保险。然而，对农业保险了解颇深的农户很少，说明虽然农业保险在东套里村和太子务村被农户知道，但还需要让农户深入了解。调研了农户所看重的农业保险方面，了解到 56%的农户看重受灾之后的赔偿额；25%的农户看重保险公司承诺是否属实；16%的农户看重保险合同的条款；3%的农户看重其他因素，如当年可能会遭受风险的可能性是多少，说明农户还是更加重视实际的赔偿额以及保险公司的信誉。调研农户了解农业保险的渠道，如图 4 所示，了解到 51%的农户通过村干部讲解了解到农业保险；17.5%的农户通过保险公司发放宣传手册了解；10%的农户通过报纸了解农业保险；15%通过政府直接宣传；4%的农户是通过经营保险部门的讲座了解到的；2.5%的农户通过其他的方式，如农户之间口口相传了解到。这有助于找到最适合农户的宣传方式，更加快速、有效地宣传农业保险。关于农民保险保费补贴政策方面，80 位农户中，有 2 位农户非常了解，6 位农户比较了解，32 农户一般了解，40 位农户不了解。对农民保费补贴了解越深的农户越少，说明我们不仅需要让农户了解农业保险，还需加强宣传农民保费补贴政策，让农民感受到政府支持政策。

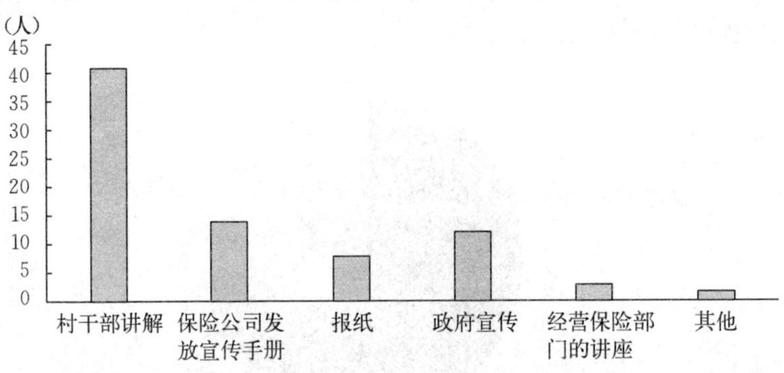

图 4　农户了解农业保险的渠道

对于农户支付意愿方面的调查分析，46%的农户愿意购买农业保险，45%的农户没有明确购买意愿，仅 9%的农户不愿意购买农业保险。态度明确不愿意购买农业保险的农户很少，这其中包括家里土地规模小或者家庭收入主要来源靠外出务工的农户。这说明北京市农户大部分都愿意购买农业保险。如果政府提高对农业保险补贴力度，95%的农户愿意购买，5%的农户依然不愿意购买。关于农业保险认知方面的调查，了解到 56%的农户看重受灾后的赔偿额，所以政府要从根本上解决农户关心的保费问题。少部分农户不愿意购买也与家庭基本情况有关。调查农户对当前农业保险赔偿的满意度结果显示，5%的农户非常满意，21%的农户比较满意，41%的农户一般满意，33%的农户不满意。其中，大部分农户一般满意，政府应该深入了解农户对当前农业保险的看法，从赔偿额、保险公司赔偿速度以及赈灾方式等方面深入调查，有利于形成农户满意的农业保险赔偿。在保费固定的情况下，了解到 19%的农户希望补贴 60%～70%，51%的农户希望政府补贴 70%～80%，18%的农户希望补贴 90%，12%的农户希望补贴 100%。北京市农民保险补贴为 50%，各区根据自身制定补贴 10%～30%保险费率，结果显示 70%的农户希望政府补贴 60%～80%。调查农户觉得国家出台的关于农业保险的政策在当地的落实情况结果显示，6%的农户认为完全落实，40%的农户认为基本落实，38%的农户认为落实较少，16%的农户认为没有落实（图 5）。农户判断落实情况考虑到了落实的具体内容、落实范围，说明北京市政策性农业保险细节方面的问题在农村还需要加强落实。针对没有投保农业保险的农户，调查了该农户对农业保险的需要程度，8%的农户表示非常需要，44%的农户表示比较需要，21%的农户表示无关紧要，28%的农户表示不需要。从整体来看，大部分农户还是需要农业保险，但是考虑到了各种客观原因，这说明北京市农业保险的拓展空间还很大，要深入了解农户投保考虑的因素，为农户带来更多的利益。

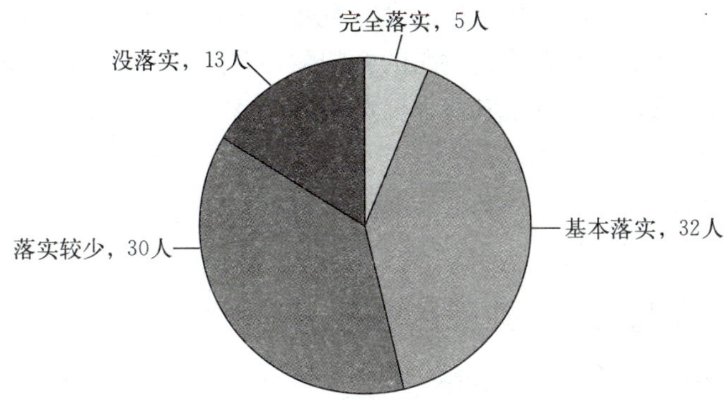

图5 国家出台的关于农业保险的政策在当地的落实情况

五、北京市农业发展存在的问题

通过小组4人的实地调查，对数据全面分析，大体上总结了一下北京市农业保险存在以下几方面的问题：一是农民对于农业保险的认知度不够，只是简单地了解农业保险，并不是真正深入了解农业保险的重要性。二是农民对于农业保险的满意度有待提升。三是北京市农业保险细节方面落实欠佳。四是保费补贴政策的宣传力度不够。

六、完善北京市农业保险的对策

通过上述问题不难看出，北京市农业保险政策依然存在很多的问题。就此，需要采取措施完善农业保险，使农业保险政策能够真正在北京市落实，也使农民能够在受灾后真正地得到经济补偿与帮助。

（一）加大政府宣传，提高农民对农业保险的认知度

虽然北京市农民对于农业保险有一定的了解，但是对于农业保险的了解不够深入。对此，北京市政府应该再加大对农业保险的宣传力度，通过电视、报纸、专业人员讲解等多种途径宣传。同时，通过调查发现，农民大部分是通过村干部讲解来获取农业保险的常识。所以，应该加大村干部的讲解以及保险公司的宣传力度，分发宣传手册，普及农业保险的基本常识，并且对于农业保险的深处进行普及，使农民真正了解农业保险，提高农业保险的认知度。

（二）提高北京市农业保险政策的满意度

农民对于政府扶持的力度不够满意，政府应该深入了解农户对当前农业保险

的看法，从赔偿额、保险公司赔偿速度以及赈灾方式等方面深入调查，加大对农业保险的投入，开发出具有适销对路的新的险种并且深入到农民的内部，实地调研考察，了解农民真正的对于农业保险的需求，深入了解农民参保考虑的因素，为农民带来更多的利益。此外，农民对于北京市 50%保费率并不够满意，应该提高政府补贴的保费率，再对农业保险加大扶持力度，提高农民对于北京市农业保险政策的满意度和参与度。

（三）加大北京市农业保险的落实范围

虽然农业保险在调查过程中有落实，但是农户反映，对于农业保险的细节方面仍有待落实。因此，政府应该扩大农业保险的落实范围，尤其是北京市郊区，不断完善农业保险政策。

（四）加大政府补贴政策的宣传

北京市农民保险补贴为 50%，各区根据自身制定补贴 10%～30%保险费率。但是，有部分农民对于政府补贴政策不太知情，影响了他们参保的热情和积极性。对此，政府应该加大对于补贴政策的宣传，通过报纸、电视、村干部讲解等宣传。不仅需要让农户了解农业保险，还需加强宣传农民保费补贴政策，使农民真正了解到政府对于农业保险政策的补贴。

主要参考文献

董程明，2010. 北京市政策性农业保险制度建立初探——论政府、参保农户和保险公司的相互关系［J］. 内蒙古农业科技（3）：9－11.

高涛，2009. 农业保险巨灾风险分散研究——以北京市政策性农业保险为例［D］. 北京：中国农业科学院研究生院.

郭心义，田彩云，赵乐，2010. 北京市政策性农业保险巨灾风险防范机制探索［J］. 北京农业职业学院学报，24（1）：32－35.

蒯小明，2013. 政策性农业保险北京模式评析［J］. 云梦学刊，34（1）：68－74.

北京市郊区乡村旅游发展研究

项目组成员： 周亚楼　庞嘉晖　冯悠然　苑翰文　刘桂豫

指 导 教 师： 郑春慧

摘　要： 北京市郊区乡村旅游作为一个新兴的消费热点，正渐渐地成为引领以北京市人口为主要消费人群的旅游消费方式。乡村旅游不仅对游客产生了一定的影响，对于旅游目的地也起着重要的作用。北京市郊区乡村旅游是一个朝阳产业，发展呈上行趋势，有广阔的发展前景。但是，北京市郊区乡村旅游在发展的过程中依然存在很多问题。在北京市郊区乡村旅游的发展中，其基础设施、交通运输条件都有待完善；环境卫生、服务质量文化内涵和农产品质量都有待提高；休闲项目、文化内涵和乡村特色都有待丰富。对于北京市郊区乡村旅游发展的研究重点从当下乡村旅游的对象、经营状况及存在的优缺点等方面进行。希望这次研究能够为北京乡村旅游发展探明道路，让北京乡村旅游的发展成为北京地区经济发展的强大推动力，同时也给全国各地乡村旅游的发展提供有效可行的方法，提高旅游业在第三产业中所占的比值，提高第三产业在国民生产总值中所占的比值。

关键词： 京郊　乡村旅游　经营

前　　言

北京市作为一个常住人口超过 2 000 万人的现代化都市，有着巨大的市场容量和消费能力。在这个超级市场中，北京市郊区乡村旅游作为一个新兴的消费热点，正渐渐地成为引领以北京市人口为主要消费人群的旅游消费方式。北京市郊区乡村旅游利用本地丰富的乡村资源、结合现代化营销手段获得了较快的发展。然而，作为一个新的尚未发展成熟的经济模式，北京市郊区乡村旅游发展的研究就值得被提上日程了。企业应该怎么做才能获得最大的经济利益，企业应该怎么做才能获得长远发展，这些问题都值得好好思考。

为了回答这些问题，自 2015 年 6 月 11 日起，北京农学院经济管理学院本科生研究项目行动小组在郑春慧老师的指导下，以周亚楼为组长一行 5 人先后前往了北京市郊区乡村旅游的部分地点进行了有关北京市乡村旅游的暑假调研活动。

在这次调研中，对北京市郊区乡村旅游的企业规模、经营模式及相关成员进行了调研，并围绕着北京市郊区乡村旅游特色农业的发展主题进行了深入研究。

（一）研究背景

近年来，北京市乡村旅游及农业休闲呈现了良好的发展势头，北京市政府明确提出了“以投资、消费双轮驱动，打造城市、郊区两个市场，坚持‘一区一色’、‘一沟（村）一品’的特色发展道路，实施城乡旅游产业一体化战略，逐步形成乡村旅游休闲度假产业体系，不断促进乡村旅游产业升级。”目前，北京打造了系列化的乡村旅游产品体系，探索出了有效的营销手段，引入了形式多样的乡村旅游，已基本形成了区域特色鲜明的产业布局，形成了标准化的管理体系，形成了较大的投融资优势。乡村旅游已经成为北京市旅游产业的重要组成部分。

（二）研究目的

随着农业经济的快速发展，人们更充分利用各种农业资源，有效地将科技人文和地理要素融入进农业生产，这些因素有效地推动了乡村旅游的发展。在我国，乡村旅游几乎遍布了全国各地，正在逐渐成为中国休闲度假的重要方式之一。乡村旅游不仅对游客产生了积极的影响，对于旅游目的地也起着重要的作用。本文对于北京市郊区乡村旅游发展的研究重点从当下乡村旅游的对象、经营状况及存在的优缺点等方面进行，就是希望能给北京乡村旅游建立品牌、树立形象，给北京乡村旅游发展探明道路，让北京乡村旅游的发展成为北京地区经济发展的强大推动力，也给全国各地的乡村旅游的发展提供有效可行的方法，提高旅游业在第三产业中所占的比值，提高第三产业在国民生产总值中所占的比值。

一、数据分析

（一）样本选择

为了能够深入地了解到北京市郊区乡村旅游目前的发展状况以及得到景区游客及时的意见与建议，本小组在研究过程中随机走访了 5 个景区进行调查。将调查地点选在了延庆区龙庆峡景区、昌平区十三陵景区、怀柔区雁栖湖景区、平谷区石林峡景区以及门头沟区妙峰山景区。通过实地的走访以及对相关负责人的采访，了解到了这些景区的宣传方式、交通设施、娱乐内容、生态环境以及景区的特色内容等。同时，在这 5 个景区分别随机发放 20 张问卷，从游客的角度了解北京市郊区乡村旅游的优势以及存在的不足，为北京市郊区乡村旅游的发展提出合理化的建议。

（二）对调查对象的基本情况分析

1. 游客性别 由图1看出，受访对象的男女比例为47∶53，男女占有的比例相差不大，基本呈平衡状态。因此，在此次调查中可以得知，北京市郊区乡村旅游对不同性别具有的吸引力大致相当。

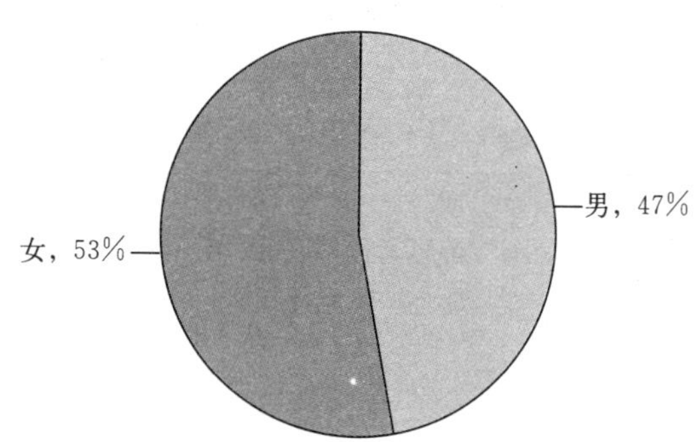

图1　游客男女比例分布

2. 游客年龄 由图2可以看出，在北京市郊区乡村旅游中，各个年龄阶段的游客都有。其中，18～25岁的年轻人和31～50岁的中壮年人群所占的比例较大。

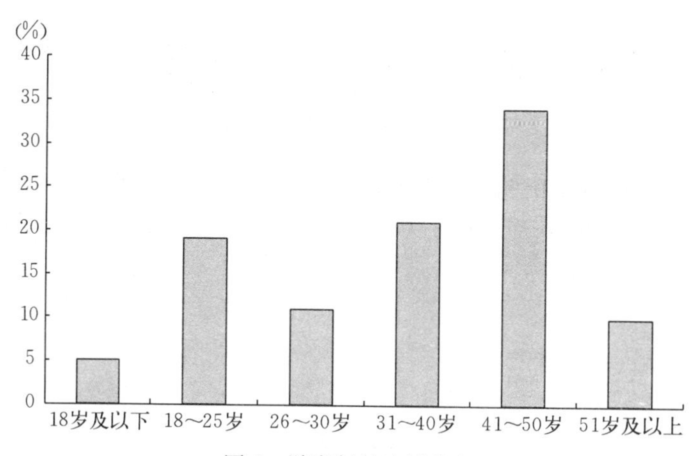

图2　游客年龄比例分布

3. 游客文化程度 由图3可以看出，游客中本/专科的游客占大多数，绝大部分游客的学历在专科以上。

4. 游客居住地 由图4可以得出，受访的北京市郊区乡村旅游的游客均来自北京各区域。

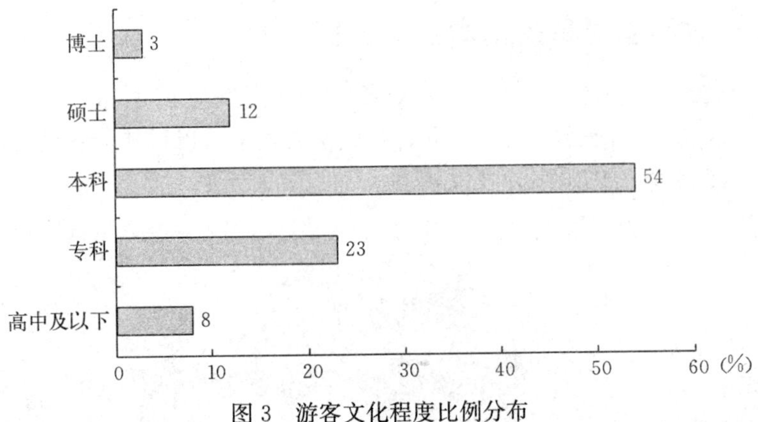

图 3　游客文化程度比例分布

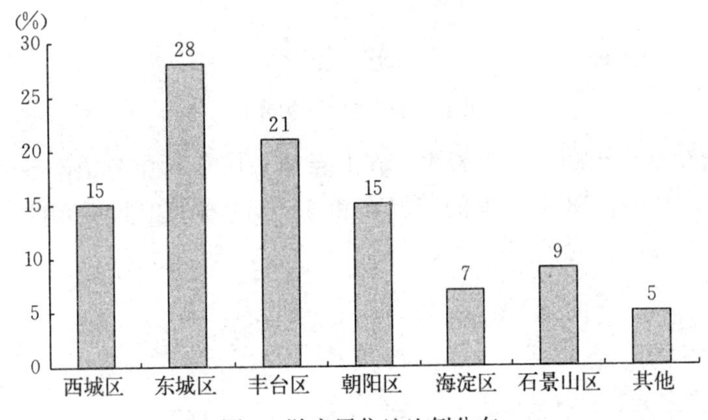

图 4　游客居住地比例分布

5. 游客年均收入　由图 5 可以看出，游客年均收入更多地分布在 6 万～10 万元，年收入 11 万～15 万元和 5 万元以下的次之，年收入在 15 万元以上的人数最少。

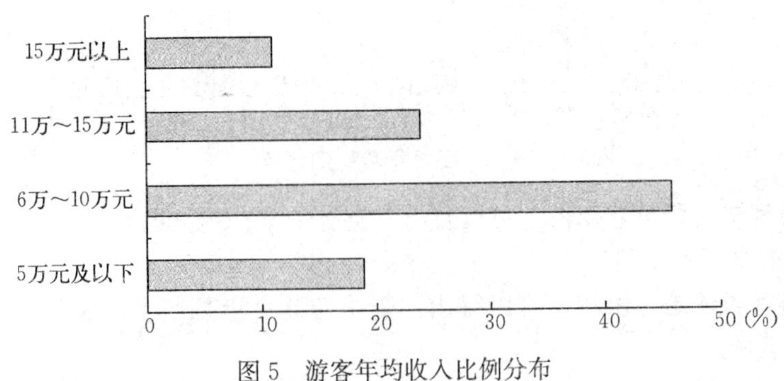

图 5　游客年均收入比例分布

（三）对调查对象乡村旅游的分析

1. 游客平均每年郊区乡村旅游的次数 游客平均每年郊区乡村旅游的次数见图 6。可以看出，绝大多数游客平均每年乡村旅游的次数不超过 4 次。

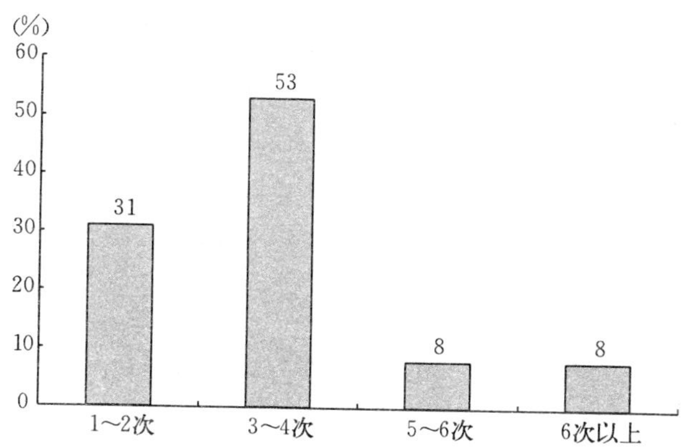

图 6 游客平均每年郊区乡村旅游的次数比例分布

2. 游客选择郊区乡村旅游的时间 由图 7 可以看出，游客在选择北京市郊区乡村旅游的时间主要集中在节假日。此外，寒暑假和周末的时间也是游客考虑较多的时间点。

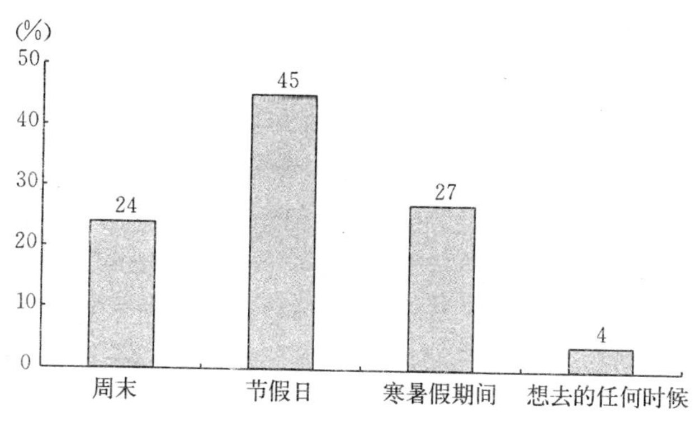

图 7 游客选择郊区乡村旅游的时间比例分布

3. 游客乡村旅游去得最多的区域 据图 8 可得，游客去得最多的前三名地区分别为密云区、延庆区、顺义区和门头沟区（并列第三），其余地区分布比较均匀。

4. 游客的出游人数 由图 9 可知，北京市郊区乡村旅游游客的出游人数一般以 2～5 人为主，其次是 6～10 人，有很少一部分是独自一人或 10 人以上。

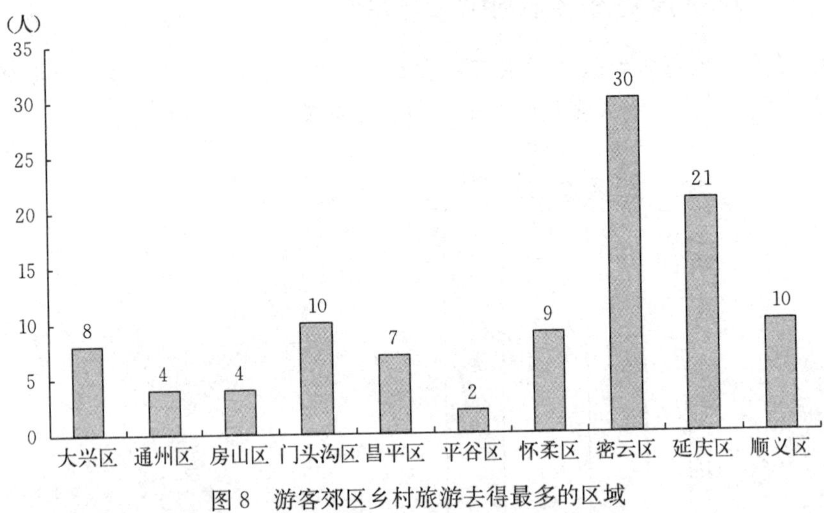

图 8　游客郊区乡村旅游去得最多的区域

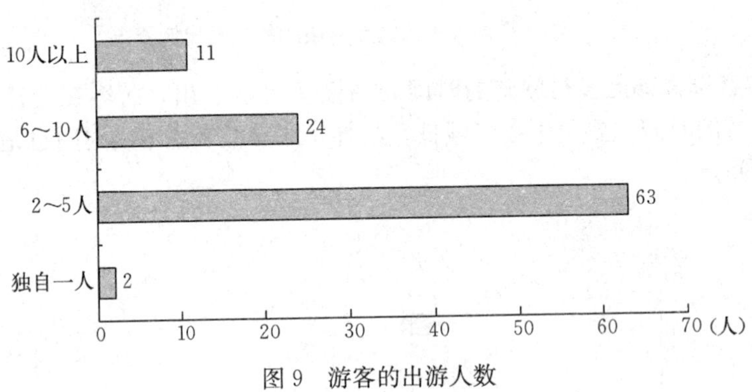

图 9　游客的出游人数

5. 游客的出游形式　由图 10 可知，游客的出游形式主要是以和家人、朋友一起出游为主。

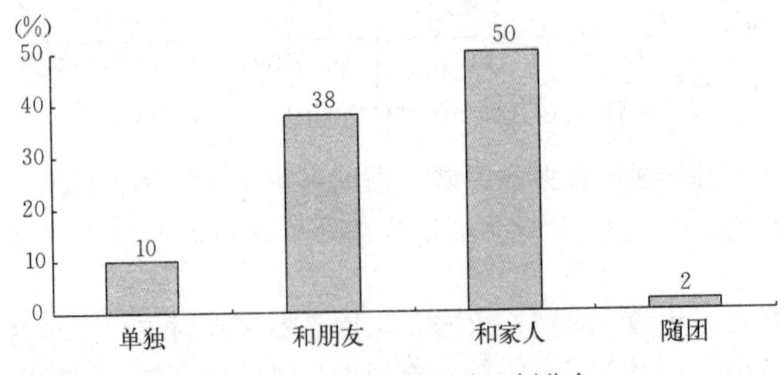

图 10　游客的出游形式比例分布

6. 游客郊区乡村旅游的出行方式 由图 11 可知，游客北京市郊区乡村旅游的出行方式以自驾车为主，有少量人群选择其他方式出行。

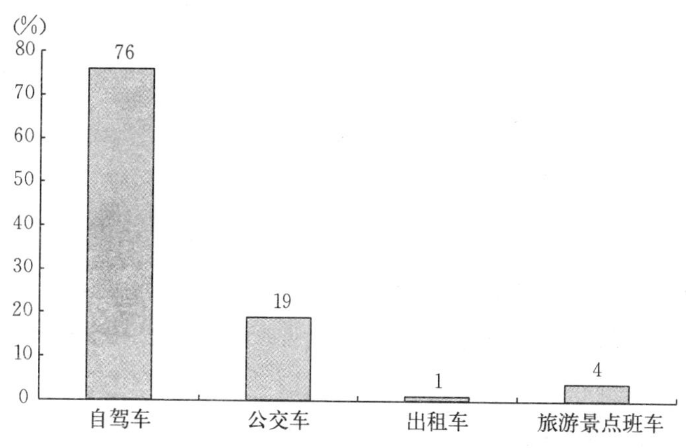

图 11 游客郊区乡村旅游的出行方式比例分布

7. 游客选择郊区乡村旅游的目的 由图 12 可知，游客选择郊区乡村旅游的目的以休闲度假和体验民俗民风为主。

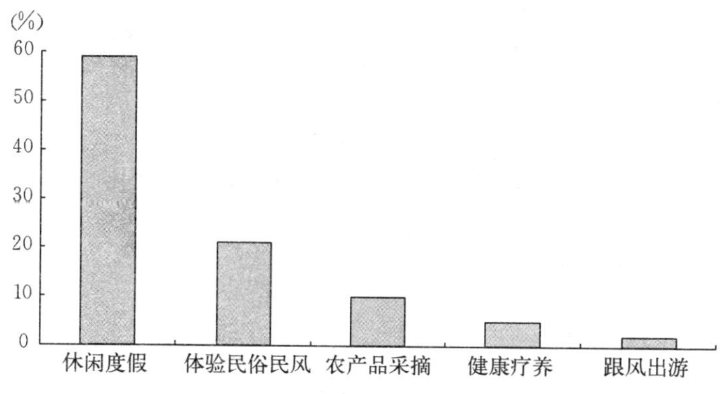

图 12 游客选择郊区乡村旅游的目的比例分布

8. 游客选择郊区乡村旅游目的地的偏好 由图 13 可以看出，郊区乡村旅游的基础设施、生态环境和文化底蕴是游客会着重考虑的 3 个方面。

9. 游客认为北京市郊区乡村旅游中最重要的因素 由图 14 可得，有 73%的游客认为北京市郊区乡村旅游中最重要的因素是自然因素。

10. 影响游客选择郊区乡村旅游最主要的因素 由图 15 可知，影响游客选择郊区乡村旅游的主要因素是时间、资金和景点的吸引力。

11. 游客能接受北京市郊区乡村旅游的日均消费 由图 16 可知，游客能接受北京市郊区乡村旅游的日均消费额度主要集中在 100～200 元和 200～300 元这

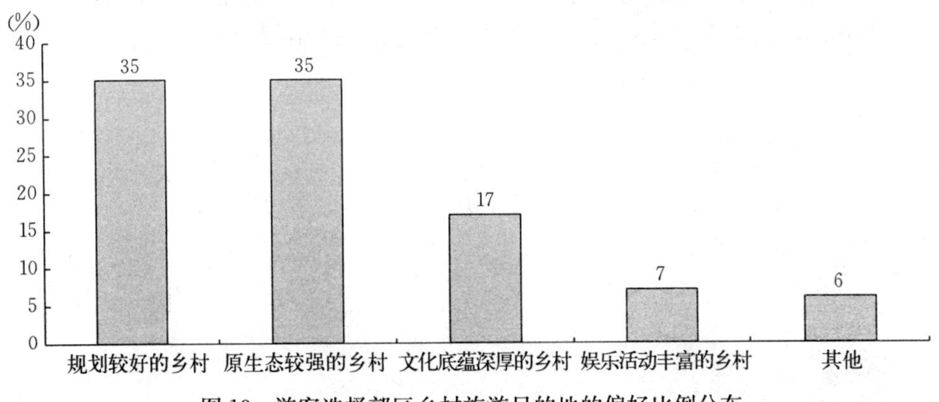

图 13　游客选择郊区乡村旅游目的地的偏好比例分布

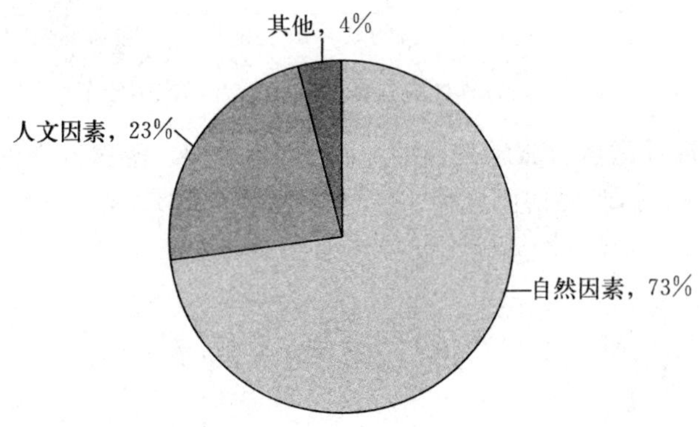

图 14　游客认为北京市郊区乡村旅游中最重要的因素比例分布

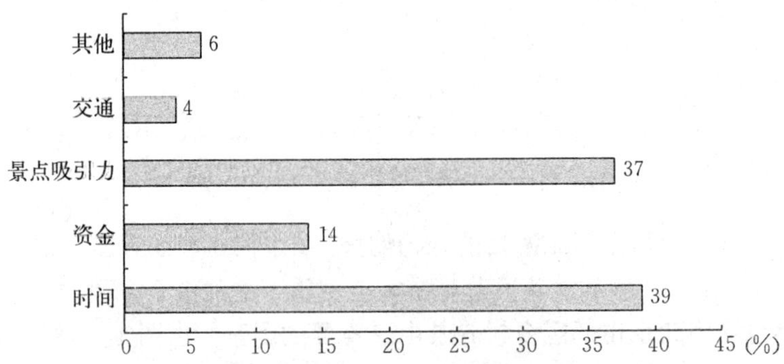

图 15　影响游客选择郊区乡村旅游最主要的因素比例分布

两个层次。

12. 游客获取北京市郊区乡村旅游信息的渠道　由图 17 可知，游客获取北京市郊区乡村旅游信息的主要渠道是网络和宣传单，少部分游客是通过电视、广

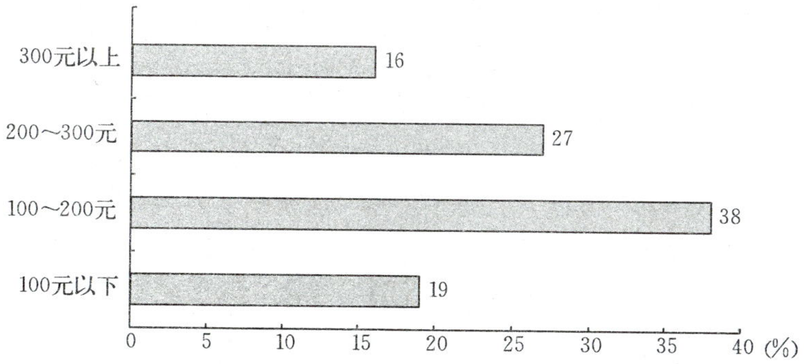

图 16　游客能接受北京市郊区乡村旅游的日均消费比例分布

播和报纸、杂志得知的。

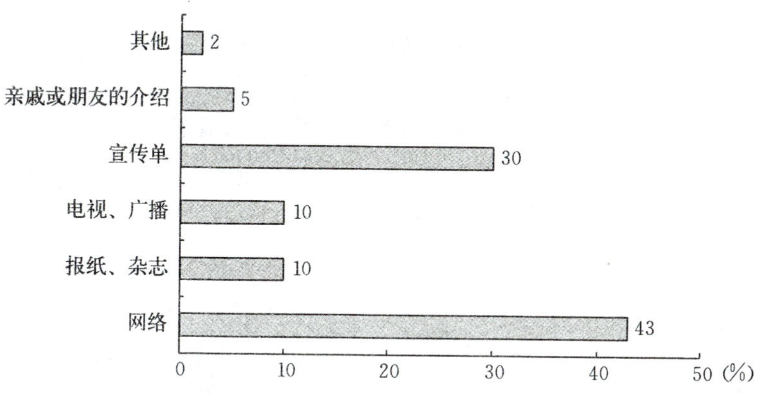

图 17　游客获取北京市郊区乡村旅游信息的渠道比例分布

13. 游客对北京市郊区乡村旅游前景的看法　由图 18 可知，大部分游客对北京市郊区乡村旅游抱积极乐观的态度，认为北京郊区乡村旅游的前景广阔。

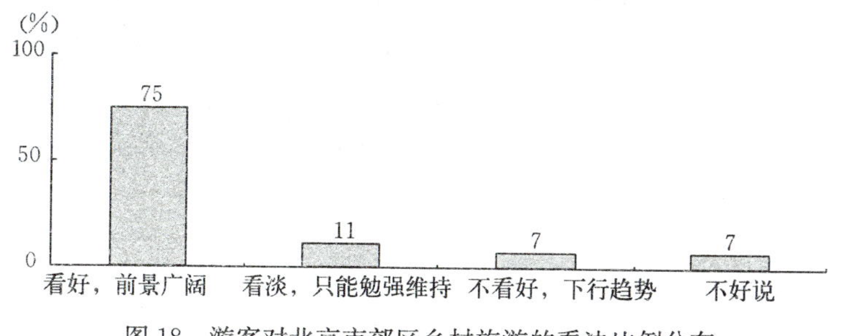

图 18　游客对北京市郊区乡村旅游的看法比例分布

14. 游客认为北京市郊区乡村旅游建设中存在的问题　从图 19 可以看出，游客认为北京市郊区乡村旅游建设中还存在很多问题，交通、卫生、娱乐条件、旅游项目、住宿条件、伙食、生态环境等方面都不尽如人意。

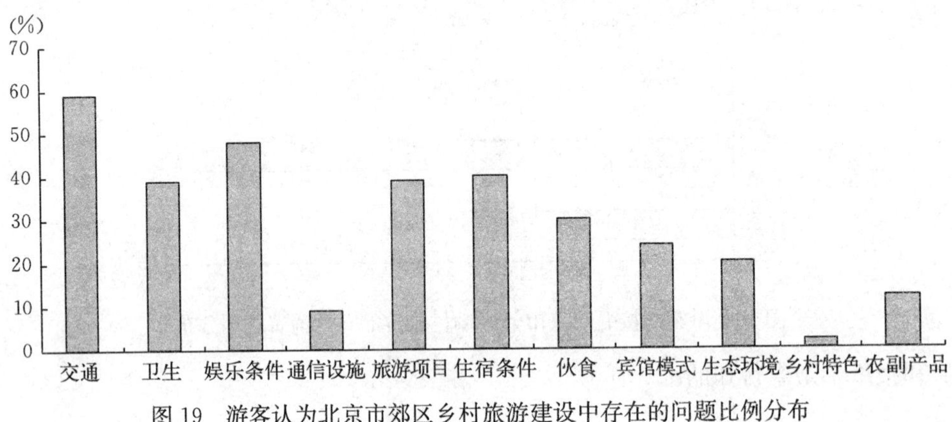

图 19　游客认为北京市郊区乡村旅游建设中存在的问题比例分布

15. 游客认为北京市郊区乡村旅游待改进的方面　由图 20 可知，游客认为北京市郊区乡村旅游待改进的方面还有很多，基础设施、交通运输条件都有待完善；环境卫生、服务质量和农产品质量都有待提高；休闲项目、文化内涵和乡村特色都有待丰富。

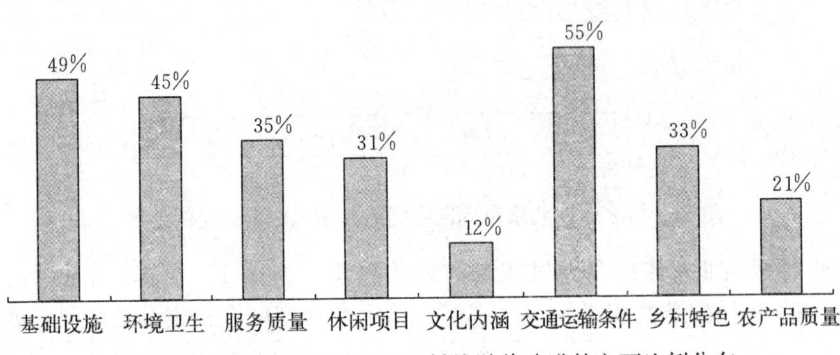

图 20　游客认为北京市郊区乡村旅游待改进的方面比例分布

二、结　　论

综合以上的数据分析，可以得到以下结论：

（一）对于游客来说

一是游客对于北京市郊区乡村旅游有着浓厚的兴趣，北京各个区的居民都是北京市郊区乡村旅游的游客。北京市郊区乡村旅游的游客多集中在年轻人和中壮年人群，进行乡村旅游的游客学历以专科和本科居多，并且他们大多数都有稳定的收入，大多数游客的年收入在6万～10万元，说明学历和收入是影响游客是否选择乡村旅游的重要因素。

二是根据本次调查结果显示，北京市郊区乡村旅游虽然已经成为一个流行的出游方式，但是大多数游客进行乡村旅游的年平均次数多在1～4次。根据本次调查统计的数据可知，游客进行乡村旅游大多是结伴而行，和家人、朋友一起出游。由此可见，北京市郊区乡村旅游景点是一个给合家欢聚、朋友聚会提供机会的好地点。

三是随着交通运输条件的日益完善，自驾出游成为游客进行乡村旅游最重要的出游方式。

四是除了景点的吸引力之外，游客自身的旅行时间和资金等也成为游客选择郊区乡村旅游与否的重要因素。

（二）对于北京市郊区乡村旅游景点来说

一是据此次调查结果显示，北京市郊区乡村旅游正在逐步发展并对广大游客产生了浓厚的吸引力。因此，北京各区的乡村旅游都迅速发展，大兴区、通州区、房山区、门头沟区、昌平区、平谷区、怀柔区、密云区、延庆区、顺义区等地的郊区乡村旅游景点如雨后春笋呈发展壮阔之势。

二是据此次调查结果显示，由于北京市郊区乡村旅游景点的基础设施、交通条件、农家特色等条件的不同，吸引游客前来观光旅游的优势也各不相同。

三是据此次调查结果显示，北京市郊区乡村旅游虽然发展迅速，但尚未成为北京市居民的主流出行方式，人均每年去北京市郊区乡村旅游的次数多在1～4次。说明游客进行北京市郊区乡村旅游并不频繁，北京市郊区乡村旅游吸引回头客的能力还有待提高。

四是据此次调查结果显示，北京市郊区乡村旅游受景区特色、游玩地点数量等限制，游客一般选择短期出行，在时间较短的周末或者节假日出行得居多。

五是据此次调查结果显示，游客选择北京市郊区乡村旅游的原因绝大多数是为了休闲度假、体验民俗民风和进行农产品采摘。说明北京市郊区乡村旅游不仅具有休闲娱乐功能，还能使游客深入了解民俗文化，具有一定的文化功能。

六是据此次调查结果显示，游客选择北京市郊区乡村旅游时，对比人文因素更看重自然因素。因此，有“农家乐”、农产品采摘等项目的景点更受欢迎。

七是据此次调查结果显示，在自然条件大致相同的情况下，游客更倾向于选择基础设施好、景点整体布局合理、文化底蕴浓厚的景点。

八是据此次调查结果显示，游客能接受北京市郊区乡村旅游的日均消费大多位于100～200元和200～300元这两档。因此，如何提高旅游的性价比和为游客带来一场满意的旅游也成为北京市郊区乡村旅游开发商们应该思考的问题。

九是据此次调查结果显示，游客获取北京市郊区乡村旅游信息的渠道主要是网络和宣传单，电视、广播和报纸等并不是游客获取乡村旅游信息的主要来源。

十是据此次调查结果显示，绝大多数游客对北京市郊区乡村旅游抱着积极乐观的态度，认为北京市郊区乡村旅游是一个朝阳产业，发展呈上行趋势，有广阔的发展前景。但是，北京市郊区乡村旅游在发展的过程中依然存在很多问题。在北京市郊区乡村旅游的发展中，其基础设施、交通运输条件都有待完善；环境卫生、服务质量和农产品质量都有待提高；休闲项目、文化内涵和乡村特色都有待丰富。

三、原因分析

（一）优点分析

一是北京市郊区乡村旅游发展迅速，大兴区、通州区、房山区、门头沟区、昌平区、平谷区、怀柔区、延庆区、顺义区等区域均有郊区乡村旅游的景点。北京市郊区乡村旅游景点呈遍地开花之势。

二是北京市郊区乡村旅游吸引人群范围广，从年龄范围来看，18 岁以下到 50 岁以上的人群都是北京市郊区乡村旅游的游客；从学历范围来看，高中以下、专科、本科到硕士、博士人群都是北京市郊区乡村旅游的游客；从年收入上来看，高收入人群和低收入人群都是北京市郊区乡村旅游的游客；从居住地来看，进行北京市郊区乡村旅游的来自北京的各个区。因此，广大消费人群都对北京郊区乡村旅游感兴趣。

三是北京市郊区乡村旅游景点与旅游人群距离近方便出行。据本次调查可知，大多数游客选择自己开车出行，而且选择在较短的时间如周末、小长假等时间出行。说明景区与市区距离较短且交通状况允许短时间内地来回。

四是北京市郊区乡村旅游活动多样。根据调查，游客列举了“农家乐”、农产品采摘、钓鱼、漂流等活动，说明北京市郊区乡村旅游是一个项目多样化的旅游活动，可以满足不同年龄段人士的需求。

（二）缺点分析

一是主要的宣传力度不够。本次调研的数据显示，大多数游客是从网络和景区传单了解到北京市郊区乡村旅游的信息，其他的宣传渠道相对比较薄弱。网络上的资料虽然传播范围广，但是介绍得并不是很全面，不利于消费者的选择和比较；景区传单虽然可以较全面地介绍景区的特色，但是其传播范围小、时效性差。应该大力发展多种宣传手段，尤其是报纸、杂志、电视等传播速度快、范围广的宣传方式。此外，此次调查结果显示，消费的主要人群为中青年。这个年龄段的人群有充沛的体力，热爱自然，乐于尝试新鲜事物，而且由于工作、学习的压力，他们需要一个放松的好地方，那么就可以在各高校和公司发放宣传材料，提高知名度。

二是交通设施落后，公共交通资源相对匮乏。此次调研数据显示，有 55%的游客认为在北京郊区乡村旅游项目中，最需要改进的就是交通基础设施。通过调查和实地考察发现，在通往景区的道路上有许多标示模糊不清，第一次来的游客很难找到正确的道路，给游客带来很大的不便。另外，有 76%的游客选择自驾车的出行方式前往旅游景区，发现大多数游客选择自驾车出游的原因除了便利的因素外，最重要的一点就是大多数景区的公共交通资源相对缺乏，有一些景区甚至距离最近的公交车站还有十几公里的路程，这让一部分打算乘公共交通前往的游客望而却步。

三是娱乐条件差，活动内容少。在调查中，有 47%的游客认为，多数郊区乡村旅游的项目都存在一个共同的问题——娱乐项目条件差，活动内容单一。郊区乡村旅游就是要以郊区的田园风光、自然景色、农业资源、地方民俗文化为资源为游客提供观光活动项目。但是，在实际的经营中，有许多经营者都是延续着以往人的创意继续经营，而非继续发展。这就造成了如今许多郊区乡村旅游的娱乐项目单一，缺乏创意。

四是生态环境破坏严重。根据此次调查和实地考察发现，有很多郊区乡村旅游项目存在较严重的生态破坏现象。有一些开发商全凭自己的偏好进行设计，无论从环境保护、安全管理，还是独特个性上都没有周全的考虑。很多郊区乡村旅游地在发展中没有认真分析本地的资源优势和客源优势，导致产品低层次开发，严重破坏了生态环境。同时，在调查中有 73%的游客认为郊区乡村旅游的重要因素为自然因素，此外有 35%的游客会选择原生态较强的乡村作为自己目的地。因此，无论是从环境保护的角度，还是吸引游客的角度来说，破坏生态环境都会造成巨大的损失。

五是缺乏属于自己的乡村特色。在此次实地考察中，发现大部分的乡村旅游极为相似，很少有民俗村拥有自己独特的旅游特色来吸引游客。同时，此次调查数据显示，有 37%的游客认为选择郊区乡村旅游的最主要因素是景点的吸引力。因此，彰显郊区乡村旅游项目的特色，提升郊区乡村旅游的文化内涵，是吸引游客、提升知名度与影响力的有效途径。

四、改进措施

为了提高北京市郊区乡村旅游带来的经济效益，为了打造北京市郊区乡村旅游的品牌，为了给北京市郊区乡村旅游探明道路，针对此次调查发展的问题，本小组对北京市郊区乡村旅游提出如下建议：

（一）加大宣传力度并提高自身知名度

在北京的乡村旅游中，应该依托北京丰富的自然资源和非物质文化遗产等，这些人文与自然资源已经有很高的基础和知名度，北京的乡村旅游应该和这些旅游资源连接。这样可以丰富人们参加乡村旅游的内容，并且可以提升其内涵和旅游产品的档次，乡村旅游资源和各种类型的旅游资源相结合的开发一定可以引起国内外游客的参与和关注，同时可以将北京市多层面、立体地展示给国内外游客。

（二）完善基础设施

应该按照城市的标准，规划完善村内和周围地区的基础设施。应该完善水利电力设施，使饮用水源干净、清洁，保证供水设施达到国家规定的卫生标准。应该美化、绿化、亮化道路和环境，完善景点及其周边道路标识和标牌，在危险的地段设立防护措施，并放置安全警示标牌。基础设施城市化不但可以满足游客的需要，还可以改善周围的环境，在景点周围还应该配备消防设施。在乡村旅游实现配套设施现代化的同时，还应该兼顾设施的“乡村性”，使其拥有“城市化”的功能和“乡村性”的外壳。

（三）提高服务质量

北京乡村旅游应该借鉴外国的经验，对北京乡村旅游中提供的服务进行星级评比。这样可以避免经营者过度盲目地追求利益而忽视乡村旅游的本质，政府也应该提前制订乡村旅游的发展规划，坚持科学保护和有序开发，严格审批，从从业资格、经营服务场地、环境保护、接待服务设施、服务项目和服务质量等多方面入手，进一步规范地提升“农家乐”，避免各个“农家乐”之间强行宰客、抢客、拉客、竞相压价等一些不文明的竞争行为，使北京乡村旅游健康有序地发展。同时，政府还应该抓好从业人员的培训工作，组织从业人员学习各种礼仪礼貌、业务知识、安全卫生知识、当地民俗文化及风土人情的理解和阐释能力，提高乡村旅游服务的质量和水平，提高乡村旅游的接待档次。

（四）重点打造生态景观

生态旅游和生态农业是属于郊区乡村旅游的范围，发展乡村旅游必须要保护周边的生态环境和自然景观，提升当地的环境质量，防止农业污染，杜绝对环境的开发性破坏，保护乡村当地的自然景观，维持当地的生态平衡。应该本着因地制宜的原则打造生态景观。根据乡村的土质、地势和自然环境等特征，打造相适应的自然景观。乡村旅游应强调生态性，使乡村旅游对环境的破坏降到最低。乡村原有的农耕文化、人为景观与自然环境是北京乡村旅游的核心资源。这些是吸引人们前往游览的根本动力。因此，保持北京乡村的人文环境和自然环境是未来乡村旅游发展的趋势，也应该是北京乡村旅游重点的发展方向。

（五）创新开发乡村旅游产品

北京的乡村旅游活动应本着特色化、多元化、合作性与参与性的原则。充分结合乡村旅游景点周边的自然景观，发展与众不同的农业景观，使国外游客与国内游客的民俗文化相互结合，实现乡村旅游的创新型。

（六）发扬属于自己的乡村特色

北京现在的民俗旅游村拥有自己独特特色的少之又少，北京乡村旅游产品的特色表现不足，通常在一个景区的周围分布着许多个民俗旅游村，但各个民俗村也没有属于自己的特色。从提升乡村旅游的文化内涵上来看，北京的乡村旅游可以在原有的自然资源基础上，策划与本地文化密切相关的大型活动。例如，可以结合我国和北京一些传统的节日，可以在旅游景点中举办文化节，增加传统节日的气氛，可以让游客参与到当地的民俗表演里。不但可以激起城市居民对于传统节日的热情，而且中国的传统节日可以吸引国外的游客。这些活动也可以让国外的游客更加了解中国的传统节日，并能亲身体验中国的传统节日，以此来增加国外游客在北京的停留时间，提高入境旅游的收入。还可以发展民间手工艺的乡村旅游，可以将某种民间的手工艺作为北京乡村旅游的重点项目，通过对民间工艺各个制作环节的组合和拆分，在一个乡村里面形成产业链，不仅可以提供工艺成品的销售，还能够提供给游客亲自参与和制作的机会，也可以成为休闲旅游的一种模式。这样的项目不仅富有参与性和趣味性，还能增加游客的重游率，这样对于国内外游客都会有很大的吸引力，同时能将北京正在面临的民间工艺无人传承、接近失传的问题得以解决，能带动全国范围对于中国传统工艺的重视，也是向世界展示中国文化、外国人民接触中国文化的途径。

主要参考文献

范子文，任为娜，2010."中国创意农业（北京）发展论坛"综述［J］.北京农业职业学院学报（1）.

高曾伟，高晖，2005.乡村旅游资源的特点、分类及开发利用［J］.金陵职业大学学报（3）.

高曾伟，王志民，2005.论乡村旅游资源［J］.镇江高专学报（1）.

季帅，2012. 创意农业的发展概念、类型和特征［J］. 山东农业大学学报（10）.
刘庆友，2014. 乡村旅游资源综合评价模型与应用研究［J］. 南京农业大学学报（社会科学版）（4）.
彭明勇，2010. 乡村旅游资源的模糊评价法［J］. 职业时空（3）.
王静，方旭红，2013. 基于村民自治的乡村旅游经营模式研究［J］. 今日科苑（1）.
文爱平，俞文正，2008. 休闲农业的功能及发展前景［J］. 青海农林科技（4）.
于洪贤，宋红娟，2012. 三江自然保护区乡村旅游资源评价［J］. 东北林业大学学报（3）.
曾天雄，马昌群，2007. 论乡村旅游资源的开发［J］. 邵阳学院学报（社会科学版）（5）.

北京市农业企业“走出去”的现状成因及对策研究

项目组成员：李　晨　许珺琪　朱雨晴　李　思　郭　悦　张琪瑶
指导教师：王惠惠

摘　要：我国作为农业大国，农业是我国的第一产业，关系到国民经济的根本。而近年来，随着我国经济的发展，农业企业也越来越多，在经济全球化的趋势下、我国实行的“走出去”战略发展以及“十二五”规划对农业的优惠政策下，越来越多的农产品出口到国外，农业企业也不仅局限在国内发展，开始实行“走出去”的企业战略。本研究以北京市的农业企业为调查对象和依据，通过运用已学的知识，针对北京市农业企业“走出去”的现状进行分析，了解其成因，并发现其中存在的问题，分析问题、解决问题，给出合理的对策，从而达到能够帮助农业企业更好地“走出去”、提高农业企业经济发展水平的目的。

关键词：农业企业　“走出去”　现状成因　存在问题　解决对策

前　　言

近年来，经济不断发展并且有了很大提高，在经济全球化和国家“走出去”的战略大背景环境下，越来越多的企业开始“走出去”，这其中就包括了很多农业企业。而农业企业“走出去”的愿望也日益强烈，希望开阔更广阔的市场，并且增强实力，提高中国农业企业在国外市场的竞争力。虽然农业企业“走出去”的前景乐观，市场潜力也很大，但是就目前的市场分析来看，农业企业“走出去”依然存在着很多问题，而现状也并没有达到预期的效果。以北京市的农业企业为例，虽然在首都乃至全国有着很高的口碑，并且有着很高的市场份额，但是在国外市场却并没有那么乐观，北京市的农业企业在“走出去”过程中依然面临着许多挑战。当走到进口超市的时候，发现总有很多进口的农产品特别吸引人们的眼球，它们很诱人、卖价也很高，但是身为一个农业大国，却没有在国外超市见到所谓大国的任何博人眼球的农产品。作为农业院校的经济管理学院学生，本小组想利用自己学到的专业知识，为农产品企业“走出去”提供一些有力的帮助。现在北京的粮食自给率呈不断下降的趋势，如何保障未来首都的粮食安全，已经引起社会各界的关注，从需求来看，随着收入增加和城镇化水平提高，居民对农产品的需求量越来越多。从供给来看，受水土资源的制约，耕地面积减少质量下降，供不应求问题严重。因此，本小组选择这一课题进行研究，希望通过调查分析，帮助农业企业更好地“走出去”、提高农业企业经济发展水平。

（一）研究背景

在经济全球化的趋势和国家实施“走出去”的战略背景下，越来越多的农业企业开始“走出去”。但在这一过程中，取得的效果并不十分理想，同时也面临着许多挑战。因此，针对这一现象进行调查分析研究，通过对北京市农业企业的走访调查，分析问题的原因，找到解决对策。

（二）研究目的

本次课题研究以“北京市农业‘走出去’的现状成因及对策研究”为课题，针对农业企业在“走出去”过程中遇到的问题进行分析研究，提出合理建议，希望帮助企业解决问题，从而提高我国农业在国外市场的影响力。作为农业院校的学生，也可以提高对专业知识的掌握程度和研究能力。

一、现状及成因分析

（一）产品成本较高

对于一个产品的研究，当然要从它的成本说起，那么对于北京的农业企业产品，当然也要先对其成本进行剖析。北京的农产品“走出去”现状不太乐观，成本相对较高导致市场占有率不强，应从以下几个方面分析。

1. 人工成本 北京是我国的首都城市，人口大量集中，众多高新技术产业集中。人口虽然多，但是这却不能成为优势。由于科技的飞速发展、生活水平的日益提高，人们对生活水平和生活质量的要求都大大提高，廉价劳动力便不复存在了，追求高薪职业的北京工作者，无疑对于北京的农产品企业是非常不利的存在。

2. 耕地成本 北京市位于北纬39°54′，东经116°23′，位于华北平原西北边缘。北京平原的海拔高度在20～60米，山地一般海拔1 000～1 500米，北京的地势是西北高、东南低。北京的城市面积，全市土地面积16 411平方公里。其中，平原面积6 339平方公里，占38.6%；山区面积10 072平方公里，占61.4%。城区面积87.1平方公里。北京地理面积小，平原地带更小，再加上人口众多，人均面积便不足以支持农作物的大量种植。这便大大增加了北京市农产品的生产成本，也成为阻碍农产品"走出去"至关重要的因素。再加上北京的城市化进程的加快，一栋栋高楼大厦拔地而起，种植面积越来越少，农产品生产成本越来越高。

3. 资源成本 北京地处华北平原地带，水、电资源都相对较少，人口又集中分布，人均必要的水、电资源也大量缺乏，就连生活上的水资源都成问题。对于农业来讲，水、电等更加大量匮乏，用水、用电单价的升高直接导致农产品生产成本的增加。再加上现如今北京环境破坏更严重，人与自然不能够和谐相处，有限的资源必然又成为无形中增加的成本。

（二）耕地面积受限

政策是国家有关部门为促进国家的经济发展或其他目的而实行的一系列措施。北京市农业企业"走出去"与北京市的相关政策有着千丝万缕的联系。目前，北京市政府对农业企业的支持力度相对较大，但是这并不意味着政策对北京市的农业企业一直以来都带来促进作用。某些政策确实阻碍过北京市农业企业"走出去"的脚步，时至今日还存有问题。

1. 退耕还林政策 对北京市农业企业"走出去"影响最大的就是已经实行10多年的退耕还林政策。该政策的出台伊始是为了保护环境，改善水土流失，提高环境承载力。本是造福民生、改善生活环境的一项举措却没想到为北京市的农业企业带来了巨大的发展问题。首先是企业种植、养殖用地问题，随着退耕还林政策的实施，北京市共完成退耕地造林46万亩，配套荒山造林41万亩，涉及平谷区、密云区、怀柔区、延庆区、昌平区、门头沟区6个区。虽然退耕还林政策已经实施多年，但是该政策的出台还是对北京市农业企业的发展产生了影响。其一，政策初始企业种植用地面积急剧下降，致使规模小的企业被较大企业兼并收购，因此导致北京市农业企业多样化的步伐缓慢，减小了企业之间的竞争力，使龙头企业的综合实力相对其他外省市企业来说较弱，从而阻碍了企业"走出去"的目标的实行。其二，农民耕地减少导致农产品产量减少，致使企业所需生产原材料供不应求。原材料减少，其价格必然会增加。因此，企业会需要更多的资金充当生产成本，这必然要面对融资、集资的问题。

2. 农业企业免税规定 税收一直是我国财政收入的重要组成部分，它也对农业企业的发展有着不容小觑的影响。作为企业来讲，要交增值税、营业税和企业所得税等。企业无论大小都要交税，农业企业也是如此。税收的负担使得农业企业发展较慢，所幸农业企业减免税收政策的出台为北京市农业企业"走出去"奠定了坚实的基础、提供了有力的保障。在农业企业免税规定中，农业企业从事农、林、牧、渔业项目的所得，可以免征、减征企业所得税。这大大减小了税收对于北京市农业企业的压力，从而可以缓解其资金的周转压力。

（三）宣传力度不足

北京市有很多家优秀的农产品企业，产品质量高，价格实惠，但却不被大家熟知，致使北京市农产品企业不能“走出去”，而市民也不能享受到物美价廉的农产品。本小组认为北京市农产品企业对自身的品牌宣传力度不足是其中一点原因，对于这点原因进行了两方面的分析，认为一是投放的广告在形式上不够有新意，与大多数的广告形态相差无几，缺少一些能够吸引人心的创意。在内容上过于老旧，没有能够很好地突出北京市农产品企业及其产品的特色，导致不能够给大家留下深入人心的印象。二是部分北京市农产品企业对自身品牌的广告投放量过小，有些企业仅仅局限在电视媒体的宣传上，对于广播媒体、纸质媒体等并没有有效的利用，仅仅靠单一媒体宣传接触到的人群层面少、面积小，导致只有少数人能够看到这些企业品牌及其企业所营销的产品，大部分的人并不了解北京市农产品企业。

本小组针对北京市农产品企业及其产品的推广力度做了一个小调查，截取了某一时段的北京电视台的广告，发现北京市农产品企业及其产品的广告投放量在所截取的时间内的所占比例极小，北京市农产品企业在同一时段的广告量的占比不到两成，广告投放量实在是过少。本小组也相应地翻阅了一段时期内的报纸和杂志，发现北京市农产品企业的广告量极少，由此也能够看出，北京市农产品企业面向社会的推广力度的确不够大。

（四）科技水平有限

就现阶段北京当地的农业科技水平而言，部分领域已跃居世界先进行列。科技进步对农业增长的贡献率已从 20 世纪 70 年代末的 27%提高到现在的 43%。但是，与世界先进水平相比，北京当地的农业科技还存在较大差距，远远不能适应农业现代化的要求。北京当地农业有很多地方仍采取漫灌措施，灌溉利用效率不到 40%，肥料利用效率不到 35%，农药利用效率也不到 30%。农业科研投入不足。农业高技术引领农业的未来，现代农业和过去农业最大的不同之处在于高技术的水平。面对新阶段北京当地农业发展的新形势，必须从实际出发，充分认识和重视农业科技存在的问题，积极采取切实措施不断加以解决，才能保证北京当地农业的持续健康发展。

（五）东道国的法律环境制约

目前，我国农业企业的海外投资从地域分布上看五大洲均有，既有发达国家也有发展中国家，投资规模在不断扩大，投资主体、行业也日趋多元化。由于国际投资具有跨国性，不仅涉及私人投资者与他国间的关系，而且还涉及投资者本国与投资所在东道国之间的关系。为了避免发生利益纠纷，产生不必要的矛盾，所以一切的经济活动都要合法化。因此，北京市农业企业要想“走出去”不仅要遵守本国的法律制度，同样也要了解东道国的法律制度。只有这样，才可以为农业企业“走出去”提供基础的保障。

近年来，我国一些企业不熟悉、不研究东道国的法制环境，就盲目“走出去”，甚至违法违规经营，涉嫌犯罪。有的企业不熟悉海外并购方法，在并购中痛失了巨额成本。诸如此类的情况有很多，例如，欧亚农业伪造财务数据，给企业造成很大的损失；1993年“三九”集团投资马来西亚建立药品加工厂，由于不了解该国药品生产、销售要经过伊斯兰组织认可，最终导致投资失败。由此看来，对东道国法制环境的研究不够重视、了解程度不高是影响企业成功“走出去”的主要原因。

二、解决对策

（一）降低产品成本

1. 对于人工成本的解决对策 北京作为祖国的首都，城市化是一个必然的现象，人们追求都市的高新技术职业也是无法改变的。所以，可以采取的措施就是劳动力外迁，即与北京周边不太发达的其他城市合作互利，利用其他城市中的廉价劳动力投入生产便可以降低生产人工成本。

2. 对于耕地成本的解决措施 在城市化的北京，应该利用好每一寸土地，即使在高楼大厦中也可以建造天台花园，在小区中可给每户一层居民分配一层花园。另外，在室内也可以增加大棚种植的方式，让农产品在温室下成长，做成有机、绿色、环保的高质量农产品。

3. 对于资源成本的解决措施 大力支持科技创新和科技种植，在资源投入量一定的情况下，尽量提高单产，或者在资源和技术相互配合的基础上，尽量少地使用资源。特别是雨水资源，可以通过科技保存雨水，以至充分利用现有资源。

（二）耕地面积问题的解决方法

对于解决此项问题，农业企业应该做到以下几点：一是发展科技，提高技术水平，促进产业优化升级，研究新型种植养殖方式以减小对土地的需求。二是发展新型农业，减少对土地的破坏以提高土地的再利用率，延长土地的使用寿命。三是开拓多种融资、集资方式，提高企业信誉度、知名度。四是转变经济发展方式，改变产业结构，在原有产业的基础上，尽可能从事基础性农、林、牧、渔业的生产及加工，以便减税或者免税以减少产品生产费用，将资金用于宣传等。五是积极响应政府推出的经济政策，寻求政府的支持，为企业“走出去”寻求力量保障。

（三）加大宣传力度

本小组认为北京市农产品企业应该打响自身品牌，让人们看到北京市农产品企业的存在，给人们选择北京市农产品企业的机会。一方面，应该积极投放广告，增加广告量，无论是电视媒体还是广播媒体或是纸质版面上，都全方位地覆盖广告，加强北京市农产品企业的曝光度，让人们都知道其存在。另一方面，应该加强广告的创新性，增加广告的心意，同时能够突出北京市农产品企业的特点及其农产品的特色，让人们能够更好地记住它们的产品和企业，增加人们对该产品的兴趣度，通过农产品的特色吸引人群。本小组认为北京市农产品企业要有自己的宣传策略，有系统性、明确性的宣传策略，要有针对性，如针对不同的人群、年龄层面上还有不同区域上，他们的生活习惯、饮食爱好都有一些差别，如果可以抓住这些细小的差别，会吸引到更多的消费群体。

（四）科技水平有限问题的解决对策

1. 加快转变政府职能，为农业科技进步创造有利条件 一是为农民提供技术信息服务。二是提供风险保障服务。在农民遇到新技术风险和市场风险时，给予一定的补偿。三是提供投入市场的监督服务。减轻中间商的盘剥，降低交易成本。提高农户应用新技术的积极性。四是进一步加大农业执法力度，保障农民的合法权益。

2. 发挥高新技术优势，全面彻底改造传统农业 农业要满足国民经济发展和人口增长、生活改善的需求，实现农业现代化，必须依靠生物工程、信息技术等高新技术来改造传统农业。一是要加强信息技术在农业中的应用。二是要大力提高农业生物技术水平。三是加速高新技术的产业化。四是要加强其他高新技术在农业中的应用。

（五）增加对东道国法律环境的了解

1. 重视对东道国法制环境的了解 北京市的农业企业应重视对东道国投资法体系的了解。这直接关系企业的生存、关系企业经营决策的有效性、关系企业合法权益能否得到有效保护。

2. 向熟悉国际法律的专家咨询 北京市农业企业在选择投资东道国、考察市场的同时，要向对其国家法制情况熟悉的专家咨询并组织专家进行研究，使投资活动依法开展，降低投资风险，最大限度地获取投资权益。

3. 充分发挥海外华侨、留学人员的作用，加深对东道国法制环境的了解 我国的华侨、留学人员长期生活在世界各国，对居留国的法制、法律文化、风俗习惯等具有深入的了解。北京市的农业企业可以与他们进行接触，采纳他们的意见和建议，并作为进行海外投资风险分析的重要依据。

三、总　　结

北京市农业企业要想“走出去”，无论是走向中国其他城市或者是国际市场，都需要多方面的支持。这就要求看不见的手——市场，以及看得见的手——政府同时发挥作用。北京市农业起点低、起步晚，优势与其他地区相比并不突出，甚至存在许多的问题，其中较为突出的有生产成本过高、耕地面积不足、宣传力度不强等。对于这些问题，通过调查研究给出了相应的建议：降低人工成本、耕地成本和资源成本；研究新型种植养殖方式以减小对土地的需求；开辟多种宣传方式，积极投放广告，增加广告量，加强广告的创新性，增加广告的心意。解决了这几方面的问题后，北京农业企业将会有极大的进步。因此，对于北京市农业企业来说要抓住机遇，防范风险，勇敢地迎接挑战，目前北京市农业企业的发展还是有比较好的前景和较强劲的实力，相信不久的将来，会有更多的北京市农业企业“走出去”，走出北京，走向世界。

主要参考文献

陈伟，2012. 中国农业“走出去”的现状、问题及对策［J］. 国际经济合作（1）.

邓家琼，2010. 世界农业集中：态势、动因与机理［J］. 农业经济问题（9）.

何君，陈瑞剑，杨易，2013. 中国农业“走出去”的成效及政策建议［J］. 世界农业（1）：116－119.

张晶，周海川，张利庠，2012. 农业“走出去”的经验分析、机遇和挑战［J］. 农业经济（11）：3－5.

黄季焜，杨军，仇焕广，2012. 新时期国家粮食安全战略和政策的思考［J］. 农业经济问题（3）：4－8.

陈前恒，张黎华，王金晶，2009. 农业“走出去”：现状、问题及对策［J］. 国际经济合作（2）：9－12.

涉农企业经营业绩影响因素研究

项目组成员：尤　阳　李　欣　王　玉　宋　宁　曲格菲
指 导 教 师：白　华

摘　要：所谓涉农企业，顾名思义，涉及农产品收购、加工的企业都为涉农企业。农产品是人们生活的必需品，俗话说民以食为天，涉农企业的经营业绩在很大程度上可以反映最基层的民生问题。然而，由于各种原因，涉农企业的经营业绩受多方面因素影响，如之前的“蒜你狠”、“豆你玩儿”等农产品价格突然变动，势必会影响到与该产品有关的企业的经营。此外，农产品在我国的经营模式也并非简单的市场经济，由于农产品是生活必需品，政府针对农产品出台的政策层出不穷，这些无不影响着涉农企业的经营。因此，涉农企业的经营业绩影响因素事关国本民生，只有涉农企业业绩稳定，才能使百姓的生活得到最基本的保障，才能使国民经济又好又快发展。所以，本文以影响涉农企业经营业绩的因素为研究重点，由此向有关涉农企业提出对策建议。

关键词：涉农企业　农业发展现状　影响因素　建议

前　　言

我国是一个绝大多数人口在农村的农业大国，这是最重要的国情。农业、农村和农民问题，始终是我国革命、建设和改革的根本问题。农业是国民经济和社会发展的基础，这是马克思主义揭示的经济和社会发展的一个重要规律。农业稳定发展对我国具有十分重要的意义。原国务院总理温家宝讲：“家中有粮，心中不慌。”只有提高作物生产技术，大力发展农业，确保粮、棉、油、肉、蛋、奶等农产品的充足供应，才能避免世界粮荒的不利影响，确保我国经济持续快速发展，使我国尽快成为世界一流的经济强国。近年来，我国对“三农”问题越发重视，所出台的一系列政策也在影响着我国涉农企业的发展。所以，研究涉农企业经营业绩的影响因素具有很强的现实意义，对我国农业的发展乃至经济发展都十分重要。

一、涉农企业的内涵及特征

（一）涉农企业的内涵

涉农企业，是指从事农产品生产、加工、销售、研发、服务等活动，以及从事农业生产资料生产、销售、研发、服务活动的企业。包括种植业、养殖业、林业、渔业以及与之相关联的农业生产资料等上游企业和农副产品加工、流通等下游企业。具体来说，判断涉农企业的标准：一是主营业务是大农业的一部分，其主要利润来源于主营业务的收入；二是与农户或农村其他经营组织形成了某种利益联结机制。

（二）涉农企业的基本特征

1. 涉农企业的经营管理活动受制于自然条件 农业生产企业以土地为基础，生产对象是有生命的动植物，受自然条件和季节影响很大，具有较长的生产周期，其生产必须符合一定的自然规律。

2. 涉农企业的经济效益带有较强的不确定性 这种经济效益的不确定性来自自然与市场两个方面。农业生产过程周期长，受客观因素尤其是自然条件的影响较大，不可控因素较多。同时，其经营对市场的依赖性很强，很容易因市场环境中的风吹草动而遭遇风险。自然风险和市场风险双重夹击，致使农业经营风险较大，经营结果难以准确测定，经济效益经常会有波动。

3. 涉农企业内部管理具有极大的复杂性 农业产业的自然属性导致涉农企业的组织管理不能向工业那样在紧密分工的基础上实行大规模的机械协作，进行集中化、标准化、专业化、规格化的组织管理。

4. 涉农企业与产业链各环节联系最为紧密 涉农企业体系主要由三大部分组成，包括农业生产资料投入部门、农业生产部门、农产品加工与销售部门，它们共同构成了农业产业链。

（三）涉农企业的发展现状

20 世纪 90 年代以来，农业企业特别是农业龙头企业呈现出高速发展态势。目前，我国已建立起不少大型的农业企业，农业企业数量迅速增加。从涉农企业上市前景来看，目前新兴特色涉农企业、具备资源优势的涉农企业、拥有完整产业链的涉农企业比较受资本市场所青睐。新兴特色涉农企业涉足的领域包括循环农业、休闲农业、高科技农业和有机农业。

二、涉农企业经营业绩的影响因素分析

（一）涉农企业外部环境的影响因素分析

涉农企业是一个复杂的、功能繁多的经济单元，其业绩水平必然受到各种各样的外部环境因素的影响，如果涉农企业想维持生存与发展并取得良好的经营成果，就需要维持好外部环境的平衡，但外部环境复杂多变，对于涉农企业的业绩有重要的意义。归纳起来，主要有以下几个外部环境影响因素影响涉农企业的业绩：

1. 自然环境的影响因素分析 企业的自然环境的发展变化也会给企业带来经济利益或威胁。尤其因为涉农企业是从事农产品生产、加工、销售、研发、服务等活动，和从事农业生产资料生产、销售、研发、服务活动的企业，相较于其他企业来说更为依赖自然环境，如林、牧、渔、果、菜、桑、茶、烟等行业。以畜牧业举例，影响畜牧业的自然环境因素主要是草地的面积与草地的茂盛程度，草地的面积大、草长得茂盛就能饲养更多的牛或羊，那么畜牧业的利益就会更高一些；反之，如果草地的面积很小或草长得很不茂盛，那么畜牧业的利益就会降低。企业对自然环境的变化应该加以关注，特别是自然环境的短缺与环境破坏更应该引起高度关注。所有的经济学都是在资源稀缺的条件下研究资源配置的社会科学。在类似于我国的发展中国家中，资源问题与环境问题更加突出。因此，任何企业在选择目标市场时，都必须考虑资源的制约与环境的保护。我国是一个生产力水平相对落后的发展中国家，在建设社会主义市场经济的过程中，自然资源的合理利用与自然环境的保护尤其需要引起特别的关注。如果不能合理地利用资源以及很好地保护环境，那么涉农企业的业绩也将不能很好地保持。

2. 涉农行业特性因素分析 涉农行业是我国国民经济的基础行业，为其他各行各业的发展提供各种各样的生产要素贡献。首先，涉农行业在获取利润的同时伴随着高风险，因为涉农企业在生产过程中有着很多不可控因素，其次，目前我国正处于经济高速发展的时期，重工业轻农业，对于农业的关注不足，使得涉农企业的生产与发展的基础薄弱，环境不良。最后，农产品出口换取的外汇资金并没有真正地投入农业支持其自身发展，而是投入了工业，导致对于涉农企业的投资不够充足。

3. 政策因素分析

（1）税务减免政策。国家税务总局发布了公告减免营业税、企业所得税、个人所得税等。例如：①营业税减免税规定。农业机耕、排灌、病虫害防治、农牧保险以及相关技术培训、家禽、畜牧、水生动物的配种和疾病防治的业务收入免征营业税；家禽、家畜、水生动物的配种和疾病防治业务免税范围，包括与该项劳务有关的提供药品和医疗用具的业务。②企业所得税减免税规定。对国有农口企事业单位从事种植业、养殖业和农林产品初加工业取得的所得暂免征收企业所得税。农口企事业单位与其他企事业单位组成的联营企业、股份制企业从事上述各业的所得应照章征收企业所得税。对边境贫困的国有农场、林场取得的生产经营所得和其他所得暂免征收企业所得税。但对国有农口企事业单位从事工业、建筑、交通、商业及其他非种植、养殖和农林产品初加工业生产经营活动取得的所得应照章征收企业所得税。

（2）良种补贴政策。小麦、玉米、大豆、油菜、青稞每亩补贴 10 元。其中，新疆地区的小麦良种补贴 15 元；水稻、棉花每亩补贴 15 元；马铃薯一、二级种薯每亩补贴 100 元；花生良种繁育每亩补贴 50 元、大田生产每亩补贴 10 元。

（3）农机购置补贴政策。中央财政农机购置补贴资金实行定额补贴，即同一种类、同一档次农业机械在省域内实行统一的补贴标准。

（4）农机报废更新补贴试点政策。农机报废更新补贴标准按报废拖拉机、联合收割机的机型和类别确定，拖拉机根据马力段的不同补贴额从 500 元到 1.1 万元不等，联合收割机根据喂入量（或收割行数）的不同分为 3 000 元到 1.8 万元不等。

（5）新增补贴向粮食等重要农产品、新型农业经营主体、主产区倾斜政策。国家将加大对专业大户、家庭农场和农民合作社等新型农业经营主体的支持力度，实行新增补贴向专业大户、家庭农场和农民合作社倾斜政策。

（6）提高小麦、水稻最低收购价政策。2014 年生产的小麦（三等）最低收购价提高到每 50 千克 118 元，比 2013 年提高 6 元，提价幅度为 5.4%；2014 年生产的早籼稻（三等）、中晚籼稻（三等）和粳稻（三等）最低收购价格分别提高到每 50 千克 135 元、138 元和 155 元，比 2013 年分别提高 3 元、3 元和 5 元，提价幅度分别为 2.3%、2.2% 和 3.3%。2015 年，继续执玉米、油菜籽、食糖临时收储政策。

这些政策旨在降低涉农企业生产成本的同时，增加涉农企业收入，提高企业运营的积极性，维护健康的农产品市场，使各企业可以在良好的市场环境下良性竞争。同时也保证了涉农企业所需的农产品能稳定的购买，不会因价格过度波动使企业陷入危机。

（二）涉农企业的内部环境影响因素分析

1. 涉农企业财务政策与财务管理因素　一个企业是采取谨慎的财务政策还是积极的财务政策会对企业的经营业绩产生巨大的影响，企业财务政策涉及活动的方方面面。从理财内容看，主要包括融资管理、投资管理、营运资金管理和股利管理，因此相应的财务政策就有风险管理政策、信用管理政策、融资管理政策、营运资金管理政策、投资管理政策和股利管理政策。财务政策的选用不但会影响企业业绩，而且还会对企业业绩的计量和评判产生重要影响。

企业作为市场经济的主体，其所有的经济活动都与财务管理密切相关。财务管理贯穿于企业经营的各个方面、各个环节，先进的理财理念和科学的财务管理决定着企业的命运，影响着企业的业绩。目前来看，涉农企业的财务管理没有得到足够重视。

2. 涉农企业创新性因素　“创新”一词的提出已有近百年历史。创新包括技术创新和价值创新等一系列活动，企业创新与比较优势、竞争力具有密切关系。以乳业为例，因为我国不仅有发展热带奶水牛的优势，还有发展温带奶水牛的优势，其中内蒙古自治区更是拥有得天独厚的地理条件和气候条件，是最适宜发展乳业的地方。而且中国是世界上人口最多的国家，也是饮奶水平很低的国家。乳业成为了我国增长最快的行业之一，如何才能在大小品牌充斥的市场中分一大杯羹，这时候创新性就显出了它的重要性。用蒙牛举例，蒙牛将大量的资金投入科研与为创新而进行的市场研究当中，研究出了多项技术，如"奶车桑拿浴车间"、"闪蒸"、"蒙牛利乐枕液态奶的开发"等技术。截至2013年底，蒙牛集团申请专利1 409件，授权专利1 029件。2015年3月25日晚间，蒙牛在香港证券交易所披露了公司2014年的业绩报告，营收突破500亿元大关，同比增长15.4%；净利润达到23.5亿元，增长了44.1%，用数据证明了企业的创新性对于业绩的影响。

三、对于涉农企业的对策与建议

本小组认为，涉农企业的经营在未来存在很大机遇。涉农企业要抓住这些机遇，发展自身。通过对涉农企业现状的分析，对涉农企业提出以下几点建议：

（一）合理利用政府政策

1. 税收 自2006年起，政府取消了农业税，这对涉农企业来讲，是很大的优惠，降低了营业的成本。同时，农业税的取消会提高农民从事农业的热情，有助于农业的发展，这样一来，涉农企业的农产品来源会更加充足，会有更多优质的货源涌现，有助于涉农企业的发展。同时，税收对于农业机耕、排管、害虫防治等一些特定行业实行优惠政策，企业可以根据国家政策导向，及时调整企业发展计划，紧跟国家的政策。这样，涉农企业可以享受更多的优惠，节省企业的生产成本。

2. 政府相关政策扶持 近年来，国家在逐步加大对涉农企业的补贴力度，不断出台文件规定金融机构对涉农企业的投资义务，要求加快农村信用社改革，鼓励有条件的地方，在严格管理、有效防范金融风险的前提下，通过吸引社会资本和外资，积极地兴办直接为"三农"服务的多种所有制的金融组织。探索实行多种担保形式和设立担保机构等多种途径，切实解决农户和农村中小企业信贷担保难的问题。中央关于农村金融改革的这些政策，对深化农村金融改革必将产生巨大的推动作用，对于涉农企业资金问题的解决也有很大的帮助。有了更多的资金支持，相信涉农企业会有更大的发展空间，更加稳定地运行。

农产品的价格也曾成为人们热烈讨论的话题。近年来，政府为了控制农产品价格，也出台了相应政策。以棉花为例，就新疆棉花来说，经国务院批准，国家发展和改革委员会、财政部、农业部近日联合发布2014年棉花目标价格为每吨19 800元。2011年以来，国家实行棉花临时收储政策，对稳定国内棉花生产、保护农民利益发挥了重要作用。但随着国际市场价格持续走低，棉花进口成本大幅低于临时收储价格的矛盾日益突出，国家收储压力急剧增加，市场活力减弱，不利于整个产业的持续健康发展。开展棉花目标价格改革试点，探索推进农产品价格形成机制与政府补贴脱钩的改革，有利于在保障农民利益的前提下充分发挥市场在资源配置中的决定性作用，促进棉花产业上下游协调发展。

因此，建议各涉农企业抓住大好时机，在近几年加快企业的发展。毕竟机遇总是一闪而过，未来的环境千变万化，各企业必须抓住当下！

（二）拓宽企业主营业务

以奶业举例，几十年前，人们的生活中对于奶的概念仅停留在牛奶上。当时奶业的企业产品十分单一，只有牛奶一种，因此竞争十分激烈。后来，人们又研制出了酸奶，一些在纯牛奶市场上不占优势的企业，可以通过主营酸奶来拯救企业。再后来，人们又研制出了脱脂纯牛奶、加钙纯牛奶、早餐奶、果粒酸奶等各种各样的奶。随着科技的发展，又有企业研制出了风靡一时的“奶片”，深受儿童喜爱。这说明，一个涉农企业的发展是可以灵活的。企业可以根据自身特点，并结合当下人们的需求，开发新的产品。像牛奶行业，蒙牛、三元、伊利等企业算是行业巨头，一些中小企业很难超越他们。因此，这些中小企业就可以开拓新的主营业务。像旺旺公司生产的旺仔牛奶，深受小孩子的喜爱，旺旺公司就成功地避开了与大公司的直接竞争，在一个新的领域站稳了脚跟。与此同时，他们加快新产品的研发，很快推出了旺仔牛奶糖、旺仔小馒头、旺旺仙贝等深受大家喜爱的食物。旺旺公司的例子值得其他涉农企业借鉴。消费者对于每一类产品会有多种需求，如牛奶会有不同品种及其衍生产品，种子会有发苗率、抗旱性，生长周期长短等。企业应多方面发展，避免“在一棵树上吊死”的情况。

涉农企业一直是老百姓关注的焦点，因为涉农企业多数生产的产品是要进入百姓的口中，关乎大家的健康。因此，企业应树立良好的企业形象，让百姓放心，让百姓相信你。这样，企业才能有市场，产品才能卖得出去。如果在百姓的心里把你的企业定位成像三鹿那样的企业，那么后果可想而知。

因此，建议企业可以多多参与一些慈善活动或多多组织一些基层活动，消费者对企业的名字有一个印象。并且，企业要在产品的广告中渗透天然、健康的概念，告诉消费者，企业凡事将消费者的健康放在第一位，所生产的产品绝对没有质量问题。

（三）接受企业合并或重组

企业合并或重组会给一个破产或濒临破产的企业带来新的发展。针对已上市的涉农企业来讲，近期企业的股价走势并不理想，许多企业如果想不出解决股价下跌的办法，就只能走向破产。这时，接受大公司的合并也许会给企业新的生机。例如，有些企业产品很好，运营理念很好，只是因为资金一时周转不过来而破产，这时，如果接受大企业的合并，会给企业新的生机。

（四）加强企业间合作

在农业上，很多领域是密不可分的，如种植业和养殖业。涉及种植业的农业企业生产出的饲料会直接被涉及养殖业的企业使用。因此，若两类企业间加强合作，就能实现双赢的局面。双方可以签订互惠协议。若企业实力足够强大，也可以实现多种经营、全面发展，这样，企业可以得到更长远的发展。对于一些行业巨头，可以有选择地主动合并一些未来发展较好的小企业，这样既可以形成规模化生产，降低企业运营成本，又可以使原本的企业充满活力，不断地吸收好的点子。

主要参考文献

邓蓉，胡宝贵，2011. 涉农企业经营管理［M］. 北京：中国农业出版社.

孔祥智，2009. 中国“三农”前景报告［M］. 北京：中国时代经济出版社.

卢凤君，冀献民，刘晴，等，2010. 研究总结推广涉农企业创新方法［M］. 北京：中国农业出版社.

北京市中小企业融资问题分析

项目组成员： 周　頔　史新颖　刘斯琦　薛赵欣　李　伟
指 导 教 师： 勾德明

摘　要： 中小企业融资难是在全世界范围普遍存在的问题，在我国具有普遍性的同时也具有特殊性。就北京市而言，中小企业融资难是由多种原因导致的，主要涉及中小企业自身的因素和以银行为主的金融机构信贷机制不完善的因素。为了解决这一问题，应当积极搭建中小企业融资平台，促进政府部门、金融机构、中介组织和中小企业间的信息沟通和风险分担，改进中小企业融资环境，拓宽中小企业融资渠道。

关键词： 中小企业　融资问题　策略

一、调研背景及意义

在全球经济社会的发展历史当中，包括发达国家和发展中国家，中小企业都是社会稳定和经济发展的重要支柱力量。在我国，中小企业承担了整个国民经济硬件的建设，拉动社会城镇化建设，也解决了就业问题，是维护社会和谐、缩小城乡差距、促进农村经济发展和农民增收的中坚力量。但是，中小企业在现实发展过程中，受到诸多的阻碍，其中流动资金不足、融资渠道受限导致资金链脆弱的问题比比皆是。

二、北京市中小企业融资现状

（一）融资渠道比较狭窄

中小企业融资渠道主要分为内源融资渠道和外源融资渠道两大类。其中，内源融资渠道包括内源性权益资本融资渠道和内源性债务资本融资渠道，外源融资渠道包括直接融资渠道、间接融资渠道和政策性融资渠道等。在实际中，我国中小企业的融资渠道比较狭窄，主要是依赖业主投资、内部集资和银行贷款等融资渠道，尽管风险投资、发行股票和债券等融资渠道也被使用，但对中小企业的作用仍很有限。

（二）随着中小企业规模的不断发展，其资金需求增速迅猛

从资金需求的角度来看，单个企业资金的需求量相对于大企业来说并不大，但大部分中小企业都存在资金短缺问题，整体上存在一个较大的资金需求总量。但由于中小企业难以满足银行贷款的抵押担保条件且贷款风险较大以及财务管理水平较低等，再加上基层银行发放贷款的权限相对有限，致使银行发放贷款的积极性普遍不高。尤其是大型商业银行经常以中小企业财务制度不健全或缺乏抵押资产等为由而将中小企业拒之门外；而一些中小金融机构通过深入了解企业的实际生产经营状况，并客观评估其信贷需求和信贷风险，在满足中小企业融资需求方面发挥了积极作用。从总体上来说，中小企业从银行获取贷款的难度还是比较大的。

（三）依赖非正规金融渠道

由于受到信息相对封闭、资产抵押能力弱等方面的局限，中小企业从银行等正规金融机构获得融资面临较大约束。企业的融资时效性要求迫使中小企业求助于手续简便的商业信用和民间借贷等非正规金融。虽然这些渠道的融资成本往往高于金融机构的融资成本，但它们能更好地适应中小企业经营灵活性要求。除商业信用外，民间借贷等各种非正规金融活动也是中小企业融资的重要补充。

三、中小企业融资问题的成因分析

（一）企业自身整体素质的因素

1. 中小企业信用观念缺失 我国中小企业产品质量偏低，假冒伪劣层出不穷，以次充好较为普遍。严重扰乱了市场经济秩序，败坏了企业的形象，具体表现在：

（1）发展基础薄弱。中小企业多是白手起家，没有很殷实的家底，在激烈的竞争面前，为了维持生存、谋求发展，往往选择投机取巧。

（2）受利益的驱动。我国真正意义上的买方市场尚未形成，商品买卖过程中的主动权仍旧掌握在卖方手中，只要生产出来的产品有销货渠道，利益驱动下的制假贩假就不会停止。

（3）管理水平低。中小企业缺乏管理人才，很难获取及时准确的市场情报，果断的分析与决策更是难上加难，唯有靠不正当竞争等失信手段牟取利益。

（4）竞争实力弱。在资金、技术、设备、人才等各个方面，中小企业都无法与其他类型的大企业抗争。在这种状况下，靠假冒伪劣、投机取巧赚钱便自然而

然地成了它们的首选。

（5）中小企业的自律性较差。中小企业普遍采用家族制，结构不合理，机制不健全，企业领导人的权利不受监督，唯利是图是其本性，为了牟利可以不择手段。

综上，中小企业在很多方面存在着失信问题，已经给企业的发展带来了严重的危机，影响了中小企业的发展速度，妨碍了中小企业的层次提升，降低了中小企业的社会信誉，进而损害了中小企业的自身利益。广大中小企业要想实现长足发展，加强诚信建设是当务之急。

2. 中小企业的信息不对称　银行与中小企业，作为两个不同的实体，各自都是以实现自己的利润最大化为目标，但很多时候，双方的目标并不一致。银行的目标是要求中小企业还本付息，而中小企业则可能不会按申请贷款时的项目进行投资和及时还贷。在信息不对称的借贷市场中，银行一旦观察不到中小企业的投资风险，就会提高利率或干脆不受理中小企业业务，转而将贷款放给有保障的大型企业。商业银行的这种逆向选择行为，必将使中小企业退出市场。这些年来，尽管国家一再提高对中小企业的贷款利率，但“中小企业融资难”似乎一点也没有得到缓解，原因也在此。

3. 中小企业贷款缺乏足够的抵押担保　在我国，企业向银行申请贷款时必须提供抵押、质押等担保，信用贷款只在极少的场合对极少的企业适用，中小企业很难获得信用贷款。而与此同时，绝大多数中小企业又普遍存在固定资产少、流动资产变化快、无形资产难以量化、厂房设备不足以作为贷款抵押物等问题，因而寻求担保又遭遇重重的困难。所以，中小企业在抵押、担保贷款方面成功概率极小。

4. 中小企业经营风险大

（1）创业风险。这类风险主要在企业创业的初始时期容易发生。它的主要特征有 3 个：一是在企业的所有经营风险之中最早到来；二是它有相当的隐蔽性，业主不易觉察或无暇顾及；三是它是小企业其他经营风险的根源。

（2）现金风险。这种风险主要表现为损益表上利润的期末余额巨大，但实际上企业现金表中的期末数额却小到几乎为零甚至是负数。经营者以为，账面上的利润就是现金，事实上这是一种误解。

（3）授权风险。许多成功的小企业，在达到一定的规模后，业主或经理发现由他一个人唱“独角戏”管理企业全部业务的局面难以为继。此时就需要将部分管理工作授权其他人承担而由自己抓主要工作。

（4）领导风险。当小企业发展到有职工 150～250 人的水平时，就会面临企业的领导风险。处于扩张趋势的企业一到这个阶段，经营者就需要一套新的管理体制和技巧。

（5）筹资风险。当企业经营达到一定阶段，原业主已无力继续提供所需资金。尤其是发展迅速的增长型企业，往往会面临资金不足的筹资风险。

（6）成就风险。有些小企业在度过了一段好时光后开始自满，过分自信，急于求成，企图来个“大跃进”，但没有做好跃进的准备。或者放弃了过去获得成绩的踏实作风，把精力和时间放在投机或其他事务上。许多事证明，这些发展前景充满希望的企业经营者被胜利冲昏了头脑，骄傲自满，结果还是被成就风险所压垮。

（7）持续经营风险。随着时间的延续，企业的原管理者会逐渐衰老，年龄的增大、事务的繁忙，会使其越来越无法像当初那样胜任自己的工作。而当创办人或业主死亡、长期生病或丧失工作能力时，持续经营风险就会降临。

（二）外部环境因素

1. 信贷歧视 金融歧视和不公平待遇让发展得不错的中小企业死在一口气上。在传统的信贷风险管理体制下，大企业上百亿元的贷款到期还不上可以展期，或者还后重办手续再贷。而中小企业 100 万元的贷款到期了，如果不能及时还上，“午时三刻”立马问斩：立即拍卖处置资产、上黑名单、查封账号。实际上，有的企业困难是暂时的，就是一口气的问题，让它喘口气，缓个几天也许就活下来，但现行的管理体制不允许。社会又没有一种应急机制来为他们救急，有的只是高利贷的枷锁。

2. 缺乏通畅的直接融资渠道，也是融资难的另一关键原因 长期以来，我国形成了以间接融资为主的融资结构，企业融资主要依靠银行信贷资金。这一方面导致不少企业特别是中小企业因为抵（质）押、担保等原因而不能及时获得信贷资金支持，另一方面也造成银行信贷规模持续增加，金融体系缺少足够的弹性，风险防范压力增加。

3. 政策扶持力度不够是造成中小企业融资困难的重要原因 按照国际经验，很多国家对中小企业融资都采取各种优惠政策进行扶持，并有相应机构对中小企业贷款担保、保险。与其他国家相比，我国目前这方面的机制尚不健全，缺乏专门为中小企业贷款服务、担保的机构，社会化服务体系尚未形成。又因我国的社会中介机构发展较晚，且较少对企业特别是中小企业直接开放；新成立的一些商业性较强的中介机构，服务收费高昂，中小企业难以承受。

此外，在发展资本市场、开展直接融资的改革中也长期倾向于照顾大型企业，忽略了众多中小企业的需要。国家对中小企业资本市场没有有效的扶持政策，使得中小企业从资本市场融资几乎不可能。

四、解决中小企业的融资问题的策略

（一）拓宽融资渠道，扩展融资方式

在企业的日常运营中，全面理解企业的运营法则，熟知并选择适于自身发展特点的融资渠道是企业处理资金来源及运转问题的最基本要素。而在了解与市场融资渠道的国家相关政策和法规之后，才能更好结合自身的资源的优势及不足去获得社会及相关金融机构的资金援助。而如何让中小企业有限的资产和资源，以低廉成本获取最大资金支持，就需要中小企业在融资能力及渠道方面进行全面研究和探讨了。

现今，中小企业主要的融资方式有内部融资和外部融资两种，而外部融资则需要有良好的财务数据支撑，同时，提高企业融资的水平和能力也是为企业提供资金来源的一方面。此外，为了应对融资问题，中小企业自身也应当积极面对问题，并着眼于拓展新的融资渠道。

1. 内部融资 内部融资也可称为内源融资，意指自企业内部挖掘其自身潜力。企业公司内部的这种潜力从其性质上看，即使资金所有权属于企业自身，但因未得到合理利用，或是利用的不够充分，便容易造成内部资源浪费和安排的合理性缺失。而内部融资的方式就是要让其物尽所用。由其形式上看，内部融资主要方式有留存盈余、资产折旧、经营融资、融资租赁、应收账款、票据贴现、商业信用等。

（1）留存盈余。留存盈余又叫留存收益，是公司在经营过程中所创造的，却由于公司经营发展的需要或一些法定原因等，没有分配给所有者而留存在公司的盈利。是指企业在缴纳所得税之后，从其历年实现的利润中提取或留存于内部的资金积累，它来源于企业的生产经营活动所实现的净利润，包括企业的盈余公积金和未分配利润两个部分。其本质是不断地把自己的储蓄转化为投资的过程，而相对的，企业也要有良好的资金回流收益反应。中小企业使用留存盈余的核心在于确定适当的留存比率，调整好留存盈余与股利支付之间的合理比例。

留存盈余在使用时需要考虑两点：一是比例适当，不能太高，否则就会减少投资者的当期投资回报，会给其他外部机构造成企业财务形象差和盈利水平低的负面形象。对企业的融资也会带来大面积的负面影响。二是考虑避税问题，法律规定，股利分配中如果取得现金就必须缴纳个人所得税；而如果取得股利等资本利得，便只需被征收千分之三的印花税，相对而言资本利得的税率较低。

（2）经营融资。经营融资是指中小企业通过利用各种融资手段及方式获取资金。其中，最常见的是会员卡及预售融资方式。会员卡融资类似是一种促销手段，但从融资角度上来看却是一种优越的资金获取方式。会员卡融资的前提条件是客户的消费预存，将资金提前预存到企业的会员卡上，消费则相应的采用会员卡扣款方式进行。此方式可以为企业获得大量无利息资金，再配合一些会员专享的优惠政策，作为消费者也乐于采用这种消费方式。同时，企业的前期资金也可以回笼一部分，或用来继续扩容市场受众范围。但由于我国的市场缺乏一定的规范机制，市场的经济情况也不尽理想，近年来，很多中小型甚至微型企业不讲信用甚至恶意逃债，使其在市场中的地位和信用基础上有了一定负面影响存在。有鉴于此，如果这一方式能够为中小企业所用并得到认可，实行会员卡政策时就必须做出相关规范进行约定，提高企业形象影响力，减少消费者的顾虑。

2. 外部融资 外部融资就是指企业通过吸收其他经济主体的储蓄，使转化为自己投资的过程，主要包括银行贷款、股权融资、租赁融资、商业信用、开发银行贷款和非正规金融机构 6 种来源。中小企业在选择渠道及方式时，主要考虑的还是资金成本和融资程度的问题。通过资金中介或是资本市场直接获得资金，可以以付出资金成本的代价使用其他来源的资金。

（1）中介融资。中介融资以银行和贷款中介企业的贷款为主，在资金缺乏时，对于中小企业来说，首先想到的还是银行贷款。银行贷款获得资金相比其他方式来说，有正规条款约束，并且贷款成本低，借款期限长；具有企业承担风险小、手续问题不繁琐、资金到账快和供应量大等特点。但是，银行贷款的主动权属于银行，究竟贷不贷、贷多少，在外部环境条件的影响下，这些全都是左右一个中小企业融资状况的不确定因素。

（2）风险投资融资。风险投资简称 VC，在中国是一个约定俗成的具有特定内涵的概念，其实把它翻译成创业投资更为妥当。广义的风险投资泛指一切具有高风险、高潜在收益的投资；狭义的风险投资是指以高新技术为基础，生产与经营技术密集型产品的投资。也许对于中小企业来说，风险投资融资基本无异于“免费午餐”。不过，风险与收益并存也是风险投资融资的主要特点。投资方为保证投资安全及合理收益，一般会要求介入企业的经营和管理、参与重大问题的决策。中小企业在发展过程中，人才和资金都一样极度匮乏，而风险投资却刚好一并解决了这些问题。资本家及投资机构在投资企业为其提供资金的同时，也吸纳了高技术的管理人才，可谓一举两得。

（3）账户透支贷款。透支贷款是指银行与客户签订透支合同，以承诺客户在合同规定期限及范围内，超过其活期存款账户余额的支付并随时偿还的贷款。类型主要为两种：一是法人企业账户，二是法人信用卡账户。

中小企业经过银行同意之后，就可以在约定账户的额度内进行透支，用来满足一些可能发生的临时性贷款需求。法人账户所持有的透支贷款合同一般不会超过一年，每笔透支期限不超过3个月，在和银行签订协议之后，不用再向银行提出任何形式的申请，可以在约定的额度内随意透支。透支需要的条件相对于银行贷款来说非常低，企业只要具有中国人民银行颁发的有效贷款卡，信誉优良，无不良信用记录，经营业绩状况良好，透支用途符合国家相关产业政策和法规等即可。

（4）反担保贷款。反担保贷款一般是采用第三责任人保证和房产抵押，但对于资产较少的中小企业来说，采用第三责任人担保贷款实施起来比较容易。第三责任人的要求一般会限定在行政机关、事业单位或在编的工作人员，或是效益良好经银行确认企业信用也较为良好的中层干部，相对来说范围较广泛。

所以对于中小企业来说，人脉及企业关系置换成金钱的条件也就随之产生了。但必须要注意的是，要做好第三责任人的保证工作，尽量解除担保人的后顾之忧，才是企业能够进行反担保贷款的决定性因素。

（5）国内信用证融资。通过银行开具信用证，由银行保证买方的支付能力，将商业信用转化为银行信用，从而使得本来没有资金购买的买方获得商品，而因担心对方信用不敢买卖的卖方也处理了存货，存续了资金。信用证融资对于中小企业融资来说非常具有实际价值。

（二）优化中小企业内部融资环境

1. 加强企业自身的信用建设，树立优良企业信用形象 要想加强企业的信用形象，首先要做到的一点就是在企业内部树立正确的信用观念。当今社会的竞争非常激烈，需要逆流而上的事情非常多。对于一个人来说，温良诚善是他的立足之本，周围的人也会自觉不自觉地感受到来自自身的诚恳氛围。对于企业来说也是一样，尤其是艰难生存的中小企业。中国的很多关于市场机制的法律和规定都尚在完善之中，所以对企业的要求自然也就更高了一个水平。企业要尽量立足于长远利益，坚持以善为本，积极建立与他人和自己在社会中的良好信用关系和信用形象，实现企业的可持续发展。

2. 加强企业财务管理，确保会计信息真实 我国的中小企业缺乏规范细致的条文束缚和经营方案，对于它们而言，大多存在着财务管理混乱、信息失真等问题。所以，中小企业要有合理的经营理念和正确融资渠道，不能盲目轻信一些社会上的经济信息，也不能一味“闭关锁国”，要顾及到自身的发展状况，也要时刻关注国内法律政策的变动，确保企业内部能够提供出真实可信的会计信息，切勿因贪图一时便宜铤而走险，得不偿失。

3. 合理利用自有资金 中小企业要合理认知内部的资金积累程度和可运营能力。内部的自有资金是企业的立足之本，外部的一切企业经营活动和买卖都要根据自己的内部自有资金决定规模和范围。企业可以具体到先从应收、应付账款有效利用开始做起，从会计业务处理的小范围开始，逐渐扩展并上升到整个企业的运营环境，由小及大。

（三）改善中小企业外部筹资环境

1. 制定和完善相关法律法规 在中小企业的外部融资环境上，政府具有为其创造、提供良好条件助其发展的第一责任。对于中国的现状而言，因为人数众多、企业众多，导致互相之间的交际来往也非常多，这就意味着政府需要制定出非常细致完善的法律政策来约束这些复杂纷繁的种种行为。只有这样，才能至少不“阻碍”企业和人民的发展。虽然现今的状况都还称不上是“阻碍”的自由发展状态，相对完善的法律体系和法规都还没成型，即使有已经出台的政策，也经常在一些发生的特殊案例面前弱不禁风、为人诟病，但是只要能够做到尽快制定并完善法律法规，重视中小企业的发展，终有一日中国的国内发展环境会适合每一个个体元素的发展。

2. 政府要加大扶持力度，拓宽中小企业直接和间接融资渠道 除了要创建适合发展的法律环境，加大对中小企业的扶持力度也是政府应该尽到的责任之一。扩展和创新融资渠道是中小企业发展的必经之路，只有扩大其自身的发展规模和市场受众范围，才能联动企业的内部及外部发展得越来越好。有一个良好的发展环境，可以接受政府的宏观调控政策所创建的福利条件和相关支持，使一些立足点优越但发展状况较差以及群众关注力度不足的高新或技术企业也能够脱离外部条件的束缚，真正发挥出自己对社会的有利之处。这也是我国政府应该做到的事情之一。

五、总　　结

针对中小企业融资的问题，首先要强化信用观念，构筑良好的银企关系。为此，中小企业内部必须树立正确的信用观念，强化信用意识，做到首先保全银行债权，尽可能按时还本付息，有困难就要及时与银行协商解决，运用好社会的法律法规体系，建立良好的银企关系，为自身的融资创造良好条件。其次要做到规范企业的内部经营管理结构。这不仅影响到投资决策和资金筹措，也影响公司的管理效率和水平。最后要改善企业财务管理制度。企业财务管理是企业经营管理中的最重要的内容之一，而资金管理则是其核心内容。健全的企业财务管理制度不仅是提高企业融资能力的重要前提，也是加强企业管理的核心。总之，企业融资是一个系统工程，需要相关各方的协调、配合。结合多方面因素，共同解决融资问题，是当前中小企业进一步发展过程中的重要一环。

主要参考文献

曹惠玲，2008. 我国中小企业融资与民间金融问题研究［D］. 苏州：苏州大学.

陈晓红，2009. 中小企业融资［M］. 北京：经济科学出版社.

陈玉锋，2009. 基于金融业务创新视角下的中小企业融资问题研究［D］. 广州：中山大学.

何雯君，2008. 我国中小企业融资难的成因及其治理对策［D］. 杭州：杭州商学院.

黄亮，付伟，倪克勤，2007. 逆向选择与信用配给：中小企业融资难根源分析［D］. 成都：西南财经大学.

黄亚静，2010. 金融危机下我国中小企业融资困境的研究［D］. 北京：对外经济贸易大学.

李扬，2009. 中小企业融资与银行［M］. 上海：上海财经大学出版社.

邵兴忠，2007. 中小企业融资难与银行信贷体制比较分析［D］. 杭州：浙江金融职业学院.

王尧，2010. 基于供应链融资的中小企业融资问题研究［D］. 成都：四川师范大学.

颜俊，2007. 我国中小企业融资对策问题研究［D］. 北京：对外经济贸易大学.

杨凤娟，2009. 发达国家解决中小企业融资难的举措及借鉴［M］. 河南：河南大学工商管理学院.

杨宗昌，田高良，2009. 浅析中小企业融资难的原因与对策［J］. 西安：西安交通大学会计学院.

张雪凤，2007. 我国中小企业融资方式问题研究［D］. 郑州：郑州大学.

注册会计师审计质量问题及其对策研究

项目组成员：安紫静　孙钰涵　绳兴赫　陈金汇　冯　怡
指导教师：张　宁

摘　要：随着经济的快速发展，企业对于会计信息报告的需求越来越多，注册会计师在企业财务会计报告的审计中起到至关重要的作用，主要为判断其报告的真实性、完整性以及会计处理方法是否合乎常规。但随着近年证券市场上多起财务造假案件的披露，注册会计师审计问题的出现使社会公众和财务报告的使用者对财务信息的真实性产生了极大的怀疑和不信任，这对以质量获取信誉的注册会计师行业来讲是严峻的挑战。所以，研究如何改进和解决注册会计师审计质量问题是非常有必要的。

本文从选题的背景及目的、国内外相关文献比较注册会计师审计质量、注册会计师审计流程、影响注册会计师审计质量的因素等几个方面着手，力图以案例与理论相结合的方式深刻阐述我国审计质量及存在的一些问题，并提出一套较为详细的解决方案。

关键词：注册会计师　审计质量　影响因素　改进措施

前　　言

（一）研究背景

我国注册会计师行业起步较晚。与国外市场相比，国内市场外部环境不健全，但随着经济的发展，注册会计师审计团队也在不断壮大。由于注册会计师专业能力不足及法律控制不严等问题导致注册会计师审计问题日益严重，使社会公众和财务报告的使用者对财务信息的真实性产生了极大的怀疑和不信任，这对以质量获取信誉的注册会计师行业来讲是严峻的挑战。所以，怎样提高注册会计师审计质量成为我国注册会计师行业需要解决的问题之一。

（二）研究目的

研究审计质量及相关因素，研究衡量审计质量的标准，探讨根据目前我国审计现状，如何来控制审计质量，对于进一步推动我国的审计理论研究、改善我国的审计质量和提高审计实务水平来说，具有非常深刻的理论意义和现实意义。通过研究可以更深入地了解注册会计师行业，同时对当前注册会计师审计工作存在的问题进行研究，并提出解决方案，提高学习实践能力，开拓创新观念。正是出于这一想法，本小组选择了注册会计师审计质量问题及其研究这一课题。

一、注册会计师审计质量概述

（一）审计

审计是一个系统化过程，通过对事物客观地评价和获取有关经济活动与经济事项认定的证据，来证实对这件事的认定与认证，并判断既定标准的符合程度，并将结果传达给有关的使用者和阅读者。审计是由能胜任、有能力的人员、独立的人员接受企业、单位等委托或根据授权，对被审计的单位或公司一定时期内的财政、财务经济活动以及与它们相关的一些会计资料，运用特定的方法，进行审核、鉴证和评价，出示审计报告，发表审计意见，并将这些意见传达给有关使用者的一项系统性的经济监督活动。

（二）注册会计师审计质量

1. 注册会计师审计的含义及目标 注册会计师审计是指由政府有关主管部门审核并且批准的会计师事务所中的注册会计师所执行的审计工作。与政府审计和内部审计有区别，也被称为社会审计或独立审计。

注册会计师对被审计单位的“两性”做出审核鉴证，即对财务会计报表的真实性、完整性做出评判，以便企业的经营者利用报表对企业发展做出进一步决策。

2. 审计质量含义 在日常生活中的经营活动，一般分为有形活动和无形活动。一般情况下，有产品产生的属于有形活动；而审计属于无形活动。因为不能产生实物，所以很难用有形的价值去衡量它的质量。但正如产品质量是企业发展的根基，审计质量也是注册会计师行业的核心。所以，首先要理解审计质量的含义。

按照历史的发展顺序，1981 年美国学者 Deangelo 在《审计师规模与审计质量》首先提出审计质量的定义是审计人员发现问题的概率乘以审计人员报告问题的概率。二者联合构成会计系统违规行为的联合概率。而审计人员发现问题的能力由其对专业知识的掌握程度和投入审计的成本决定；审计人员报告问题的能力由法律环境、审计市场现状及需求决定。联合概率越大，体现为审计质量越高。而报告出现违规现象是否会发生则取决于注册会计师的独立性。1986 年 Palmrose 提出想要在财务报表中不出现重大错误的保证程度就是审计质量，保证程度越高审计质量越高。而审计出现问题的情况，很大原因是被审计单位经济状况不好甚至出现财务危机才会在审计报告上做文章。1994 年国内学者张龙平提出审计质量具体表现在两个方面，分别为审计人员的质量和审计过程的质量。而这两者的加和最终体现为审计报告的质量。审计质量直接决定审计报告的可信性。2002 年冯均科在《注册会计师审计质量控制理论研究》中解释审计质量是在审计工作中依据专业性和社会性的标准在财务会计报告的好坏程度。2004 年张立民提出审计收费是制约审计独立性的一个非常重要的影响因素。

综合国内外的专家对注册会计师审计质量的定义，可以发现，他们从不同方面阐述了审计质量的含义，虽然表述各不相同，但内容是一致的。

二、注册会计师审计流程

审计程序是一种工作程序，在开展审计工作时，审计人员必须要遵循先后的顺序。注册会计师审计的程序相对于国家审计程序和内部审计程序而言，较为繁琐，步骤和阶段较多、较详细。

（一）接受业务委托程序

注册会计师考虑是否接受业务委托，要看这个业务是否是合法的，低质量的业务往往会损坏注册会计师、会计师事务所的名声。

（二）开展初步业务活动

开展初步业务活动的目的是把有关业务的一切都说明详细，对约定条款不明白的地方给予解释，注册会计师判断执行业务的能力和独立性。

（三）制订审计计划

注册会计师的审计计划分为两个：一个是总体审计策略，另一个是具体审计计划。审计计划是一个不断修正、调整的过程，它会贯穿整个审计过程。

（四）获取审计证据

审计证据是注册会计师为了得出审计结论所使用的信息。审计证据有许多种，根据外形分类有实物证据、书面证据、口头和环境证据；按其来源可分为内部和外部证据。

（五）编制审计工作底稿

审计工作底稿很重要，是出具审计报告的基础、直接依据，审计工作底稿也要进行复核，是会计师事务所制定的。

（六）终结审计与出具审计报告

终结审计是注册会计师完成一些特定业务后，最后进行的，并出具审计报告，与客户沟通，注意措辞，编制审计报告，并终结审计。

三、当前我国注册会计师审计质量影响因素分析

在接受业务委托时，客户不提供真实的信息，审计人员没有合理的判断业务，与客户之间会出现误解的事项，导致最后不合法、审计报告的内容不真实等都会使审计质量出现问题。影响审计质量的原因分为内因和外因。

（一）影响注册会计师审计质量的内因

1. 个人专业执业能力不足 由于我国注册会计师行业起步较晚，发展缓慢，与发达国家的注册会计师水平还有一定差距。因此，我国注册会计师普遍呈现专业胜任能力较差、个人职业道德素质低下等现象。这也从而导致了许多需要利用职业判断及专业能力解决的项目无法顺利实施，受制于当下短板的职业能力。由于整体专业胜任能力不强，经常出现出具存在重大疏漏审计报告的情况。根据我国审计署曾进行的调查结果显示：共 16 家具有上市公司年度会计报表审计资格的会计师事务所进行了审计业务质量检查。统计结果显示：其中 14 家会计师事务所出具了 23 份严重失实的审计报告，造成财务会计信息虚假 71.43 亿元[①]。会计师事务所和注册会计师出具严重失实和有重大疏漏的审计报告的行为，严重损害了投资者的合法权益和社会公共利益。这也表明我国注册会计师审计业务质量令人担忧。造成我国注册会计师个人职业能力不足的原因，还包括注册会计师这一行业尤其是会计事务所更新换代速度过快、周期过短，使得新上任的技术型人才无法得到充足的系统性学习和足够的时间去熟悉业务，实践工作能力不强，从而造成注册会计师审计业务方面的整体水平下降。实际执业及操作能力不强，导致我国注会审计质量不过关，经常出现重大疏漏审计报告。

2. 职业道德素养偏低 关于职业道德素养方面，任何行业都有其必须遵守的相关职业道德规范，良好的职业素养才有利于一个行业整体的运营发展。依据注册会计师的发展历程来看，1988 年 6 月国务院发布《企业登记管理条例》，这也被称作“挂靠制度”，其实质为注册会计师审计业务根本上是由政府所选择及管理。该制度起初在帮助我国注册会计师展开市场资源及拓宽市场等方面起到了

① 引自司法库网站审计署公告。

积极的作用。但如上文所述，需要进行审计的上市公司基于国家管理，所以对高标准的注册会计师审计需求缺乏，在这种制度及现状下，事情逐渐转变成利用各种人情关系争取客户，采取不法手段制造虚假报告。受利益所驱，盲目追求当下的价值，对自身审计工作投入过多个人感情。同时，也失去了身为审计人员应当坚守的独立性、客观性、公正性等原则。注册会计师在这样的情形下没有秉承保持独立性、维护行业声誉的职业基本素养。这也是造成审计质量低劣的原因之一。

3. 内部监察制度不完善 一项科学完善的内部管理制度必然有利于行业的壮大和发展。由于国情制度所致，我国上市公司对注册会计师的审计业务要求普遍偏低且需求弹性较小，这也就导致相关的注册会计师行业内及具有审计资格的会计事务所对该项业务的关注度较低，从而影响内部治理结构的不合理、不规范、不健全。尽管我国已经颁布过系统的独立审计准则和质量控制基本准则，但依照目前的执业环境来看，仅通过自身约束很难达到相应的标准。因此，需要完善内部监察制度加以控制提高，而我国在注册会计师审计业务内部管理制度方面没有进行相应的责任分工以及形成可靠的运行机制，导致内部人员对审计质量这一重要标准缺乏认知度及风险意识，造成当下我国审计质量出现严重缺乏诚信及不规范等现状。内部没有明确规定赏罚分明制度、工作行为规范等框架以及监督控制的内部条例，也就无法提高相关审计人员对该业务的重视度，甚至无法提升自身的业务能力。内部制度的不完备造成人员在实际执行业务中不诚信、不真实等恶劣行迹。

（二）影响注册会计师审计质量的外因

1. 法律因素 众所周知，严谨的法律条文能够从根本上控制不良因素的发展以及保证审计质量的可信度。根据上文所提到的我国审计署所做出的调查结果，造成当下审计质量不过关的一大重要因素即外部法律环境不完善。据调查，由于司法惩罚力度不足或法律条文不够明确等问题，造成社会上存在很多职业素养或专业能力不具备注册会计师资格的审计人员。而这些人在执业过程中难免会出现重大疏漏甚至提供虚假会计报告等不良情况。也正是存在法律这方面的漏洞，没能及时遏制住负面影响的扩散。尽管我国已经确立会计监管法律体系等条文，但仍存在一些问题，如法律条文内容之间存在冲突而没有及时得到改善，以及对于审计业务方面的违法违规行为仅规定了刑事及行政处罚而没有赔偿制度，这也在无形中降低了注册会计师违规的成本，造成行业内的秩序紊乱。同时，也出现了个别人利用这一点进行投机倒把等恶劣行为。

2. 外部监管制度不合理 外部具有严肃性及权威性的管理制度在一定程度上有助于保证审计质量的提高。我国《会计法》及《注册会计师法》规定，中国注册会计师协会、财政部、证监会以及审计署都承担对注册会计师及会计事务所审计等业务方面的监督、管理等职责。而据观察，这些机构存在内部分工不合理、职责不明确等问题，无法切实达到对注册会计师审计质量强而有力的约束作用。外部制度的不完善必然会造成消极反应，影响到注册会计师及事务所日常业务无法正常运行及合理信誉保证，同时这些部门也会造成积冗现象，即不能客观合理地进行业务的鉴证筛查，不能及时排除不安因素及风险。机构重叠必然会导致无人查管等有名无实的情况发生。

3. 政治因素 我国自注册会计师行业发展以来，便几乎一直受国家计划、管理以及监督。如此一来，市场得不到完全的解放，且资源配置得不到合理的分配，社会各企业对该行业的需求也不断降低。政治体制决定审计制度，影响着国家审计的地位和效果，同时也会决定审计的方向和发展。

从当前的审计市场来看，现在出现政府垄断的情况非常严重。首先政府与注册会计师存在一定的依附关系，即注册会计师行为普遍受到政府的选择而非自然发展的结果。由于这样的非良性状态使得注册会计师在处理业务进行审计时常常无法做到坚持独立性原则、诚信理念，而是去迎合企业或投资者的需求。在这种情况下，不利于审计业务发展，也导致了审计质量的下降，同时加剧了审计市场的恶性竞争。人们为了更多的市场资源及长期稳定的客户关系会利用违反审计原则的手段提供相关报告，如此恶性循环，这也是近年来我国总体审计能力下降的原因之一。

关于政府的干预：我国大多数上市公司均属于国有企业，即受到政府的扶持，由此可看出，政府过度地干预则会影响到审计的独立性、客观性和公正性。从这一角度考虑，正是现在存在这样单方面的垄断，注册会计师及事务所在利益的驱使下会降低被审计单位相关报告的真实性情况，以类似该种手段去拉拢客户维持人情关系。也促使审计质量无法有效提高，社会上存在过多不真实、不可靠的财务信息，也遏制了该行业的发展。

四、我国审计制度的现状及成因

我国注册会计师审计制度自1980年恢复以来，从最初的慢慢探索，中途的逐步完善，至今已经经历了三十几个年头，正在处于稳步发展、慢慢走向成熟的阶段。但是在发展的期间，由于经历的时间较短，注册会计师审计制度在独立审计和职业道德基本准则等制度上还存在着许多的不足。因此，我国的注册会计师审计制度还需要进一步的完善，来确保我国审计总体质量的进一步提高。

我国目前包括三大类型的审计，包括独立审计或民间审计（注册会计师审计)、政府审计和内部审计。这三类审计成为我国的审计监督体系。并且注册会计师审计独立的监督形式，在我国的审计制度中扮演着越来越重要的角色。

随着时间的发展，我国现在的注册会计师审计制度的问题逐渐暴露出来，主要表现在了以下的几个方面：

（一）注册会计师的职业道德意识不强

导致意识不强的原因之一，可能是因为在我国注册会计师的职业道德基本准则中，没有明确规定出职业道德的最低要求。

（二）我国会计师事务所的组成还不够合理

根据《注册会计师法》中规定，我国的会计师事务所组成分为有限责任公司制和合伙制两种形式。在有限责任事务所形式下，出资者以其出资额承担事务所的债务。在合伙制形式下，会计师事务所的债务，由合伙人承担无限连带责任。前者的优点在于这种组织形成对注册会计师本身有利，因为它能够减轻会计事务所的责任，有利于会计事务所规模的扩大。但是，其缺点是使得注册会计师在执业过程中的风险意识降低，非常容易出现审计失败和道德风险。后者的这种组织形式能符合社会的要求，体现我国注册会计师的职业特性，能够使注册会计师在执业的过程中更加谨慎，有利于降低道德风险，但其不利于会计事务所的进一步扩大发展。

（三）注册会计师行业的机制还不健全

在我国内部质量控制机制中，注册会计师行业的行业自律性和规范性都很难有确定的标准。

（四）我国的审计关系不协调

目前来看，我国的企业在所有权与经营上并没有实现真正意义上的分离，所有者和经营者二者的关系不明确。然而，公司的决策、管理、监督往往集于一身，所以经营者既是审计人也是被审计委托人。会计师事务是以盈利为目的，而且目前我国的注册会计师道德意识不强，这样就导致了审计的结果存在一定的争议。在激烈的市场竞争中，维持会计师事务所的持续经营，导致事务所按照客户进行审计并出具审计报告。注册会计师的审计处于被动，导致报告的真实性存在争议。

（五）法律监督的力度不够

要使审计的监督职能得以充分的发挥，就需要逐步完善与之相适应的审计法律制度及其他审计制度的建立和健全，从而使我国的审计职能的发挥得到有力的保障，能够更加有效地为我国各方面的发展奠定坚实的基础。

五、改进措施

（一）宣扬诚信至上的建设理念

无论是哪个方面的市场，要想发展壮大，必须要有诚信，人无信不立，市场亦是如此。因此，健全的审计市场也需要诚信的理念来支撑。与此同时，注册会计师的生存和发展也与诚信的建设理念息息相关。

在审计市场的诚信建设方面，主要的做法是加强审计行业中注册会计师的职业道德教育；对执业人员的过失和故意失信的行为加以严惩；加强对诚信建设的监督和审计质量的严查，从而促进我国审计行业的发展。

（二）改善我国注册会计师事务所的内部结构和形式

目前，我国的注册会计师事务所日益发展成熟，但其规模始终无法再继续发展壮大，大多数事务所仅仅停留在小型事务所的阶段。虽然我国相关财政部门曾经颁布过相关法规以规范，但是对小型事务所的规范程度却非常小。为了改善这种情况，相关部门应做出明确、合理的规划以规范小型事务所的组织形式，使其能够不断发展壮大、使我国的注册会计师事务所更加完善、强大。

（三）建立健全审计工作的监督管理与赔偿机制

我国目前对会计师事务所审计工作的监管机制除了会计师事务所自行监督的内部监督机构以外，还有审计署、财政部等众多部门共同监督的监督机制，这种复杂繁琐的监督机制看似严谨，但却造成了众多监管机构之间沟通协调不足、相关职能交叠的消极影响。此时，应该由相关主管部门制定法律法规，规范审计市场的工作并对违规者按照违规的严重性给予惩戒，不必事事参与，可以创造出一定的条件让审计市场自行解决处理。

（四）加强会计信息披露的完整性、合理性和合法性

一是在合理、合法的情况下适当增加会计报表的附注。附注主要是对一些无法在会计报表中显示的会计信息进行合理的解释和说明，这样可以更客观准确地通过相关财务报表反映公司的经营成果和财务状况。二是尽量避免信息不对称的现象发生。由相关主管部门提供公开的平台用以专门披露会计信息，可以通过多种媒体进行披露，改变之前单一的披露方式，但并不是完全替代，从而使信息使

用者能够更方便地了解更多合理、真实、合法的会计信息。三是在制定相关的会计准则时候，应有效减少繁琐的会计程序，这样有利于会计选择范围的缩小并能考虑到多方会计信息使用者的需求。

（五）加强审计人员的独立工作能力和专业胜任能力

现如今的审计工作主要是被审计公司聘请注册会计师，并要求注册会计师对本公司的各项报表、会计科目等内容进行审计，用以鉴定该公司的经营成果、财务状况的合法性和合理性，审查完毕后由注册会计师出具审计报告交于被审计的公司以及审计报告的其他使用者。由于注册会计师是由被审计公司出资聘请，并且该公司对注册会计师具有选择、解雇等的权利，所以有的注册会计师会为了满足自己的私欲，为了不丢失自己的经济利益和市场，会尽力满足被审计公司的各种要求。由于这种存在于注册会计师和被审计公司的利害关系，使得注册会计师不能公正地完成任务，因此只有从实质上将注册会计师独立出来，才能使我国的审计工作更加完善。

为使注册会计师的审计工作变得相对独立，可以建立一个由独立董事组成的委员会，该委员会由独立董事组成，针对被审计公司对注册会计师的选择、解聘工作进行监督，保证注册会计师能够独立完成审计工作。

通过在学校的学习、国家相关的专门职业考试、实际工作中的实践等过程，共同影响并形成了注册会计师对审计工作的胜任能力。在学习过程中，要加强对相关专业知识的教育、宣扬相关的职业道德素质；在职业考试方面，加强相关专业知识的考察深度和对职业道德素质的考察；在实践工作方面，强调以工作实践经验为主、重视对职业道德的遵守。

（六）制定合理、合适的收费基准线和定价机制

虽然目前我国的审计工作变得日益成熟，但在审计工作的收费方面，尚且还没有一个固定的标准。正是由于这种情况的存在，使得各地区的审计工作产生了不合理的竞争，因此为一些不法商户提供了可乘之机。目前，我国的收费原则是由政府统一指导定价，在相关审计部门众多的情况下，这种制度不仅繁琐而且还不能照顾到每一个方方面面。针对这种情况，我国应制定相关法规，规定审计工作应以工作量为基础，加入相关的可能导致风险产生的因素，由此来制定统一、合理的定价制度。

只有制定统一合理的收费制度、加强相关监管机制对审计工作的监管，才能使得审计工作对于被审计公司相对独立，使会计师事务所的审计工作收费标准从被审计公司付费标准的制约中分离出来，从而避免被审计公司对注册会计师审计工作的完全控制。

（七）“美化”注册会计师的审计环境

保持审计工作相对独立，完善审计委托机制。要想“美化”注册会计师的审计环境，必须保证审计工作的相对独立，然而这种相对独立的建立，必须在合理的审计委托机制的基础之上。因此，完善和改革我国会计师事务所的选聘、解聘机制是十分有必要的。为了解决这一问题，需要削弱被审计公司对选择和解雇注册会计师的权利，加强注册会计师审计工作环境、实质的独立。

（八）对于注册会计师在审计过程中的不当过失，加大惩处的强度和力度

我国审计方面的法律中虽然对刑事和行政的法律责任都有明确规定，但是在民事责任方面却鲜有涉及。目前在我国，注册会计师参与造假账的案件层出不穷，表明了我国相关的法律在处理注册会计师违法行为的方面不完善、不严谨，一些注册会计师通过违反相关法规而获得的利益远远高于处罚的金额，这才使得一些注册会计师在选择时出现侥幸心理。为了改善这种情况，只有通过政府或者国家运用法律的手段，加强处罚力度，使注册会计师在选择时保持警惕心。

（九）对被审计公司的公司内部治理结构进行合理的改善和监督

一个公司想要有长远的发展计划，必须经过对相关财务状况的审计，这就要求被审计公司需要有合理的公司治理结构，但我国的大多数公司都存在着不合理的公司治理结构。这种情况的出现，使得我国审计工作的发展受到很大的制约，只有改变这一曲线，才能使我国审计工作的质量得到跨越式的提高。要改善被审计公司治理结构，需联系被审计公司自身的情况和我国公司治理实际，制定合理、客观的公司内部治理结构。

主要参考文献

方军雄，洪剑峭，2008. 审计收费信息强制披露的经济后果性研究——来自中国审计市场的证据［J］. 中国会计与财务研究（12）：109－145.

韩丽荣，高瑜彬，胡玮佳，2014. 审计理论研究［M］. 北京：清华大学出版社.

韩丽荣，高瑜彬，胡玮佳，2015. 异常审计费用对审计质量的影响研究［J］. 当代经济研究（1）：74－80.

韩丽荣，高瑜彬，盛金，等，2013. 注册会计师是否关注了环境事项？——来自中国沪市重污染行业的经验证据［J］. 当代会计评论（2）：37－53.

胡明兰，2009. 我国注册会计师专业胜任能力研究［D］. 天津：天津财经大学.

吉慧慧，2013. 注册会计师审计失败问题研究［D］. 太原：山西财经大学 .
金微，2009. 我国上市公司注册会计师审计质量问题研究［D］. 长春：东北师范大学 .
李金华，2004. 中国审计史（1－3卷）［M］. 北京：中国时代经济出版社 .
梁瑛，2010. CPA 审计质量影响因素研究［D］. 南昌：南昌大学 .
林忠华，2010. 加强审计质量管理的若干思考［J］. 现代审计与经济（增刊）.
刘晓波，王现云，2013. 南绿大地公司财务舞弊案例研究［J］. 会计之友（2）：62－65.
刘云，2007. 基于审计成本的注册会计师审计行为研究［D］. 成都：西南财经大学 .
马文杰，2010. 浅析会计师事务所影响审计质量的因素［J］. 商业时代（12）：56－57.
彭兰香，张黎，2007. 注册会计师审计质量监控机制国际比较研究审［J］. 审计与经济研究（1）.
冉兴慧，吴静，2011. 完善会计师事务所特殊的普通合伙制的建议［J］. 商业会计（26）.
宋宝双，2007. 关于注册会计师审计质量问题的研究［D］. 南京：南京理工大学 .
孙俊奇，2010. 审计行业专业性与审计质量的相关性分析［D］. 南昌：江西财经大学 .
王胤宇，2010. 法律责任制度安排对审计质量影响的实证研究［D］. 成都：西南财经大学 .
曾寿喜，刘国常，等，2007. 国家审计的改革与发展［M］. 北京：中国时代经济出版社 .
张舒华，2007. 影响审计质量的因素分析［J］. 财会研究（12）：43－45.
赵国宇，王善平，2008. CPA 法律责任制度变迁对审计质量的影响［J］. 财经科学（10）：87－93.
中华人民共和国审计署，2010. 中华人民共和国国家审计准则［Z］. 09－01.

公允价值计量对财务报表列报的影响

项目组成员： 张　冉　赵新蕾　冯　悦　马　旭　孟禄嘉　孟　迪
岳珊珊
指 导 教 师： 杜孝森

摘　要： 本文首先讨论了公允价值计量的内容、理论基础和基本概念辨析及其优缺点；然后引入财务报表的列报基础，说明其分类和核心内容；在此基础上，分析了公允价值计量对财务报表列报的影响，从诸多影响中选取了4个具体方面进行讨论并得出相关结论，并且提出了改进措施；最后研究财务报表列报的重构，从两个方面进一步分析公允价值计量对财务报表列报的影响。

关键词： 公允价值计量　财务报表列报　理论分析　影响

一、公允价值计量内容和理论分析

公允价值计量是指资产和负债按照市场参与者在计量日发生的有序交易中，出售资产所能收到或者转移负债所需支付的价格计量。公允价值计量代表了会计计量体系变革的总体趋势，是市场经济条件下维护产权秩序的必要手段，是提高会计信息质量的重要途径。

对于以上定义，也有学者提出了不同的观点，认为“交易”一词，有违公允价值原意，其原意是及时、动态地反映价值的变化，不管事项是否发生，只要有证据表明某项未曾计量的无形资产或衍生金融工具确有计量的必要以及某项资产或某项负债项目的市场价值或预期价值发生了变化，财务会计就必须在表内或表外进行反映或披露。交易事项是否发生是其充分条件。

全面收益观是公允价值的理论基础，全面收益确认未实现的利得和损失，而未实现的利得和损失是由包括公允价值在内的现行价值计量形成的。随着市场经济的不断变化和企业经营活动的日益复杂化，传统收益模式在提供决策有用信息方面显露出了一定的局限性，远远不能满足当前信息使用者的需求。为了弥补传统收益信息的不足，美国财务会计准则委员会首次提出了全面收益的概念。全面收益是指企业在一定期间内除所有者投资和向所有者分派之外的所有净资产变动。全面收益的提出体现了传统会计收益向经济收益的转变。

公允价值能够向信息使用者提供信息，并且计量反映金融衍生工具产生的权利和义务。在此同时，符合稳健性原则的一点是：公允价值计量将金融衍生工具的到期累计风险分散到合约的存续期间。此外，还可弥补会计收益的不足而向经济收益看齐，更加准确地披露企业获得的现金流量，反映企业的经营能力、偿债能力、承担的财务风险，更合理地反映企业的财务状况、企业的真实收益，可以全面评价企业管理当局的经营业绩。采用公允价值计量时，不管何时耗费的生产能力一律按现行市价或未来现金流量现值计量，计量得出的金额就算在物价上涨的环境下也可以购回原来相应规模的生产能力，使企业实物资本得到维护。在公允价值计量下，收益是现时收入与按公允价值计算的成本费用配比的结果，因而进一步能体现配比原则。由上述优点很容易看出，按公允价值计量提供的会计信息和历史成本计量提供的会计信息相比较而言，更具有高度的相关性，因此能提高信息决策的有用性。按公允价值计量得出的信息能为企业管理人员、债权人、投资者等信息使用者提供更为相关的会计信息，为企业的经营决策提供更有力的支持，能够有效地避免因为历史成本无法反映未实现利得及损失而做出错误判断。

由于传统的收益确认模式无法满足新的经济环境对收益的要求，全面收益观念应运而生。全面收益与传统收益观念的根本区别在于是否确认其他全面收益项目，即未实现的利得和损失。而利得和损失都是由于采用公允价值等现时价值计量形成的。

传统收益模式按历史成本计量，不会形成未实现利得和损失，因为它不包括资产的价格变化所引起的收益变动。而全面收益观包括未实现的利得和损失，需要用到公允价值计量属性，公允价值、历史成本在初始确认时，它们的计量结果是相同的。而在后续计量中，被计量项目的价值在不断发生变化，如果在报告期内重新计量，一定会产生未实现的损失和利得。由此可见，全面收益概念是和公允价值密切相关的。随着经济环境的不断变化，公允价值计量能够真实地反映企业经济资源现实的价值，有助于信息使用者做出正确决策。因此，公允价值计量的理论基础是全面收益观。

二、公允价值会计基本概念辨析

自公允价值计量属性出现以来，美国财务会计准则委员会、国际会计准则委员会和我国财政部都对公允价值下过定义。但随着国际会计惯例的趋同，目前一致的定义是：“公允价值是指资产和负债按照市场参与者在计量日发生的有序交易中，出售资产所能收到或者转移负债所需支付的价格。”

通过与历史成本计量属性进行比较分析，可以更好地理解公允价值。可以说，公允价值和历史成本不能相互取代，但可以并存。其中，强调实际交易成本的是历史成本，为投入概念，强调假设的交易价值的是公允价值，为产出概念。公允价值之所以用公允命名其实是为了让人更容易接受，它的本质就是现时价值。

同时，历史成本会计对应历史成本，公允价值会计对应公允价值。人们一般都认为：历史成本会计用历史成本计量方式来计量资产和负债，而公允价值会计采用的是公允价值计量资产和负债，但这样定义并不准确。如果一项资产的价值没有变化，财务报表上的金额就不能被认定是哪种会计计量的结果，而且这样的情况下做出分辨也毫无意义。于是，就得出了这样的启示："如果在报告日历史成本计量和公允价值计量的结果相同，则不需要分辨采用了哪种会计模式。"而在会计实务中较为常见的是：一些项目从入账到下一次报告日，价值发生了变化，此时应用公允价值计量。所以，当前的会计计量方式是公允价值计量和历史成本计量的混合会计模式，而非简单的某一种会计模式。

公允价值会计在会计发展史上意义重大。公允价值会计能够推动信息使用者做出决策，它就像价值规律一样，能够反映价格的波动。从某种意义上讲，公允价值会计是在权责发生制下产生的，只要价格发生了变动，那么资产或负债带来的经济利益也会相继变化，应该反映在财务报表上。采取公允价值会计计量方法时有些问题是不可避免的，如会计稳健性不足、技术尚未成熟等。所以，选择公允价值会计和历史成本会计互相结合的方式是目前最好的方法。

三、财务报表列报基础

财务报表是以会计准则为规范编制的，向所有者、债权人、政府及其他机关各方及社会公众等外部反映会计主体财务状况和经营的会计报表。企业通过生产经营和应用会计准则实现发展战略，并且通过一套完整的结构化的报表体系，科学地进行列报。财务报表包括资产负债表、损益表、现金流量表或财务状况变动表、附表和附注。在财务报表的列报中，"列示"通常反映资产负债表、利润表、现金流量表和所有者权益变动表等报表中的信息，"披露"通常反映附注中的信息。

财务报表可以按照不同的标准进行分类，比较常用的方法有：

第一，按编报主体的不同，可以分为个别财务报表和合并财务报表。这种划分是在企业对外单位进行投资的情况下，给予特殊财务关系而形成的。

第二，按所属期间的不同，可划分为中期财务报表和年度财务报表。中期财务报表是以短于一个完整的会计年度的报告期间为基础而编制的财务报表，包括月报、季报和半年报等。年度财务报表是以整个会计年度的报告为基础而编制并且对外提供的反映单位某一特定日期财务状况和某一会计期间经营成果、现金流量及所有者权益的财务报表。

第三，按服务对象的不同，财务报表可以分为内部报表和外部报表。内部报表是为企业管理当局控制企业经营活动、经营预测、决策以及加强企业经营管理服务的会计报表，其中涉及企业经营机密，因此一般不对外公开。外部报表是指向外部的经济利益相关人员提供的报表。

第四，按经济内容的不同，财务报表可以分为静态报表和动态报表。静态报表是指特定日期财务状况的会计报表。动态报表反映的是会计期间资金流入量和流出量及其过程和方向的期间数据。

财务报表列报的核心内容包括：

（一）资产负债表

资产负债表应当单独列报的项目有：交易性金融资产、可供出售金融资产以及持有至到期投资等。在报表附注中新增关于其他综合收益各项目的信息。将其他综合收益划分为“以后会计期间不能重分类进损益的其他综合收益项目”和“以后会计期间在满足规定条件时将重分类进损益的其他综合收益项目”两类并分别列报。

（二）利润表

利润表增加了“其他综合收益各项目分别扣除所得税影响后的净额”和“综合收益总额”。“综合收益总额”等于净利润和其他综合扣除所得税应相互的净额的合计金额，反映了企业当期经营的总业绩。既包括了计入损益的业绩又包括未计入的。例如，可供出售金融资产公允价值变动形成的损益。

（三）现金流量表

现金流量表对项目进行了精简合并。企业在附注中披露把净利润调节为经营活动现金流量的信息，金融企业（含保险公司）可以根据行业特点和现金流量的实际情况合理地确定经营活动的现金流量项目；汇率变动对现金流量的影响，用现金流量发生日或平均汇率折算，同经营活动、投资活动或筹资活动分开，单独列示。

（四）所有者权益变动表

所有者权益变动表中，“综合收益总额”取代“净利润”和“直接计入所有者权益的利得和损失项目及总额”。净利润和其他分配情况作为所有者权益变动的组成部分，不需要单独设置利润分配表。

四、公允价值计量对财务报表列报的影响

财务信息两个最主要的质量特征是相关性和可靠性，但是历史成本财务信息反映的是发生在过去的交易和事项，不能对未来的决策做出引导，也不能满足外部投资者对会计信息质量的基本需求。而公允价值最大的优势就在于，它能够对经济事项和业务进行实时计量，能及时反映因市场的波动而产生的利得和损失，从而极大地提高了决策相关性。从理论成果来分析，公允价值计量对财务报告的影响主要有以下 4 个转变：

（一）向资产负债观收益计量的转变

在资产负债观的前提下，收益是从资产和负债的角度进行确认的，它被认为是期初净资产和期末净资产的差额。这样能够使得会计收益更加接近真实的经济收益，进而使得决策信息更具相关性。

（二）向全面收益观计量模式的转变

具体来说，全面收益可以用期末净资产的公允价值减去期初净资产的公允价值进行衡量，它突破了损益表中的收入和费用的限制，把全部已确认但未实现的利润和损失都纳入财务报表中，将“当期经营观”和“满计当期损益观”联合起来，全面、综合地计量了企业内部价值的变化。

（三）向财务信息决策有用性目标转变

公允价值计量相较于历史成本计量，存在着十分明显的优势，在采用公允价值计量的前提下，只要有确凿证据证明企业的某项资产项目的市场价值发生了变化，该内容就必须在财务报表中列报并进行反映。因此，公允价值计量方法能够提高决策的有用性。

（四）向兼顾财务信息决策相关性和可靠性转变

公允价值反映的是特定时点经济状况下市场对资产和负债的定价，实现了向会计信息使用者提供决策相关的、可靠的会计信息这一重要任务。公允价值的变化也反映了市场对资产和负债所认可的价值变化，能够更加准确地反映财务信息的变动情况，有助于提高会计信息使用者的决策能力。

综上所述，随着我国经济的飞速发展，会计信息对财务报表使用者的作用也日益突出。历史成本以及会计计量所表现出的只重视过去而不在乎未来的会计信息，越来越不能及时准确或是真实全面地反映经济实质。如何更加及时准确、真

实全面地反映企业的财务状况和经营成果，成为财务报表使用者的迫切需求。通过研究分析公允价值计量在财务报表列报中的主要影响，可以帮助企业信息使用者能够正确地认识企业的财务状况、经营成果，更好地把握企业的会计信息，发挥公允价值计量的作用，最终经营好企业，实现企业价值最大化。

五、财务报表列报的重构

新会计准则引入了公允价值的概念，这相对于传统财务会计的历史成本计量有了很大的突破。无论是新或是旧准则都是以权责发生制为计量基础，王德礼（2005）从契约角度对权责发生制进行了讨论。他认为，企业直接面临的权责发生制可分为三类，即产生对外权责关系的“交易”、产生内部权责关系关系的“事项”以及对以上权责关系的确认产生影响的“情况”。相对于历史成本会计偏重于反映“交易”对企业的财务状况的影响，很少对“情况”进行反映，公允价值会计则是对这一漏洞的补充，更多地反映了“情况”对企业未来经济利益流入、流出的影响。就如今复杂的经济交易市场而言，公允价值计量更能精确地反映企业的经济财务状况，这也必然导致了企业财务报表的重构。

（一）公允价值对财务报表的外在结构的重构

在公允价值为计量属性的基础上，相对于资产负债表来说，在资产、负债明细项目的披露上，相应地调整或补充了以公允价值计量的资产或负债项目。主要有持有至到期资产、可供出售金融资产、交易性金融资产以及金融负债。而于利润表而言，则通过增加了“公允价值变动净收益”（净损失用“－”表示）这一项，来单独反映因公允价值变动而产生的直接计入当期损益的损失或利得，主要包括因交易性金融资产及负债、衍生工具以及采用公允价值计量的投资性的房地产等公允价值变动形成的损益。这样就可确认全部利得和损失，形成一张新的利润表来与资产负债表呼应。对于所有者权益表因公允价值计量的引入，在新准则中规定将“所有者权益表”升为一张主表。可用于直接计入所有者权益的利得和损失项目中，直接披露可供出售金融资产的公允价值变动净额，进而呼应资产负债表。这样财务报表的结构又重新相互联系、相互呼应。

（二）公允价值对财务报表的内在关系的重构

本文所指的内在关系的重构是资产负债表与利润表之间的关系重构。在引入公允价值之前，利润表及其要素披露的是净资产的变化情况，但追寻净资产变动的根源，可发现实质上是资产或负债的变动。而且利润表披露的仅仅是收入、费用以及公允价值计量影响的已实现的损失和利得，利润表与资产负债表之间有着直接数据勾稽关系，因此利润表及其要素的逻辑关系被资产负债表及其要素所决定。但随着公允价值计量属性的不断推进，这种逻辑关系也逐渐瓦解，如在美国财务会计准则委员会发布的 SFAS NO. 115 的规定，“在资产负债表日，对交易中的证券投资按公允价值计量，确认的未实现利得与未实现损失全部计入当期利润表；对可供销售的证券投资也按公允价值，但未实现利得与未实现的损失直接计入资产负债表中的所有者权益部分，对持有至到期投资仍按历史成本计量。”这样就会导致未实现的损失未必计入当期损益。而真正意义上引入公允价值计量之后，利润表不仅要披露收入、费用、公允价值计量影响的损失和利得，还要对全部公允价值计量下未实现的损失和利得进行披露，对于直接计入所有者权益的未实现利得或损失在后期的利润分配中再计入所有者权益表。即新的利润表对全面收益进行了披露，利润表与资产负债表之间的逻辑关系与数据关系又被重构。

主要参考文献

财政部会计司，2007. 企业会计准则讲解 2006 [M]. 北京：人民出版社.

迈克尔·查特菲尔德，1989. 会计思想史 [M]. 文硕，等，译. 北京：中国商业出版社.

张白玲，杜孝森，2009. 公允价值会计基本概念辨析 [J]. 财会月刊（11）：63-64.

北京市延庆区农民专业合作社盈余分配调查与分析

项目组成员：田泽宇　李　婧　朱叶萌　张　元　刘蔚然　陈秋旭　刘建鑫

指导教师：李瑞芬

摘　要：近年来，农民专业合作社引起了政府的极大关注，它的蓬勃发展与农民组织化程度的提升对农村建设与农村经济起到促进作用，而且引进了大量的农业新技术与新科技。然而，过于宽泛的发展政策致使合作社形态百出、规模不齐、制度不完善，特别是盈余分配方面的问题尤为突出，缺乏统一的发展标准。

本文运用规范分析法、实证分析法、比较分析法等对北京市延庆区农民专业合作社盈余分配问题进行系统、深入的研究，在现状分析的基础上，发现延庆区农民专业合作社的盈余分配存在着未完全为成员设立成员账户、盈余分配决策方式过分集中、提取公积金及盈余金随意、财务监管不力等问题。针对这些问题进行实地调查研究，探索出根本性原因，找出影响盈余分配的具体因素，并提出了一系列有建设性的改善举措与建议，最终期许合作社能够走向健康、持续发展的轨道。

关键词：延庆　农民专业合作社　盈余分配

一、农民专业合作社利益分配的相关理论分析

（一）基本概念

1. 合作社　合作社是合作经济组织的典型形式，具有特性的内涵。《国际合作社联盟关于合作社的定义、价值和原则的详细说明》给出了合作社的定义："合作社是指人们自愿结合在一起，目的是想利用联合所有与民主控制的企业以此来实现自己的需求与抱负，并且还主动参加企业的民主管理。"文中还记载，①合作社是一种自治组织，也就是在尽最大可能使其独立于政府部门和私营的个体企业。②合作社是有人组织的组织。③人们在进行合作时自愿加入的，每一个人也有退出的权利和自由。④合作社是靠其他社员组织起来的，重点在于社员，农民专业合作社存在的主要目就是社员的需求。⑤合作社是一种共同所有和共同

管理的组织，合作社的所有权是归属于全体人员所有，并非个人。在国际合作经济运动中，合作经济组织在概念上与合作社一致，即专指按合作社原则结合起来的、行使合作社职能、按合作社原则组织管理的经济组织，其具体形式包括各种合作社及其联合组织。

2. 农民专业合作社 《农民专业合作社法》中明确说明："农民专业合作社是一种互助性经济组织，这种经济组织建立在农村家庭承包经营的基础上，是生产经营者或者生产经营服务的提供者自愿联合、民主管理的。"

2013年中央1号文件指出：现在农民合作社的发展方向应向联合方向推进，只有这样才可以满足农民的需要，包括搞加工、搞流通。可以通过发展专业合作和股份制合作从而形成多元化的合作模式。

农民专业合作社的特点是：①农民合作社是一种经济组织；②融入农民合作社的队伍中但是又不改变家庭的承包经营；③农民合作社是自愿加入和民主管理的经济组织；④农民合作社是具有互助性的经济组织。

3. 农民专业合作社的盈余分配 利益分配是人类一切活动动机的基础，如何在合作生产中获得收益并得到预期的分配，是每一个理性人为一定行为和不为一定行为的出发点。

《农民专业合作社法》中明确提出，如果在进行亏损弥补和公积金提取之后，还存在盈余，那就是合作社的可分配盈余。专业合作社的社员自愿出资加入合作社，成为合作社的一员，其主要动因是实现自我服务（获得合作社的使用权）、获得相应的经济利益。合作社在日常的经营中避免不了也会带来一定的盈余，实现这样的盈余可以用来分配给合作社的社员，满足他们的物质利益需求。在分配中适用的利益分配制度主要是为了保证合理的对合作社盈余资金的分配，也就是按照一定的标准将当年已经确定好的盈余金额分配给农民专业合作社的社员。如何做好盈余分配是合作社管理环节比较重要的组成部分，也是财务管理和财务核算核心的工作环节，对企业、对社员乃至对国家都有很大影响，与此同时，在这方面国家有相应的管理控制政策。所以，合作社管理必须严格按照国家出台的相关政策法规进行，切实做好盈余分配工作。

（二）农民专业合作社盈余分配的相关理论

1. 农民专业合作社盈余分配相关规定 如何做好盈余分配是合作社管理环节比较重要的组成部分，也是财务管理和财务核算核心的工作环节，对企业、对社员乃至对国家都有很大影响，与此同时，在这方面国家有相应的管理控制政策。所以，合作社管理必须严格按照国家出台的相关政策法规进行，切实做好盈余分配工作。《农民专业合作社法》对农民专业合作社的利益分配问题做出了规定，"设立理事会的农民专业合作社或者不设理事会只设一名理事长的农民专业合作社应该按照国家规定，每年年底编制企业的会计年度报告、盈余分配的方案或者亏损处理的方案等财务报告，报告推出后应当于理事会会议召开十五日前，将以上资料放在办公地点，方便合作社社员查阅。如果农民专业合作社与其成员进行非成员的交易，那就应该进行分别核算。”农民合作社可以从当年的盈余中提取一定比例的公积金，公积金可以用来弥补亏损也可以不断扩大企业的生产经营规模等。按照规定，合作社每年提取的公积金份额是有一定标准的，合作社必须按照国家的标准来执行。

《农民专业合作社法》中对农民专业合作社中的管理组织机构、重大问题的决定方式等方面也做出了规定，例如“农民专业合作社成员大会的组成是由全体成员组成的，农民专业合作社成员大会等同于公司的股东会或者股东大会，是本社的权力机构，它行使的职权有：第一，修改公司的章程；第二，有选举和任免理事长、理事、执行监事或者监事会成员的权利；第三，可以对公司做出的重大事项进行决策，如对外的投资、重大财产的处置、对外担保等；第四，审议批准企业年度业务报告和盈余分配方案以及亏损处理方案等；第五，做出关于企业的合并、分立、解散、清算事项的决议；第六，审议决定选聘企业的经营管理人员的数量、资格和任期长短；第七，掌握理事长或者理事会成员变动的情况及报告；第八，章程里规定的社员其他职权。”

2. 农民专业合作社盈余分配顺序及分配标准　在进行农民专业合作社盈余分配时，可以按照以下规定进行分配：

（1）弥补以前年度的亏损。这里的亏损主要指的是上一年的亏损额。

（2）提取盈余公积。盈余公积的主要作用是扩大企业的生产规模、转增企业的资本以及弥补企业的亏损。

（3）提取应付盈余返还。这里的应付盈余返还的金额指的是可分配的盈余金额中需要返还给农民专业合作社社员的金额。

（4）提取剩余盈余返还。应付剩余盈余主要是根据社员与合作社进行交易，按照交易额的相应比例返给成员的金额。

农民专业合作社盈余来源及分配顺序见表1。

表1　农民专业合作社盈余来源及分配顺序

项目名称	分配要求或标准	利益性质
向社员供应农资	不能获利，价格等（低）于同类商品市场价	税前分配
向社员收购农产品	不能获利，价格等（高）于同类商品市场价	税前分配
向非社员供应农资	能获利，市场价，高于供应给社员同类商品价	税前利润
向非社员收购农产品	能获利，市场价，价格略低于收购社员同类商品价	税前利润

（续）

项目名称	分配要求或标准	利益性质
公积金分配： 税后利润的一定比例提取	由章程规定比例，提取公积金。公积金用于弥补亏损、扩大生产经营或转为成员出资。如何转为出资额由章程规定	
提取公积金后的可分配盈余分配	法律规定分配比例不低于60%，按惠顾额将可分配盈余返还社员（二次分配）	税后利润
上述分配有剩余的	按出资额＋上一次量化到社员账户的公积金＋接受国家财政直接补助和他人捐赠形成的财产平均量化的份额	税后利润
接受国家财政直接补助和他人捐赠形成的财产	平均量化到成员，分配给本社社员	税前其他

二、北京市延庆区农民专业合作社盈余分配现状

（一）北京市延庆区农民专业合作社发展概况

截至2014年底，北京市延庆区有农民专业合作社639家，其中在工商登记注册的有599家。登记注册的农民专业合作社中，种植业312家，占52.09%；畜牧业243家，占40.57%；其余的占7.34%，共有44家是林业和渔业行业。参与合作社的农民总共有23 731家，带动了65 754家不是合作社成员的农户发展。登记注册的599家农民专业合作社2014年资产总额78 603万元，总收入61 561万元，有17户合作社提取了公积金，可分配的盈余按照交易量返还的合作社总共有25家（其中60%以上的24家）。

为了进一步研究农民合作社的剩余资产分配问题和影响分配的重要原因，这篇文章针对北京市延庆区179家正在运营的合作社进行了深入的调查分析，参与调查的合作社大多数都在永宁镇、珍珠泉乡、旧县镇、四海镇、井庄镇等12个乡镇。数据来源途径主要是由北京市延庆区农村合作经济经营管理站提供的2014年北京市延庆区农民专业合作社汇总和分录统计数据以及实际调研时发放的调查问卷收回后的整理数据。

所调查的179家农民专业合作社94.42%的合作社服务内容以产加销一体化服务内容为主，59.68%的合作社成立3年以上，15.08%的合作社都具备自己独特的产品的品牌，另外有21.79%都获得了不同类型等级的合作社荣誉称号，这些当中大多数所获得的都是区（县）级的荣誉称号。有政府财政扶持资金的28家，占全部运营农民专业合作社的15.64%（表2），他们平均拥有扶持资金46.47万元，其中地、市、县级扶持资金为720.84万元，占55.39%，而获得财政支持的都是市、县级示范农民专业合作社。

表 2　农民专业合作社样本的基本特征

统计量	指标	频数	比例（%）
成立时间	3 年以下	58	40.32
	3～5 年	48	24.87
	5 年以上	73	34.81
荣誉称号	国家级示范社	0	0
	省（市）级示范社	11	6.15
	区（县）级示范社	28	15.64
成员数量	5 人以下	47	27.52
	6～100 人	92	48.22
	101～500 人	40	24.26
	500 人以上	0	0
服务内容	以产加销服务为主	169	94.42
	以信息技术服务为主	6	3.35
	其他	4	2.23
有政府财政扶持资金	是	28	15.64
	否	151	84.36
自主品牌	是	27	15.08
	否	152	84.92
2014 年是否盈余分配	是	8	4.47
	否	171	95.53

数据来源：根据调查数据整理。

2014 年，179 家实际运营的农民专业合作社资产总额达到 41 434.92 万元，实现收入 116 310.62 万元，在 179 家取得销售收入的农民专业合作社中，1 000 万元及以上的 13 家，占取得销售收入的合作社的 7.26%；500 万～1 000 万元的 17 家，占取得销售收入的合作社的 9.50%；在 100 万～500 万元的 49 家，占取得销售收入的合作社的 27.37%；100 万元以下的 100 家，占取得销售收入的合作社的 55.87%（图 1）。

总体上看，北京市延庆区农民专业合作社的发展较快、数量较多。截至 2014 年底，延庆区农民合作社数量占北京市总数量的 10.38%，在 13 个区中数量排名第四位。延庆区农民合作社在畜牧业和种植业的居多，这对于农民致富具有非常重要的作用。但是，规模普遍较小，获得政府财政扶持资金的合作社少，同时农民合作社没有紧密的结构和组织，合作社的收入不均，也没有太大的收入

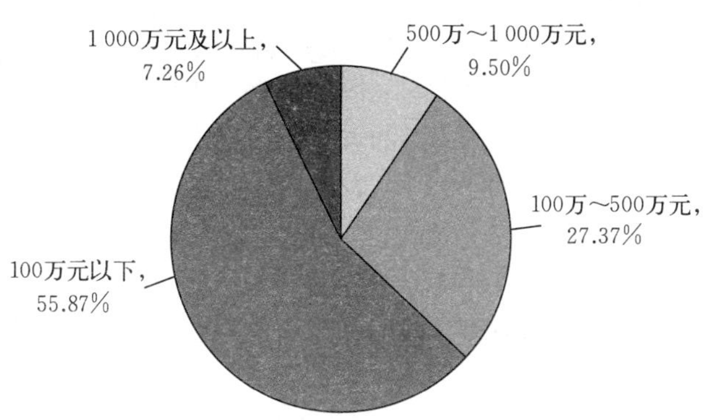

图1　2014年农民专业合作社样本收入情况

盈余。还有些农民申请农民专业合作社而不去经营，只是获取国家的一些支持，浪费了资源。

（二）北京市延庆区农民专业合作社盈余分配制度

根据2007年农业部印发的《农民专业合作社示范章程》规定，延庆区关于合作社利润盈余的分配方面做出了下面的规定：

“农民合作社的宗旨是为参与合作社的成员们提供服务，为大家谋取利益。合作社的大家都是自愿加入合作社的，也可以自己退出，大家都平等，管理也采取民主制，成员们的盈利亏损都自己负责，但是风险需要一起承担，最终的盈余分配是根据农民与合作社所产生的交易额比例返还。

“合作社从盈利当中提取的金额是根据成员与合作社交易当中平均分配给每个人的份额确定的。其他一些收入，例如他人捐赠或者国家拨发，这些也可以平均到个人，分配的盈余当中也可以包括这部分。在合作社当中，每个社员都有自己独立的账户，账户记录的主要是其出资额、平均量化之后的公积金金额，还有社员与合作社交易的金额。参与合作社的成员们根据其账户所记载的内容，即公积金和出资额的不同对合作社承担不同的责任。

“如果成员的出资额达到了合作社的总出资额的20%，或者成员与合作社的交易金额占总交易额的比例达到了20%及以上，当合作社面临对外担保、大量的财产处理、决策、投资经济等方面的问题时，这些成员们拥有附加的1票表决权。如果成员有附加表决权，则成员在参与会议之前需要对出席会议的成员们说明，并且需要交代其附加的表决权数目。

“如果成员资格被终止，应该在年度会计结算以后的三个月之内将终止成员的出资额和其公积金份额退还。如果合作社有盈余的金额，需要根据该成员所占比例按照有关规定将其盈余返还；如果合作社最终经营的结果是亏损，则应该根据其所占份额扣除相应的金额。

“成员与农民专业合作社的所涉及的全部业务交易都记载在其在合作社的个人账户内，这是后期依据交易额分配利润的依据。借助于合作社服务的非成员与合作社之间的交易往来采取另外记录的方式，将他们分开计算核对。

“农民专业合作社将百分之二十的盈余利润抽取出来作为公积金，这些钱将会用于弥补亏损、扩大生产或者转变成为成员的股份出资。此外，还会将20%的公益金提取出来，这些钱用来培训成员的技术、教育文化福利事业、生活等各个方面。而这百分之二十的数额当中之前要抽出百分之十作为技术培训和教育金额。

“所有国家补贴和捐赠所入账的金额均需要根据本规定的方式来合理入账农民专业合作社，这些都属于合作社的共同资产，将来需要根据有关规定以及捐赠者们的意愿将金额用在需要使用的有利于合作社发展的地方。如果合作社处于破产、解散的阶段，国家财政所补贴的财产并不能分配给合作社的成员，正确的处理办法应该根据国家有关规章制度执行；如果是他人捐赠的，在捐赠者有意愿的前提下，根据其自愿执行。

“每年在将成本等扣除之后，将公积金公益金和亏损弥补提取出来之后，在通过成员大会表决以后根据下面的顺序进行分配：

“（1）根据合作社成员与合作社交易额所占比例返还，参与返还的比例不得少于可分配盈余的60%。

“（2）在将成员们的份额按照比例返还以后，剩余部分根据成员们所出的出资额以及公积金份额，还有他人捐赠的以及国家补贴的所有财产都平均分配给合作社的成员，并且记录在该成员的合作社个人账户内部。”

（三）北京市延庆区农民专业合作社盈余分配制度的实施情况

1. 合作社设立成员账户情况　成员账户的释义就是农民的专业合作社在会计核算的时候要为每一位成员设立明细科目进行分别核算。《农民专业合作社法》中明确说明，成员账户主要有三个部分的内容：一是准确地记录成员的出资情况，二是准确地记录成员和合作社之间的交易情况，三是准确地记录成员的各种公积金的变化情况。而上述单独记录的会计资料能够在确定成员参与合作社的盈余分配和财产分配时提供重要的依据。因此，对于合作社可分配盈余不仅要按照成员和本社的交易额比例返还，并且其返还的总额不能低于可分配盈余的60%。因为是根据成员和合作社的交易额来返还的，所以分别核算每位成员和合作社的交易额（量）就显得尤为重要。

从对179家农民合作社的负责人的调查问卷得知，如表3所示，仅有81家农民合作社为成员设立了账户，占到45.25%；98家没有设立成员账户，占

54.75%。而其他没有设立成员账户的合作社只设立了一个总的账户，所以不能为每位成员单独核算出资的情况、成员与合作社的交易情况和公积金的变化情况，进而也不能为成员的财产分配和参与合作社盈余分配提供依据。

表3　农民专业合作社样本为成员设立成员账户情况

是否设立账户	是	否	合计
频数（个）	81	98	179
百分比（%）	45.25	54.75	100

数据来源：根据调查数据整理。

以调查的农民专业合作社为样本，对2013年、2014年两年为成员设立成员账户的合作社占样本总数的比例进行对比，见图2。

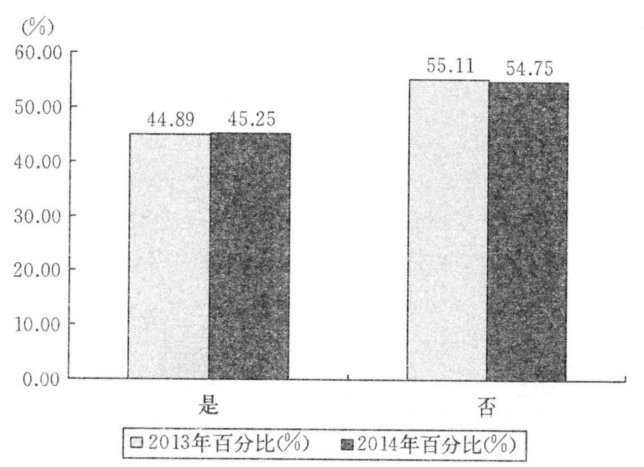

图2　2013年、2014年设立成员账户的农民专业合作社样本占总数的百分比

由图2可见，2014年为成员设立成员账户的农民专业合作社百分比虽然有所增长，但增长幅度非常低，只有0.36%，还是有超过一半的农民专业合作社没有按照规定来设立成员账户。因而延庆区的农民专业合作社设立成员账户情况并不乐观，还需加大力度进行宣传和整治。

2. 合作社盈余分配决策方式　《农民专业合作社法》中明确说明要依法通过本社章程，章程应当由全体设立人一致通过。章程中要载明财务管理和盈余分配、亏损处理。因为农民合作社成员拥有表决权，因而要严格地按照章程规定来对合作社实行民主管理和成员大会决议分享盈余。在作为样本调查的179家农民专业合作社中，都按照要求制定了比较规范的农民合作社章程。而在农民专业合作社的组织机构设置上也比较健全，已登记注册的农民专业合作社大多数建立了成员大会，而且都有设立理事会来作为成员大会的执行机构，设立监事会的农民合作社超过 92.99%，绝大部分执行监事或监事长都为农民，占到总数的 96.77%。

农民专业合作社对盈余分配的决定方式主要有 4 种：①理事长人个人决定；②主要负责人或大股东决定；③理事会出方案，成员大会讨论后决定；④成员大会投票决定。

如图 3 所示，在对 179 家农民专业合作社调查中发现，采取社员能够真正参与盈余分配方式决定中去的成员大会投票决定方式的农民专业合作社很少，只占 11.17%。虽然合作社都制定了民主管理原则和程序，67.04%的农民专业合作社还是由理事长个人和主要负责人或大股东决定，普通成员只能被动地接受而不能够参与农民专业合作社的盈余分配决定。在第三种决策方式上，盈余分配方案是由理事会事先拟定好，提交成员大会审议，虽然规定农民专业合作社在决策过程中要听取成员意见，但成员都是农民，对盈余分配制度了解程度低，几乎不可能提出建设性方案，即使提出意见也很难被采纳。

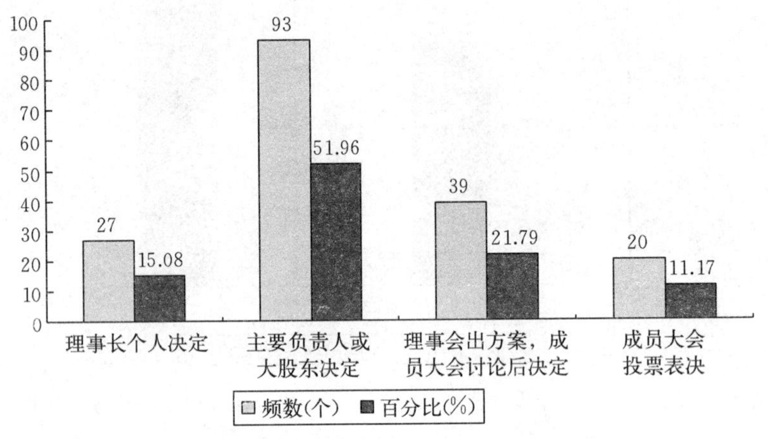

图 3　农民专业合作社样本盈余分配方式情况统计

3. 提取公积金、公益金情况　公积金就是指提取税后盈余里的一部分资金，由此积累的财产构成农民专业合作社的全部资产，全体成员共同拥有产权。《农民专业合作社法》中明确说明，“农民专业合作社按照成员大会决议或者是章程规定从当年盈余中提取公积金。公积金用来弥补亏损、转为成员出资或者扩大生产经营。”章程或者成员大会决定农民专业合作社是否提取公积金，但不是强制性规定。对于公积金从农民专业合作社的当年盈余中提取的比例则是由章程或者会员大会决定的。只有当年的合作社的收入在扣除了各种各样的费用之后还有剩余才可以提取公积金。但是，这个法典没有明确规定对于公积金提取的比例，因此在实际中很多合作社的提取比例是不相同的。

公益金则是用在农民专业合作社的具体福利、教育培训的费用等，合作社可以根据自身发展的实际情况来决定是否提取公益金。

通过对表4和表5的数据分析可以发现，每年提取公积金和进行盈余分配的农民专业合作社数量很少，只占延庆区合作社总量的很小比例。可见，按规定提取公积金、公益金的实际实行情况并不乐观。

表4　2012—2014年延庆区农民专业合作社盈余分配情况

项　　目	2012年	2013年	2014年
提取公积金的合作社数量（个）	18	22	17
可分配盈余按交易量返还的合作社数量（个）	22	31	25
可分配盈余按交易量60%以上返还的合作社数量（个）	13	26	24
剩余盈余分配的专业合作社数量（个）	15	21	15

数据来源：根据调查数据整理。

表5　2012—2014年延庆区提取公积金及进行盈余返还的农民专业合作社的比例

项　　目	2012年	2013年	2014年
提取公积金的合作社百分比（%）	3.55	4.01	2.84
可分配盈余按交易量返还的合作社百分比（%）	4.34	5.66	4.17

数据来源：根据调查数据整理。

4. 按交易量（额）比例返还盈余情况　盈余是指合作社经营所产生的剩余。在弥补了亏损和提取公积金之后可以供给当年的那一部分盈余称之为可分配盈余。《农民专业合作社法》中明确规定，“在弥补了亏损和提取公积金之后的当年盈余，作为农民专业合作社的可分配盈余。而可分配盈余则是要求按照以下的规定来分配或者返还给成员，对于具体的分配方法是由章程规定或是由成员大会会议决定：（一）要按照成员和本社的交易额（量）比例来返还，并且返还总而不得低于可分配盈余的60%；（二）要按照前一项规定返还之后的剩余部分，会以成员账户记录的出资额与公积金份额。还有对于本社接受的国家财政直接补助与其他人的捐赠形成的财产会平均量化到成员的份额，并且会按照相应比例分配给本社成员。”

2014年在延庆区登记注册的599家农民专业合作社中，只有25家可分配盈余按交易量（额）进行了分配返还，其中按60%以上比例返还的24家。在调查的 179 家农民专业合作社中只有 8 家进行了盈余分配，只占 4.47%，见表 6。

表 6　2014 年农民专业合作社样本盈余分配情况

是否进行盈余分配	是	否	合计
频数（个）	8	171	179
百分比（%）	4.47	95.53	100

数据来源：根据调查数据整理。

5. 支付股金红利　向成员支付股金红利和利息，一方面，它承认成员对其交纳的费用持有所有权，红利是对这类人个人所有的资产支付的价格或者租金；另一方面，它又会把这种租金的水平做出了一定的限制，就是限定在相当于通行利率的水平，从而否定了成员投资向资本的转化，为农民专业合作社根据经济非资本的原则分配经济剩余提供了预定。一般来说，股金不支付红利，而成员为农民专业合作社以后的发展提供了更多资本，从而能够得到相当于银行利率的利息，这就否定了成员投资向资本的转化。另外，农民专业合作社成员如果为了高息分红，不加限制地入股，成员个人的投资风险也会加大，农民专业合作社就不是合作制而是股份制了。

在 179 家取得销售收入的农民专业合作社中，就支付股金红利方面，其中有 89 家支付给成员股息；48 家给成员分红，只占 26.82%。调查中发现，大多数农民专业合作社将红利和利润混合在一起了，有 42 家没有支付股金和红利，占 23.46%（表 7）。

表 7　2014 年农民专业合作社样本支付股金红利情况

支付股金红利方式	频数（个）	百分比（%）
支付股息	89	49.72
支付红利	48	26.82
未支付股息红利	42	23.46
合计	179	100

数据来源：根据调查数据整理。

三、北京市延庆区农民专业合作社盈余分配影响因素分析

从现在的认知水平来看，农民加入合作社后自然会追求自身利益的最大化，

而农民专业合作社盈余分配的实现与否直接关系到社员的切身利益。通过对延庆区的农民专业合作社的调查数据的整理分析发现，影响着延庆区农民专业合作社盈余分配的因素主要有以下几方面：①合作社的规模大小；②财务人员业务水平；③农民专业合作社的盈余分配决定的方式；④农民专业合作社的成员对盈余分配制度的了解程度；⑤合作社治理监管和财务信息公开次数；⑥农民专业合作社与成员签订购销合同情况。

（一）合作社规模大小对盈余分配的影响

所调查的179家农民专业合作，59.68%的合作社成立3年以上，15.8%的农民专业合作社有独立的注册商标，而21.79%的农民专业合作社荣获了不同级别的示范社称号，并且其中大部分获得区（县）级示范社荣誉称号。在调查的179家农民专业合作社中，合作社成员100人及以下的占75.74%，其中，满足合作社成立最低人数标准5人的占到27.52%。

通过调查发现，示范性合作社进行盈余分配的概率是非示范性合作社进行盈余分配概率的一倍。之所以会出现这样的结果，是因为从2009年中央1号文件明确提出“开展示范社建设行动”，2013年中央1号文件进一步明确，要“实行部门联合评定示范社机制，分级建立示范社名录，把示范社作为政策扶持重点。”国家对各级示范社实行每年动态考核机制，因此合作社想享受政府的相关扶持政策，必须通过不同层级的示范社考核，而是否依照《农民专业合作社法》中规定的相关原则按成员与本社的交易量（额）的比例返还盈余也是其中考核一项。因此，这也就是示范性合作社每年进行盈余分配的概率会比非示范社要高的原因。

（二）合作社财务人员业务水平对盈余分配的影响

合作社再生产过程中的资金运动就是农民专业合作社的财务活动，该活动包括了收入分配、资金的筹集、使用和耗费四个方面，这样的实质就是合作社和各个相关的方面发生的各种经济关系。而合作社生产经营的过程中客观存在的财务活动和财务关系导致了农民专业合作社的财务管理的产生，这种财务管理是处理各方面财务关系和组织资本运动的一项经济管理工作，对于合作社管理来说有着非常重要的地位。一个业务水平高的财务人员，懂得如何客观、公正地处理各种会计事物，能熟练地运用各种会计核算方法和会计政策。目前，国家为了大力推动农民专业合作社发展，对农民合作社给了很多政策上的优惠扶持，包括税务减免政策，如果一个财会人员不能及时了解这些优惠政策，就可能会有多缴税款减少了合作社净利润的情况发生，给合作社带来不必要的损失，从而影响农民专业合作社盈余分配。

（三）合作社盈余分配的决定方式对盈余分配的影响

盈余分配决定方式对合作社盈余分配有着非常大的影响。因为农民专业合作社的利益分配问题的决定方式会直接影响到合作社利益的倾向，对合作社的良好发展起着至关重要的作用。根据调查显示，决定利益分配的方式的有负责人、理事会、成员大会、一人一票的表决权以及附加表决权。

如表8所示，进行了盈余分配的合作社采取的盈余分配决定方式大多为成员大会投票表决或理事会出方案，成员大会讨论后决定这两种方式，集中体现了合作社民主的规范性。

表8　是否盈余分配与盈余分配决定方式交叉制表

盈余分配方式	是否盈余分配	
	是	否
理事长自己决定	0	27
主要负责人或大股东决定	2	91
理事会出方案，成员大会讨论决定	4	35
成员大会投票	2	18
合计	8	171

数据来源：根据调查数据整理。

（四）合作社成员对盈余分配制度的了解程度对盈余分配的影响

因为农民专业合作社的利益分配和成员的利益密切相关，所以在分配过程的参与、公开以及分配的公平公正性会直接影响到成员对合作社的满意程度和参与农民专业合作社的积极性。对163名农民专业合作社成员进行了问卷和座谈调查，结果如表9所示，只有55.83%的成员对农民专业合作社利益分配制度有所了解，而有44.17%的成员根不了解这一制度，大多数成员对农民专业合作社制度实际上缺乏基本的了解和认识。

表9　成员对农民专业合作社利益分配制度的了解程度

了解程度	完全不了解	听说过，但不了解	了解一些	比较了解	很了解	总计
频数（个）	55	17	42	31	18	163
百分比（%）	33.74	10.43	25.77	19.02	11.04	100

数据来源：根据调查数据整理。

合作社成员还不是很了解农民专业合作社的利益分配制度，因此合作社的利益分配对于大多数成员来说还存在一定的信息不对称性，绝大部分成员只是知道加入合作社后多卖出产品就能增加自身的获益，对合作社每年盈余的分配根本不清楚，也不知道去维护本该属于自己的切身利益。另外，随着社会的不断发展以及成员对农民专业合作社认知水平的提高，成员对合作社的利益期望越来越高，这种信息的不对称性将很难维持成员参与的积极性，不利于农民专业合作社的发展。

（五）合作社治理监管和财务信息公布次数对盈余分配的影响

调查中发现，治理监管越严格，财务信息公布次数越多的农民专业合作社，盈余分配的次数越多。调查样本中按规定提取公积金、公益金，对盈余利润进行分配的合作社都是监管和财务内控比较健全完善的，几乎都是市、区（县）级示范社，这些农民专业合作社财务制度完善，会计人员业务水平比较高，财务信息透明，定期向成员公布合作社财务信息，成员对合作社运营亏损还是盈利比较了解，成员积极性普遍较高，对合作社信心足，从而也在一定程度上促进了合作社的发展。

（六）合作社与成员签订购销合同情况对盈余分配的影响

农民专业合作社与成员签订购销合同，一方面是双方履行义务的凭证，另一方面购销合同有利于记录和统计成员与合作社的惠顾量，明确成员账户信息，有利于合作社按照交易量为成员进行利益分配。在179家取得销售收入的农民专业合作社中，与成员签订购销合同的有效样本占83.4%。延庆区发展较好的农民专业合作社，大多数可以签订合同从而更有利于明确双方的责、权、利，有利于为社员建立较为稳固的服务关系。

四、北京市延庆区农民专业合作社盈余分配存在的主要问题及原因分析

（一）盈余分配中存在的问题

1. 农民专业合作社财务核算不规范 延庆区农民专业合作社财务核算问题主要表现为以下几点：一是财务管理制度不健全，核算不规范，合作社财务监督及内控制度不健全，或者虽然有制度，但是不能形成完整的约束体系。二是账簿不规范，凭证过于简单，审核不严格，甚至有白条入账、假发票入账的情况发生。三是会计人员素质不高，业务能力低。

2. 成员账户设立不规范 按照《农民专业合作社法》规定，合作社应该为

每个成员设立个人账户，但是通过调查结果显示，一半以上的农民专业合作社没有为成员设立账户，所以就导致成员的出资额无法记载、成员的公积金份额和交易额无法量化，也不能限定成员对农民专业合作社要承担的相应责任，也就无法核算出正确的利益分配情况。而设定一个农民专业合作社的总账户，只是保证了合作社正常营业，不能反映出利益分配情况。

3. 决策方式不合理，决策权过于集中　《农民专业合作社法》中明确说明，“合作社的最高权力机构是成员代表大会，其负责选举和罢免监事会领导、理事会，制定、修改与通过合作社的章程，审查与决定合作社的年终盈余分配或者亏损弥补，审议农民专业合作社的发展、经营和财务报告等重大的事项。”虽然以上机构在所有的农民专业合作社都成立了，但是真正的实施情况却并非如此，成员（代表）大会与监事会这些的组织机构形同虚设，没有发挥它们该发挥的作用。通过图 3 可知，延庆区农民专业合作社关于重大问题的决策方式还是主要集中掌握在了负责人和大股东等少数人手中，普通成员很难参与其中，成员大会也只是一个形式，起不到决策作用。因此，民主管理与监督更无从谈起。

4. 合作社盈余分配制度混乱，盈余分配比例较低　目前，我国农民专业合作社自身的盈利能力还不强，接受国家财政补贴的数额较大。但是，农民专业合作社的利润盈余分配还是存在一定的混乱现象。虽然《农民专业合作社法》已经很明确规定了利润返还的最低比例，但在实际执行中，股息、股金分红、利润返还的比例都是不按照规定来制定的。另外，还有一些合作社没有合理的收入分配制度，如将农产品交给农民专业合作社出售，还有社员参与合作社的交易，购买化肥等生产资料时，合作社只是付给社员比较优惠的价格，其他方面社员一无所获。除此之外，还有很多社员和合作社领导不知道什么是股金分红和股息、利润返还。

在调查的 179 家农民专业合作社中，按规定进行盈余分配的只有 8 家，可见比例之低。一是因为大部分合作社盈利水平较低，年终没有盈余或者盈余很低，无法分配。二是合作社财务管理混乱，没有给成员设立成员账户，无法为盈余分配提供确切依据，无法分配。三是有的合作社根本不清楚盈余分配制度，没有想过要进行盈余分配。

5. 公积金提取混乱　公积金是农民专业合作社巩固自身的一个重要财产基础，能够提高合作社的对外界的信用和预防意外的亏损的产生，依照《农民专业合作社法》规定，是从利润中积存下来的资金。根据 2007 年农业部印发的《农民专业合作社示范章程》并结合当地实际发展情况，延庆区关于农民专业合作社提取公积、公益金有以下要求：从农民专业合作社本年盈余预留两成资金作为填补经济空缺和扩展规模的公积金，再提出两成来作为公益金，这个款项的目的是要提升成员技术、农民专业合作社知识教育以及文化、福利事业和生活上的互助互济。其中，用于成员技术培训与农民专业合作社知识教育的比例不少于公益金数额的百分之十。据走访数据显示，尽管多数章程保障了这部分公积金的提取方法并规定了金额百分比，然而在现实的执法过程中，一大部分合作社并没有按照规程来做，公积金提取十分随意。很多合作社也没有一定的标准去提取盈余公积金，大多数情况是以成员平均的办法来量化公积金，由于半数以上的合作社也未设立成员账户，这一步资金往往是作为红利发放给了成员，也没有详细的会计账户来核算。

6. 盈余分配账务处理欠规范、财务信息公开不透明　历年的分配后结存余额与当年分配盈余被作为农民专业合作社的盈亏分配数据标准，“盈余分配”科目是“本年盈余”科目的抵减科目，在登记时，贷方是由本年盈余这个科目中结转进入本年盈余的亏损，借方则是农民专业合作社在合作项目时发生的亏损。然而，很多合作社在做账之后，将提取的盈余公积计入本年盈余和管理费用等科目。“盈余分配”科目账实不符，无法准确进行盈余分配。

财务信息公开缺乏透明度，如财务信息合作社财务信息的公开都会有一套完整统一的财务公开表，其中一般包含：资产负债表、盈余及盈余分配表、成员明细表、成员权益变动表和专项资金使用情况表等。而有些合作社未能将这些财务报表一一报出，或存在即是全部报出，报表内容或具体填列项目含糊不清的情况。

7. 监督不到位　在对合作社的走访调查时，不难看出农民专业合作社对于专职会计人员的偏见，他们不愿聘请会计师来为合作社进行更加规范的会计审核、记账等会计行为，认为这些形式化的东西是不必要的。然而一个组织，如果想要让它的资源得到合理分配就需要进行会计审核。同时，在对成员利益分配的了解程度上看，大部分成员并不了解利益分配制度，也就无法实施正确的监督管理。在组织的外部，农民专业合作社的财务由于披露的不够规范，所以监管部门也不容易对它的财务运行情况进行监管，只是在几家示范社、规范社的监督上要求完善、规范的财务账簿，在其他农民专业合作社的监督上也只是走形式主义，只注重制度上的监督，忽略了实施上的监督。

（二）北京市延庆区农民专业合作社盈余分配问题产生的原因

1. 合作社管理层对财务管理工作的重视程度不够　由大部分农民专业合作社实际运营情况来看，财务管理工作没有受到足够重视，合作社成员在财务管理方面意识淡薄，财务知识比较欠缺，认为只要依靠合作社的招牌多卖出产品，提高收入即可，导致在实际运营中，只注重抓生产经营，而不想完善财务管理。

2. 对成员账户的作用不了解　延庆区农民专业合作社正处在快速膨胀、扩展的阶段，在这个阶段，最容易产生不注重规范和管理，而对发展与效率的过度重视，会影响到成员出资标准以及出资记录完善性的问题。这一方面是由于负责人的管理理念造成的，另一方面也是由于成员对于合作社相关法律、相关章程缺乏了解造成的。大部分财务人员对成员账户的作用了解甚少，内容记录不齐全，核算方法不统一等。其根源是对成员账户的相关业务知识了解不系统、不全面，只知其然，不知其所以然。

3. 监督机制不健全　《农民专业合作社法》为相关机构的利益分配提供了规范的方向，在合作社日常利益分配的行为中，要谨遵该法律制度进行分配。然而，现在并没有一个完整规范的针对农民专业合作社的会计制度，导致会计核算乱成一团。走访中发现，一些农民专业合作社的会计人员没有会计从业资格证书，使得该合作社利益分配上存在不合理的现象，有了《农民专业合作社法》之后，合作社每日增多，如此庞大的群体急需政府对其进行有效地监管，不但要引入专业会计人员，更要把监管活动进行到底，保证成员利益分配的合理性。

外部监督上，现在合作社内部的运行规范与否是很少有人过问的，这是由于合作社发展过快，出现多个分支部门，而这些部门产生容易，监管起来就十分困难了。政府专业的监管人员不够多，这些新生部门就自由发展，出现不规范化的态势。

4. 普通社员缺乏对盈余分配相关程序和法规的了解　《农民专业合作社法》规定，盈余分配要由成员大会的程序进行授予。可是，很多合作社成员对这个事情并不了解，只追求多卖产品增加收入。因此，往往在合作社盈余分配讨论时，很少有一些普通的成员提出意见或建议来保证自己的利益得到合法的保护。由于成员对于农民专业合作社存在认识上的偏差，特别是对利益分配问题的相关政策、法律不够了解，导致成员难以建立稳定长期的收益预期，合作社在这样的情况下不容易得到发展，利益分配在成员心中的了解程度影响了成员选择利益分配方式的态度，也就进而让合作社的利益分配制度无法得到有效运行。成员对利益分配的满意程度影响成员对合作社的认同程度、关心程度和忠诚程度。成员对利益的追求是他们参与合作社的根本动机，成员利益的实现程度越高，对合作社的认同度也越高，对合作社未来的发展也越关心

五、完善北京市延庆区农民专业合作社利益分配问题的对策和建议

（一）强化财务管理意识，加强业务指导

落实《农民专业合作社法》和《农民专业合作社财务会计制度（试行）》，加强对合作社理事会成员的财务管理知识和意识培训，使其充分认识到财务工作对合作社建设和发展的重要作用。培训普通社员，让社员充分行使自己的权利。建

立合作社财务人员上岗培训制度，确认其从业资格。加强对会计人员的会计制度、财务制度和税收减免等相关法规方面的业务知识培训。

（二）严格建立成员账户

《农民专业合作社法》明确规定，要给每一个农民合作社的成员都设立一个独立的明细账户，这个账户开办的目的是让成员的出资有完整的记录，不论是哪种资产形式，都需要登记在案，并以成员应享有的合作社注册资本的份额折算金额入账。同时，公积金的变化情况需要使用量化算法进行计算。再有就是要把成员同合作社建立的交易关系和详情进行记录。合作社承担着公积金份额和成员出资额记录的责任，投入较多的成员，持有着一定的决策表决的权利，对此，必须要对每一名成员的投入进行核算工作。这样就能为附加表决权的分配提供依据。在期末，专项基金、余额以及资本公积要由合作社以接受捐赠、财政补贴、公积金量化的科目记录在每个成员的账户之中，为盈余分配提供依据。

（三）加强合作知识的宣传，提高社员的认知水平

成员对于合作社利益分配制度的认知程度是阻碍延庆区农民专业合作社能够发展起来的一个影响要素，所以有必要把合作社的理念推行开来，让成员的认知水平和能力更上一层楼，构建完整的体系，打造成员与合作社的共赢基础和合作意识。第一步，由政府出面宣传合作社，并根据《农民专业合作社法》的内容进行讲解，让农户能够对合作社有着更加深入的认识，让一部分较为积极的人带动更多的人。第二步，建立起更加完整的内部学习，对合作社的工作人员进行深化培训，让他们能够有带领农户一起合作的能力，并组织农户自主学习平台，让农户可以有更多的学习交流机会，加强合作水平。合作社也应该采取多种分配方式，保护和增加成员收益。根据成员的文化程度、家庭状况和合作能力等方面的不同，采取多种形式的利益分配方式，才能充分满足成员的多种利益需求。

在农村地区，财务管理意识薄弱，就算是把合作社的账目曝光，也起不到让人引起重视的效果，而且监督工作很难进行。所以，首先要在农村地区进行财务管理意识的普及，让农民们开始进行自我财务管理、会计核算等。

（四）逐步完善合作社规范化体系

2009 年中央 1 号文件中提及了关于“开展示范社建设行动”的话题，此后，2013 年中央 1 号文件加以深化与拓展，“推行‘部门联合评定示范社’的机制，将其作为工作重点与核心，实行分级模式。”2015 年中央 1 号文件再次重申了扶持示范社发展的必要性与重要性，尤其是大力推行政策的执行力度，才能实现政策的引导与激励的功效，借助于政策扶持可以实现合作社制度的完善与规

范，提升服务意识与质量控制，也能加强民主管理，彻底改善“挂牌社”的不良影响，促使农民广众切实受益。从近几年示范社的发展情况来看，不少合作社已经实现了制度的完善，运行机制与民主管理也逐步正常化，发展效率也大有提升。

加强合作社规范化建设，有利于构建新型农业经营体系，加快推进农业现代化，且提升合作社发展质量，统一农业生产的各个主体与环节，为农业发展提供了有力的组织力量；同时，维护了各个成员的基本权利与利益，提升了合作社的机能与动力。“依章办事、依法办社”的执行力度得以保障，提高了合作社的向心力与凝聚力。由上述分析可知，示范社进行盈余分配的可能性远远要高于非示范社。而示范社在财务信息公开、盈余分配决定方式等方面也具有一定的规范性示范作用。所以，实现合作社规范化体系的征途中也要重视它自身的示范性建设，以示范性带动合作社整体的规范性建设。

六、结　　论

农民专业合作社是一个经济互助型的组织，它的迅猛发展为农业增效、农民增收起到了积极的作用，成为社会主义新农村建设的又一新亮点。

而利益是一切生产活动的最终追求目标，是农民专业合作社存在和发展的根本原因和动力，因此利益的分配问题关系到合作社的长远发展。本文借助实地调查资料入手，以农民专业合作社的产权制度和治理结构理论为基础，对现阶段延庆区农民专业合作社利益分配制度进行了理论分析和实证研究，分析得到以下结论：

一是农民专业合作社财务管理制度不健全，核算不规范，合作社财务监督及内控制度不健全，或者虽然有制度，但是不能形成完整的约束体系，出现了账目不全、混乱失实等问题。

二是农民专业合作社对成员的业务知识宣传培训不够，成员对农民专业合作社现行利益分配制度的认知程度低，造成了成员与合作社之间的信息不对称性，影响了合作社利益分配的顺利实施，也使成员很难维持参与农民专业合作社的积极主动性，缺乏相应的监督管理能力，甚至对合作社未来发展的关心程度大大降低。

三是农民专业合作社利益分配方案主要集中在少数理事和大股东身上，利益分配由于缺少公平合理的决策程序，一人一票制度也形同虚设，普通成员得不到该有的利益分配。

四是合作社的内外监督不力。内部监督上由于缺乏专业的会计人员和审计人员以及成员的参与意识较弱等原因，很难形成有力的内部监管外部监管上。农民专业合作社的监管部门出现了多头管理、监管缺乏的现象，这也是当前普遍存在的问题，对于制度的推行力度毫无关心，不依据规章制度办事。

主要参考文献

白志刚，2012. 我国农民专业合作社发展现状、存在问题及对策［J］. 长江蔬菜（10）：71－74.

冯开文，2006. 合作社的分配制度分析［J］. 学海（5）.

傅晨，2003. 新一代合作社：合作社制度创新的源泉［J］. 中国农村经济（6）：73－80.

郝小宝，2005. 农民合作经济组织的利益机制与治理结构分析［J］. 理论导刊（4）：51－54.

何安华，邵峰，孔祥智，2012. 自愿禀赋差异与合作利益分配［J］. 江淮论坛（1）：11－18.

黄恒福，银仲智，2015. 农民专业合作社财务管理［M］. 北京：中国农业科学技术出版社.

黄胜忠，林坚，徐旭初，2008. 农民专业合作社的成员承诺研究——基于浙江省的实证［J］. 华南农业大学学报（社会科学版）（5）：17－20.

黄晓波，李慧，申江丽，2011. 农民专业合作社盈余分配问题与对策［J］. 商业会计（3）.

黄祖辉，2005. 中国的农民专业合作社与制度安排［J］. 山东农业大学学报（社会科学版）（4）：15－20.

吉晋慧，2010. 古树于农民专业合作社利益分配机制调查研究［J］. 财经视点（3）.

孔祥智，周振，2014. 分配理论与农民专业合作社盈余分配原则——兼谈《中华人民共和国农民专业合作社法》的修改［J］. 东岳论丛（4）：79－85.

李丽，2011. 农民专业合作社的利益分配问题研究——以浙江省龙泉市为例［D］. 浙江：浙江农林大学.

李瑞芬，2004. 中国农民专业合作经济组织的实践与发展［M］. 北京：中国农业出版社.

李瑞芬，2010. 农民专业合作社财务管理问题研究［M］. 北京：中国农业出版社.

李三虎，王礼力，2008. 农民合作经济组织利润分配原则探讨［J］. 商场现代化（15）.

李视友，2009. 农民专业合作社财务会计制度解读［J］. 财会月刊（59）：43－47.

李永芝，2013. 吉林省农民专业合作社盈余分配问题与对策探究［J］. 商界论坛.

刘肖，2013. 农民专业合作社盈余分配模型研究［D］. 太原：太原理工大学.

卢新国，2008. 农民专业合作社盈余分配现状及对策研究［J］. 调研世界（5）：17－19.

米新丽，2008. 论农民专业合作社的盈余分配制度——兼评我国《农民专业合作社法》相关规定［J］. 西北政法大学学报（6）.

孙浩杰，王征兵．汪蕴慧，2011. 农民专业合作经济组织利益分配机制［J］. 安徽农业科学（20）.

孙晓红，张慧娟，2012. 中国合作社的盈余分配制度研究［J］. 经济研究导刊（5）：220－222.

唐春夏，2013. 资阳市农民专业合作社利益分配机制研究［D］. 雅安：四川农业大学.

唐宗焜，2012. 合作社真谛［M］. 北京：知识产权出版社.

彦丽，2012. 农户加入农民专业合作社的意愿、行为及其转化——基于13个合作社340个农户的实证研究［J］. 农业技术经济（6）：13－16.

叶长卫，2004. 农村合作经济组织发展的制度分析［J］. 长江流域资源与环境（3）：262－265.

苑鹏，2008. 对公司领办的农民专业合作社的探讨——以北京圣泽林梨专业合作社为例［J］. 管理世界（7）：47－51.

曾明星，2011. 农民专业合作社利益分配模型研究［J］. 华东经济管理，3（25）.

张菊，邓军蓉，2012. 农民专业合作社盈余分配的实证分析——以湖北省 24 家专业合作社为例［J］. 湖北农业科学（51）：20－23.

张雪峰，2011. 江苏省农民专业合作社利益机制分析［D］. 重庆：西南大学.

郑丹，2011. 农民专业合作社盈余分配状况探究［J］. 中国农村经济（4）：74－80.

周连云，2009. 农民专业合作社分配制度及案例简析［J］. 中国集体经济（2）：38－41，43.

COOK Iliopoulus，1999. Beginning to Inform Theory of the Cooperative Firm：Emergence Of the New Generation Cooperative［J］. The Finnish Jounal of Business Eeonomics（4）：525－535.

Nourse E G，1945. The place of the ceopemtive in our national economy：American cooperation 1942－1945［M］. Washington D. C.：American Institu of Cooperation.

Philips R，1953. Economic Nature of the Cooperative Association［J］. Journal of Farm Economics（35）：747－787.

Sexton R J，Sexton T A，1987. Cooperatives As Entrants［J］. The Rand Jounral of Economics，18（4）.

北京农学院大学科技园运营模式创新

项目组成员：李　京　李庆瑞　柯意斌　张尚斌　黄明鹏
指 导 教 师：胡宝贵

摘　要：作为北京农学院经济管理学院的学生，已经进行了有关商业企业运营模式、生产与运作管理课程的学习。对于课程论文撰写，经过认真思考后，决定以北京农学院大学科技园为典型，以数据分析、实地考察、收集资料的方式，由浅入深、层层递进、全面剖析这一新型农业发展形式的历程，以其作为农业新技术推广、农业科技与农村经济紧密结合的模型，为大学科技园的推广和新型农业的发展指出一条有效的途径；同时，促进北京农学院学生对大学科技园的了解。

关键词：运营模式　新型农业　有效途径　促进了解

前　　言

中国是农业大国，而且农业正由传统农业向新型农业转型。北京农学院大学科技园是在农业转型过程中一次成功的尝试。它成功将农业作物与农业科技联系在一起，充分发掘创新能力，在农业科技方面取得一席之地。作为北京农学院经济管理学院的学生，应该充分利用自身优势积极探索企业的经营之道、成功之法，为今后的工作、学习之路奠定好基础。另外，希望能够通过全校师生的智慧为北京农学院大学科技园提供简单建议。本小组坚信北京农学院大学科技园将不断完善自己的产业链，探索出一种新的盈利运营模式。

（一）研究背景

现在，政府已经不断加强对农业科技园的重视，将科技园视为带动农业发展的新动力。目前，全国的农业科技园已有百余家，但是真正做成功得并不多。经调查，大多数经营不善的农业科技园的根本原因是自身科技实力不足，管理不善，盈利能力差，过分依赖政府投资。北京农学院大学科技园在总结了一系列成功与失败的经验教训中成功做出了自己的品牌，开辟了自己的市场。

（二）研究目的

本文以北京农学院大学科技园为典型代表研究大学科技园的运营模式。并结合我国农业科技园的发展现状，确定北京农学院大学科技园所属的现代农业科技园运行模式，找出北京农学院大学科技园在运营中出现的问题，通过咨询相关专家和指导老师的建议，拟提出解决问题的方法。另外，在研究过程中，参考一些同学想法对北京农学院大学科技园的宣传和推广产生推动作用。

一、北京农学院大学科技园发展背景

（一）大学科技园发展历程

20 世纪末期，我国的科技部、教育部等执行党中央、国务院的相关规定，把 15 家大学生科技园作为国家大学科技园的重点建设机构，真正意义上从国家层面开始建设大学科技园。这重要的一步标志着我国对农业产业结构创新的重视，从高处指示在低处实践，以此为契机，一场发展的春风迎面吹来。截至目前，由国家认可的、科技部和教育部等批准认定的已建和在建的大学科技园已经达到了 400 多所，其中依附于高校建设的有 104 所。除此之外，还有很多地方政府认定和批准的在建和建成的大学科技园。

经过近年来不断地摸索与实践，我国的科技园发展已经取得了阶段性的胜利，形成了规模庞大、独具特色、各种创新举措与资源有效结合的科技园，在国际范围内也是独树一帜的，尤其是在孵化型的创新型企业、创新型人才的培育和科技的转化方面都取得了显著成效。虽然当前中国表现出一些创新力不足、缺乏自主意识的缺点，但我国大学科技园始终在不断探索。这不光对农业的创新起到了积极的推动作用，也成为国家创新体系中重要的组成部分。希望在这种全国努力的局势下，我国的产业创新发展一定会取得长足的进步，也是打开我国国民创新思路的重要举措。从农业出发也是从人们最基本的生活要素出发，大学科技园的发展必将成为我国创新路上积极重要的一步。

大学出现之初并没有建立科技园的意识，但是随着第一次科技革命、第二次科技革命、第三次科技革命的发生，大学的学科知识不断拓展，科研能力不断增强，科研经费也逐渐获得政府的支持以及企业家的赞助，科研条件逐步改善。因此，逐渐出现了附属于大学的科技园，并且大学科技园除了进行科研之外，更重要的责任是服务于社会的广大需求。现代大学科技园在西方的真正流行始于 20 世纪 50 年代。我国的大学科技园由于历史原因以及自身发展速度的限制，出现的比西方晚得多，而且水平参差不齐。但通过政府投资、企业支持、学校技术支持以及借鉴吸收西方先进经验并不断改进，我国的大学科技园也取得了一定的成绩，比较典型的如北京农学院的大学科技园，它的发展历经波折，但通过适时调整、不断摸索合适的发展模式，最终形成了循环生态的大学农业科技园的典范。

国外大学科技园发展模式的经验对我国大学科技园的启示。国外的大学科技园发展模式主要分为两种：第一种是依靠大学自身的科技实力而在大学周边形成一些科研公司，主要是将大学的科研成果进行孵化投入市场。第二种则是我国目前普遍采用的——政府对大学进行投资，以减轻学校的财务负担，缓解科研的高额费用。第一种是大学科技园最早的成因，也是因为大学周边科研公司的成功——它不仅促进高新技术产业的发展，成为推动国家经济发展的强大动力，更重要的是它在知识经济时代的背景下，催生了一大批大学科技园的产生。但其发展模式需要强有力的经济支撑，而这正是缺乏资金支持的我国大学院校的不足之处。因此，第一种模式比较适合清华大学、北京大学、复旦大学等知名院校，并不适合我国的大学科技园。但它确实值得大学科技园在成熟后期发展借鉴。第二种模式即政府投资比较适合我国国内大学的情况。政府投资集中而且确实能够弥补大学科研经费不足的情况，并且我国大学也确实需要政府的投资，以便进行前期投入大、收效时间久的科研项目。大学科技园在我国处于摸索时期，这时期难免出现各种各样的不足和需要及时调整的地方，因此单靠学校无法支撑。

同西方院校的科技园发展历程一样，我国高等院校最初的着眼点也是单纯的教育人才并不看重科研项目的发展，这主要也是由于历史原因。在进行改革开放之后，我国高等院校逐步拓宽视野，开始向西方先进院校学习，并且重点关注西方先进科研项目的发展模式，逐步将单纯的教学向教学与科研结合、教学与服务社会结合的方向发展。这一时期，尤其是重点大学在学习了西方的先进教学经验和科技园发展经验后，其科研项目发展得尤为迅猛，而且探索适合我国的大学科技园的发展模式劲头十足。20 世纪 90 年代后，大学的实力和水平有了很大的提高，高等院校也逐渐将目标放在了社会服务上。1990 年，我国第一个大学科技园诞生了。之后，我国兴起了大学科技园风潮，但主要还是依赖政府投资，有些甚至过分依赖导致其很快衰败。北京农学院大学科技园吸收这些经验教训，摸索另一条道路，通过以大学科研为技术支撑，以吸引企业入驻为资金支撑，以绿色生态循环为定位，目前取得了成功。

（二）北京农学院大学科技园产生背景

我国最初建立农业园区是由政府投资，而造成的结果就是这些园区纷纷将重心放在了“面子”上，而忽视了农业园区的科技职能。缺乏产业功能的农业园区在市场竞争中是注定不堪一击的。所以，最初政府投资的农业区由于成本过高，纷纷以失败而被闲置了起来。可见，成立之初我国的这种创新科技园的发展模式受到了阻挠，创立者大多缺乏创新，而且开始的时候投入过高，回收资金周期长，导致发展受阻。

1991年，我国便引进了以温室为主的以色列模式，然而现在并没有看到温室模式的成效，简要分析便可发现原因。一是引进其他国家的科技园模式时，强调设备的先进，建造的温室装备等都需要较长的时间才能收回资金成本。二是温室蔬果成本高，市场价格贵，销路没有打开。三是农业园经营管理不善，不注重下游产业的开发，产业结构单一，没有市场吸引力。

北京农学院大学科技园成立于2009年，从创立之初便不懈努力打破传统农业园失败因素的桎梏，致力于探索新的适应当今市场需求的农业科技园道路。如今，科技园的发展也逐渐步入了正轨。值得一提的是，科技园中有一个亲农耕体验园，这是由我校师生自主研发创造的创新性企业。如今，它的发展态势良好收到多家电视媒体的报道，也与周边一些地区的小区幼儿园达成合作，不定期会有小朋友来到亲农耕体验园与父母一起体验农耕的乐趣。这不光使该企业影响力日渐增强，也帮助北京农学院大学科技园起到了很好的宣传，可以说是北京农学院大学科技园在产业创新上迈出的重要一步。相信通过不断地拓展创新，科技园的发展一定会越来越好，作为合作高校的学生也从中获益感到骄傲。

二、北京农学院大学科技园运营模式分析

（一）简介

北京农学院大学科技园的运营模式是都市现代农业型——孙桥模式，这类园区的具有以下特征：一是与高校的教授、科研机构合作，成立专业的咨询团。二是在园区的体质结构上进行改革创新，结合实际情况不断地探索出适合自身发展的发展模式。三是发挥专业的优势带动行业发展。四是在一定范围内进行培训，不断沟通学习，起到服务农业的作用。

显然，目前北京农学院大学科技园的规模和水平还远没达到张江高科南区孙桥现代农业园区。

（二）实际情况

具体来说，北京农学院大学科技园是以农产品的安全生产、先进农业技术的推广以及示范为主的园区，开展互联网农业的应用，可以将农产品从种植、采摘、运输、循环等一系列环节进行展示。如对牛奶的生产过程，就可以通过网络知道奶来源于哪头牛，这头牛的生长情况、挤奶的时间等信息就可以一目了然地反映出来。还有玫瑰精油的提取，可以从园区中摘取薰衣草、玫瑰花，在老师的指导下，学生可以亲手提取出纯度相当高的精油，是美容护肤的好产品。另外，还有动物脂肪做出的香皂、纯粮食酿造的北农小烧。

同时，北京农学院大学科技园结合互联网推出了亲农耕农业体验园。该体验园是北京农学院自主设计与建设，集教学科研、技术孵化、科普示范为一体的教学实验基地。园区分为设施种植养殖加工区、果树园艺种植区、标准农田区、园林花卉植物种植区和服务保障区，建有智能联栋高空生态立体温室、节能日光温室、名贵食用菌技术孵化示范中心等基础保障设施。这为消费者进行咨询打开了便捷的通道，也促进了科技园的推广。

北京农学院大学科技园种植、养殖、加工结合循环可持续发展的产业结构布局，不断完善成熟，结合互联网推进的捆绑式服务也逐渐进入佳境。科技园打破依赖政府的传统运行模式并已取得成效，企业进入学校，科技推进发展，北京农学院大学科技园的创新模式是目前农业科技园的典范。虽然目前科技园在农产品安全的把控上、奶品的质量上、鸡蛋的环保上、酒品的技术上、低温冷冻的环节上都拥有国内比较高的科技含量，但是要想要园区不断地发展壮大，还需要解决一系列问题，尤其是在入园企业数量和质量上。截至目前，有 20 家企业入驻北京农学院大学科技园。

三、建　　议

要想进一步完善北京农学院大学科技园的产业布局和规划，首先要解决的是不要只追求“高、大、上”，而是要脚踏实地、因地制宜，结合本地区的实际情况，要了解当地的市场、人文、科技等，同时借鉴国外先进的经验和技术，但是比重不宜太大，借鉴的部分控制在 1/4 左右。这也是取其精华去其糟粕，只有把二者结合好才能发展，走中国的特色科技园道路。

在产业布局方面，要努力思考如何做好可持续发展的循环产业，做好产业链。把种植、养殖、加工、循环这四类基础的产业结构结合好。种植有温室种植、设施种植和食用菌等，养殖则包括猪、牛、羊、鸡、马等，加工则有乳品和酒类的加工。酸奶、鲜奶、奶酪是乳品的加工，白酒、啤酒、红酒是酒类的加工。要知道可持续的循环发展一定要做到种植养殖结合，养的为种的提供肥料，种的为养的提供营养，同时做到为人类的健康服务。例如，动物的粪便可以做沼气池发酵，形成生物能源用来发热烧水为温室加温，同时沼渣、沼液还可以做有机肥料。

北京农学院大学科技园以坚持可循环再生为原则的产业布局，把上下游密切地结合起来，科技园的产业链布局较为完整，每个环节都有对应的企业入驻。但是，还要不断优化，使农业物联网企业或者网络销售企业尽快入驻。

最早北京农学院大学科技园的收入是靠入园企业缴纳管理费，主要包括土地租金、设备租金和公共设施维修费。但是，长此以往企业的收入是十分有限的，北京农学院大学科技园想要做大、做强会变得很艰难，因为这种模式下的收入是稳定的，不会有太大涨幅。现在，他们改做捆绑式服务。互联网为这一服务模式提供了机会。在此之前提到的亲农耕农业体验园便是捆绑式服务的提现。亲农耕体验园是北京农学院大学科技园的一大特色，还记得之前网上流行的可以在网上种菜的体验，现如今，这种模拟的网络游戏也搬到了现实的生活中来，用户可以承包一块地自己来种植，还可以在网上与北京农学院大学科技园工作人员进行交流，可以在线预订各种活动，如制作手工皂、葡萄酒等，还可以了解其他精彩活动，如 2015 私房田、农耕私房菜、农夫一日游等。捆绑式服务大大拉进了消费者与北京农学院大学科技园的联系，让北京农学院大学科技园更进一步地走进了消费者的生活中。

另外，现在北京农学院大学科技园的结构规模都有限，要想继续发展，可以依靠把每个环节做成固定的模式，再扩大发展进行复制。例如，现在产业链上一共有 20 家企业，这 20 家企业先形成固定的模式，种植蘑菇企业有代表，养牛的企业有代表，加工葡萄酒的企业有代表等。这 20 家企业一起发展，促成一种农业全产业链模式，复制到全国各地区。那时，带着高校光辉的北京农学院大学科技园作为安全农产品的生产基地、示范基地，北京农学院大学科技园只要做出名牌效应，便可以成功吸引基金公司的目光，到那时候，就有希望把北京农学院大学科技园扩展到全国各地。

四、总　　结

这一次小组 5 个人各自分工，在调查北京农学院大学科技园企业运行模式过程当中，对于企业的盈利模式、管理模式、生产模式还有产品种类进行了一系列的调研。

在调研的初期，小组通过网上查阅资料，去国家图书馆和学校图书馆翻阅书籍，收集了解我国农业的发展历史。考虑到此次调研的主要目标是关于北京农学院大学科技园的运营模式，小组主要调查了解的是农业现代化的发展，包括欧美发达国家的以及近代中国科技农业发展的进程。通过一系列的了解，对于农业的理解也加深了许多，尤其是与国外的对比当中，实实在在地发现中国与欧美发达国家的差距。

在实地调查过程当中，主要是对于北京农学院大学科技园中的科技企业架构进行了系统的了解。包括企业的职位设置、管理方法、产品和盈利模式。发现北京农学院大学科技园的企业盈利模式一直在不断创新，有通过种花、种树、种菜等传统农业模式，也有酒厂、牛奶厂等食品加工型盈利模式，还有农业观光、顾客自己种植的体验式农业模式，感觉北京农学院大学科技园一直在不断地进步。

而且，科技园内随着入园企业的增加，宣传影响力也在不断地扩大，急需创新型企业的加入，也需要利用北京农学院的高校资源，包括高校的人才和群众基础广泛地宣传。

在调研后期，了解企业在盈利功能之外的社会功能。北京农学院大学科技园的一大亮点就是可以带动周边农村劳动人口就业，提高收入，利于社会的稳定。在贯彻科技兴农方面，北京农学院大学科技园也是充分发挥了它本身的作用，通过引进国外先进的机械设备和管理技术，加上根据国情，在不断地进行自主创新。也使得这一次的实地调查，让本小组对于科技农业企业有了一个全新的认识。

主要参考文献

北京市农村工作委员会，2008. 北京乡村农业品牌集锦［M］. 北京：中国金融出版社.

邓蓉，郑文堂，胡宝贵，等，2013. 北京农业创新与农业多功能拓展研究［M］. 北京：中国农业出版社.

柯炳生，2005. 中国农业经济与政策［M］. 北京：中国农业出版社.

罗兴佐，2010. 农业公共物品供给：模式与效率［M］. 上海：学林出版社.

Robert Johnston，Stuart Chambers，Christine Harland，et al，2011. 运营管理案例［M］. 第三版. 佟博，等，译. 北京：经济管理出版社.

青年人消费调查

——基于在校大学生的消费行为习惯

项目组成员：苏 跃 解佳楠 程泽乾 孙 蕊 赵 玲 王方杰 马小杰

指导教师：周 云

摘 要：消费者是经济研究中的一个重要因素，其中，青年消费者一向在市场占据着庞大的比例。对青年消费人群的调查研究可以把握市场的主流动态，经过分析从而为消费者提出建议，引导其更加健康、便捷的消费行为。根据调查所得数据，逐个比较影响青年消费者的重要因素，希望得到确切有效的原因，并针对其做出建议，使青年消费者的消费行为可以更加趋于合理，拥有更好的规划。

关键词：青年消费者 数据分析 原因 建议

前 言

消费是每个人生活中所不可避免的行为。因此，基于普通大学生日常所能接触到的层面，设计了调查问卷进行调查。作为一名当代的青年消费者，在新世纪新经济的趋势下，所面对的消费不再是20世纪对于衣食住行这些基础生活物质的需求，人们开始接触到越来越多的消费内容，旅行、娱乐、求知、社交……这些无时无刻不存在生活圈子内，同时也带来了新的消费需要及理念。旧消费理念的退去，青年人在当下经济狂潮中应具备怎样的正确消费心理及行为是我们每个人所关心的。通过对青年人的消费调查，总结他们的消费习惯和心理，从而给青年消费者提出适当的建议。

（一）研究背景

在新经济发展的趋势中，作为一名青年消费者，所要树立的消费观念尤为重要。青年人是国家的中坚力量，研究青年人的消费行为对社会经济有重要意义。健康积极的消费行为可以在社会起到导向作用，这更是对我国经济有着重要的意义。

（二）研究目的

本文以青年人消费调查问卷为依据展开，通过研究青年人消费行为习惯以及观念，总结当下青年人群的大众消费选择，把健康积极的消费理念和消极浪费的行为做出比较，结合当下经济情况进行分析，深入了解青年人消费行为，总结原因并倡导健康、积极、向上的行为理念。希望本次的调查研究可以对青年人消费习惯有引导及督促的作用，同时让社会大众重视青年人消费中不好的习惯，让我们共同提出建议，寻找改进良方。

一、数据分析

根据所选的题目（一般在校大学生所能接触到的层面），调查人群在18～24岁，男女人数相差不多。他们的消费水平各异，大体上能反映出青年人的消费心理。

（一）每月生活费的安排

根据调查问卷的统计，8%的人每月的生活费为3 000元以上；39%的人每月生活费为2 000～3 000元；47%的人每月生活费为1 000～2 000元；6%的人每月生活费在1 000元以下。

可以看出，青年人每月生活费的安排属于自由型。他们不会太多地规定自己每月的生活费用，而是更多地去享受生活，注重生活品质。

（二）每月消费的主要项目

根据图1，饮食、交通和娱乐牢牢占据前三名，可以看出青年人的主要消费都在这三方面。饮食、交通和娱乐是青年人生活费用支出的重头，他们在饮食品质上有更高的追求；交通出行和通信是青年人更多向外交流的形式；娱乐更是青年人享受生活的表现。

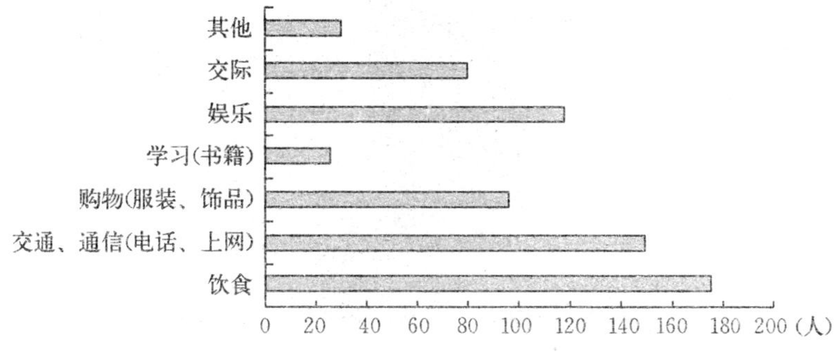

图1　青年人每月消费的主要项目（多选题）

购物、学习（书籍）、交际和其他所占的百分比相对较低，人们消费形式各不相同，却体现了他们对生活的态度。购物一般是女性的必要支出，女性更倾向购买服装和饰品来丰富自己的生活；学习（书籍）更多是学生们需要的必要支出；交际多体现为工作中需要的支出。

（三）消费目的

在调查中，45％的人选择计划型购物；21％的人选择即兴型购物；17％的人选择消遣型购物；13％的人选择环境影响型购物；4％的人选择其他。计划型购物是青年人的主要选择，大多数人还是注重自己的想法，不是盲目地消费，需要什么购买什么，节省了时间，有效地完成自我的需求。但是，还有一小部分人选择即兴型购物，这种购物通常是人们所不需要的物品，并且在购买后会出现后悔的想法，通常叫这种购物类型叫冲动型购物。消遣型和环境影响型的比重不大，却依然出现，说明消遣思想和外界影响也控制着人们消费选择。

（四）购物渠道

在购物渠道调查中（图 2），现在网络是人们生活中必不可少的，尤其是青年人。多数青年人选择网购，网络购物可以让青年人在网络上查看到所需商品的信息，不必出门也不必浪费时间在去商场的路上，简单、快捷地购买所需的物品。与此同时，网购仍然存在安全性风险。各种连锁店、便利店或小型超市这两种购物渠道选择的人大致相同。选择这两种渠道的人更倾向及时性商品，并且实体店的物品更有真实感，品质更有保证。还有小部分选择大型商场购物，这种购物倾向较为高端的消费，青年人追求生活的品质，会选择自己喜爱的品牌，而且其他的不会考虑。

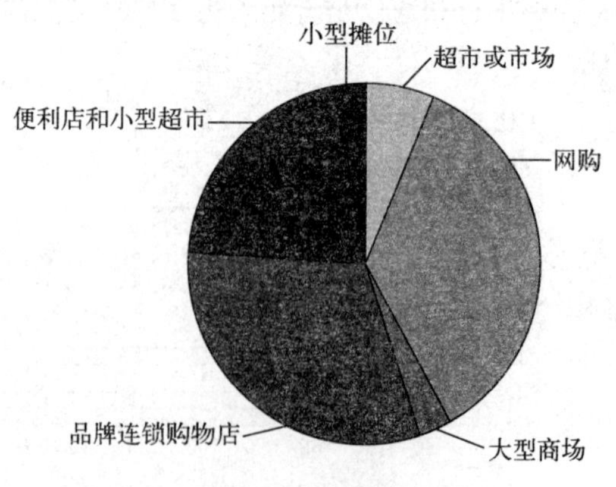

图 2　购物渠道

(五) 购物地点的选择标准

如图 3 所示，青年人购物地点的选择标准主要是价格合理。所谓货比三家，大多都是比较同一种商品的价格，价格更低廉促使人们消费。就近便利和购物环境的比例大致相同，购物地点的远近是大多数急需物品或者怕麻烦的人选择的主要标准，很多人急需物品时都选择就近购买；购物环境的好坏体现物品的可观性，视觉的感受控制购买欲望，部分人在乎购物环境是否好。

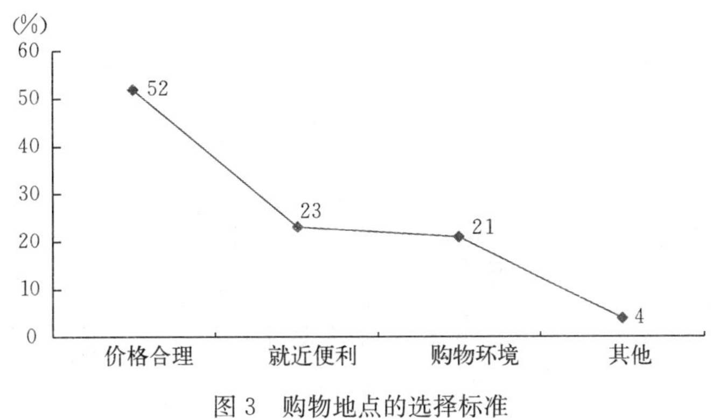

图 3　购物地点的选择标准

(六) 购物的注重点

青年人在购物时，他们更注重价格，这点和购物地点的选择是一致的。商品的价格通常是人们最在乎的，花最少的钱买最多的商品，是人们的理想状态。但是，质量同样是人们必要的关注点，所谓物美价廉，购买商品需要买一个好质量而不是残次品，好质量的商品大大地提高了人们的消费心情。还有一部分人认为品牌很重要，这部分人更在乎消费的品质，品牌表现了个人的爱好和消费水平。仅仅有13%的人选择便利，可以看出为了购买商品多数人愿意花费时间和精力（图 4）。

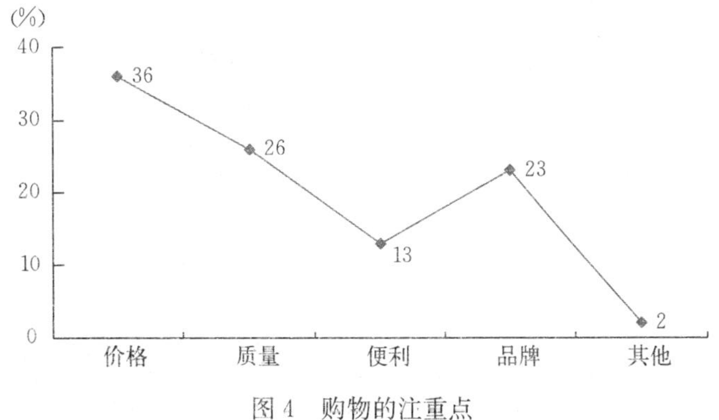

图 4　购物的注重点

（七）了解商品的渠道

大多数人（38%）购物都是从广告上获得商品信息，广告的宣传作用对青年人购物很具有影响力。还有34%的人是通过朋友推荐，这种渠道是最有效果的宣传，朋友的可信度在各种渠道上表现最高，人们很倾向于朋友们的推荐去购物。只有很少一部分人愿意自己从网上查询中获得详细信息，这可能是年轻人犯懒的表现。大部分青年人不喜欢促销人员的推荐消费，但是还会有一部分人相信并且由此消费（图5）。

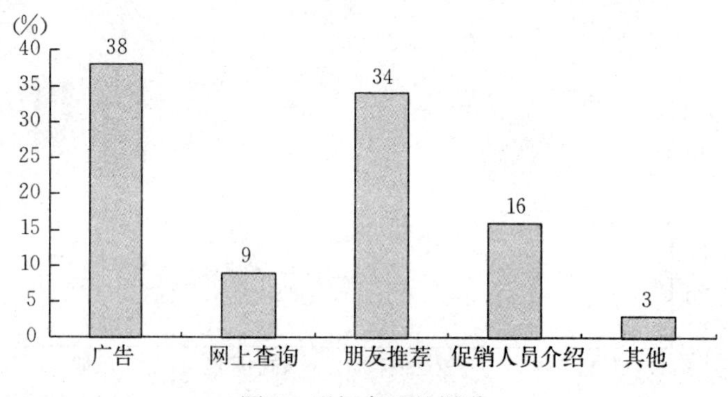

图5　了解商品的渠道

（八）月消费金额占可分配收入的比重

绝大部分的学生“收入”都来自于家庭。根据调查问卷的统计，有56%的人月消费占可分配收入的50%～80%；33%的人消费掉80%～100%；6%的人月消费占可分配收入的30%～50%；5%的人超过收入经常借贷消费或者在30%以下。由此可以看出，青年大学生们乐于享受当下，没有过多地为未来计划。

（九）月底余额情况

对于月余额的青年人，有76%的人会选择转入下月生活费，这一般是学生们的选择。有1%的人用于投资，他们对金钱有着长远的打算，用经济的眼光看待自己可支配的钱财，这种类型在学生中几乎绝迹。有12%的人选择存入银行，他们为自己的未来做准备，以备不时之需。8%的人没有余额，就是月消费支大于收，常常还会找补贴。采取马上花光这种行为及时行乐的人占了3%（图6）。

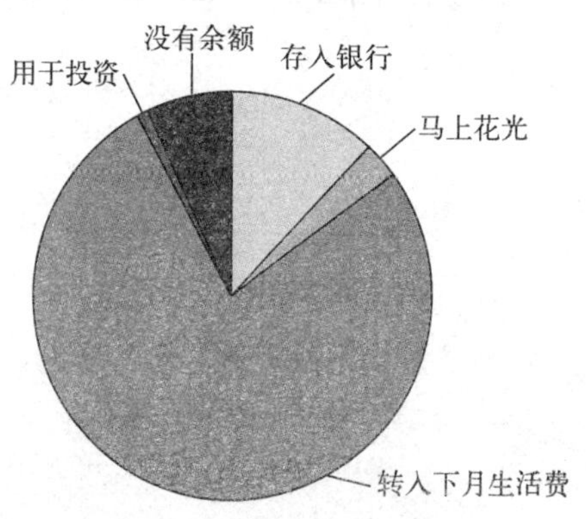

图6　月底余额情况

（十）心中合理的消费状态和结构

根据问卷的统计，有48%的人认为消费的费用只要够花就够了，这种选择的人不会太在意自己的消费情况，他们随心情去消费，没有计划和目的。有27%的人会制订计划，他们会在月初规划出自己要购买的物品以及所要消费的金额。这种青年人的生活会更精细，消费的情况很有规律。有23%的人要供自己支配，这种选择的青年人有着自己的目标，对金钱有着一定的期望和计划，用更经济的眼光来看待自己的可分配收入。还有2%的人选择其他选项。

（十一）理财能力

根据统计，可以看出理财能力与认为心中合理的消费状态和结构的青年人选择比例是一致的，一般认为钱够花就行了，基本会认为自己没有理财能力，他们不在乎自己的消费情况，更没有精力去理财。制订计划的青年人，他们的理财能力较为一般；而选择可供支配的人一般认为自己的理财能力很好，他们更注重用钱生钱，而不是单纯的消费。

二、原因分析

如今的青年人更享受无拘无束的生活，他们对自己并没有过多的要求，对生活也没有特别的期望，只是单纯认为过得去，随心情就好。这种随心情的心理就产生了他们对消费的态度，他们的购物也更多是随心情，因此月生活费不可能是固定的。而且对于学生来说，他们的生活费是父母给的，他们的生活费相对来说是差不多的，但是遇到消费时，更多地会向父母获取费用。对于已工作的来说，他们对自己的生活费更没有固定限制，更多地去享受生活，随机消费，更多的交际、娱乐费用是生活与工作中必不可少的。尽管现在青年人的警觉性和认知性很高，不会随便地购买未知的商品，会有计划性的购物目的，但是环境因素或者人为因素也都会影响青年人购物的心理标准，青年人不会随便地听信他人的劝说，但会产生动摇，这样就产生了即兴型消费，造成了消费中的浪费。当今社会是信息科技的时代，网络已成为人们生活中必不可少的一部分，各种购物网站如淘宝、京东、1号店等层出不穷，网络上的商品各式各样，没有地区差别，各地的产品均可随意购买，各种网站随意浏览，价格一应俱全，不用跑来跑去地货比三家，只要动一动鼠标，再加上网站活动和网络广告，双11、双12、几周年等促销活动都刺激着人们的购买欲。这样的购物是方便的、简洁的。但是，这也大大增加了青年人的消费量及消费费用，相对的生活费费用在收入中所占的比重增大。这样往往致使支大于收，借贷不平衡，生活水平不稳定。尽管青年人在购物上注重了价格的问题，但是消费不受控制，就如同双11时，在网上疯狂购物的大多是青年人，他们认为在双11所有商品半价的情况下，疯狂扫货，甚至不惜花费所有的费用，即使是每年事后“剁手党”总是苦不堪言发誓绝不再购。这种消费具有受环境因素的影响，而且恰恰是考虑到了价格的因素，才产生了这种情况。

消费的增加并没有影响青年人的正常生活。当今社会下，大多数青年人是独生子，家里的万千宠爱，他们的生活不会因过度消费而有太大的变动。理财能力的不足，通常是没有后顾之忧的原因，他们不需要理财，不需要为未来担忧，自有人为他们的未来打算，简单的消费心理和消费结构，随机性的消费，超过收入的借贷消费大多数由此造成。青年人享受生活，注重当下，追求高品质的生活质量，都反映了他们对消费的认知和态度。

三、结　　论

根据每月生活费的安排、每月消费的主要项目可以看出，青年人在消费项目的选择上通常是满足生活必需，娱乐是在每日所需满足之后的。所以，青年人每月的生活费用常常不固定，费用也相应地在1 000～2 000元以及更多。没有特定的限制，充分体现了青年人消费的随机性。

根据消费目的可以看出，青年人购物之前会制定购买清单，清点所需物品进行购买。但是仍然存在盲目购物、随机购买的情况，也存在过度消费、满足心理的情况。计划型消费的目的还有待提倡，要让更多的青年人去接受并实行这种消费，避免不必要的消费型浪费。

根据购物渠道、了解商品的渠道可以看出，青年人对购物渠道的选择和了解商品的渠道有着一定的联系。现在社会网络的流行，青年人更成为追求时代脚步的典范，并且随着一系列网购平台的诞生，使网购成为普遍青年人的选择。而青年人使用各种电子产品，使广告的获取更加充分，他们从广告中获得商品的信息，如电视广告和网络广告。这种信息的接受促使人们产生购物的欲望，网络购物便是最方便快捷的方式，及时获得信息，及时进行购买。

根据购物地点的选择标准和购物的注重点可以看出，青年人购物注重点和选择购物地点的标准是大致相同的，人们都比较注重商品的价格。人们更倾向购买同一种商品的价格更低者，这种选择满足了人们在购物时认为赚到了商家便宜的心理；一种商品的价格高，证明了它的高品质和品牌性，人们也倾向购买，而这种选择满足了人们买到好东西的购物心理。所以，价格对商品的体现是人们购买的主要标准。

根据月消费金额占可分配收入的比重、月底余额情况、心中合理的消费状态和结构可以看出，青年人月消费在可支配收入的占比和月余额情况充分表明了青年人对当下和未来的规划。现在大部分的青年人更注重当下的生活，他们的消费往往是有多少用多少，不去为未来做规划，享受生活满足自己的各种需求。没有生活负担，一旦产生消费需求便去满足，不会顾虑其他。但是，这种消费心理存在一些问题，往往会产生所谓的月光族，青年人的生活状态是不固定的，变动性大，随时可能出现窘迫的情况。

根据理财能力可以看出，青年人需要有一定的理财能力，当今社会的青年人缺少这种理财能力，享受当下的这种心理会给他们带来不必要的麻烦，也并不能为自己创造更好的生活。

四、建　　议

经过对青年消费者消费习惯的分析得出的几点结论并加以分析原因，对青年消费者应树立良好消费行为提出几点建议，这里从青年消费者自身和市场两个角度给出建议：

第一，对于青年消费者本身来说，得知当下的青年消费者往往缺少计划性消费的心理，他们中的一些人更多地倾向于奢靡享受这种不健康的消费生活。在调查问卷中，青年消费者大多以白领和学生为主，而事实上，在青年人这一群体中，这两类人也的确占据了重要位置。在不健康的消费行为中，时髦和以消费为乐的意识占据了主流。而在询问类似“是否认为国外产品比国内好”的问题时，普遍得到的是肯定的回答。这里并不是抨击消费市场的优劣，而是作为一名拥有正确观念的青年人，应该从小学会什么是勤劳节俭，什么是以骄奢淫逸为耻。以白领阶层和学生为比较，学生的不正确消费更为不该。白领是通过自己的能力获得报酬生活，而学生的经济来源主要还是父母，拿着父母的辛苦钱挥霍，这才是真是需要被改正的消费行为。因此，对于青年消费者本身来说，不论手中的金钱来自何种方式，要学习的是在心里做一个计划，基本生活需要、娱乐需要、求学需要、结余……在经济快速发展中，面对形形色色的商品和需求，应当有自己独立的意识，不一味跟潮流随大众，毕竟中华民族的优良传统是节俭倡廉。

第二，对于市场而言，需要给青年消费者一个良好的消费环境，一个好的社会环境是孕育正确消费观的必然条件，因此市场的作用也是不可忽视的。尤其是在“国货普遍不如进口”的状态下，更应该树立起良好的信誉，及时挽回消费人群。同时，在网购迅猛发展的情况下，大力对网购市场进行监管也是重要措施。做好自身才能要求消费者信赖，做好自己也才能给消费者树立起正确的消费观。好的产品不仅是质量的专注，它在传达产品理念的同时倘若能够传达积极向上的健康消费理念，这才是它真正成功的地方。面对各种广告言不符实的现状，消费者更愿意信赖进口产品是不争的事实，市场能做的是整顿现状，对消费者负责。以市场为导向的消费将是未来很长一段时间的状态，市场提供的信息若可以对消费者有积极作用，那么广大消费者将拥有正确的价值导向。在政府辅助的市场经济中，相信这是能够做到的。

主要参考文献

代琪，2008. 我国城市青少年从众、不从众与反从众消费行为研究 [D]. 成都：西南交通大学.

董雅丽，张强，2011. 消费观念与消费行为实证研究 [J]. 商业研究（8）.

沈丹，2006. 消费者网上购物动机分析及基于服务的营销策略 [J]. 科技情报开发与经济（6）.

苏胜强，谷永春，2007. 基于消费者价值观的市场细分实证研究 [J]. 华东经济管理（1）.

苏媛媛，2014. 都市白领青年的消费观念和消费行为研究——与非白领青年的比较分析 [J]. 中国青年研究（4）.

王敏，2007. 试论我国城市青年消费者的消费心理及消费行为 [J]. 东北财经大学学报（4）.

张俊，2011. 奢侈品消费动机研究文献综述 [J]. 经济师（3）.

北京市农村畜禽养殖污染调查研究

项目组成员： 郭春雨　修学敏　陈致宏　渠天池　陈晓雅
指 导 教 师： 杨博琼

摘　要： 我国大力鼓励和发展农村经济建设，畜禽养殖成为促进农村经济发展的重点项目之一，与此同时，畜禽养殖也给农村造成了严重的污染。根据《第一次全国污染源普查公报》统计，我国农业面源污染物排放量已经超过了工业污染物排放量，而畜禽养殖污染又是其中的重中之重。北京市 2012 年畜牧业总产值占农业总产值的 39.0%，远高于全国 31.7%的平均水平。该污染已经是造成北京水域污染的主要原因之一，因此，治理畜禽养殖污染刻不容缓。本研究通过调查北京市农村畜禽养殖的发展现状和相关的污染现状，分析污染给农村的自然环境和村民的社会生活环境带来的严重问题，并就此提出相应的建议和管理对策。

关键词： 北京农村　畜禽养殖污染　污染现状　产生原因　防治对策

我国的农村人口众多，是农业生产大国，畜禽养殖业在我国也有着悠久的历史。随着近代畜牧业的发展，畜禽养殖业逐渐从家家户户的散养、放养走向了工场式的规模化、集约化、现代化的养殖方式。小组成员查阅相关资料得知，北京市的畜禽养殖主要以家禽、猪、牛为主。北京市 2009 年肉牛最终产量 11.69 万头，肉猪全年 314 万头，肉鸡 945 万只，蛋鸡 1 358 万只。截至 2009 年底，北京市农村总共有 1 000 多家各类规模化的畜禽养殖场，其中养猪场有 509 家，占北京市猪养殖总量的 45%；养牛场有 244 家，占北京市牛养殖总量的 49%；养鸡场有 263 家，占北京市鸡养殖总量的 58%。规模化养殖场快速发展，但与此同时也排放出大量的畜禽养殖废弃物，然而与之相适应的畜牧养殖污物处理方案长期不受重视甚至被忽视。这也导致畜禽养殖场排出的废弃物已经成为危害生态环境的重要因素之一，严重制约经济社会的健康和可持续发展，随着畜禽养殖污染问题越来越严重，这也使人们必须高度重视这一问题并加以解决。

根据调查和查阅文献发现，造成畜禽养殖业的污染主要有五大污染源：动物所产生的粪便、尿液污染，养殖产生的臭气污染，畜禽养殖的水污染，土壤污染以及生物污染。根据相关调查文献记录和数据统计表明的水污染排放量：化学需氧量（COD）为 1 268.26 万吨，占总污染的 41.9%；总氮 102.48 万吨，占调查中总氮排放量的 21.7%；总磷 16.04 万吨，占调查中总磷排放量的 39.8%。调查数据估算，粪便产生量 2.43 亿吨，尿液产生量 1.63 亿吨。以上数据表明，我国禽畜养殖排放污染占据造成污染的比例很大。

一、污染现状及所带来的环境问题

为了迎合市场需求，北京市农村畜禽养殖产业主要集中在猪、鸡、鸭、鹅、牛、羊等市场份额较高的种类上，尤其以规模化养猪场和零散的农户养鸡、鸭占有较大比重。北京市畜禽养殖业发展迅猛，这导致农村环境质量下降，对农村的自然环境和生活环境造成严重影响。图 1 直观地表明了北京市畜禽养殖的污染情况。

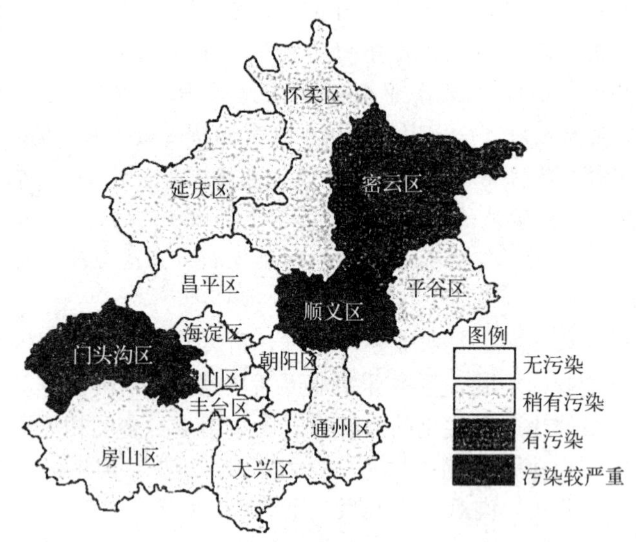

图 1　北京市农村畜禽养殖污染分布图

从图 1 可以看出，北京农村畜禽养殖污染主要集中在远郊区，近郊区无污染，如昌平区、朝阳区、丰台区、石景山区、海淀区。其中，顺义区与门头沟区污染较为严重；密云区有污染；延庆区、怀柔区、平谷区、通州区、大兴区、房山区稍有污染。可见，北京市农村畜禽养殖污染影响范围较广，只有较少数的农村区域没有被污染。所以，防范、治理与整改农村畜禽养殖业对于北京市来说刻不容缓，需要政府及广大的农村畜禽养殖人员对畜禽养殖污染问题引起相当大的重视并采取相应措施解决污染问题。

举个例子，根据对农村从事畜禽养殖业的场房的调查发现，很多养鸭场或者养鸡场内排出的污粪直接就排到了排水沟里，其排出的污粪不经过任何的处理，有的污粪顺着排水沟流进附近的河水里，有的流进村外的污水坑里，等待污粪自然分解处理。但是随着长时间的粪便积累，污水越来越多，自然的分解速度也越来越慢，因此造成了臭气熏天的气味。据附近的村民反映："一到夏天或者阴天雨天，畜禽养殖场周围就臭气熏天，让人恶心作呕。"对于这个现象附近居民表示很无奈，"没办法，没人管"是附近居民对此的一致解释。现在，详细阐述一下农村畜禽养殖业的污染严重。其主要表现在六大方面：

（一）关于粪便的污染

畜禽养殖产生出大量畜禽排泄物，这些畜禽养殖所产生的粪便排泄物中含有大量氮、磷和有机污染物等。但是，由于养殖场场长和员工的环保意识差、相关知识欠缺，将排泄物随意堆放并且不及时进行处理。据调查，畜禽养殖业产生的排泄物已经成为继工业污染和生活垃圾污染后的第三大污染。同时，畜禽养殖污染问题也是造成北京市农村环境质量下降的重要原因之一。粪便的随意堆放，对人身健康、人居住环境、农村的村容村貌等都造成了严重的危害。粪便的随意堆放，不仅侵占土地，污染土壤、水质和大气，还传播疾病。据估计，每堆积1万吨的禽畜粪便至少要占1亩土地，降低土地的利用率。

（二）关于水质的污染

由于畜牧殖场缺乏无害化处理设施，产生的大量畜禽粪便利用率不高，直接排放至水体，未经处理的养殖污水中含有氮、磷量极高的污染物质，造成了水质的恶化和水体的富营养化。排泄物中的有毒成分和有害成分渗入地下水中，严重影响了地下水，而地下水是村民生活用水的主要来源。因此，污染对人类的生活用水造成极大威胁，造成持久性的有机污染，使水体丧失其使用功能，极难治理恢复；大量的污水排入河中，导致水质恶化。污水对附近农户的生产生活造成严重的影响，有些甚至已经对饮用水源构成威胁。畜禽粪便随意堆放，在雨季，粪便中有毒，有害成分随雨水流入河流或者渗入地下水，使水中有毒成分增多，严重时使水体发黑、变臭。在我国农村大部分村民饮用地下井水，这直接污染村民的饮用水安全，危害村民的身体健康。

（三）关于大气的污染

畜牧粪便经过发酵后会产生大量的甲烷等有害气体，产生的这些有害气体不仅破坏了生态环境，使大自然环境失衡，污染了大气，使空气质量降低，影响人类及动物生存居住，而且甚至严重还会直接影响人类身体健康，产生疾病等。在畜禽养殖的过程中，因为养殖场的设置需要大量的土地，而农村可供畜禽养殖使用的土地并没有那么多，因此很多养殖场选址紧靠公路或者村民居住的村庄，从而产生的排泄物也是随意便堆放在路旁或者村庄周围。长久如此，便散发出非常难闻的气味，严重影响了周边居民的生产生活，老百姓及过往路人叫苦不迭，养殖农户自己也深受其害。粪便堆放过程中产生的臭气中同样含有多种有害气，其本身具有刺激性和毒性等，影响人类正常呼吸，严重影响身体健康，也对动植物产生很大影响。

（四）关于土壤的污染

畜禽粪尿中含有大量的氮、磷、微生物，在生产中用于治疗和预防疾病的药物残留、微量元素添加剂的超量部分也随畜禽的粪尿排出体外，会污染土壤。规模化养殖场用于清洗和消毒的化学剂直接排入污水，有害物若得不到有效处理，污水可堵塞土壤，造成土壤透水性下降，会对土壤结构构成严重的污染严重影响土壤质量。

（五）关于当地生物的污染

畜禽养殖的排泄物中含有大量的病原微生物、寄生虫卵，增加了各类传染病的传播途径，已经造成重大传染病的隐患，严重情况会导致疫情发生，不仅会带来经济损失，还会带来灾难性的危害。另外，粪便堆放产生的恶臭气体更是会招致大量的蚊虫，这些蚊虫会带来大量的细菌，这些病原菌和寄生虫大量繁殖，导致各种传染病传播，甚至还会波及人类。并且长期使用污水灌溉农作物，造成农作物晚熟或者不熟，大面积的腐烂和减产问题。

（六）关于村容村貌的污染

在上文介绍粪便污染、水质污染、大气污染、生物污染四大类污染时，已经或多或少地提及畜禽养殖污染对于村容村貌的污染，在此就不再详细赘述。

以上六方面便是本小组所调查到的对于北京市农村畜禽养殖污染，也是最主要的且最为严重的六方面。

二、造成污染的原因

造成北京市农村畜禽养殖污染的原因众多，本小组调查到以下 4 个原因：

（一）当地畜禽养殖农民对污染防范意识薄弱

畜禽养殖业主多数是由普通农户逐步发展壮大产生，当地养殖户的环保意识薄弱，经济基础同样薄弱，没有意识到畜禽养殖业所带来的污染问题的严重性和防治工作的紧迫性。养殖户长期的不科学、不合理的经营行为方式导致了畜禽养殖污染问题日益突出。京郊规模化畜禽养殖所产生的粪便与农业生产严重脱节，没有完全进入农田生态系统，而是随意堆放排泄物，致使环境受到污染。未经处理的排泄物排入水体并且沉积在水底，导致水体的污染。养殖户们只重视畜禽养殖所带来的经济效益，从而轻视了环境效益和生态效益，导致畜牧的粪便、尿液、尸体成为一大环境公害。所以，养殖户们没有做到养殖业污染的防范与治理以及安全高产的综合发展，其不合理的经营行为严重导致了环境污染的出现并且日益突出。

（二）污染防治管理措施不够完善

当地的传统畜禽养殖业生产以家庭分散养殖为主要养殖形式，粪便能够通过周围农田施肥的需要而及时地自然处理掉，相当于废物再利用，形成从农田→粮食→养殖→粪尿→农田的循环。然而随着畜禽养殖的发展，规模化养殖的畜牧业的发展方向呈现出不断向城市的周边转移和集中的现象，这打破了原有粪便再利用环节，从而导致了农牧的脱节。再加上近年来科学技术的不断发展，新研究出的更加方便有效的化肥取代了原有粪肥的原因，畜禽养殖的废弃物没有了原有的消化路线。养殖户便将废弃物随意堆放或丢弃，出现了较为严重的环境污染问题。大部分的养殖场畜牧粪便的干、湿分离程度很低，虽然配套建设了沼气池，但是畜牧粪便经过沼气池的处理后，沼渣和沼液的污染物浓度依然严重超过排放标准，污染防治管理措施还是不够完善，治理程度低下。

（三）防治设备不够完善

由于最初农村各地在兴建畜禽养殖场时，时间紧急，金钱也相对不足，因而建设略仓促，使得最终建成的畜禽养殖场的养殖环境大部分都设施简陋，甚至一些养殖场并没有建设配套的粪便处理设施。同时，养殖业利润小，而畜禽养殖场污染防治所需要的设备是一项资金投入非常大的工程，企业在治理设备资金的投入上存在困难。与此同时，政府的资金支持也不到位。所以，多数养殖场都不重视对所产生污污染的科学管理，缺乏必要的粪污处理设施，导致大量未经处理的畜牧粪污随意排入河流、田间、池塘等周围环境中，造成严重的环境污染。

（四）当地政府对污染监管不到位

尽管北京市农业局印发了《北京市农业局畜禽养殖业规模化养殖场污染治理项目管理办法》，但是由于畜禽养殖规模较大，养殖人群较多，当地政府不能够将以上标准和国家指定的环保标准严格的执行，落实到每户养殖户或者养殖企业中去，也并没有按照规定组织发展规模化畜禽养殖场，所以导致规模化畜禽养殖的污染治理工作进展缓慢。

三、环境管理情况

政府在调整农业产业结构和实现农业增长的过程中，把中心放在了畜禽养殖业上，而忽视了畜禽养殖污染问题和环境保护问题，所以畜禽养殖污染治理工作在政府政策中没有得到充分体现。防治水污染、大气污染、固废污染中并没有包含畜禽养殖污染。环保部门在畜禽养殖业污染的农村环境管理问题上缺乏相应的管理系统。因此，使得农村畜禽养殖业的污染防治政策、环境管理政策落后，手段也略显粗糙。与此同时，就算出台相应管理政策，但其管理力量与养殖户的执行力也相对薄弱。

四、治理对策

根据北京市农村畜禽养殖污染的现状和污染所带来的环境问题、造成污染的原因及现在的环境管理情况，提出了以下六点对于畜禽养殖污染的治理对策：

（一）排泄物处理方式

应大力推行干捡粪的处理方式，这种方式不仅可以节约用水，还可以减少废水和污染物的排放，在短期内明显减少废水和污染物排放量，尿液可以简单的还田方式利用，从而产生事半功倍的效果，还可以采用生产沼气工艺处理畜牧粪便。

（二）废弃物再利用

畜禽养殖业所排放的废弃物与工业中所排放的废弃物不同，它不像工业的许多排放物无法废物再利用。畜禽养殖粪便中含有可加工再利用的物质，这些物质通过加工处理可生产出饲料或有机肥料。将这些用于耕作用田后，可以改良土壤的结构，有利于提高有机质的含量，进而使得农作物产量提高。这样，不仅处理掉了畜禽养殖的废弃物，还促进了农业的发展。

（三）研究和推广科技技术

运用现代科学技术对畜禽排泄物进行生物技术方面的处理，将沼液、沼气等综合应用于农业种植或者居民生活。农、牧、副、渔综合发展，合理搭配，优化搭配。从而实现物质与能量的循环，使得畜禽养殖业与其他各种产业紧密地结合，从而治理畜禽养殖的污染。

另外，清洁生产是将畜禽养殖污染预防战略持续应用于畜牧生产的全过程，同时通过不断改善管理和技术等方面，提高资源利用率，从而减少污染物排放的过程，包括开发与应用环保饲料提高畜牧的饲料利用率；开发与应用畜用防臭剂，减轻畜禽排泄物及其气味的污染；用生物和生态方法净化污水；畜牧业生态工程技术；发酵床生态养殖等方面。

（四）进行合理规划和布局

应以环境容量来规划养殖场的总量规模，进行系统的规划、布局。养殖场应避免设立在生态环境脆弱的地区和水源地，充分地考虑市场、交通、环境资源以及污染等问题，进行合理的布局、合理的规划。

（五）建设粪便有机肥厂

建设畜牧粪便处理加工厂，对于土地承载力不足的部分地区所产生的畜牧粪便加工成有机化肥，然后运到其他地区再利用。这样的再利用方式既减少局部地区畜牧粪便环境的压力，又降低了粪便的污染风险。

（六）强化监督，完善有关法律和标准

北京市对畜禽养殖场的环境管理工作还存在许许多多的不足之处，随着养殖业长时期内保持快速发展，环境问题将越来越突出。因此，十分有必要修改、完善相关法律和标准，使环境管理有章可循并依法强化对养殖业的环境监督管理。在考虑国情的实际基础上，借鉴发达国家畜牧业治污的经验和教训，从我国的实际情况出发，因地制宜，尽快制定、补充并完善与畜牧业污染相关的法律法规，从法律高度上对污染排放进行约束，并严格管理，加大与环境相关部分的监督力度。同时，要支持清洁产业发展，如对清洁生产的厂家给予适当免税，对污染户征收高额治污税或罚款等政策。要不断完善畜禽养殖的不足，治理污染问题。

五、减排技术管理和推进模式

上文阐述了六大方面的治理对策与防范措施，虽然有效的治理与防范可以相对地减少畜禽养殖的污染问题。但是归根结底，想要更好地控制北京农村的畜禽养殖污染问题，还要究其根本，那就是在畜禽养殖过程中减少其污染的排放。就像北京治理雾霾，首先要把重污染工业迁出北京，其次实行私家车单双号出行，这些都是减少污染的排放从而治理北京雾霾的措施。北京农村的畜禽养殖也应运用这个思路，从根本减少污染的排放。畜禽养殖污染减排总体思路如下：

（一）养殖规模转变

养殖专业户由零散的、家庭为主向集中的、规模化的养殖场转变，学习科学

养殖，提高减污治污的水平。

（二）养殖方式转变

养殖企业由传统的养殖方式向创新的、清洁的养殖方式改变。

（三）治理方式转变

畜禽养殖合理规划，实现畜牧平衡发展，建立养殖户废物利用的意识，提高废物的综合利用率，养殖规模要因地制宜，选择具有地方特色的规模并且将污染率降到最低。

六、总　结

现如今，在经济与科技迅速发展的时代，生态问题日益成为人们关注的焦点，况且农业与人们的生活息息相关，农村畜禽养殖更是重中之重。但是，畜禽养殖污染已成为畜禽养殖业持续高效发展的重要制约因素，养殖废弃物以不同形式对水体、土壤、空气构成污染，危害人畜健康与安全，影响和谐和可持续发展。因此，北京市农村畜禽养殖污染的治理变得尤为重要。促进畜禽养殖业健康可持续发展，合理规划、种养平衡、不断研究创新合理有效的减排技术管理和推进模式，加强畜禽粪污的综合利用与病死畜禽无害化处理，使畜禽养殖废弃物变废为宝，不仅能节约资源，进行资源再利用，还可以保护自然环境的生态发展，更好地加快科学发展、可持续发展，建设环境友好型的和谐社会。北京农村畜禽养殖污染治理不光可以提高北京市农村的畜禽养殖水平，还可以改进北京农村整体的村容村貌，推进北京农村的环境治理，促进北京农村经济发展水平和综合发展水平，从而实现北京农村畜牧业健康、长期和有序的发展。

主要参考文献

高志彬，2014. 邢台市新农村建设设中生态环境保护问题与对策研究［J］. 当代畜禽养殖业（9）.

李建华，2004. 禽畜养殖业的清洁生产与污染防治对策研究［D］. 杭州：浙江大学.

卢星华，2014. 我国畜牧业污染问题及其治理对策［J］. 畜牧与饲料科学（10）.

王雷，2013. 浅析畜牧养殖对生态环境的破坏和防治［J］. 新农村：黑龙江（10）.

王泽荣，2014. 畜牧养殖场污染现状及对策［J］. 养殖技术顾问（3）.

吴根义，2014. 我国畜禽养殖污染防治现状及对策［J］. 农业环境科学学报（7）.

河北省涿州市农民专业合作社发展研究

项目组成员： 李　莹　郑　劼　杨　扬　尹建蕊　杜新阳
指 导 教 师： 隋文香

摘　要： 本文基于当前国家经济发展水平不断提高、农村经济不断迅速发展的大背景下，以河北省涿州市农民专业合作社为研究对象，通过实地调研、查阅相关资料对其整体发展状况进行了描述，从商品流通、信息流通、资金以及文化4个方面指出了发展中存在的问题，并针对存在的问题进行了原因分析、提出了对策及建议。

关键词： 涿州市　农民专业合作社　发展研究

前　　言

农民专业合作社，即农民专业合作经济组织，是指在家庭承包经营基础上，同类农产品的生产经营者、同类农业生产经营服务的提供者和利用者，自愿联合、民主管理的互助性经济组织。这一研究对象体现4个特点：一是主要由享有农村土地承包经营权的农民组成；二是体现成员经济参与和实现某种经济目的；三是围绕某类农产品或者某类服务而组织起来；四是遵循合作社的一般原则而成立的互助性经济组织。

随着经济的发展，产业规模化已经成为提高生产效率、增加产业效益的重要方式之一，农民专业合作社是市场经济发展的必然产物，纵观世界各国实践，农业高度发达的国家都有着高度发达的合作组织。近几年，随着市场经济的发展，我国的农民专业合作社发展迅速，同时国家也加大了扶持力度和颁布各项政策支持，最近又颁布实施了《中华人民共和国农民专业合作社法》，农民专业合作社发展的契机已经到来。河北省涿州市历来受到河北省内重点关注，加之受北京经济辐射带动作用的影响以及从中央到地方各级政府政策的扶持，近年来农村经济发展势头良好，农民专业合作社大量涌现，但是在发展过程中也存在着许多问题。

本文从涿州市农民专业合作社发展整体状况着眼，从多个专业合作社入手，以点面结合的方式找出涿州市农民专业合作社发展的问题所在，旨在通过系统的分析为河北省涿州市农民专业合作社存在的问题提出相应的解决方案。同时由于涿州市是农业大市，在此地研究农民专业合作社的发展，对推动农民专业合作社的进一步发展、促进涿州市农村经济发展和加快社会主义新农村建设具有重大的意义。

一、发展现状

涿州市农民专业合作社发展现状如下：

（一）合作社发展速度迅猛

自2008—2014年7年来，合作社数量从2008年的5家发展到2014年的165家，合作社数量增加了33倍。自2010年起发展速度放缓，但是仍然以年均10.69%速度增加（表1）。

（二）发展总量规模相对较大

涿州市作为一个人口规模达80余万人的县级市，截至2014年底，拥有165家农民专业合作社，入社户数达到9 924户，总体规模已经相对较大（表1）。

（三）存在一些发展良好的农民专业合作社

在已经备案管理的165家农民专业合作社中，有14家为县级示范社。在此基础上，又推选出10家市级示范社、3家省级示范社和1家国家级示范社。

（四）发展时间短

从表1中可以看出，截至2008年，涿州市农民专业合作社只有5家，入社户数仅有341户。快速增长也是从2009年才开始，也就是说，涿州市农民专业合作社真正意义上发展的时间只有7年左右。

表1　2008—2014年涿州市农民专业合作社发展情况

年度	农民专业合作社总量（个）	增长比率（%）	入社户数（户）	增长比率（%）
2008	5		341	
2009	72	1 340	3 802	1 014.96
2010	110	52.78	4 663	22.65
2011	124	12.73	5 076	8.86
2012	145	16.94	6 105	20.27
2013	153	5.25	9 323	52.71
2014	165	7.84	9 924	6.45

数据来源：2014年度涿州市农民专业合作社年报。

（五）方法各异，各有所成

如宇昊蔬菜合作社发展传统的蔬菜种植，因为注重质量、经营合理，已经发展为规模较大、市场竞争力较强的大型合作社。而有的已经摆脱单一的农产品生产，与观光农业结合在一起，发展农村旅游，既增加了收益，又有效地宣传了品牌，增加了产品的附加值与竞争力。如涿州市新义春光合作社，涿州市新义春光合作社成立于 2010 年，位于涿州市义和庄乡东北部，梨园总占地面积 10 000 亩。义和庄乡梨树资源主要位于永定河西岸，现有百年以上的树龄两万余株。每年三四月份，春风荡漾，万亩梨花白清如雪，醉人的原生态自然景观和得天独厚的地缘优势，都会吸引几十万名京津等地游客到这里领略百年梨苑的瑰丽风光，品尝农家风味饭菜，让游客品位自然纯朴的农家风情。

二、涿州市农民专业合作社存在的问题

涿州市农民专业合作社从整体上看呈现出良好的发展势头，个别合作社也已经做出了很不错的成绩。然而，由于涿州市农民专业合作社发展历史较短，经验和水平都十分有限。从整个社会背景来看，自国家提出重视农业政策至今仅有 10 余年时间，农业发展的整体环境尚有许多需要优化的地方。因此，涿州市农民专业合作社存在问题也是不可避免的。对此，本文主要从以下几方面进行论述：

（一）商品流通问题

涿州市紧邻京津，从市区到达北京走高速公路只需要一小时，到达天津也不会超过两小时，乘坐高铁到达北京更是只需要 25 分钟，交通条件十分便利。但是，农产品运输不同于钢铁、煤炭，许多农产品需要在恒温条件下运输，如牛奶；有的对减震、减压要求很高，如鸡蛋、水果。此外，一些农产品生产出来之后并不一定能够马上卖出去，因此还需要有相应规格的仓储条件。

良好的仓储物流条件需要强大的资金和技术作为支撑，但是作为普通的农民专业合作社来说，资金技术条件有限，根本无力满足农产品运输对仓储物流的需求。基础条件的缺失将大大影响农产品的品质，进而影响农产品的价格，最终影响农民的收益。

（二）信息流通问题

信息流通包括发布信息和获取信息两个方面，不幸的是，涿州市众多农民专业合作社在这两个方面都存在着很大欠缺。在发布信息上，大多是与某个超市或

者批发市场直接对接，看似方便，实际上限制了商品的流通渠道，大大减小了货比三家、择优而取的可能性。随意点开一些农民专业合作社的网站，看到的仅仅是寥寥几句对本合作社的介绍，最有价值的信息就是合作社的地址和联系人的电话。在互联网应用十分广泛的今天却丝毫不重视对官方网站的建设，可见信息的发布是有多么的欠缺。

在信息的获取方面，多数农民生产合作社不会提前根据现有数据来分析下一年的市场走向，对于价格的了解也是在产品生产出来之后，只有他们中的少数会与企业、超市对接，确定下一年的产量，并且拥有一定的价格保护机制。然而，即便是这些与企业对接的农民生产合作社也存在着单方面获取信息不足、信息明显不对称的现状。因此，必然导致明显的定价权的缺失。只有充分掌握了市场信息才不会被企业牵着鼻子走，才能获得应当获得的效益。

（三）资金问题

农村经济的发展，离不开资金、土地、人才三要素。其中，资金又是促进农村发展的重要因素。农民专业合作社资金来源主要有农户取得社员资格所交纳的资格股金、社员集资组建实体取得的盈利、农产品销售盈余、政府拨款、合作社向金融机构贷款等。涿州市农民专业合作社资金来源主要是社员集资组建实体取得的盈利，能够取得国家拨款和金融机构贷款的非常少。现实中每位社员交纳的会费金额很少，每人几百元，不能满足合作社在生产经营方面的要求；虽然国家通过对合作社申请项目给予一定的补贴资金，但事实上，国家对申请项目补助资金的合作社要求非常严格，只有少部分发展好、效益高的合作社才能够申请到，大多数合作社申请不到国家的补助资金；同时，农村金融机构向合作社发放贷款的要求也很严格，贷款需要有人或财产来进行担保或抵押，很多合作社无法提供有力的担保或抵押，因此较难取得金融机构的贷款，即使取得贷款，额度也非常小。如今，资金已经成为制约涿州市农民专业合作社发展的“瓶颈”。

（四）文化问题

企业的核心竞争力根本上在于它的企业文化，对于农民专业合作社来说也是这样。在采访的过程中，许多合作社反映合作社内部成员比较松散、管理困难、缺乏技术支持等问题，事实上，这些问题归结起来都是文化问题。这里提到的文化问题要从 3 个方面来说：一是合作社的制度文化，二是合作社的思想文化，三是技术水平。

1. 制度文化 就制度而言，合作社与企业有很大的不同，合作社是一个经济互助组织，虽然也有领导体系、有制度约束，但是各个农户的独立性依旧很高，管理起来相当困难。加之大多数的合作社没有非常明确的行为规范，更不要说完整的制度体系，这就使得管理从根本上无法实现。据走访了解，有一些合作社在成立之初制定了相应的行为准则，但是在后期的执行过程中往往不能严格地按照规定去执行，久而久之，仅有的规则也就此荒废。

2. 思想文化 中国是有几千年文明史的古国，封建思想的影响根深蒂固，加上中国农村经济长期相对落后，文化教育水平低，小农经济形式在一定程度上依然存在，这使得农民在思维上具有很大的局限性。在合作社发展过程中，成员往往只考虑自己的利益，同时看到的也只是眼前的利益，不会用综合的思维从长远的角度来看待问题。因此，除了唾手可得的利益，很难再找到合作社的凝聚力和向心力。拥有这种文化的组织是很难有长远的发展的。

3. 技术水平 大多数的农民专业合作成员都是普通农民，文化水平相对较低，几乎不懂得农业生产运作的专业知识。好一些的合作社也只是进行过简单的培训，技能掌握得不系统、不全面。拥有专业知识的相关人才因为农村经济发展水平低，基础设施发展不完善以及合作社给不了良好的经济待遇，大多不愿意到农村来工作。人才的缺失进一步加剧了技术的落后。

三、对策及建议

经过系统的研究分析，下面针对上一部分提出的 4 个问题提出一些解决措施：

（一）商品流通方面

1. 建立“农超对接” 近年来，涿州市的经济有了长足的发展，众多大型超市纷纷在此抢占市场。市民的收入水平不断提高，消费结构也有了很大的改善，本地消费市场十分巨大。建立“农超对接”，将生产的农产品就在本地销售，可以大大减小运输成本，对运输条件的要求也会降低。此外，对接过程中可以要求超市提供物流、上门采购，这样便可以有效地保证运输过程中农产品的品质。

2. 与当地的物流公司合作 近年来，物流产业发展迅猛，涿州市也不例外。当地的大型物流公司有涿州物流、惠友物流等企业，与之合作可以有效地解决运输仓储问题。

3. 建立自己的仓储设施 附加值高的合作社可以建立自己的仓储物流设施，虽然一次性投入大，但是受益长久，满足自己需要的同时还可以适当承担一些物流项目，增加收益。如涿州市新龙兴奶牛专业合作社通过建立标准化牛舍 12 栋来保证生产的奶制品品质；奶制品对仓储和运输的要求条件比较高，该合作社便建立了 2 个制冷罐和 1 辆鲜奶运输车来满足奶制品对仓储和运输物流设备的要求。

4. 设立农业观光园 将消费者请到自己的田地中，让消费者采摘和运输。

（二）信息流通方面

在信息获取上：一是加强对现有数据的收集、整理和分析，以完成对未来相关农产品的预测；二是扩大销售主体，尽可能与最终销售者对接，或者直接面向消费者，以便更快、更好地掌握市场价格变动。

在信息发布上：一是不仅要重视网站建设，还要多利用自媒体等形式，善于利用互联网做宣传；二是根据产品特点，对于影响力大的相关活动实施赞助，以扩大产品的知名度与影响力；三是可以依据自身经济实力做广告宣传。

（三）资金方面

一是涿州市政府要加强调研，科学评估，对于发展潜力良好的合作社加大财政资金扶持力度。一方面，对合作社提供直接财政支持；另一方面，为合作社提供低息或者免息贷款。二是由村委会提供担保，进行贷款。三是与龙头企业合作，寻求企业的资金支持。四是合作社成员加大出资额，以完成合作社成立初期对资金的需求。五是完善资金分配使用制度，使资金的使用公开透明，杜绝资金的贪污、浪费行为。

（四）文化方面

一是没有规矩不成方圆，合作社要加强管理体系与行为规范的制定，可以把管理过程与利益分配相挂钩，对于违反合作社规定的行为要有相应的处罚。最重要的是要将制度严格的执行。二是对合作社的发展规划与存在的机遇要多向合作社成员讲解，争取合作社成员的理解与支持。三是对合作社做出贡献和有利的行为要给予奖励，引领合作社成员以大局为重、不贪小利的风尚。四是设立图书馆，引领读书风气，以增强合作社成员的思想认识水平。五是与龙头企业合作，加强技术的学习和承接。六是二十一世纪的竞争是人才的竞争，有了人才才会有发展的希望，所以要重视人才、培养人才、留住人才、吸引人才，对有学习能力和有学习欲望的人要集中力量予以培养，对有知识、有能力的相关人才要给予大量的人文关怀和应有的经济条件。总之，没有人才要创造人才，有了人才，一定要留住人才，最主要的还是要善于利用人才。文化是合作社的核心竞争力，重视风气培养，提高成员素质，发挥人才的力量，合作社才能越走越稳，越走道路越宽广。

主要参考文献

焦昆，2012. 保定市农民合作组织发展状况的调查与研究［J］. 经济视角（2）.

刘娜，2011. 河北省农民专业合作社资金互助风险控制机制研究［D］. 保定：河北农业大学.

田宝玉，2015. 保定市农民专业合作社的发展与创新升级［J］. 企业改革与管理（9）：188.

王宁，翟颖娜，2015. 涿州 3000 农户走进农合组织［N］. 保定日报.

王薇，2013. 保定市农民专业合作社农产品销售现状及对策研究［D］. 保定：河北农业大学.

王哲，2014. 涿州市农民专业合作社文化建设探究［D］. 保定：河北农业大学.

武丹，张鹏辉，2011. 河北省保定市农民专业合作经济组织发展现状及对策分析［J］. 畜牧与饲料科学，32（11）：84－85.

尹晓菲，蔡军，2012. 保定市农民合作经济组织发展现状及对策分析［J］. 商业文化（下半月）.

张洪杰，宗义湘，杨鹏轩，2012. 农合联服务农民专业合作经济组织研究——以河北省保定市为例［J］. 安徽农业科学，40（20）：10648－10650.

张娇，2014. 保定市农民专业合作社农产品流通现状及对策研究［D］. 保定：河北农业大学.

北京农业科技企业技术创新现状调查研究

项目组成员： 郑金龙　安照博　徐晓莉　梁晨菲　胡鑫森
指导教师： 李　萍

摘　要： 随着经济体制日益的完善，科技改革也加紧了步伐，促进了现代农业科技企业的快速发展，为了促使科技与农业的有效结合与进一步发展，本小组开展调研，重点调查分析了北京农业科技企业技术创新现状。本文由三部分组成，主要内容可以概括为：第一部分内容是本文的研究背景、目的。第二部分内容是数据的分析，此部分又着重地介绍了一些调查的问题，一是在创新机构设置方面所做的调查，说明了机构设施会影响农业科技企业发展；二是资金的管理和整合方面，迫切需要企事业单位加大对创新的力度，根据国家的政策大力支持，可以发展好、完善好企业；三是在创新人才方面，一个国家乃至一个企业的人才是难得的，只要是有了创新的人才，将不会惧怕任何困难；四是在创新绩效方面，申请专利等一系列绩效考核的办法是追求的目标。第三部分内容是给企事业单位提出的一些建议，帮助农业现代企业在今后的经营中可以更加完善，并加大创新力度。

关键词： 农业科技企业　创新技术　绩效　不足

前　　言

通过对几个农业企业的调研走访、对农业企业的数据分析，分析农业科技企业的现状。并且根据农业企业现在面临的窘境，加大对农业科技企业的支持与帮助，促进健康发展。在现代化建设的道路上，不仅要加大创新的政策之路，也要加大意识观念的扶持，争取早日建成中国特色的发展之路。

（一）背景研究

本小组以北京各大农业科技企业创新调查表为依据，研究了各农业企业在创新项目上各类可比指标中的差异，从整体的角度出发，探究各农业企业在创新效能上的投入、资源等能力。这对于各农业企业在创新战略上的部署将有很大的意义。

（二）研究目的

如今已经是知识经济时代，企业发展以及获取长期竞争的优势的关键已经渐渐转变为技术创新，如何选择适合企业的创新发展路径，提高企业自主创新能力，是关乎各企业技术创新发展的关键。

北京农业科技企业为推动农业持续发展、农业经济发展方式的转变添砖加瓦，有着极其重要的作用。但这些企业在发展中仍然存在着很多不足之处，创新机制不完善，未形成稳定的运营模式、自主创新能力较弱。因此，调查农业科技企业的创新能力现状，研究农业科技企业的创新运行与路径，探究北京市农业科技企业创新模式的建设方向，是北京农业科技企业研究的重点内容之一。

一、数据分析

为了方便介绍当前北京农业科技企业的创新现状，本文在整理了调研问卷之后，选取了一系列比较核心又常用的指标进行数据的分析与整理。重点从机构设置的创新、资金技术的支持方面、人才的培养与发展、制度与绩效方面的整合以及加大管理力度开展研究。

（一）创新机构设置方面

由于我国农业科技企业发展暂时不够强大，从北京农业科技企业创新机构设置来看，当前企业技术创新组织的结构不健全，还需要继续的完善。2009 年，北京农林牧渔业企业数 165 个，有研究与试验发展活动的机构数仅 18 个。2010 年，农林牧渔业企业数量增加到 214 个，有研究与试验发展活动的机构数却仅增加到了 20 个。2011 年，受部分原因的影响企业数减少到 155 个，有研究与试验发展活动的机构数则为 19 个。从表 1 来看，整体上创新研发机构的设置情况还是有欠缺，大多数农业科技企业没有研究开发机构，说明这些企业并不重视研发活动。

表 1　北京农林牧渔业企事业单位研究开发机构

年份	企业数（个）	有研究与试验发展活动的机构数（个）
2009	165	18
2010	214	20
2011	155	19
2012	156	20

数据来源：北京市科学技术委员会，2009—2012. 北京科技年鉴 2010—2012［M］. 北京：北京科学技术出版社 .

从 2009—2012 年这几年的统计数据看，农业科技企业的生存率不高，也许是企业不重视研发活动的原因之一。虽然北京农业科技企业发展尚不成熟，但是研发机构数几乎没有较大变动。同时，结合调查问卷来看，北京农业科技企业现在已经逐渐意识到了企业研发对企业的重要性。这也充分证明了设置企业创新机构，在一定程度上有助于北京农业科技企业在市场竞争中获得有利地位，同时实现农业产业不断升级。

（二）资金的管理与整合

农业科技企业的风险性投资机制不是很健全，导致了科技企业的融资渠道受到了诸多的阻碍，在一定程度上限制了北京农业科技企业对于农业科技企业创新的发展与研究，农业发展的体系没有建立健全，也没有资金的保障支持，资金问题成为解决现代农业科技企业创新的因素之一。由表 2 可以看出，研发经费支出量增幅很大，北京市农林牧渔业 2009 年研发经费支出 5 298 万元，到了 2012 年研发经费支出变为了 19 294 万元，4 年来增长了将近 4 倍。北京农林牧渔业研发经费来源分为四部分：从 2009 年的数据看，政府资金 1 837 万元，企业自有资金3 461万元，而国外资金以及其他资金均为空白。但从 2010 年开始到 2012 年结束，研发经费来源发生了变化，增加了其他资金的来源，甚至到了 2012 年，国外资金来源也终于打破了零的局面，有了 203 万元来自国外的资金。这一情况充分反映了北京市农业科技企业有了国外的融资渠道，甚至有了国外的合作关系。从表 2 的分析来看，企业更加重视了创新在一个企业中的重要地位，不断地加大研发经费支出量，来逐渐改善企业投入技术创新的经费短缺问题。与此同时，在进行创新时可使用的资金不断增多，融资渠道逐渐多样化，融资方式也日益增多，资金方面为技术创新提供了保障，形成了良好的技术创新氛围，促进创新发展在企业中可以挣得有利地位。

表 2　北京农林牧渔业企事业单位研究与试验发展活动经费内部支出及来源构成

单位：万元

年份	研发经费内部支出	政府资金	企业资金	国外资金	其他资金
2009	5 298	1 837	3 461	0	0
2010	4 794	355	4 314	0	125
2011	18 988	1 434	15 182	0	2 723
2012	19 294	923	18 371	203	140

数据来源：2009 全国第二次 R&D 资源清查资料汇编［M］. 北京：中国统计出版社，2011 年 .

北京市科学技术委员会，2009—2012. 北京统计年鉴 2009—2012［M］. 北京：北京科学技术出版社 .

（三）创新人才方面

对于农业科技企业，人才是影响农业技术创新的基本决定因素之一，也是技术创新核心，引导协调着技术创新活动方向，也是增加智力资本的重要环节。不仅要加大对资金方面的支持，也要加大对科技人才的需求量，包括人员的质量和数量等方面的要求。由表3可以看出，2009年北京市农林牧渔业研发的人员投入达到了420人并且逐年递增，说明北京市在对农林牧渔业投入的研发人员数量上占据绝对优势，对企业技术创新的意识也是逐渐增加的。企业技术创新受到多方因素的制约，而人才往往可以从根本上整合多方面因素进行系统管理和调整，并给农业科技企业解决问题，找出最佳结果。北京作为首都，在研发人员学历结构中，北京市高学历人才数量和质量是存在绝对优势的，但从农业科技企业整体人员来看，还存在一定问题，涉农方面的人才数量稀缺而且质量并不是最优。这大大地制约了农业科技企业技术创新质量的提高问题。

表3　北京农林牧渔业企事业单位研究与试验发展活动人员情况

年份	有研发活动的单位数（个）	研发人员（人）	研发人员折合全时当量（人年）
2009	18	420	110
2010	20	561	340
2011	19	879	596
2012	20	850	635

数据来源：2009全国第二次R&D资源清查资料汇编［M］．北京：中国统计出版社，2011.
北京市科学技术委员会，2009—2012．北京统计年鉴2009—2012［M］．北京：北京科学技术出版社．

（四）创新绩效方面

在农业科技企业技术创新中，需要不断投入各种因素来实现农业科技从研发到推广到效益的过程的转化。衡量一个企业技术创新绩效的方面是创新成果，而且也是技术创新效益的表现形式之一。表4可以看出，专利申请数和发明专利数很明显呈现出逐年增多。2009年，北京地区的农林牧渔业专利数和发明专利数分别是30件和21件，然而到了2010年这两项数值分别翻了1倍，2012年专利申请数比2009年翻了近3倍。这可以从侧面反映出北京农业科技企业的科研投入能力不断提高，并在一定程度上取得了更多的科技成果。农业科技企业创新的目的为了实现效益的最大化。在表4中从新产品产值、销售收入和出口这3个指标的数据可以看出，企业科研产出能力是稳中求进。但在我国长期计划经济体制的影响下，企业技术创新尤其是自主创新能力不强，虽然在研究开发上的主体地位有所加强，但科技创新开发的机构很少，多数在专业的研究院所和高等涉农院校进行，导致科技成果与企业生产经营相脱节，不能满足市场要求。另外，长期以来，农业科技企业对技术创新成果的知识产权保护不力，导致了很多问题和纠纷。我国知识产权保护制度是缺失的，难以保障企业知识成果的经济效益，知识产权对农业科技发展的促进作用尚未得到充分发挥。新产品产值、新产品销售收入、出口三者从数据上看波动不大，这其中有多方面原因是打击了农业科技企业技术创新的积极性所致的。

表 4　北京农林牧渔业企事业单位科技成果情况

年份	专利申请数（件）	其中发明专利（件）	新产品产值（万元）	新产品销售收入（万元）	出口（件）
2009	30	21	198 589	190 035	3 005
2010	61	41	192 887	191 033	3 146
2011	81	70	274 916	268 280	7 605
2012	203	140	261 233	260 397	4 810

数据来源：2009 全国第二次 R&D 资源清查资料汇编［M］. 北京：中国统计出版社，2011.

北京市科学技术委员会，2011—2013. 北京统计年鉴 2010—2013［M］. 北京：北京科学技术出版社.

二、结　　论

为使北京农业科技企业创新，既要提高质量也要有数量，充分发挥出创新的重大影响，在研究现在的创新水平的同时，也要合理地认清现在的水平，了解现状的积极影响。并根据自身发展的情况，调整布局，再加上已有的创新水平，加大创新发展，那样，企业的发展水平将会有一个很大的提高。

在开篇的时候就介绍了关于农业科技企业以及现状分析，重点说明了在创新中所遇到的问题。第一，在创新机构设置方面，需要加大对机构的设置，并且机构的设置不健全，还需要加大相应的管理力度。只有加大了企业创新的机构，才可以在市场中占据一席之地，促进延长产业链，使企业不断优化升级。第二，资金方面的支持不到位，无法加大对自身的创新研究，使企业处于落后的水平。第三，人才方面的培养，我国对于农业人才的培养仍有不足，只有加大农业方面的教育，使更多的有用人才都投身于建设之中，那样才可以真真正正地称得上是农业的大国，在技术创新带领下农业的发展大国。第四，还要加大对绩效方面的管理，不仅要加大对农业专利方面的建设，也要保护创新能力有一个很好的提高。

三、对策建议

不断加强资金的支持力度，把资金的供给与创新的能力挂钩，让那些有能力的企业可以有资金的支持，充分发挥企业的自主能动性，发展好一个企业的创新型水平，带领团队发展好，走好一个创新的路。

借助政府出台的政策的支持与帮助，要加大对科技的投入量，使政府的专项资金可以被企业所运用，不至于达到有钱花不出去或者是没有钱花的尴尬局面。在加大资金的支持下，企业要不断拓宽生产链，扩大企业规模，使一个公司的发展不仅仅是靠政府的帮助才得以发展，自身的奋发图强也是企业崛起之路。构建一个多元化的企业发展之路会让生产多元化、资金多元化，可以更加远圆润地面对一切风险。在建设的同时，要根据科学技术是第一生产力的原则，大大促进技术的发展，不仅是促进人才的培养，而且加大对农业科技企业的创新发展。在绩效方面，也要加大对知识产权的保护力度，加强学术研究，促进与之交流。在环境分析中，加大对创新的环境建设，充分提高员工的自身创新意识，加大科技创新。

主要参考文献

陈勇，2011. 关系学习和动态能力对企业技术创新的影响研究［D]. 杭州：浙江大学（11）.

陈月艳，2011. 发展高新技术企业自主创新能力的思考［J]. 经管空间（9）.

程洪兵，2011. 农业科技产业与农业科技企业发展战略［M]. 北京：中国农业科学技术出版社（1）.

江兵，2006. 企业技术创新系统运行机制与评价研究［D]. 合肥：合肥工业大学（12）.

刘海存，2009. 农业产业化龙头企业技术创新研究［D]. 长春：吉林大学（12）.

刘剑飞，2012. 农业技术创新过程研究［D]. 重庆：西南大学（4）.

鲁柏祥，2006. 基于知识的国家农业技术创新体系——宏观理论和微观理论［J]. 杭州：浙江大学出版社（12）.

吕火明，李晓，刘宗敏，等，2011. 农业科技创新能力建设研究［M]. 北京：中国农业出版社（12）.

彭林魁，2005. 农业科技企业技术创新机制研究［D]. 杨凌：西北农林科技大学（6）.

张阳红，2012. 民营高科技企业自主创新动力系统研究［D]. 哈尔滨：哈尔滨工业大学（3）.

赵倩倩，2011. 杨凌农业企业技术创新能力评价研究［D]. 杨凌：西北农林科技大学.

朱卫鸿，2007. 农业企业技术创新能力探析［J]. 科技与教育（6）.

北京小城镇建设机制研究

项目组成员：胡云惠　马梦蕊　刘锦梅
指 导 教 师：张志强

摘　要：在全国大力推行小城镇建设的背景下，北京市也在城市总体规划中提出要加强北京小城镇建设的可持续发展，那么建立适合北京市小城镇自身特色的建设机制便尤为重要。本文通过对北京市密云区古北口镇和山东省潍坊市小城镇进行实地调研，结合历年发展情况，对北京小城镇建设进行了多方面的对比，总结了北京小城镇建设中的优势与不足等情况，并根据实际情况得出结论与建议。

关键词：北京市　小城镇建设　建议

前　言

近年来，北京各区的小城镇发展越发突出，各区根据自身区域特点，开发出了相应的地方特色，逐步形成适合自身的建设机制；同时，政府方面也提出以小城镇建设来推进城市化进程。这不仅给当地居民带来了良好的经济效益，发展了当地的文化优势，使得经济、文化两方面双丰收，也为缩小城乡差距、消除城乡二元化结构做出贡献。

一、北京小城镇总体发展基本情况

（一）现状

1985 年，北京首次推行建制镇。改革开放以来，我国城镇化水平随着经济发展不断提高，从 1978 年的 20.92%上升到 2000 年的 36.09%，年均提高 0.83%，城市数量从 1978 年的 193 个增加到 663 个，建制镇从 2 176 个增加到 2.03 万个，城镇人口从 1.7 亿人增加到 4.56 亿人。近 10 年中，城市化水平更是有了明显的提高，伴随着城市化进程，近年来小城镇的建设也是如火如荼。城市化水平的逐渐上升给小城镇建设带来了一系列的资源条件，同时良好的小城镇机制建设促进了当地经济发展，带动了文化发展，还保障了社会的稳定。小城镇的重点建设可以给整个区域带来良好的发展机会，相反，如果没有良好的规划建设小城镇，小城镇的发展也会暴露出一系列的问题。这使得越来越多的人开始专注于怎样才能更好地建设和发展好小城镇。据了解，2012 年北京有 2 069.3 多万人口，其中有 244.7 万人在农村。由此可以看出，在农村城市化进程中，农民、农业、农村依旧是其建设发展中的根本问题，没有北京市农民的小康，就不可能有北京人民的小康。然而，从目前来看，农村城镇化的进程中还存在许多亟待解决的矛盾和问题。例如，根据 2005 年和 2012 年北京市常住人口的变化情况，可以看出城市功能拓展区和城市发展新区的人口增长较快，到 2012 年，常住人口分别增长了 260.2 万人和 241.4 万人（表 1）。这其中表现明显的问题是农村的基础设施建设相对落后，与北京市发展规划不一致。诸如此类的矛盾和问题，如果只通过农村自主解决是完全克服不了的。加强北京的小城镇建设，是加快北京农村改革与发展，促进北京城乡经济持续、稳定、协调发展的重要改革举措之一。

表 1　2005 年与 2012 年北京市常住人口情况比较

单位：万人

区域	年份		增长量
	2005	2012	
北京市	1 538.0	2 069.3	531.3
首都功能核心区	205.2	219.5	14.3
东城区	86.0	90.8	4.8
西城区	119.2	128.7	9.5
城市功能拓展区	748.0	1 008.2	260.2
朝阳区	280.2	374.5	94.3
丰台区	156.8	221.4	64.6
石景山区	52.4	63.9	11.5
海淀区	258.6	348.4	89.8
城市发展新区	411.6	653.0	241.4
房山区	87.0	98.6	11.6
通州区	86.7	129.1	42.4
顺义区	71.1	95.3	24.2
昌平区	78.2	183.0	104.8
大兴区	88.6	147.0	58.4
生态涵养发展区	173.2	188.6	15.4

（续）

区域	年份		增长量
	2005	2012	
门头沟区	27.2	29.8	2.6
怀柔区	32.2	37.7	5.5
平谷区	41.4	42.0	0.6
密云区	43.9	47.4	3.5
延庆区	28.0	51.7	23.7

数据来源：《北京区域统计年鉴》2013 年。

而根据 2005 年与 2012 年北京市地方财政收入情况的对比，可以看出地方财政收入增长总量以城市功能拓展区为主，城市发展新区和生态涵养发展区的地方财政收入总量较小；从增长幅度分析，可以看出城市发展新区和生态涵养发展区的地方财政收入增长较大。7 年间增长量超过 200 亿元的区有朝阳区和海淀区；超过 100 亿元小于 200 亿元的区有丰台区、顺义区和大兴区；超过 50 亿元小于 100 亿元的区有昌平区、通州区和房山区；而低于 50 亿元大部分为远郊区，增长量大部分超过 20 亿元，表明了北京郊区小城镇的快速发展提高了地方财政收入的水平，增强地方经济实力（表 2）。结合北京市的经济发展情况，充分体现了选择发展具有北京市都市农业特色的城镇化战略的重要性。

表 2　2005 年与 2012 年北京市地方财政收入情况比较

单位：亿元

区域	年份		增长量
	2005	2012	
北京市	1 007.75	4 512.86	3 505.11
城市功能拓展区	174.39	909.02	734.63
朝阳区	85.30	472.54	387.24
丰台区	18.03	153.83	135.80
海淀区	71.06	282.65	211.59
城市发展新区	66.95	549.98	483.03
房山区	13.35	74.80	61.45
通州区	11.63	110.53	98.90
顺义区	16.85	130.01	113.16
昌平区	14.03	81.39	67.36
大兴区	11.09	153.24	142.15
生态涵养发展区	30.42	133.47	103.05

（续）

区域	年份		增长量
	2005	2012	
门头沟区	7.08	33.69	26.61
怀柔区	7.46	33.02	25.56
平谷区	5.48	26.79	21.31
密云区	7.59	29.58	21.99
延庆区	2.81	10.38	7.57

数据来源：《北京区域统计年鉴》2013年。

本小组以北京小城镇建设机制为选题，主要以北京市密云区古北口镇为具体案例，针对北京市小城镇建设机制进行调研，通过了解古北口镇的小城镇建设机制情况，为北京市小城镇建设提供一个典型案例。另外，在城市规划的建设中，小城镇的发展刻不容缓，但不是所有地区的小城镇都能够成功地崛起，希望通过对比北京市密云区古北口镇与山东省潍坊市两地区的小城镇建设机制的不同，总结两个地点的共同优势和可以相互补充的建设小城镇的方式，来总结出如何更好地建设小城镇的问题。

（二）存在问题

在小城镇的建设发展过程中，由于城市机制体制的完善以及飞速发展的经济，不管规划的建设机制在理论上是否可行，实施规划的过程中都会出现或多或少的问题，如有些地方政府不顾当地经济发展实际水平，在城镇建设中互相攀比、超前建设，与当地经济水平完全不符；有些小城镇在建设发展的过程中忽视了对生态的保护问题，使得生态环境水平急剧下降，以牺牲环境来换取当地的经济发展，最终还是会阻碍当地的社会发展，做不到可持续发展；有些小城镇有相应的地方特色，但是严重缺乏资金支持，没有相应的条件和机会得到融资，政府没办法下放权力让市场来发展经济，地区没有相应的支柱型产业，这样使得小城镇发展建设时整体结构偏失，没有资金条件的支持；有些小城镇不完全充分利用土地，在城镇的建设中不能良好地发挥规划的作用，土地资源利用率较低，在发展竞争中完全没有优势；有些小城镇在建设的过程中依旧遵循适合旧时代的体制机制，这些老旧的体制阻碍了当下小城镇的健康发展，本身发展薄弱的地区就更难以发展。不过已经步入正轨的小城镇，马太效应会促使这种现象越发严重。另外，很多小城镇在建设中过于依赖政府，其实在良好的机制建设中，应该在政府规划实施后，逐渐培养小城镇自主发展的意识和能力，政府可以在建设城镇中有主导作用，但是不应全权包揽一切。

（三）目前发展机遇

当前，北京小城镇建设面临着前所未有的良好历史发展机遇。

首先，在党政战略方面，中共十八届三中全会《中共中央关于全面深化改革若干重大问题的决定》（以下简称《决定》）提出完善城镇化健康发展体制机制。坚持走中国特色新型城镇化道路，推进以人为核心的城镇化。该《决定》提出，要推动大中小城市和小城镇协调发展、产业和城镇融合发展，促进城镇化和新农村建设协调推进。

其次，改革开放后，经过了近 40 年的持续发展，北京市农村经济综合实力显著增强，经济基础为小城镇建设提供了良好的保障。2012 年，北京农村居民人均纯收入 16 476 元，比 2000 年增长了 3.5 倍多。北京农村的发展和农村经济综合实力的增强，为加快小城镇建设打下了坚实的基础。

再次，乡镇企业的结构调整和产业的更新换代，使得产业的经营规模逐渐扩大，为加快小城镇建设提供了良好的机遇。在此调整的同时，也逐步引导着人口的转移，人才的大规模流动为小城镇建设带来无限可能。

最后，中央实行扩大内需战略，主要增加对基础设施投入，这也为加快小城镇建设提供了良好机遇。小城镇的发展，离不开硬件建设，其中最重要的就是道路、通信及其他生活配套设施。北京市政府加大了基础设施的投入，使农村的交通、通信、能源及其他基础设施条件得到很大的改善。这就为小城镇的发展壮大，提供了一个难得的良好机遇。

二、北京市密云区古北口镇实地调研情况分析

有研究指出：发展重点小城镇，是带动北京农村经济和社会发展的一个大战略，因为小城镇本身独特的内在功能、相对于都市农业发展的战略优势以及实践中的成功探索足以说明，积极发展重点小城镇是一种加速北京城镇化进程的现实而有效的战略性选择。从其战略优势来看，选择积极发展小城镇主导型的农村城镇化之路具有历史必然性；从其地位和作用来看，选择积极发展重点小城镇的农村城镇化之路具有明确现实性；从其内在功能和客观条件来看，选择积极发展重点小城镇的农村城镇化之路具有发展的可能性。

作为一名大学生，有责任为社会的建设贡献自己的力量，本小组通过在北京市区内针对小城镇机制建设的调查，提出相应的建议和意见。

面对良好的机遇，北京市密云区古北口镇就抓住了这个发展自身小城镇的机会，利用自身的优势走上了成功之路。

古北口镇地处北京市密云区的东北部，总面积达 84.71 平方公里，地域辽

阔、资源丰富。当地包含着汉族、满族、回族 3 个民族，承袭历史的渊源使当地形成了自己独特的文化环境。通过各方面的情况调查将古北口镇定位为逐步迅速兴起的以旅游文化产业为主导发展的小城镇。明确古北口镇以旅游产业为主是因为古北口镇的旅游资源丰富并且开发到位，它有远赴盛名的司马台长城、“爱国教育基地”杨令公祠、肉丘坟和近期大力宣传的生态绿色休闲之“江南水乡”的古北水镇等景点。

基于一些已经成功开发的小城镇案例，认为小城镇的成功多基于本镇的一些特色资源，就如同以地理标志打出特色的怀柔板栗、平谷大桃，以历史遗迹打出特色的昌平八达岭长城景点游览等。现阶段，各区级政府以及镇政府都提倡发展绿色经济，尤其积极开发第三产业。俗话说：靠山吃山，靠水吃水。在一些自然资源发达的地区，由于地理条件的优越，观光旅游与观光农业则会成为某一地区的重点开发对象。

对于古北口镇经过 SWOT 分析，它的先天优势就是旅游资源丰富，并且具有一定的文化底蕴；它的劣势是旅游资源的季节性，由于其地区多为自然资源旅游景区，受季节影响比较大，大规模地影响地区的经济效益；它的机遇在于政府近年来对于小城镇建设的各项优惠政策以及旅游市场需求的不断扩大；它的威胁在于北京市怀柔区、平谷区以及大兴区等地都会有相似的旅游景区极其容易形成竞争关系。

以旅游产业为主导调查，可以了解到当地的独特景区还是非常具竞争优势的。并且镇政府基于对区域资源的透彻分析，携手中青旅一同开发古北水镇这一经典旅游景区，吸引中青旅控股，让其为本地区投入资金。这一点既减轻了政府的财政压力，又引进更加专业的旅游业人才来帮助统筹规划基础设施建设，此为一举两得。有数据指出：2014 年古北水镇试营业的过程中，总游客量突破百万人次，并取得综合收入 2 亿元，并且给 1 000 人提供了工作岗位，一定程度上缓解了就业压力。不仅是古北水镇这一景区，据统计，司马台民俗新村自 2013 年开辟独特的民俗旅游后，一年的游客量为 7.1 万人次，这一景区的综合性收入达到 1 665 万元。对于古北口镇来说，旅游产业是一项经济命脉，大力地开发本区域的旅游业不仅实现了全区域的经济增长，缓解了本地的就业压力，还在很大程度上提高了人们的生活水平。

在城镇建设上，古北口镇也有着自己的一套方法。一是在农业建设上，政府大力支持发展生态农业，在党委书记的带领下，开启都市型现代发展模式，即“一村一品”发展模式。这种新模式的实行，让众多农民直接受益。其直接表现出来的就是各户农民的增收效益非常高。二是逐步调整产业结构，并且有效发挥政府执行力。三是针对社会制定完善的社会保障制度，认真贯彻落实上级政府的指导，保障人们的最低生活标准，并且发放补助金，保证医疗及保险。四是全力支持文化传承，开展不同类型的文化活动。五是发展合适的养殖政策，并且积极出台相应的惠农政策，促使更多的人自愿积极地参与到政府的规划当中，使全镇共同走向致富之路。

三、山东省潍坊市小城镇实地调研情况分析

潍坊市位于山东半岛中部，设有国家级高新技术产业开发区、滨海经济技术开发区、综合保税区，陆地面积 1.61 万平方公里，海域面积 140 平方公里，常住人口 915.5 万人，是世界风筝之都，也是国家环保模范城市、国家卫生城市等荣誉城市。

顺应改革开放的潮流，潍坊市小城镇建设程度不断提高。仅 2007 年，潍坊市小城镇自来水普及率等各项指标便均达到较高水平（图 1）。

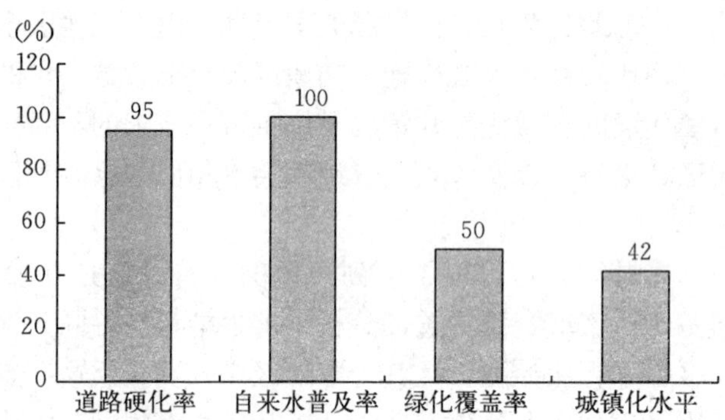

图 1　2007 年山东省潍坊市小城镇建设主要衡量指标

山东省潍坊市小城镇的建设已经初具规模，它们的发展主要走多元化道路，不仅在农业上大力提倡将普通农业改革为生态农业、观光农业，而且在其他方面如政府政策、道路集资、经济产业转型、发展旅游业、弘扬本地特色文化等均有所成效。

（一）政府政策方面

1. 完善城镇化发展政策　充分发挥政府带头作用，协调各单位深化户籍、土地等配套系统改革，实现教育、住房、社保、医疗等基本公共服务的常住人口全覆盖，优化政府财政转移支付职能。

2. 加快小城镇建设发展　对小城镇规划建设管理水平进行提高，加快农村社区化、农民市民化和农业经营规模化进程，发挥小城镇综合功能、产业支撑和带动发展等各项能力。建立小城镇试点工作并通过发布政策扶持试点镇的发展。

针对小城镇自身特色，拟定发展方案，促进特色镇的发展，力争为潍坊市小城镇建设做出榜样。

3. 积极推动经济以非农产业为主、人口达到一定规模的乡村建设农村新型社区，并纳入城镇化统计，并在其发展到一定程度时，进一步将农村城镇化。

（二）集资方面

除小城镇自身筹集外，再辅以政府政策扶持，个人、企业等多方面参与补充，发展县域特色、形成差异性产业链，吸引外资，为小城镇的自身发展注入新鲜血液，更利于小城镇对基础设施建设的完善，发展特色产业，在发展方面形成良性循环。

（三）经济产业转型方面

响应国家号召，提倡由一、二产业转型至第三产业，大力发展服务业。由于潍坊市呈现丘陵地貌，环境宜人，且诸如青州云门山、仰天山地质公园、井塘古村、范公祠、李清照故居、诸城恐龙地质公园、高密莫言故居等历史遗迹较多，再加上潍坊风筝节、寿光菜博会、青州花博会等文化活动开展情况良好，形成了得天独厚的丰富旅游资源。因此，潍坊市大力提倡发展旅游业，促进该产业形成规模效益，带动整个地区小城镇的建设发展。

然而，也同样由于其小城镇建设已初具规模，环境污染问题也随之而来。潍坊市小城镇的主要污染源来自部分乡镇企业。它们在发展之初过于注重经济效益，几乎不考虑环境污染问题，废物随意丢弃、污水随意排放等情况造成了潍坊当地不同程度的环境污染，严重影响了周边人民的身心健康，在降低他们生活质量的同时，也不利于当地的可持续发展。目前，潍坊市政府已高度重视环境污染问题，要求各级政府抓好消灭污水直排等工作，注意环境保护与可持续发展。

四、两地小城镇建设对比分析

（一）北京市密云区古北口镇建设优点

1. 古北口镇最有特色的建设优势就是政府拉动企业，为当地建设起“古北水镇”，有效地解决了自身资金不足的同时，也让古北口镇的资源更具特色。专业化的团队可以高效地利用当地的资源开发出别具特色的旅游景区。

2. 政府高度重视区域旅游产业，争创“绿色国际休闲之都” 开发宣传手段迎合大众口味，利用网络传播的快速性、广泛性、互动性进行创意性传播。同时，邀请各大真人秀节目来本景区拍摄，以此提高景区的知名度。据资料显示，2015 年 7 月 27 日，古北口镇正式成为“全国特色景观旅游名镇名村”示范名单中的唯一乡镇。

3. 在镇政府的带领下古北口镇积极实施人工造林、封山育林、小流域治理等工程，全镇林木覆盖率达到73%。镇域内推行保洁网格化管理机制，由专门人员队伍，对山水林田路矿实施管护。太阳能路灯、太阳能浴室、秸秆气化、集中供热等节能环保项目，在各村普遍推广。这些举措让古北口镇成功入选全国低碳小城镇。政府科学长远的规划让古北口镇得以可持续发展。

4. 绿色之都发展生态农业，同时开展专业合作社，为出现种植、养殖问题的农户提供指导和帮助。

（二）潍坊市小城镇建设优点

1. 科学的规划促使小城镇发展有了扎实的建设基础 潍坊市开展小城镇规划编制工作，过程中重点采取以下措施：科学编制规划；筹措更多资金；保证实施规划的稳定性、连续性；大力调整合并乡镇；严格评审；以点带面，先试点，后推广。

2. 多渠道增加小城镇融资方式，合理保障小城镇建设的资金链 “小城镇自身筹集为主体，国家政策扶持为辅助，企业、个人、外资等多方参与为补充”的多元化小城镇建设投资机制并充分利用外资。

3. 积极地完善基础设施建设，提高小城镇居民的生活水平 基础设施建设主要通过加大财政支出、市场机制调节、外资引进与利用、地方企业参与和政府政策帮助等方面来进行完善。

4. 严格政府的执行力度，加强监管力度，推行更加科学的制度 加强管理机构建设，注重管理队伍培养，明确职责分工，同时大力开展环境治理，做到可持续发展。

（三）两地情况对比分析

通过对两个地区小城镇建设的成功方面对比可以看到，想要成功建设好一个小城镇，必须从政治、经济、社会、文化等多方面综合考虑，合理地利用一切有效的资源。两个小城镇的发展优势中有很多的相同点，发挥政府的指挥、控制、监管职能，拥有强有力的融资伙伴，以服务人民群众、提高生活水平为决策目的，并且两地区都有丰富的旅游资源。另外，这两个地区都利用了良好的融资方法，解决了资金困难的问题，尤其是潍坊小城镇还开展了多渠道融资方式，让小城镇有了强大的资金保障。值得一提的是，两地区都深刻地意识到小城镇需要可持续发展。

但相较之下，这两地区也是有着很多不同发展方向。古北口镇由于区域位置的原因还是会存在农业业态转型的问题，并且政府依据当地条件不断将传统农业转型为生态农业、观光农业；而潍坊小城镇也涉及了发展生态农业，但由于该地区城市化水平相对较高，所以在小城镇建设中更加注重小城镇的规划及城市发展方向问题。

除此以外，在环境维护方面，潍坊小城镇已经发展到一定程度，出现了环境污染的问题，需要的是如何解决和处理问题；而北京市密云区古北口镇则是需要规划如何更好地发展生态，避免造成环境恶化情况。

五、结　　论

在一个城市中，市中心的繁荣与否是该城经济发展程度最直观的体现，而城市周边各个小城镇的发展程度，则体现着该城市贫富差距程度和城乡二元结构严重度。作为首都，北京理应在消除城乡二元结构等方面上为全国起一个良好的带头作用。由此看来，在政治上，北京小城镇发展机制的研究与建立尤为重要。

在经济发展中，一个小城镇的成功崛起能够让当地的经济迅速升温，在经济基础的带动下逐步建设更有效的城镇发展机制，让小城镇居民的生活水平真正提高。在良好的经济体系上，逐渐凝聚起小城镇的历史文化力量，进而利用这些无形力量转为有形资产，使得当地居民迈入真正的小康生活。

在城市化建设上，从长远看，小城镇的建设有利于促进城市化进程，在大环境下经济也可以平稳运行。我国的城市化水平正在逐渐地上升，而城市化的建设不能只体现在数字上，如何更好地建设出一个具有特色的小城镇则是更多人该关心的事。

小城镇的建设最基本的就是依据当地特有的资源与文化，所以一是它需要以实际情况为基础；二是每个地区的重点不同、特色不同，着重发挥地区的独特性是城镇开发的重点内容；三是在小城镇建设中，总指挥人一定要具有责任心，决策需要顺应市场经济现状，每个策划者的思维方式不同，使得地区特色的侧重点也不尽相同，所以需要一个有全局观念的人来把握住方向；四是良好的基础设施建设为小城镇机制建设提供最基础的保障，有了基础的配置才得以开展下一步的建设计划；五是除了顺应经济的市场性还需要政府的合理把控，只有政府有着严谨的科学发展规划并且有强大的执行力，才能让小城镇顺应计划中的道路向前迈进。

经过本次针对小城镇机制建设的调查，了解到不同区域类型的小城镇，不能完全照搬照抄其他城镇的成功。每个小城镇的成功都基于其独特性的、差异性的核心竞争力；另外，小城镇建设的步伐会直接影响到我国城乡一体化的进程，它的成功建设有利于我国城乡二元结构的消除。而在它的建设过程中，则需要不断地修整改革方向、顺应市场的方针，一步一步脚踏实地地进行发展建设，做到真正的与时俱进。

六、改进建议

上述城镇机制建设中的问题不仅仅出现在某一个小城镇中，有些问题是众多小城镇在建设发展中都存在的问题。但根据不同小城镇的具体问题分析，它们之间又会有差异。所以，本小组认为小城镇在发展过程中需要不断地联系实际来调整自身的发展步伐。为了促使小城镇的良性发展，可以分别从政治、经济、文化、社会等方面针对小城镇发展不足的方面进行改进。

在政治上，可以对整个管理体制进行创新，协调出更适合小城镇发展的机制制度，并且在建设机制的总体规划中，提前准备好突发事件的应对策略。

在经济上，需要不断优化经济体制，在经济大环境中，以经济发展水平为基础，有计划地实施该有的宏观建设。针对小城镇薄弱的资金链，制定相应的经济策略，利用市场机制、财政拨款等来调整资金来源，适度地开放小城镇的市场与各种资源。

在文化上，应在文化建设与传承中逐步形成系统化、共同繁荣的文化环境。根据特色逐步培养区域文化，创办良好的文化交流活动，针对文化的特性开展有特色的文化活动以及有教育性、公益性的文化活动。不仅让旅游者通过观看表演，了解到当地的文化特色，更要让文化真实地走进当地人们的生活，提高人们对本地文化的理解。

在社会上，健全社会制度，建立良好的社会保障制度，针对不同的重点问题发布解决措施，建立良好的监管机制并促使各部门承担部门责任。

在生态上，需要在经济大生产中注重生态环境治理，使整个社会维持一个良性有序的生态环境。

此外，最重要的一点是，在以后发展的过程中要密切地结合实际，联系现状确定预期的发展目标，不能因为目前城镇发展乐观而盲目自信、脱离实际、超前发展。

主要参考文献

陈刚，2009. 潍坊市小城镇建设发展对策研究［D］. 北京：中国农业科学院.

杨琼，2004. 中国农村城镇化的状况及发展对策研究［D］. 武汉：武汉理工大学.

佚名，2011. 古北口镇入选全国低碳小城镇［N］. 北京：北京日报.

2015年北京市朝阳区鲜食玉米消费需求调查报告

项目组成员： 薛世娇　宿聪影　郝明月　梁　硕　臧菁菁　郝裴裴
指 导 教 师： 刘瑞涵

摘　要： 中国经济的崛起带来了人们饮食观念的转变。过去的观念是多吃为好，认为多吃可以增加营养摄入。现在大多数人早已经解决了温饱问题，更注重健康饮食。鲜食玉米以其丰富的维生素和膳食纤维，成为人们餐桌上的新宠。通过广泛的市场调查，得出北京市鲜食玉米消费情况。在查阅相关资料的基础上，结合专业所学知识，分析鲜食玉米的消费需求特征、现状及应采取的营销策略。

关键词： 鲜食玉米　消费行为　营销策略

前　　言

随着种植业结构的调整，玉米市场已由过去的粮食需求转向鲜食、饲料、青贮及加工业等多样化需求，这就促使玉米生产必须由普通产量型向高层次专用质量型转变。鲜食玉米是在乳熟期采摘果穗用于加工或直接食用的玉米类型，是我国近十几年发展起来的新兴产业。鲜食玉米包括甜玉米、糯玉米、笋玉米等。鲜食玉米营养丰富，风味独特，属高蛋白、低脂肪食品，深受市场欢迎，具有极大的市场商机。鲜食玉米产出效益是普通玉米的2～3倍，采摘后的青秸粗蛋白含量是普通玉米的1～2倍，是奶牛理想的饲料。鲜食玉米生长期短，农药化肥施用量少，按照绿色食品规程生产，可以收获理想的绿色食品。多年来我国农业科研专家付出很多努力，培育出适用于不同区域的鲜食玉米品种，推动了产业的不断发展。

一、研究鲜食玉米消费依据

鲜食玉米一直是国际市场上紧俏商品，年销售量达200万吨左右。目前，在世界上所有蔬菜作物中，甜玉米的总产量值排在销售市场的首位，每年仅甜玉米创造的农产值就超过5亿万元，甜玉米罐头产量位于菜产品第四位，加工产品的第二位，是最重要的蔬菜作物之一。美国的鲜食玉米生产量出口量居世界第一。全球鲜食玉米的种植面积为 2 000 万亩左右，主要产地在美国、加拿大、日本、泰国和中国台湾地区。

近年来，我国鲜食玉米种植面积也在飞速扩大，2002 年种植面积有 300 万亩左右，但远不及市场需求，国内高中档饭店所需的甜玉米籽粒还需要从国外进口。随着我国城市化率的增加、人民生活水平的提高和饮食结构的多样化，对鲜食玉米的需求量越来越大。鲜食玉米除了含有碳水化合物、蛋白质、脂肪、胡萝卜素外，还含有核黄素、维生素等营养物质。而这些物质对预防心脏病、癌症等疾病存很大的好处。

以我国 5 亿城镇人口来计算，如果每人每年吃 20 穗鲜玉米，年种植面积需达 500 万亩。再加上鲜粒速冻加工及籽粒罐头加工的用量，我国种植鲜食玉米的面积应达 700 万亩，才能满足所需。鲜食玉米作为新兴产业，在我国农业和农村经济发展中的地位日趋重要，已成为我国广大农民最主要的经济来源和农村新的经济增长点，成为极具外向型发展潜力的区域性特色、高效农业产业和支柱性产业。根据中国鲜食玉米大会组委会与全国鲜食玉米产业联盟秘书处不完全统计，截至 2009 年，我国鲜食玉米种植总面积约 70 万公顷，其中甜玉米近 30 万公顷、糯玉米近 40 万公顷，种植区域分布在全国 24 个省份，形成了北糯南甜的格局，我国已成为全球糯玉米种植面积最大的国家。目前，我国已培育鲜食玉米品种近 400 个，其中 2005—2009 年国家审定品种 41 个。全国鲜食玉米生产加工企业已发展到 1 100 余家，其中大中型企业占 15%。

北京市鲜食玉米市场需求旺盛，发展前景广阔，潜力巨大。种植鲜食玉米，投入少、产值高，经济效益是普通玉米的 2～3 倍，是农民致富的重要途径。随着人们对绿色、天然、保健食品的需求量越来越大，甜、糯鲜食玉米以其鲜嫩适口、品味纯正和具保健作用而成为食品的新宠。特别是北京人口多、生活水准高，而且鲜食玉米可以加工成多种用途的功能性食品，可满足不同层次的消费需求，利于提高京郊农产品在市场上的竞争力。因此，北京市鲜食玉米有巨大的市场发展潜力。

二、市场营销 4P 策略回顾

（一）产品策略（Product）

企业在其产品营销战略确定后，在实施中所采取的一系列有关产品本身的具体营销策略。主要包括商标、品牌、包装、产品定位、产品组合、产品生命周期等方面的具体实施策略。企业的产品策略是其市场营销组合策略中的重要组成部分。

产品策略是企业为了在激烈的市场竞争中获得优势，在生产、销售产品时所运用的一系列措施和手段，包括产品定位、产品组合策略、产品差异化策略、新产品开发策略、品牌策略以及产品的生命周期运用策略。

其实，农产品的产品策略也包括商标、品牌、包装、产品定位、产品组合、产品生命周期等方面的具体实施策略。还包括农产品定位、农产品组合策略、农产品差异化策略、新农产品开发策略、品牌策略以及农产品的生命周期运用策略。

（二）价格策略（Price）

就是根据购买者各自不同的支付能力和效用情况，结合产品进行定价，从而实现最大利润的定价办法。价格策略是一个比较近代的观念，源于19世纪末大规模零售业的发展。在历史上多数情况下，价格是买者做出选择的主要决定因素；不过在最近的10年里，在买者选择行为中，非价格因素已经相对地变得更重要了。但是，价格仍是决定公司市场份额和盈利率的最重要因素之一。在营销组合中，价格是唯一能产生收入的因素，其他因素表现为成本。

（三）销售渠道策略（Place）

销售渠道是指某种货物或劳务从生产者向消费者移动时，取得这种货物或劳务所有权或帮助转移其所有权的所有企业或个人。简单地说，销售渠道就是商品和服务从生产者向消费者转移的过程。

销售渠道的特征：起点是生产者，终点是消费者（生活消费）和用户（生产消费）；参与者是商品流通过程中各种类型的中间商，它的前提是商品所有权的转移。

目前，我国农产品的销售渠道主要分为6个方面：一是专业市场销售；二是销售公司销售；三是合作组织销售；四是销售大户销售；五是农户直接销售；六是网络销售和促销。

（四）促销策略（Promotion）

促销策略广义上讲就是指企业通过各种促销手段，向消费者传递产品信息，引起他们的注意和兴趣，激发他们的购买欲望和购买行为，以达到扩大销售目的的活动。

所谓的促销手段，即是企业通过人员推销、广告、公共关系和营销推广等方式，将合适的产品，在适当地点、以适当的价格出售的信息传递到目标市场。一般是通过两种方式：一种是人员推销，即推销员和顾客面对面地进行推销；另一种是非人员推销，即通过大众传播媒介在同一时间向大量消费者传递信息，主要包括广告、公共关系和营销推广等多种方式。这两种推销方式各有利弊，起着相互补充的作用。此外，目录、通告、赠品、店标、陈列、示范、展销等也都属于促销策略范围。一个好的促销策略，往往能起到多方面作用，如提供信息情况，及时引导采购；激发购买欲望，扩大产品需求；突出产品特点，建立产品形象；维持市场份额，巩固市场地位等。

而如何才能策划出一个成功的促销策略，观点因素就落在了调查问卷上，调查问卷涉及受访者的调查深度、广度对调查出的数据也起到了决定性的作用。而本次调研的范围则集中在朝阳区，众所周知，朝阳区可谓是北京城后起之秀，无数现代化建筑、标志性地标、高档公寓、shopping mall 鳞次栉比，较之东城区的历史厚重感、西城区的政治严谨感、海淀区的人文气息感，城八区中最适宜居住的便是朝阳区了。而北京其他的远郊区部分居民本身家中就能够自给自足供应玉米，所以选择朝阳区的居民作为受访者进行鲜食玉米消费调查是十分合理的。

三、问卷处理

（一）调查方案

本研究采取的是街头发放纸质问卷的方式，并对问卷进行了简单的数据整理。本次调查选取了朝阳区作为研究的对象。收回有效问卷 66 份。问卷的内容涉及被调查者及其家庭对鲜食玉米消费情况，购买鲜食玉米的价格、次数、渠道和烹饪方式等方面以及被调查者的年龄性别等基本信息。

（二）样本的基本特征

由于本次调查有关被调查对鲜食玉米的消费情况，因此首先选择的被调查者是有消费能力的人。从性别分布来看，女性比例较高，占总体样本的 55%；男性比例较低，占样本总体的 45%；但二者相差不大（图 1）。被调查者的年龄分布：19～24 岁的被调查者占样本总比的 21%，25～34 岁的被调查者占样本总比的 45%，35～55 岁的被调查者占样本总比的 30%，≥56 岁的被调查者占样本总比的 4%（图 2）。

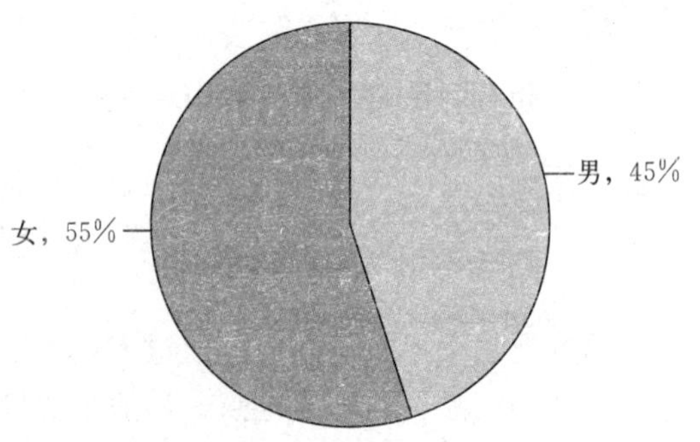

图 1　参与调查的男女比例

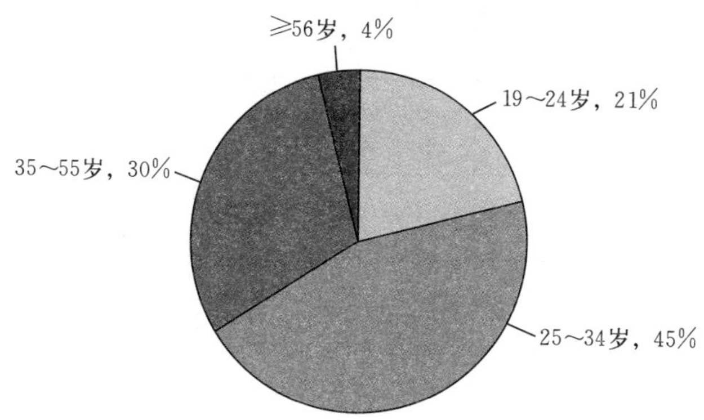

图 2　参与调查者的年龄分布

（三）数据分析

1. 产品方面　本次调查的是鲜食玉米的消费情况，以下有两个问题主要针对的是鲜食玉米的产品方面。一个问题是多种主食中选吃鲜玉米的比例，从图 3 中可以看出，不吃其他主食、100%选鲜食玉米的人在 66 人中只有 6 人，所以说玉米还是不受大众所接受的主食。而选择其他主食大于 50%的人占了接近一半，这说明大家会选择玉米作为一种小食，大部分的主食还是要靠米面等。

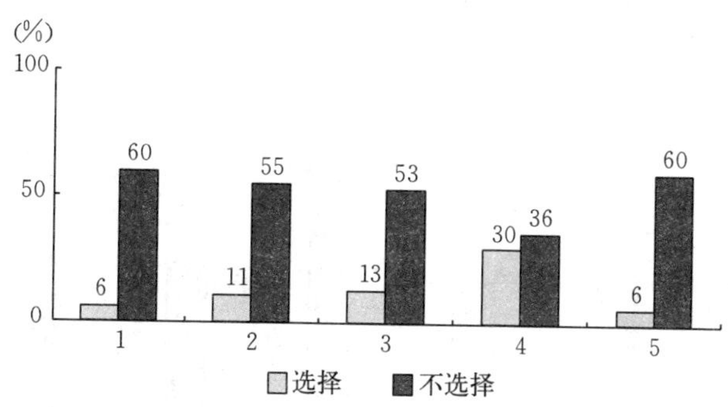

图 3　多种主食中选吃鲜玉米量的人数

注：1. 代表“100%选鲜食玉米（不吃其他主食）”；2. 代表“选鲜食玉米大于 50%（其他主食不到 50%）”；3. 代表“鲜食玉米和其他主食各吃 50%”；4. 代表“选鲜食玉米小于 50%（其他主食大于 50%）”；5. 代表“100%选米面等其他主食（不吃鲜食玉米）”。

另一个问题是您和家庭成员的烹调方法偏好排序，从表 1 中明显地看出，用鲜玉米汁煮粥这一做法得到了很多票，66 人中有 32 人把它排在了第一位。然而，最常见的蒸/煮吃这种吃法，反而有 46 人把它排在了最后。

表1　烹调方法偏好排序

单位：人

排序	蒸/煮吃	烤吃	菜中吃（松仁玉米/乱炖等）	鲜榨汁	鲜玉米汁煮粥	其他
0	0	1	2	1	2	0
1	1	8	2	21	32	0
2	3	13	10	26	12	0
3	6	11	22	12	14	0
4	10	28	18	5	4	0
5	46	5	12	1	2	0

2. 价格方面　在日常生活中，人们经常接收到各种打折促销的信息，这些信息清晰地传递出价格变动是频繁和普遍的。所以，就现在的消费情况，价格是最终购买的主要决定性因素。根据本次调查显示，有两个方面是针对鲜食玉米的价格影响收集的数据：一方面是最近购买价格，另一方面是价格的重要性。那么，是否价格策略对鲜食玉米的销售有着一定的影响呢？

根据图4显示，认为价格对购买鲜食玉米很重要的占大多数人群，其中包括非常重要和重要两类，总共的百分比为47%。从不选择的人数进行分析，100%的人否定了价格的极其不重要，更进一步地说明了价格对消费者决策的影响。这就说明了价格对消费者的行为和心理都有影响，而这些影响包括消费者所处的政治经济大环境以及自身所处的小环境。

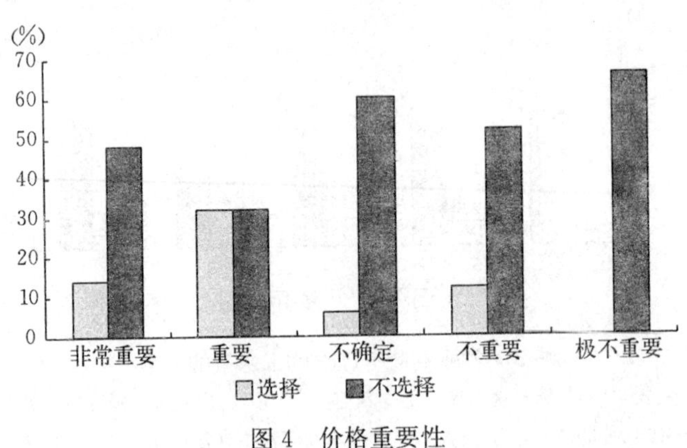

图4　价格重要性

3. 渠道方面　如表2所示，人们购买或消费鲜食玉米的主要来源为市场购买，然后有的家庭有少部分玉米是别人赠送的，还有部分家庭食用的玉米完全由他人赠送。其中，大家购买鲜食玉米的主要销售市场在超市、农贸市场以及社区菜摊，其次就是网购和批发市场（表3）。超市和社区菜摊的消费者购买人数及频率都很高，城区农贸市场的购买人数及频率较高，批发市场的购买人数及频率在中等阶段，而网络购买的人数频率较低。因此，销售商只好以超市及市场为主形成单一的销售渠道。但是，单一的销售渠道对农产品的品牌发展以及食品安全等方面的要求影响很大。

表2 购买或消费鲜食玉米的主要来源

排序	完全自家生产	大部分自家生产，部分市场买	大部分市场购买，偶尔是自产的	完全市场购买	大部分市场购买，少部分熟人赠送	完全来自他人赠送	其他
0	54	52	44	0	4	22	0
1	4	0	0	1	0	7	0
2	3	3	0	1	4	0	0
3	1	3	1	4	1	1	0
4	0	4	11	2	9	31	3
5	2	2	2	14	40	4	0
6	2	2	8	44	8	1	0

就购买群体而言，大部分的居民会选择在社区菜店/摊获释超市购买，方便快捷。但是，作为传统的销售渠道，已经建立起了比较完善的产销链，再想要提高则需要革命性地变革。如果从新兴的电商渠道入手，又因为鲜食玉米食用部分为未成熟的果粒，长期储存和运输包装都是亟须解决的困难问题，如果想长期储存并且全年供应市场，就必须进行速冻保鲜或者用真空包装，更甚者可能需要开辟一个新的冷链。但这些都对成本提出较高的要求，使得新兴渠道的发展步伐仍然放缓。

表3 鲜食玉米主要购买地点或渠道

排序	超市	社区菜店/摊	城区农贸市场	网络购买	批发市场	农村市集	田间采摘	路边	其他
0	2	0	1	2	2	3	4	0	0
1	0	1	0	17	1	2	40	0	0
2	3	0	0	12	0	35	14	0	0
3	1	0	4	16	15	20	8	0	0
4	5	0	12	14	27	6	0	0	0
5	11	8	26	4	15	0	0	0	0
6	15	29	15	0	5	0	0	0	0
7	29	28	7	1	1	0	0	0	0

通过之前对玉米销售渠道的分析中得到结论，在居民购买鲜食玉米渠道的次数方面，超市、社区菜摊、城区农贸市场、网络购买、批发市场、田间采摘等频

率较高，但社区菜摊也只有 23.3%，其次的超市为 21.4%，并没有占据较为优势的比重。

四、结　　论

通过大量的文献资料、调查问卷数据整理分析，本小组从朝阳区消费者对鲜食玉米的消费中有了初步的了解和认识，并从企业角度提出相应的营销策略。

（一）产品策略

从之前的调查中可以得出，玉米作为一种主食，并不为大多数人所青睐。为什么选择玉米作为主食的人占极少数呢？为什么鲜食玉米汁煮粥这种不常见的应用方法反被大家喜欢呢？如何才可以增加人们对鲜食玉米的销量呢？简而言之，鲜食玉米的定位就要符合大众需求，是多变的，既可以当小食也可以做主食，也可以食用鲜汁，越多样的定位越会满足购买者的需求。

然而在产品策略中，鲜食玉米还应该实施商标、品牌以及包装策略，打造出属于自己的商标、品牌，让消费者记住并认可，那么在包装上就要别出心裁。鲜食玉米属于健康食品，可以采用配套包装策略，将鲜食玉米多种形式的产品配套的包装，方便消费者的购买。除了配套包装策略，还可以使用系列式包装策略，系列式包装策略即企业生产经营的产品都用相同或相似的包装，引入 CI 设计的企业往往采取这种包装策略，因为系列包装可以使产品甚至使企业形象更加明显。一个品牌的鲜食玉米产品都用相同或类似的包装进行统一，这样会使鲜食玉米品牌形象明显，让消费者印象深刻。而商家因对玉米有更为具体详细的调查，最好推出和玉米相关的新型产品，以提高价格获取更多的利润。

（二）价格策略

对于玉米这样的普通生鲜食物，如果定价高于它本身价值，就会极大地影响消费者对它的购买，但是如果定价偏低，就极有可能激发消费者的购买欲望。顾客导向定价法即根据市场需求状况和消费者对产品的感觉差异来确定价格，又称市场导向定价法、需求导向定价法。需求导向定价法主要包括理解价值定价法、需求差异定价法和逆向定价法。即玉米在消费者心中有相对较成熟的价格，消费者对它了解，所以消费者就会更加在意它的价格。

（三）渠道策略

现阶段还是要以超市为主的销售渠道，超市的购买人群很大，可以在采摘玉米时就近提供并改进对产品的包装，延长超市的储存时间，减少销售中各种环节的费用和风险；同时，开售网络销售渠道销售玉米，加强对客户端消费者的宣传，尤其是鲜食玉米的优点和特点。但网上销售的玉米要做好包装，确保客户收到新鲜玉米，吸取消费者意见，在保证食品安全的前提下改进并提高产品也是很重要的。同时，新兴渠道也需持续关注。

另外，鲜食玉米也可以拓展，进行一些加工，提高产品的附加值。例如，甜玉米饮料的开发、甜玉米的罐头加工、速冻加工、脱水加工以及初级加工，这些都是很好的拓展产品。

总之，鲜食玉米的销售渠道需要根据市场的变化制定新的策略，在立足实际的基础上，大力拓展渠道，寻找最优货源，保证品质优良，提高冷藏保鲜技术，降低流通成本，增加产品的利润，才能够给鲜食玉米市场注入真正新鲜的血液。

（四）促销策略

关于促销策略，针对北京市鲜食玉米的调查，本小组决定采取拉式促销策略①，也就是间接方式，通过广告和公共宣传等措施吸引最终消费者，使消费者对企业的产品或劳务产生兴趣，从而引起需求，主动去购买商品。其作用路线为：企业将消费者引向零售商，将零售商引向批发商，将批发商引向生产企业。

随着人们对健康意识营养报道的关注，玉米的营养价值越来越被人们重视。而人们在重视玉米的价格、外观、口感等传统需求后，玉米的厂商品牌、健康导向、是否具备减肥或防病等保健功能、包装以及是否可做送礼馈赠等方面都有了更深一步的需求。因此，商家应该看准商机，调配资金分配投入于促销。

厂家要建立良好的厂商和品牌意识，诚信经营，注重品质。而且在健康导向方面，人们对于转基因食品的关注度也有了更高的提升，所以厂商在这方面也可做独特宣传，或许也可独树一帜。减肥这一话题也是广受人们关注的，厂商在广告宣传中也应在此着重。

主要参考文献

邓蓉，2012. 市场营销学［M］. 北京：中国农业出版社.

李崇光，2010. 农产品营销学［M］. 北京：高等教育出版社.

荣晓华，2011. 消费者行为学［M］. 大连：东北财经大学出版社.

赵金芳，闻海洋，胡宝贵，2015. 都市型经济管理专业大学生科研创新行动（2014）［M］. 北京：中国农业出版社.

---

① 拉式促销策略指企业针对最终消费者展开广告攻势，把产品信息介绍给目标市场的消费者，使人产生强烈的购买欲望，形成急切的市场需求，然后“拉引”中间商纷纷要求经销这种产品。

北京农村宅基地再利用现状研究

项目组成员：张启森　高彬斌　王茛达　张学震　曹如鹏
指 导 教 师：桂　琳

摘　要：本文通过实地观察法、文献调查法、问卷调研法等研究方法，研究了北京农村宅基地的再利用现状。针对农村宅基地所再利用的规模，所存在的问题、影响因素，村民对于再利用的满意度等，提出了对农村宅基地再利用宏观和微观方面的建议。

关键词：宅基地　治理　对策

前　　言

宅基地是农村的农户或个人用作住宅基地而占有、利用本集体所有的土地。包括建了房屋、建过房屋或者决定用于建造房屋的土地，即建了房屋的土地、建过房屋但已无上盖物或不能居住的土地以及准备建房用的规划地 3 种类型。宅基地的所有权属于农村集体经济组织。中投顾问产品研究中心发布的《2012—2016 年中国生态农业投资分析及前景预测报告》指出，农村土地中包括居民点用地等的集体建设用地使用效率极低，在很大程度上存在着土地的闲置浪费。北京市作为城市化程度较高的地区，郊区农村宅基地制度运行中面临的现实问题也较为突出。我国农村大部分村落的布局、规模、用地结构等是在封建社会的小农经济环境下形成，并在其基础上逐步发展而来的。改革开放 30 多年以来，随着城镇化的快速发展、农村人口的高速非农化、农村土地的过快流失及农民纷纷涌入非农产业，农村居民进城就业和举家迁城的现象日益增多，给农村人地关系带来了巨大的变动，也使得农村住房条件发生了很大的变化。不少农民搬出原来的破窑旧房，在村庄外围、城镇或交通便利处建起了新房，对于原来的旧房则弃置不用，随着经济进一步发展，这些废弃的旧村规模在不断增加。农村大量宅基地长期闲置废弃，并且日益加重，许多村庄成了名副其实的“空心村”。农村闲置废弃宅基地不仅造成土地资源的白白浪费，使人地矛盾加剧，村落分布面积过大，加大了农村基础设施统一建设的难度，阻碍经济社会的发展，而且严重制约了村镇规划的落实和产业规模的发展。

目前，北京已基本完成农村土地确权，随着我国农村土地制度的不断变革，加强对宅基地再利用的研究，盘活现有存量建设用地，不仅满足沟域经济发展过程中城镇扩张以及基础设施建设对建设用地的需求，还可以提高用地产出率、收益率，减轻当地国土部门对新增建设用地的需求压力，有利于保障农民宅基地用益物权。

一、北京农村宅基地再利用发展现状

（一）北京农村宅基地再利用的主要形式分析

1. 废弃宅基地整理后出租给企业　如今随着北京各类成本的增加，加之一些相关政策的限制，在北京的企业工厂受到了诸多的限制，使之不得不迁出北京。但是，作为那些以市场为主导型的企业，让它们迁出北京，就等于是放弃了“北京”这块大蛋糕。于是，企业将目光转移到了那些城市周边、远郊区的村落中。同样，对那些新兴、小规模或外省企业来说，将办公地点、库房、驻京办事处选在租金低廉的村落房屋中，也是一种不错的选择。而作为村落，一方面，让这些企业、工厂将那些闲置、废弃宅基地再利用起来，势必可以增加村集体的收入，进而提高农民的收入。另一方面，能够让企业带动农村的发展，使农民就业率提高，也能带动村中基础设施的发展，达到双赢的局面。这种现象在北京的很多村庄中出现，产业则也包括第二产业的加工业、第三产业的服务仓储业。这种再利用形式主要是由集体建设用地的所有者——村集体出面对农村废弃宅基地进行土地开发和整理，然后再统筹安排租赁土地或建设厂房，通过租赁土地或建设厂房收益，最后收益也由全体村民共同拥有。收益主要用于对原承包农户的补偿、土地资源的保护开发、基础设施和公益事业建设以及村集体经济组织成员的社会保障。例如，京东在北京大鲁店村新建的仓库、北京燕京在顺义河南村建设的饮料厂等。2010 年 12 月 16 日，昌平区北七家镇海鶄落村租赁房建设项目正式开工，成为政府许可下北京市首个在集体土地上建设的租赁房。项目完全由村集体出资建设，主要配租对象是紧邻村东的中关村科技园内企业。租金将参照市场价格，由科技园企业和村委会协商后签订。为了保证村民能获得永久收入，村建租赁房“只租不卖”，由市场调节房租，所得收益归村民集体所有。其项目所获租金，除了 30%用于集体再发展，其他按照股份分红给农民。

相比征地补偿，农民集体发展公租房的土地收益提高 73.6 倍。2009 年未来科技城项目中，海鶄落村被征地 1 530 亩，总计补偿 33 120 万元，平均每亩征地补偿 21.6 万元。而发展公租房土地净收益预计达到 1 611 万元/亩。海鶄落村第一期公租房占地 90 亩，建成后总建筑面积约 14.68 万平方米，共 1 837 套，总投入为5.5亿元。从收益看，根据北京市相关规定，公租房租金标准暂定为当地市场价下调2～3成，预计为每月28元/平方米。按照出租率为70%计算，年租金收入现值约为3 500万元，预计16年左右全部收回投资。若按照公租房使用年限70年，16年之后的54年收取租金，收益为18.9亿元，除去资金成本4.4亿元，净收益达14.5亿元，摊在90亩土地上，每亩收益达到1 611万元，比征地提高73.6倍。相应地，海鹊落村村民人均收入迅速提高。第一期公租房年收益3 500万元，除去分摊的成本，每年净收入为2 714万元，该村人口只有1 219人，年人均收入可增加2.2万元。

2. 宅基地再利用成为风俗民俗园等旅游产业用地　如今乡村游越来越热、越来越火。尤其是北京的周边村落，每周都会迎来来自城里的众多游客。这样的商机可以作为盘活农村经济、利用宅基地的好途径。那些依山傍水的村落自然也不会放弃这么好的机会。从资源的角度上看，这种依托于本村旅游资源以及村庄中那些保存良好的古朴院落和质朴的民风，只要保护得当，加以发展，就会源源不断地引来消费者。这与那些将宅基地再利用搭建成工厂、吸引企业进村的模式相比，更加可持续。因为一旦企业撤走，这里一定还会重归于旧样，宅基地将再会被闲置，同时环境势必也会相应程度遭受破坏。而将原有老旧宅基地统一保护起来，或建成“农家乐”，对于农村经济、基础设施的发展也将是持久的。

以北京怀柔区田仙峪村为例，田仙峪村有山场4 400亩，种植板栗、核桃、苹果等3 400亩。东临慕田峪长城景区，更有龙潭泉和珍珠泉水为其提供了天然的虹鳟鱼养殖基地，该地区主要发展乡村旅游业、观光农业、农家院居住、农产品采摘等。2009年，田仙峪村民们敏锐地捕捉商机，自发地挖掘利用村庄资源，使一个无名的小村庄变成了深受城里人欢迎的京郊旅游地。

3. 宅基地变成租赁用房　2015年1月23日，北京市统计局给出的数据显示，北京2014年总人口达2 152万人，其中外来人口为818.7万人。这800多万人中，大部分人会选择租住在北京近郊，因为这里租金便宜，相对而言也距离市中心较近。而这恰恰带活了近郊村落闲置宅基地的再利用。那些已经搬离村庄或者家中有闲置的宅基地的村民，会租售给这些来北京务工的人员。

例如，最早的唐家岭地区及回龙观永旺商城北面的村落里，就有大批的外来打工者在这里租住，而他们的工作地点也多是在中关村附近。村里的住户将宅基地改造成格子间，租赁给这些外来务工者。在北京，这种情况比较多，且多集中在城郊结合部，在大兴区的黄村、门头沟区的大峪等也都存在这种现象。

4. 宅基地流转给城市居民创意产业用房　村民在依法取得的宅基地上建成

房屋后，因某种原因将房屋整体或部分在一段时间出租，在承租方支付相应租金后，农户会将部分或全部宅基地短期或长期租住权转让给承租方的方式。承租人在取得部分或全部宅基地短期或长期租住权后，则将其作为住宅、办公、休闲、仓库或其他经营服务场所。这种流转方式的特点是宅基地土地流转流出方在出租房屋的同时，也出租了宅基地的使用权。这种方式常发生在一些相应地理区域优势或环境优势较明显的区域，通常拥有山川、河流、田野、星光等自然景色。如兴寿镇上苑村位于北京正北方位距北京城区 40 公里、夹在温榆河和京密引水渠两条水系中间，隶属昌平区兴寿镇桃花峪风景区的区域范围，当地风景秀美。自 1995 年第一位画家选中了上苑村这块地方，买地置房，近 20 年，上苑村共聚焦了 200 多位画家、诗人、收藏家、艺术院校的教授等人员，形成了北京有名的昌平区兴寿镇“画家村”。这些艺术家租住或购地造屋，或购买农家闲置宅院，其租赁或使用的土地主要是村民的宅基地，由于其租赁的时间相对较长，艺术家形式上已拥有了宅基地的使用权。但是，近年来随着房产价格的上涨，也出现了因出租村民反悔上调租金、撕毁协议等事宜。同时，如果国家因公共需要征用土地因无法获得相应的补偿，或由于缺乏产权证书不能再次进行合法转让，只能私下流转宅基地，容易发生复杂纠纷。

（二）农村宅基地再利用调研分析

1. 调研概述

（1）研究目的。通过对现有模式的调研和分析，归纳现有模式的优势与不足以及人们对其满意程度，总结相关的经验和教训，为以后相关的政策制定和实施提供一些依据。

（2）研究方法。本次调研采用问卷调研法，分别在郊区人流密集处、汽车站等地以随机发放调查问卷的方式进行调研，没有对被调查者的年龄、性别等进行限制。

本次调研共发放了 100 份问卷，回收问卷 99 份，其中有效问卷 82 份，此次回收率为 99%，有效问卷比例为 82%。由于本次被调查者为随机抽样，部分被调查者居住在城镇中，故筛选掉 18%的问卷。82 份问卷反映了 82 个被调查村落样本。

本次被调查者中男女比例基本上为 60∶40 的比例，受访者普遍以本专科为主，年龄多集中在 25～40 岁。

2. 调研分析

（1）被调查村落宅基地利用基本情况。在 82 个被调查村落中，60 个村落位于城镇郊区或开发区，22 个被调查村落位于偏远农村。在这 82 个村落中，每户只有一处宅基地、有多于一处和不清楚的大致各占 1/3。同时，有 49 个村落有少部分废弃宅基地，25个无废弃的宅基地，其余8个村落中大部分处于城镇郊区或开发区并有很多废弃宅基地（如表1）。这些村子包括顺义区张镇白辛村、大兴区黄村镇芦城村和通州区的张各庄村等。其中，顺义区张镇白辛村更是极少对宅基地进行再利用。

表1　本村位于的地点与本村中是否有废弃农村宅基地交叉分析

项目			在本村中农村宅基地有废弃的吗			合计
			有很多	有一些	没有	
本村位于的地点	城镇郊区或开发区	计数	6	38	16	60
		本村位于的地点中的%	10.00%	63.30%	26.70%	100.00%
	偏远农村	计数	2	11	9	22
		本村位于的地点中的%	9.10%	50.00%	40.90%	100.00%
合计		计数	8	49	25	82
		本村位于的地点中的 %	9.75%	59.75%	30.50%	100.00%

在宅基地再利用的规模方面，绝大部分的村落还是对废弃宅基地进行再利用的，只是没有进行大规模、系统的整理。在调查中，只有大兴区黄村镇黄村的废弃宅基地的再利用规模较大，本小组认为其原因是黄村镇地理位置优越，距市中心相对较近，上班族可能居住于此的较多，故宅基地空置率较少。而从该问卷的其他问题也能印证此现象，如在利用类型及在本村农民的住宅是否向外村村民或城镇居民出售等问题上，该村村民房屋对外出租率高且多租给外村村居或城镇居民。

（2）被调查村落废弃宅基地再利用模式及对象情况。本次调查中，在问卷中设置了宅基地再利用的流出对象及类型，希望通过这两类问题可以对北京废弃宅基地再利用的情况进行分析，看出宅基地被再利用在哪些方面。这也能最为直观地反映其本质的问题。

对于此方面的调查分析，通过交叉表的形式展现能较为直观、方便地观察出被利用的着重点（表2）。此次调查的82个村落中，村民和村集体作为主要流出对象，占到被调查村落的75.6%。而再利用的类型以被企业投资建厂和出售给其他人最为居多，即一部分村民流转给村集体，村集体则主要将这些废弃的宅基地转让给企业投资建厂，而另一部分村民则将自家的废弃宅基地转出给其他个体，这些其他个体多以外村或者城镇人口居多（图1），在31个主要转出给个体的村落有20个是向外村或城镇居民出售的。通过细致对比分析，这20个村落中绝大多数处于城乡结合部，利于外地人口进城上班、上学，如大兴区黄村、房山区佛子庄乡佛子庄村等。

表 2 宅基地再利用的类型与宅基地再利用所流出的对象交叉分析

单位：个

项目		宅基地再利用所流出的对象					合计
		村民	专业大户	村集体或集体性质的组织	企业	其他	
宅基地再利用的类型	企业投资建厂	4	2	12	2	0	20
	建成风俗民俗村	2	2	3	2	0	9
	退还村组织进行事业用地	2	0	6	2	2	12
	出售给其他人	12	0	6	2	4	24
	经营用地	9	0	4	0	0	13
	其他	2	0	0	0	2	4
合计		31	4	31	8	8	82

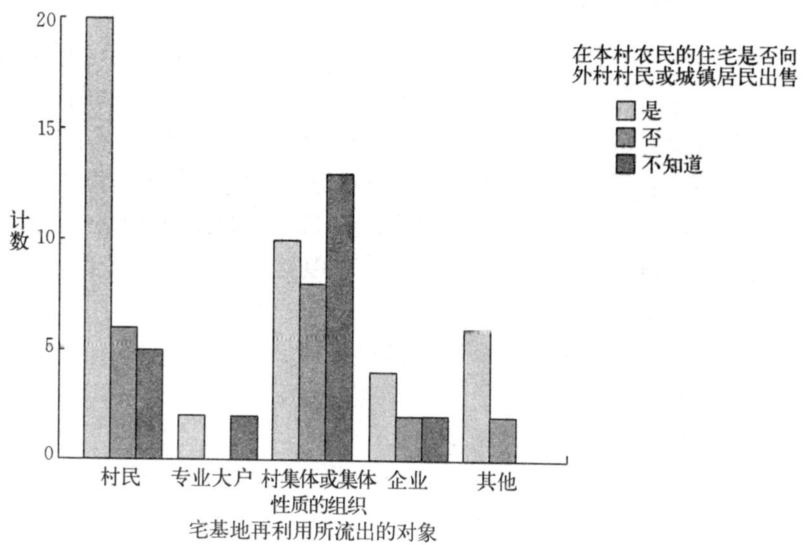

图 1 宅基地再利用所流出的对象与是否向外村出售房屋交叉分析

(3) 被调查者对宅基地再利用情况的满意度情况。闲置宅基地的再利用，是对仅有空间的二次改造，且对于村落环境、村民经济收入有着重要的影响。国家禁止农用地、宅基地买卖，所以闲置宅基地的二次利用就至关重要。在所调查的 82 个村落中，只有 40%被调查者满意村里的再利用情况，有将近半数的村民对于该村宅基地的再利用表示不满（图 2）。可以看出，乡镇政府、村集体对于闲置宅基地的规划相对不利。

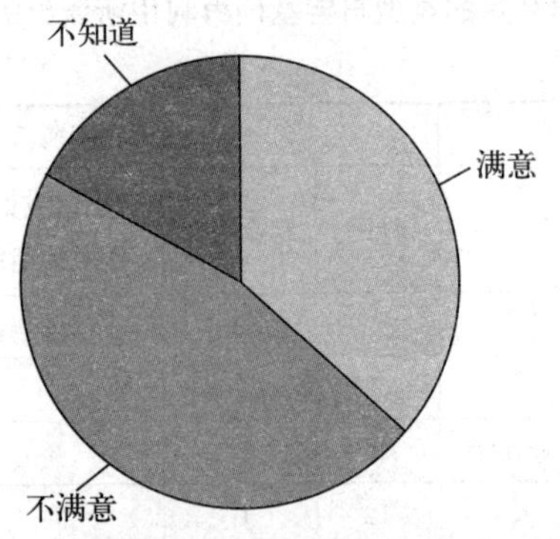

图2　是否满意本村宅基地的再利用情况

二、农村宅基地再利用存在问题

（一）缺乏有效的宅基地再利用奖励机制

农民建新房是为了更高质量的生活品质。在老宅的使用上，有些会利用老宅放置杂物，偶尔进行简单的管理。但这样的方式是一种非常低效的利用方式，还是会有大量闲置的宅基地。而对那些并不想再利用宅基地，同时又不想放弃宅基地的管理和使用权的所有人来说，也不会愿意花费时间和金钱去管理老宅基地，一般都是顺其自然发展，以至于最后房屋荒废。这样的心理和做法严重影响了宅基地的重新利用。村民自己支付金钱来解决宅基地闲置问题，多数人会选择放弃，村民会觉得入不敷出，没有任何回报，没有再利用的积极性。还有就是新的宅基地建起了，但是旧的宅基地却没有被村集体回收。一方面，是回收手续复杂，村民不愿为此付出时间与精力，再说与其归还给村里，还不如自己留着，供自己支配利用；另一方面，是村干部监管不力，对于旧的宅基地不回收，并没有去要求村民退回到村集体，而是很随意地监管。村民还有“减人不减地”的想法，在农民眼里，宅基地是私有财产，老人过世后由子女继承，并不退回，这些自己不使用又不允许别人使用的情况比比皆是。村民认为自己的宅基地继承给子女理所应当，正所谓“肥水不流外人田”，交到村集体并不能获得相应的补偿和利益。对于那些有转让出售宅基地管理和使用权想法的人们来说，没有一个合理的价格水平让他们来衡量，买方不想多出，卖方不想少卖，都会影响宅基地的再次利用和使用。没有一个完善且合理的体制和平台，也更难促进闲置宅基地的再利用。政府部门在对老旧宅基地复垦的过程中，会出现资金问题。这就影响了复垦过程的推进，引发了各种的纠纷问题和利益分配问题，降低农民再利用宅基地的积极性。

（二）宅基地的流转和再利用的相关法律法规不完善

在我国现行的法律法规中，对于宅基地的流转问题在禁止的前提下也做出了一些原则性的规定，且较为分散。我国现有《中华人民共和国宪法》、《中华人民共和国民法通则》、《中华人民共和国土地管理法》、《中华人民共和国物流法》等法律中对于农村宅基地使用权的流转规定的相关内容较少，而农村宅基地使用权流转的程序与纠纷的解决等内容，在当前的法律中更是少有涉及。村民私下交易的现象严重，也是造成宅基地再利用进程更加困难。随着中国经济的发展，现行农村住房和宅基地制度已经与市场化、乡镇一体化的发展趋势背道而驰。在实际生活中，私下流转宅基地的现象较为频繁，形成了隐形市场，缺乏有效的治理和管制，农村宅基地市场管理有缺失。北京市郊区农村宅基地主要有国家征收、买卖和租赁 3 种。其中以租赁最为广泛，基本上各个城区周边村庄都有大量的出租房。我国目前宅基地的发展现状、立法的不完善和滞后，决定了宅基地再利用的困难，土地难以产生合理的价值和优化配置，出现了现实与法律相互矛盾的现象，形成失衡的土地供求关系。这也是宅基地再利用困难的一个方面，国家没有制定出相关的法律，同时村民的法律意识淡薄，在宅基地闲置现象发生时手足无措，造成了宅基地再利用困难。

（三）农村宅基地的信息流失

在高度发展的信息化社会，信息的传播对于资源的再利用是重要途径，对于经济的发展意义重大。但是，在很多农村，由于信息技术的落后，现代信息设备缺失、交通的不便、与市场联系少，完全成为了自给自足的小农经济。在宅基地再利用私下的合同签订过程中，缺乏相关的法律知识，容易发生合同纠纷。作为宅基地再利用的庞大群体，无法将自己的需求信息与外界链接，处于一个封闭的状态。农民缺乏有效的信息引导，对于宅基地的使用缺乏有效的利用手段。

三、关于农村宅基地再利用的对策

（一）发挥主导作用

制订长久有效的总体规划治理方案，考虑到乡村基础设施建设，同时要考虑道路、供水、医疗、交通等基础配套设施，实现“村村相通”将小片的村民集中起来，将宅基地统一使用。简化宅基地再利用的申请程序，将工作中心放在解决的效率上。建立健全土地流转机制，让村级干部发挥主导作用，带领农民寻找建设农村的新思路。保障困难农民和村中孤寡老人的正常生活，给予适当的经济补助。在宅基地的征用上要合理合法，保证农民切实利益。建立宅基地再利用奖励机制。农民只有在经济上得到补助，才能意识到其重要性。在改建和政策规划过程中，还要尊重村民的意见，了解当地习俗和文化，避免发生冲突。同时，还要建立一个宅基地再利用的奖励机制，鼓励村民将闲置的、废弃的宅基地归还给村集体，这样更有利于全村的建设。同时，还要加强村级干部的监管，防止“在其位不谋其政”的现象发生。

（二）政策法律的扶持

制定相关的宅基地保护法律，具体明确到宅基地界限的划分。保护农民的合法权益，促进农民发挥主观能动性以及主人翁意识。要让相关人员下乡普及法律意识和自我保护意识，让农民有法可依。法律作为保护人民财产的重要屏障，决定着宅基地是否能充分改革，这也是改善现今宅基地再利用困难的最重要一环。将以前存在的问题和今后将要面对的问题考虑到法律的制定方面，维护好农民的利益。由于我国现行法律中关于宅基地的规定大多没有涉及再利用的问题，如何完善当中的空白是一个待解决的问题。法律的缺失不仅不能激发宅基地再利用的进程，更不利于维护宅基地使用者的合法权益。建议制定一个专门的《宅基地法》，包括从取得到卖出的各个环节，怎么利用宅基地、怎么使用宅基地、宅基地废弃了应该如何去做、归还宅基地给予什么样的奖励等。将这些法律普及到每村每户，让村干部带动村民关于宅基地再利用的积极性。

（三）切实结合农民现今的知识文化水平

在我国，村民的知识水平相对较低，大部分的村民没有受过高等教育，许多违反法律制度的行为他们并不知道，这一方面会有损他们自己的利益，另一方面下次也不会维护自己的合法权益，所以非常必要有人给他们传播有关宅基地再利用的知识。在有些文化古镇古村，要重视历史文化的保护工作，这些地方人文历史文化底蕴深厚，有其独特的地域文化，形成了特色的建筑风格和布局。用其优势的文化大力发展旅游业，促进当地的就业，增加经济收入，才能从根本上改善宅基地未合理利用的问题，让村民以自己的村落文化引以为豪，也会激起村民对村落的改革和维护欲望。江苏省周庄就被列为全国历史文化村镇，既促进经济的发展，给农民带来了实惠，也解决了宅基地闲置的问题。同时，有必要重建的宅基地，要衍生其独特的文化和优势，充分利用好这些新建的宅基地。在改建和政策规划过程中，还要尊重村民的意见，了解当地习俗和文化，避免发生冲突。

四、结　　语

通过此次的调研，本小组对当前的农村宅基地使用现状有了一定的了解，对其再利用的形势做了分析。首先，当前的农村废弃宅基地利用不够合理，现实生活中存在着较多的问题，租用给他人使用的比例较多。但是与之同步的，村镇规划与租用者使用的步调难以完全的协调一致。这就对村镇的协调发展造成一定的影响。其次，农村废弃宅基地利用效率低下，难以充分发挥宅基地原有的价值，对于宅基地的价值评估不够到位，造成一定的资源浪费的情况。最后，对于被征用宅基地的村民福利不够，宅基地对于每个村民都有着特别的意义，被征用之后，村民就会产生一定的心理落差。在此基础之上，对村民的补偿也不能与利用的效益相匹配，会造成一定的社会矛盾，这就在农村宅基地利用中产生一定的问题。作为农民自身，也要加强自己的法律意识和维权意识，跳出小农经济的框框，走出一条自己的致富之路，不要抱着占便宜的思想，要以全村的利益为重。

主要参考文献

陈利根，成程，2012. 基于农民福利的宅基地流转模式比较与路径选择 [J]. 中国土地科学（10）：67-74.

陈龙江，2008. 制度功能视角下农村宅基地使用权制度改革探析 [J]. 调研世界（3）：156-159.

陈韶英，2007. 社会主义新农村村庄规划问题探讨 [D]. 石家庄：河北师范大学.

胡锦涛，2007. 在中国共产党第十七次全国代表大会上的报告（2007 年 10 月 5 日）[M]. 北京：学习出版社.

王绍增，2008. 废弃地改造与复建 [J]. 中国园林（2）.

京郊农民对转基因食品购买意愿影响因素研究

项目组成员：龚秋雁　程　瑶　谭　畅　张乐诗　何齐霞　李新君
张　爽
指导教师：李　嘉

摘　要：近年来，伴随着生物技术的发展和成熟，转基因技术也日渐庞大起来，转基因食品如大豆、玉米等正在逐渐走入大众消费者的视线中。本文通过对10个郊区京郊农民进行的转基因食品消费行为调查，得出了现阶段京郊农民对转基因食品的认知度比较低，接受度不高，他们的消费意愿不强烈。并且通过调查发现，从消费者外界因素和自身因素出发，外界因素指的是大众媒体、工作环境，自身因素指的则是消费者本身对转基因食品的认知、态度、购买动机和受教育程度、家庭平均年收入这5个方面因素会对消费转基因食品产生重大影响。

关键词：购买意愿　转基因食品　京郊农民

前　言

转基因食品（genetically modified food，GMF）是指利用基因重组技术，将一种或几种外源性基因转移至某种生物体，通过改变生物的遗传物质，使其获得自然条件下所不具备的良好形状、营养物质和消费品质等，这样的生物体作为食品或者以其为原料加工生产的食品统称为转基因食品。最近几年，转基因食品这个词常常被广泛地热搜，日益引起了广大消费者的重视，很多关于转基因食品的争论也接踵而来，经常能在各大媒体上看到由转基因食品引起的一些焦点新闻。通过文献、网络等搜索，时常能够看到各大学者针对转基因食品的好坏、风险进行激烈的争论，不同的学者，他们的想法各有不同，甚至不同的消费者对转基因食品产品的都是不一样的态度。

列宁同志曾经说过："粮食是一切问题的基础。"粮食对每一个国家、每一个人都是至关重要的，因此转基因食品的问世，有很大一方面减轻了现在的粮食短缺问题，很多人都是持赞赏的态度。但是事实上，现在普通消费者并不会去购买转基因食品，在这些消费者的眼里，他们认为转基因食品存在着很大的风险，弊大于利。根据一些调查研究发现，虽然生活在一个信息化的时代，但是普通大众消费者对转基因食品信息的获取仍然有限，相关信息的渠道依旧不畅通，知情权受到阻碍。

关于转基因食品这一方面，浏览国内外的各种参考文献，国外学者 Hamstra 调查了荷兰消费者对转基因食品的接受度。研究表明，消费者对现代生物技术在食品生产中应用的态度主要由消费者对实际产品的主观知觉所决定的。根据这些国外的文献，能看出消费者对是否消费转基因食品有很大一部分取决于他们自己恩。不单单国外学者有这样的研究，国内的学者对我国消费者对转基因食品的态度进行了相似的研究，研究出来的结果也令人十分惊讶。有人在上海、北京、广州进行实地问卷调查，结果很明显，我国消费者普遍不能接受转基因食品。还有许多其他研究表明，不同城市的消费者对转基因食品的接受程度也存在着差异，如天津市和南京市消费者的接受程度约为 50%，北京市消费者对转基因食品的接受率有 80%左右。

一、调研设计

（一）研究问题

本文研究的问题主要是京郊农民消费者对转基因食品购买意愿，通过这些研究了解他们对转基因食品的购买行为，以针对京郊农民消费者提出有利于转基因食品发展及其管理的政策性意见。

（二）研究的方法和工具

1. 主要研究理论 主要依托的研究理论是消费者行为学理论中的消费者认知、态度、购买动机等是影响消费者购买意愿的个体因素，而文化、相关群体是其环境因素。本文从这两个方面分析消费者购买意愿，得出有益于转基因食品发展及其管理的相关政策建议。

2. 研究分析工具 研究针对消费者消费行为进行调查，依托消费者行为学的相关理论，按不同的地区、人群特征对消费者心理行为及购买倾向进行分析，从中获得影响消费者购买意愿的因素及其影响程度。并且主要运用 Excel、SPSS 软件对数据进行的整理与分析，得出相关的调查结果，从而提出有效的建议。

（三）研究设计

1. 研究设计的类型 本研究主要采用了探索性研究设计和描述性研究设计，通过发现新想法与新观点以及描述目标市场（消费者行为）的相关特征，运用调查、一手数据分析等方法进行问卷调查。问卷调查既有好的方面，又有坏的方面。好的方面指的是问卷调查方法，具有灵活性、回答率高、数据数量高和多样性等；而坏的方面是指仍然存在匿名度低、获取敏感信息低、速度慢和成本较高等。

2. 数据收集情况

（1）问卷设计。

① 量表技术。本调研主要采取了李克特量表法（五级）设计题目。

② 主要大类问题。本问卷中包含结构化问题和非结构化问题，其中主要组成部分是结构化问题，单选题、多选题，二项问题和量表的运用都涉及了。问卷主要涉及的问题包括 4 个部分：对转基因食品的认知、态度、购买意愿和被访者背景信息。

③ 问卷发放。此次调查发放问卷 300 份，其中有效问卷 296 份，调研问卷的有效率达到 98%。

（2）数据来源。问卷调查时间为 2015 年 7～8 月，这些数据能够更加直观地了解消费者真实的意愿，关于调查对象指的是北京 10 个郊区（昌平区、延庆区、平谷区、怀柔区、大兴区、门头沟区、密云区、通州区、房山区、顺义区）的京郊农民。

二、调研结果分析

（一）消费者基本情况分析

本次调查总共发放 300 份问卷，回收 296 份有效的调查问卷。在被调查者中，听说过转基因食品的有 296 人，没有听说过的是 4 人；其中男性受访者为 131 人，女性受访者为 165 人；年龄 30 岁以下是 114 人，31～50 岁是 109 人，51 岁以上是 73 人（图 1）。

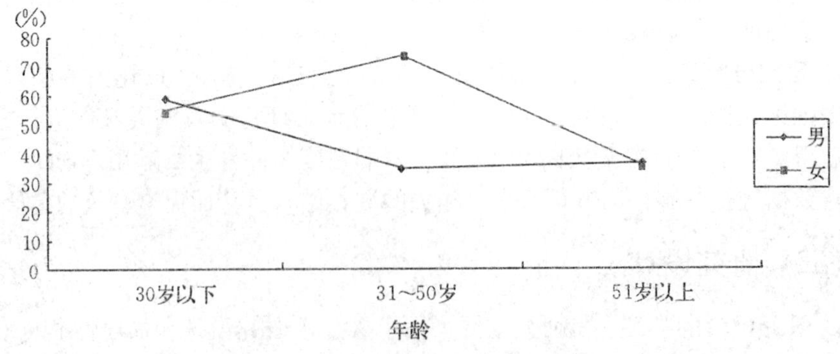

图 1　不同年龄段的男女人数分布

数据来源：调查问卷。

（二）影响消费者购买转基因食品影响因素分析

1. 从消费者的自身因素出发分析 先从京郊农民对转基因食品的认知、态度及购买动机这 3 个方面影响其消费进行描述性统计分析。

（1）京郊农民对转基因食品的认知情况分析。在问卷调查中，关于认知这一方面设置了 8 个小题，而从调查数据中能清晰地看到，如表 1 所示，只有 7.4%的人很了解转基因食品；有 55.4%的人听过转基因食品，没多少了解，但想多了解；也有 33.8%的人同样听过，但是他们却不想了解；还有 3.4%的人选择了其他。总的来说，听说过转基因食品的人是高达 90%以上，但真正了解的人却很少。这也说明了为什么在如今的市场上，真正去消费转基因食品的人少之又少。但从另一方面看，也有很多人对转基因食品想进一步了解，转基因食品的未来消费前景还是比较乐观的。

表 1 您对转基因食品的认知程度有多少

项目		频数	百分比（%）	有效百分比（%）
有效值	我很了解转基因食品	22	7.4	7.4
	听过，没多少了解，但想多了解	164	55.4	55.4
	听过，没多少了解，也不想了解	100	33.8	33.8
	其他	10	3.4	3.4
总计		296	100	100

数据来源：调查问卷。

（2）京郊农民对转基因食品的态度情况分析。从调查中发现，京郊农民对转基因食品的态度有很大的差异，从而影响其消费意愿。“转基因技术在食品生产中的应用对环境和人类来说是有好处的。”单单从这一句话出发，就能够看出他们对转基因食品的差异，如图 2 所示，有 23%的人不同意这句话；超过 50%的人对这句话表示一般，对转基因食品技术抱着无所谓的态度，一点也不关心；但也有 25%的人同意这句话，肯定了转基因技术在食品生产中的有很大的好处。总而言之，还是有一大部分的人是对转基因

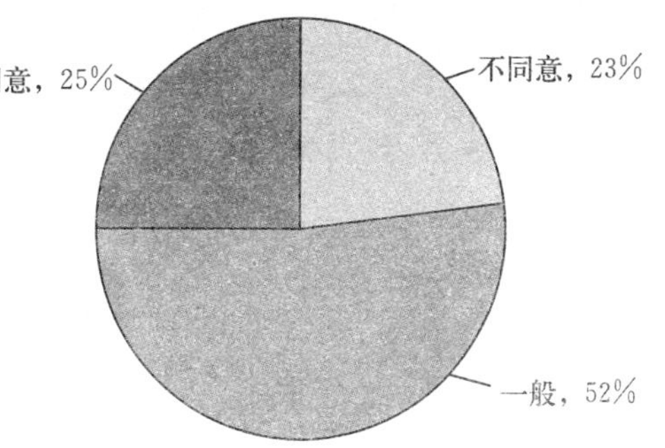

图 2 是否同意“转基因技术在食品生产中的应用对环境和人类来说是有好处的”这句话

数据来源：调查问卷。

食品抱着无法接受的态度，对消费转基因食品存在着心理上的负担。

（3）京郊农民对转基因食品的消费意愿情况分析。据调查显示，京郊农民对转基因的消费意愿不是很高，有将近 77.4%的人对其没有消费意愿，只有 22.6%的人会去购买转基因食品（图 3）。总体来说，他们的购买意愿一点也不强烈。

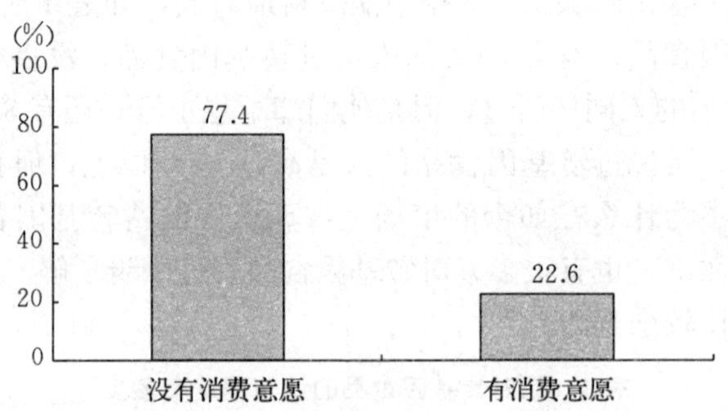

图 3　京郊农民对转基因食品的消费意愿

数据来源：调查问卷。

在问卷调查中，同时也给出了针对转基因大豆、转基因水稻和转基因马铃薯的 3 种情况，考察消费者购买意愿（图 4）。结果显示：转基因食品（如大豆）的农药残留度、价格都比普通大豆低，有 57%的人表示有意愿购买；转基因食品（如水稻），它含有更多的维生素 A 和铁元素，营养更加丰富，59%的人表示有意愿购买；如果转基因食品（如马铃薯）含乙肝抗原，能预防乙肝，食品品质很高，有 43%的消费者表示有意愿购买。从这些数据中能看出，如果转基因食品的农药残留度、营养、价格、食品品质能比普通食品好，会有更多的消费者有意愿去购买。现在的人都比较注重食品的安全性，转基因食品的安全性提高，会有更多的人去消费。

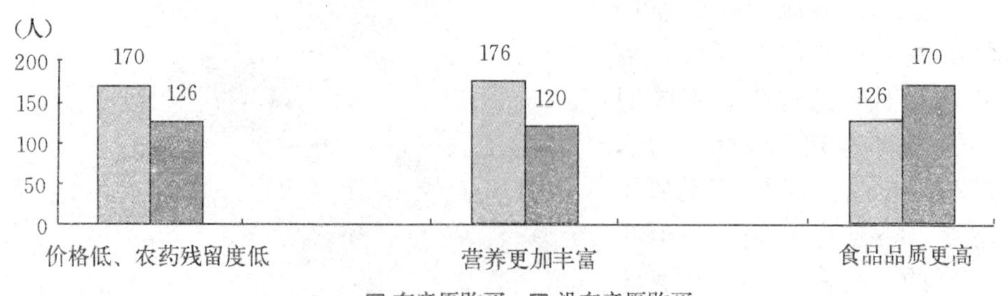

图 4　购买意愿分析表

数据来源：调查问卷。

2. 消费者的受教育程度、家庭平均年收入分析 从这两方面影响京郊农民消费转基因食品进行回归性分析。

设随机变量 Y 为消费者对转基因食品的消费意愿，一般变量 X_1 为受教育程度因素，X_2 为家庭平均年收入因素，则二元线性回归模型为：

$$Y=\beta_0+\beta_1 X_1+\beta_2 X_2+\varepsilon$$

式中，β_0 为回归常数；β_1、β_2 为回归系数；Y 为被解释变量（因变量）；X_1、X_2 是可以精确测量并可控制的一般变量，称为解释变量（自变量）。

从表 2 的数据中能看出，相关系数 R 为 0.221，判定系数 R^2 为 0.049，调整的判定系数为 0.042，回归估计的标准误差 S 为 0.410。这说明样本回归效果十分一般，回归的效果很不理想。

表 2 常用统计量

模型	R	R^2	调整 R^2	标准估计的误差（S）
1	0.221[a]	0.049	0.042	0.410

数据来源：调查问卷。

[a] 预测变量：（常量），Q28 您的文化程度是什么，Q31 您家一年人均收入有多少。

由表 3 可以看出，统计量 F 为 7.531，F 的检验值 P 小于 0.05，说明多个自变量之间存在线性回归关系。

表 3 方差分析[a]

模型		平方和	df	均方	F	$Sig.$
1	Regression	2.534	2	1.267	7.531	0.001[b]
	Residual	49.300	293	0.168		
	Total	51.834	295			

数据来源：调查问卷。

[a] 因变量：对转基因产品的消费意愿。

[b] 预测变量：（常量），Q28 您的文化程度是什么，Q31 您家一年人均收入有多少。

从表 4 中得出，回归方程是：$Y=1.266-0.1X_1+0.083X_2$，t 值均过了 P 检验。说明家庭平均年收入和对转基因食品消费意愿存在负相关，受教育程度则跟消费意愿存在正相关。

受教育程度对消费者消费转基因食品的意愿有显著影响，受教育程度越高的人，他们越能接受转基因食品。这可能是因为受教育程度高的消费者他们更加能接受新技术的发展，获取到的信息相对来说广，有对于转基因食品的主观判断能力；而受教育程度低的人他们的主观性容易受媒体等的影响，而不去接受新的事物。

表 4　回归系数分析[a]

模　型		非标准化系数		标准系数	*t*	*Sig.*
		B	Std. Error	Beta		
1	（常量）	1.266	0.081		15.720	0.000
	Q31 您家一年人均收入有多少	−0.100	0.030	−0.192	−3.284	0.001
	Q28 您的文化程度是什么	0.083	0.030	0.162	2.773	0.006

数据来源：调查问卷。

[a] 因变量：对转基因产品的消费意愿。

家庭平均年收入也对其消费转基因食品意愿存在较大影响，年收入越高的人反而不会去消费转基因食品。因为收入高的人对自己的食物要求也会相对要高，会对食品安全更加关注，会去购买比较贵但相对安全的传统食品，而不是转基因食品。

（三）影响消费者消费转基因食品的外界因素分析

其实影响京郊农民消费转基因食品的不但有他们自身的因素，外界一些因素也会对他们的消费意愿产生影响。在调查过程中，选取工作环境和大众媒体这两个因素来研究。

1. 对于工作环境这一因素　调查研究发现，在国企、私营单位的人，对转基因食品的消费意愿不高，而在外企、其他（主要指学校的学生）他们的接受度较高一点，对消费转基因的意愿稍微强一点。而如果是农户或是退休的消费者，他们的消费意愿是最弱的（表 5）。在调查询问中，发现农户一般都不太愿意接受转基因食品，他们比较喜欢传统食品，对转基因食品的感官很差。

表 5　工作环境与转基因食品的消费意愿交叉分析

项　目			对转基因产品的消费意愿		合计
			没有消费意愿	有消费意愿	
您上班是在什么性质的单位工作	国企、机关和事业单位	计数	62	16	78
		您上班是在什么性质的单位工作中的%	79.50	20.50	100.00
		总数的%	20.90	5.40	26.30
	外企	计数	20	11	31
		您上班是在什么性质的单位工作中的%	64.50	35.50	100.00
		总数的%	6.80	3.70	10.50

（续）

项　　目			对转基因产品的消费意愿		合计
			没有消费意愿	有消费意愿	
您上班是在什么性质的单位工作	私营	计数	48	17	65
		您上班是在什么性质的单位工作中的%	73.80	26.20	100.00
		总数的%	16.20	5.70	21.90
	农户	计数	28	6	34
		您上班是在什么性质的单位工作中的%	82.40	17.60	100.00
		总数的%	9.50	2.00	11.50
	退休	计数	29	4	33
		您上班是在什么性质的单位工作中的%	87.90	12.10	100.00
		总数的%	9.80	1.40	11.20
	其他	计数	42	13	55
		您上班是在什么性质的单位工作中的%	76.40	23.60	100.00
		总数的%	14.20	4.40	18.60
合计		计数	229	67	296
		您上班是在什么性质的单位工作中的%	77.40	22.60	100.00
		总数的%	77.40	22.60	100.00

数据来源：调查问卷。

2. 对于大众媒体这一因素　研究发现，将近50%的消费者认为媒体的态度让他们对转基因的态度存在着最大的影响（图5），转基因食品如今成为普通百姓的日益关注焦点，大众媒体功不可没。并且在调查中，在询问消费者对转基因食品的态度是否受到媒体很深的影响，

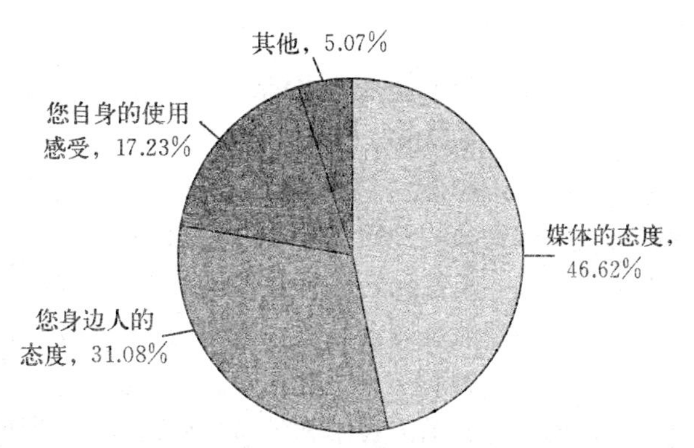

图5　转基因食品的态度影响因素

数据来源：调查问卷。

有85.08%的人表示是的（图6）。

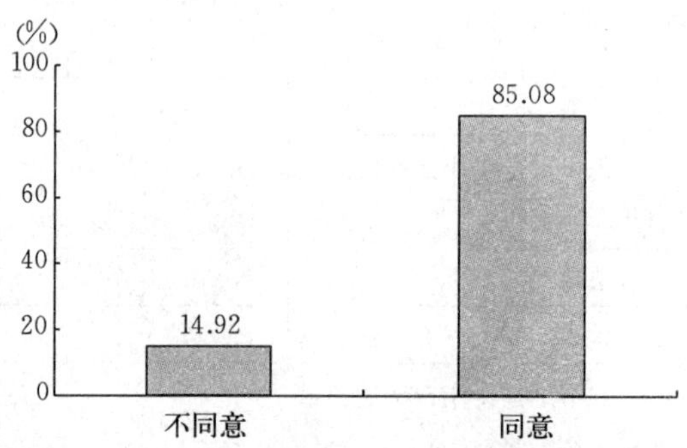

图6 转基因食品态度受媒体的影响

数据来源：调查问卷。

三、结论及建议

（一）结论

一是京郊农民对转基因食品的认知度不高，大多数人对转基因食品不了解。二是京郊农民对转基因的食品的态度存在着很大的差异性。三是京郊农民普遍对转基因食品的消费意愿不高，想去尝试的人很少。四是京郊农民的受教育程度和家庭平均年收入对其消费转基因食品存在很大的影响，学历越高的人接受度越高，平均年收入越低的人越会去消费转基因食品。五是大众媒体、工作环境也会对消费转基因存在影响，媒体的态度很大程度上影响京郊农民，而工作环境的差异性对其消费产生影响。

（二）建议

本文基于京郊农民消费者的转基因食品消费行为进行分析，重点从消费者行为的几个方面，如认知、态度、购买意愿、消费者自身特征（受教育的程度和家庭平均年收入）和外界因素（大众媒体、工作环境）论述了这些因素如何影响消费者对转基因食品的消费意愿，并得出相关结论，从结论中进一步提出相关对策建议，进而进一步推动转基因食品的消费。总的来说，转基因食品的发展前途还是光明的，消费转基因食品的消费者也会慢慢增加，消费也会逐步带动。

根据上述的调研结果，在这里给出一些有效的建议，来推动转基因食品的消费。一是加强对转基因技术和转基因食品相关知识的全面、客观的宣传，提高消费者对转基因食品的认知。二是大众媒体作为消费者的信息来源主要手段，要加强科学宣传和普及转基因食品，要以科学严谨的态度传播信息，不能引起群众的恐慌。三是可以增强科学家与群众消费者的沟通与交流，使消费者更好地去了解转基因食品。四是国家加强对转基因食品安全的监测，使消费者对转基因食品的安全感到放心，从而去带动消费。

主要参考文献

范丽艳，魏威，朱正歌，2010. 消费者转基因食品认知情况调查与思考［J］. 中国农学通报，26（20）.

冯良宣，齐振宏，周慧，等，2012. 消费者对转基因食品购买意愿的实证研究——以重庆市为例［J］. 华中农业大学学报（社会科学版）（2）：1－6.

葛立群，吕杰，2009. 消费者对转基因食品的认知态度和购买意愿［J］. 商业研究（8）：189－192.

胡浩，林礼耀，梁龙明，等，2006. 现阶段消费者对转基因食品的认知及购买意愿——基于对南京市消费者的调查［J］. 消费经济（1）：44－46.

黄季焜，仇焕广，白军飞，等，2006. 中国城市消费者对转基因食品的认知程度、接受程度和购买意愿［J］. 中国软科学（2）：1－3.

殷志扬，林德明，施梦瑶，等，2011. 国外关于消费者对转基因食品态度研究的回顾与最新进展［J］. 时代经贸（5）：1－3.

余婷，邓心安，2011. 转基因食品认知度的调查与分析［J］. 中国科技论坛（7）：1－6.

周峰，2003. 消费者对转基因食品的认识、态度及其因素分析［D］. 北京：中国农业大学.

北京地区消费者对转基因大豆油的态度研究

项目组成员：王晓璇　朱文悦　王海啸　刘鑫玥　李晓璐　玉　清　刘　颖　吕思旭

指 导 教 师：严继超

摘　要：近年来，全球转基因新品种产业化势头比较强，我国的转基因食品业也处于前所未有的一个快速成长阶段，我国公众虽然对转基因食品的知晓程度比较高，但大众对转基因食品的认知水平还比较的低。转基因技术作为一项先进的生物学技术，农业领域运用该技术生产出一部分转基因食品，如食用的大豆油，其原材料有一部分就来自转基因大豆。对于转基因豆油，有人认为对人体健康会构成威胁，也有人认为对人体健康没有影响。项目组针对“当代居民对转基因大豆油的态度”这一研究课题，在北京地区展开调查与研究。

关键词：转基因大豆油　态度　应用

一、研究背景与意义

（一）研究背景

转基因技术的理论基础来源于进化论衍生来的分子生物学。转基因技术基因片段的来源通过人为干预的手段改变基因的原有排列序列，人工合成一种新的DNA片段。20世纪下半叶，转基因技术被揭开了神秘的面纱，随着技术一步步的发展研究，“转基因”这个词语在接下来的几十年在全球范围内成了承受无尽争议的词汇，更成为2014年“科学美国人”中文版《环球科学》杂志年度十大科技热词之一。而争议来自人类中心理论——即于人类是否像自己所认为的那样，已经可以代替上帝改造自然。

然而，在转基因技术中饱受争议的一个方面便是由转基因大豆所制成的转基因豆制品了，因为它广泛地存在于当代人类社会的生产生活中，是必不可少的人类生活组成部分。1996—2004年，美国、阿根廷和巴西转基因大豆种植率分别从2%、1.7%和0%增至85%、98%和22%。截至2005年，世界上种植转基因大豆的国家已经超过了7个。其转基因大豆种植面积所占比例，美国81%、阿根廷100%、巴西24%、乌拉圭100%，巴拉圭、南非、罗马尼亚和加拿大等国转基因大豆也在不断发展中。

转基因大豆及其豆制品之所以能够获得如此大的生产规模，是因为转基因大豆较普通大豆出油率高，产量大，容易规模生产，且种植成本低于非转基因大豆，价格低廉。我国的粮食生产商广泛地进口了美国转基因大豆，使我国食用油业和食品加工业面临了巨大的安全隐患。由此，应该全面推进中国消费者对于转基因大豆的认知工作，使消费者全面认识转基因大豆及其制品的各项知识。

（二）研究意义

近年来，全球转基因新品种产业化势头比较强，我国的转基因食品业也处于前所未有的一个快速成长阶段，我国公众虽然对转基因食品的知晓程度比较高，但大众对转基因食品的认知水平还比较低。公众对转基因食品的担心主要表现在两个方面：一是在转基因食品的健康风险方面；二是在转基因食品的环境风险上。尽管公众对转基因食品的接受程度比较高，对转基因技术的研发和相关科学家的工作持肯定态度。但是，在购买意愿上趋于谨慎，有回避潜在风险的意识。研究表明，公众对转基因食品的认识受到个人特征、社会经济特征、信息、科普、风险意识、环保意识、政府信任、主观评价等在内的诸多因素的影响。消费者的购买意愿会受其个体特征、社会经济因素、初始态度及认知水平的影响。此次调查消费者对于转基因大豆油的态度，可以更加清楚地了解到目前我国公众对于转基因食品的态度。

二、研究现状

（一）国外研究现状

全球转基因食品生产及国际贸易发展迅速，转基因食品的销售额迅速增加。1995—2002 年，全球转基因食品的销售收入增加了近 60 倍，2010 年转基因食品的销售收入达到 250 亿美元。大量的数据证明了转基因食品在全球迅速发展，特别是发达国家，他们的科技水平越高，新事物的发展也越快。

随着转基因技术及转基因食品的不断发展，人们认识到其利好的一面，同时也认识到了其潜在的弊端。有关转基因作物及其产品所产生的对生态环境和对人类健康所构成的安全隐患逐渐引起了消费者们的关注。近年来，美国、加拿大和欧盟产生了多起有关转基因食品的纠纷。尽管每研发一种新的转基因作物，各国政府都要对其进行一系列的检测和审批，然而，基于对新物种可能带来不良的环境和健康影响的担忧，许多国家和民间团体对转基因食品仍心存疑虑，甚至主张禁止该类食品的研究。

（二）国内研究现状

从1997年我国第一次引进转基因大豆，到现在我国已研发生物育种、转基因抗虫棉花、转基因抗虫水稻等，我国已成为转基因食品的主要生产国与进口国。我国有百余个实验室进行有关生物技术研究，研究水平与世界发达国家差距不大，已有6项转基因植物被批准商品化，种植面积百余万亩，产品开始进入市场，已经成为转基因技术大国之一，2004年位居世界转基因作物种植面积的第五位。田间试验和商品化生产面积仅次于美国、加拿大和阿根廷，居世界第四位，一些种类的产品更是具有较大的出口潜力。

很多消费者质疑转基因食品及其产品的安全性，对此，我国政府对转基因食品采取谨慎态度，颁布了一系列管理办法。国家科学技术委员会于1993年颁布了《基因工程安全办法》，农业部在1996年颁布了《农业生物基因工程安全管理实施办法》。2001年6月6日，国务院公布了《农业转基因安全条例》，该条例对转基因食品的试验、生产、应用等规定了生产许可证和经营许可制度。这些政策和法规的实施为转基因作物安全、健康、有序地发展提供有力的保障。

三、样本特征

转基因技术作为一项先进的生物学技术，农业领域运用该技术生产出一部分转基因食品，如食用的大豆油，其原材料有一部分就来自转基因大豆。对于转基因豆油，有人认为对人体健康会构成威胁，也有人认为对人体健康没有影响。现在，针对“当代居民对转基因大豆油的态度”这一研究课题，通过发放调查问卷和采访的方式对北京城区和郊区的居民做了调查，调查形式为面对面发放问卷和利用“问卷星”微信平台发放，共计发放问卷200份，回收有效问卷200份。

调查问卷主要包括基础信息和反应信息两方面内容：基础信息包括受访者的性别、年龄、学历、家庭常住人口数等个人基本信息，以及居民购买大豆油的品牌、地点、购买频率和是否购买过转基因大豆油等客观信息；反应信息包括购买食用油主要考虑的因素、对转基因大豆油的了解程度和对转基因大豆油的未来市场发展所持态度等。

在本次调查的200名受访者中，男女比例基本平衡。35～54岁的中年人占比约50%（表1），同时他们相比于25岁上下的年轻人和55岁以上的老年人来说，也是重心更多地放在柴米油盐的生活中、更加关注生活质量的一辈人。因此，他们的有效反馈对本次调查提供了重要的参考价值。

表 1　样本性别与年龄分布

单位：人

项目		25 岁以下	25～34 岁	35～44 岁	45～54 岁	55 岁及以上	合计
性别	男	18	18	31	16	7	90
	女	23	16	27	33	11	110
合计		41	34	58	49	18	200

根据调查数据，制定出受访者学历和职业的分布图，这两样因素在一定程度上可以反映出转基因大豆油在当代社会各个阶层的普及及接受程度。由图 1 和图 2 显示：参与调查的 200 名受访者中，中专/高中以下，中专/高中，专科和本科的人群分布基本平均，硕士较少；在职业方面，事业单位人员、公务员与学生几乎各占 20%，务农、个体经营户和企业员工较少，但比例没有悬殊。因此，问卷结果能在很大程度上体现社会各个领域的居民对本次调查课题的所持态度，分析结果的有效率和可参考价值也得到了保证。

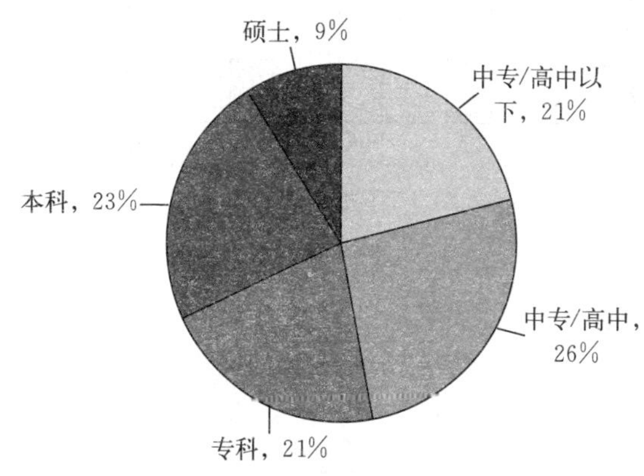

图 1　受访者学历分布

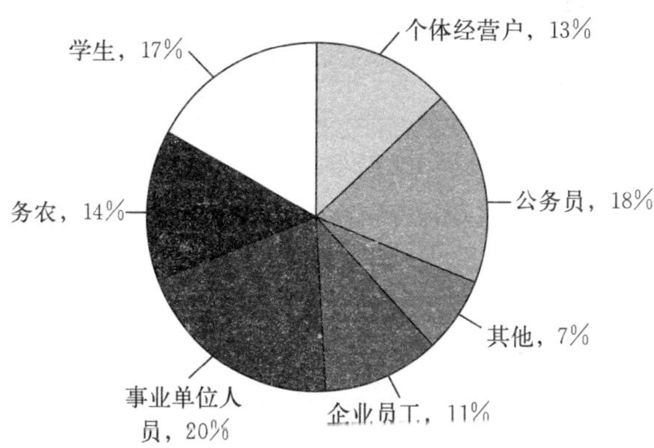

图 2　受访者职业情况分布

在受访者的基本信息中，还包括家庭人口数和家庭月收入，理论上人口数较多的家庭使用、购买以及更换大豆油品牌的频率都会相对较高，同样对日常生活中使用的必需品的关注程度也较高，对食品质量与安全的关注度更高。而本次调查结果显示，接近一半的受访者都是 3 人的家庭，只有夫妻俩生活的家庭和 4～6 人的大家庭数各自只占 1/4（图 3）。同时，发现如果以 7 500 元的月收入为分界线，上下各占 50%（图 4）。因此基于这一现状，可以分析出收入对居民选择转基因豆油是否存在影响。在数据分析中，也对被调查者基本信息与转基因豆油研究中的重点因素做了相关性分析。

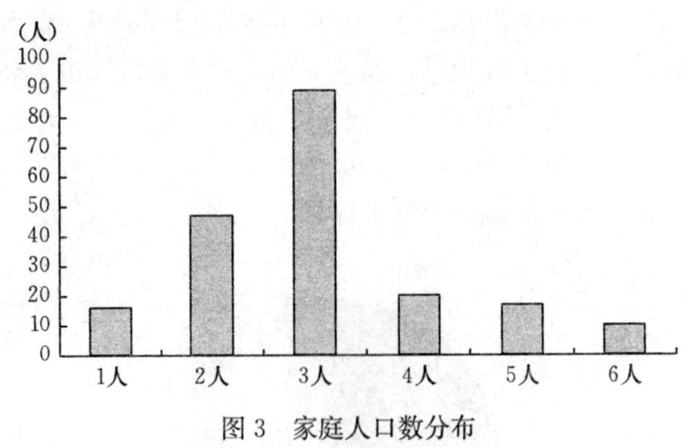

图 3　家庭人口数分布

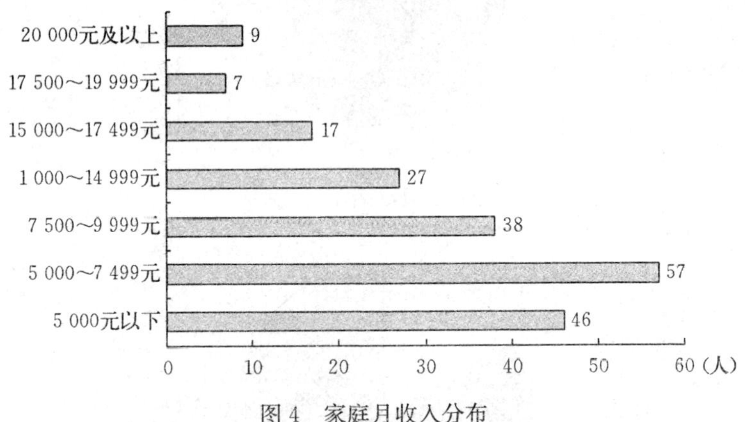

图 4　家庭月收入分布

四、数据分析

在被调查的 200 位居民中，发现有 70 位曾经购买过转基因大豆油，剩下的 130 位受访者并没有购买过转基因大豆油（表 2）。将其数据分开研究，在 130 位未曾购买过转基因大豆油的居民中，接近一半的人是不太了解转基因与非转基因的区别的，只有不到10个人非常了解（表3）；相同的是，尽管70人购买过转基因大豆油，在他们中间依旧是不了解转基因的人数要明显多于了解的人数（表4）。由此可以看出，转基因大豆油并没有被居民广泛接受。因此，证明了转基因大豆油在宣传、甚至质量保证等很多方面存在着问题和很大的改进与发展空间。

表2　是否购买过转基因豆油

项目	频数（人）	百分比（%）
否	130	65
是	70	35
合计	200	100

表3　未购买过转基因大豆油的消费者对转基因豆油的了解程度

项目	频数（人）	百分比（%）
完全不了解	26	20.0
不太了解	63	48.5
了解一点	32	24.6
完全了解	9	6.9
合计	130	100

表4　购买过转基因大豆油的消费者对转基因大豆油的了解程度

项目	频数（人）	百分比（%）
完全不了解	15	21.4
不太了解	26	37.2
了解一点	22	31.4
完全了解	7	10.0
合计	70	100

调查结果显示，在被调查的200位居民中，3/4以上的居民都很关注购油的质量安全问题，同时未购买过转基因大豆油的人群中，认为转基因对健康有影响和无影响的比例几乎一致（表5）；而在选择转基因大豆油的人群中，超过半数的居民认为转基因对健康是存在一定影响的（表6）。这里本小组认为对于这类

消费者而言，他们是相信转基因大豆油对健康存在着积极的影响。除了质量安全因素之外，也有一部分居民关注购油的品牌、成分甚至保健功能等，与之相比，口碑、广告宣传和折扣显得不那么重要（图 5）。

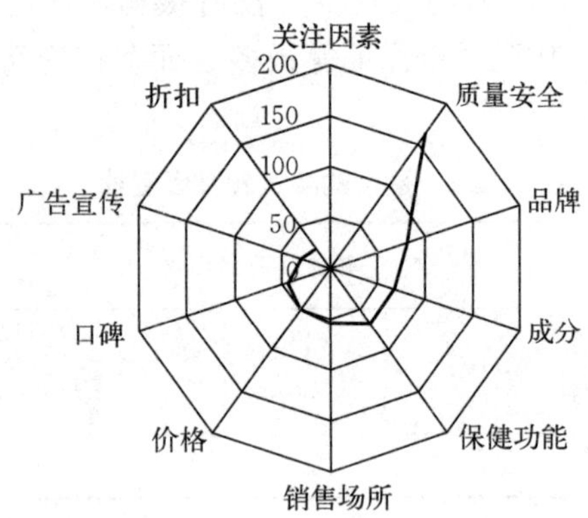

图 5　购买转基因大豆油的关注因素

表 5　未购买过转基因大豆油的消费者认为转基因大豆油对健康影响的看法

项目	频数（人）	百分比（%）
有很大影响	17	13.1
有一定影响	58	44.6
不清楚	52	40
没有任何影响	3	2.3
合计	130	100

表 6　购买过转基因大豆油的消费者认为转基因大豆油对健康影响的看法

项目	频数（人）	百分比（%）
有很大影响	10	14.3
有一定影响	39	55.7
不清楚	11	15.7
没有任何影响	10	14.3
合计	70	100

对于 130 位没有购买过转基因大豆油的居民，将其数据单独提取出来做了如下分析，由图 6 显示，超过半数的人都是出于食品安全角度考虑，担心转基因食品对健康有危害，对于转基因大豆油的态度同样如此。

在70位选择转基因大豆油的居民中，不难发现超过半数的人在日常生活中都在消费转基因大豆油，可见转基因大豆油在其生活中起到重要的作用。而调查他们购买转基因豆油的原因时，同样超过50%的人都是因为质量好占主导因素（图7）。因此，只有让社会认可转基因豆油的质量安全保障，才有可能让更多的消费者选择转基因大豆油。

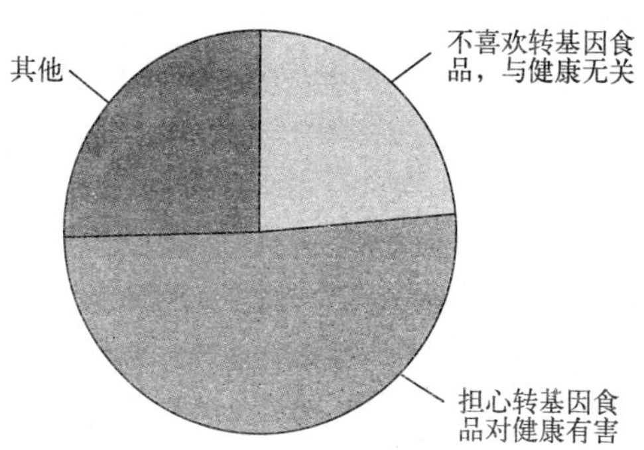

图6　未购买转基因大豆油的原因

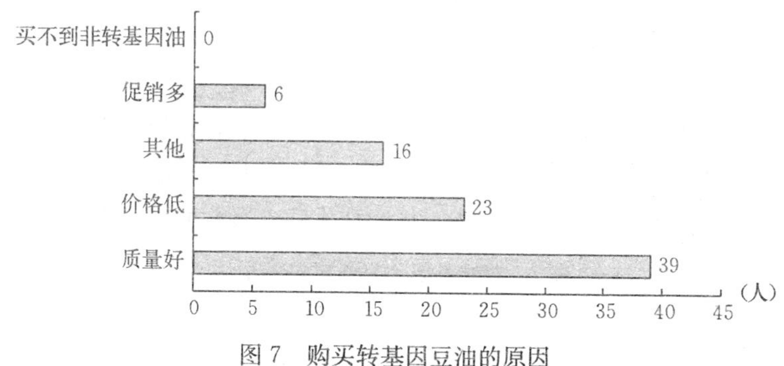

图7　购买转基因豆油的原因

通过调查信息反馈结果显示，居民购油的品牌呈现多样化，而金龙鱼、鲁花和福临门等品牌成为购油首选（图8）。同时，居民的购油地点也多集中于超市和网店（图9）。在超市食用油销售处看到，5升金龙鱼大豆油和5升元宝牌大豆油被摆在最显眼位置，售价分别为50.9元和55.5元，从外包装来看，很难看出这两种大豆油是不是转基因产品。但是，当仔细查看这两种大豆油包装上的小字时，“配料”一栏上写明：“加工原料为转基因大豆”。而在附近的货架上，看到还有许多其他品牌的大豆油，其中鲁花等品牌的大豆油货架上，都有明显的“非转基因大豆油”标示。而这类大豆油一般价格较高，5升鲁花大豆油售价为69.9元，其他5升非转

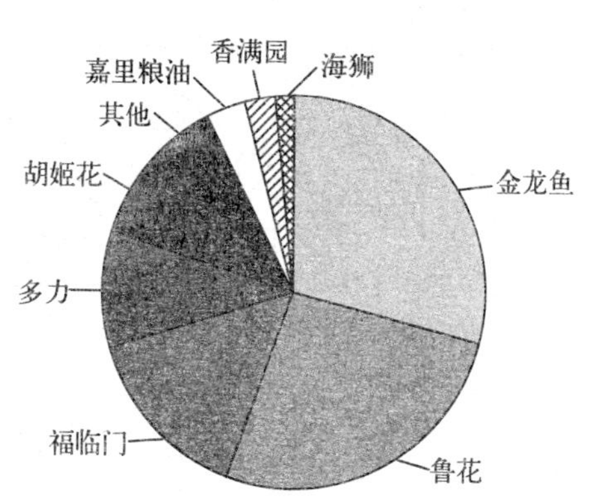

图8　居民购买大豆油的品牌

基因大豆油价格也基本在60～75元。在大型超市也有同样的情况，转基因大豆油几乎不会用明显的标示“表明身份”，而非转基因大豆油一般都会在显眼的位置单独标明。

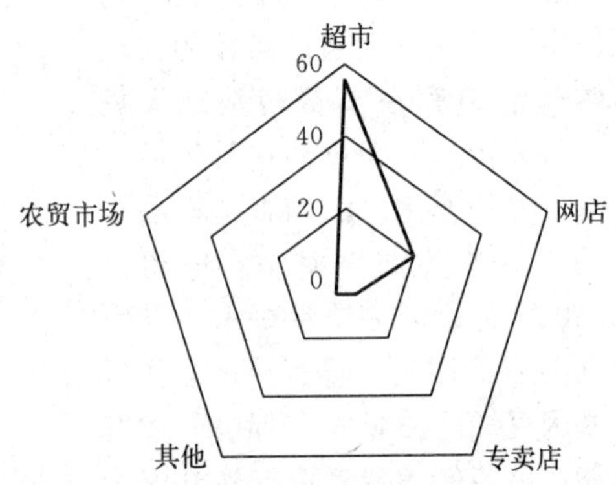

图9　购买转基因大豆油的地点分布

总体而言，在本次调查的200位居民中，大家对于转基因大豆油市场发展的看法不容乐观，超过1/3的人认为转基因大豆油因健康问题无法得到保障而难有长远发展。这其中的原因可能是大部分人对转基因这一生物技术的了解程度低，因此对这项技术缺乏信任感，但也不可否认转基因技术确实发展不够成熟，不足以成为社会的主流。另外，不足1/3的受访者对转基因大豆油的未来持乐观态度，他们认为会占有很大的市场份额（表7）。基于这一现状，也进行了更深入的分析。如果转基因大豆油在未来想要有成熟稳定的发展，必须首先做到质量安全有保证，其次价格应更贴近大众，可以加强在社会上的宣传引导，让消费者真正地从思想上认可这一新技术，从而在生活上接受它并选择它（图10）。

表7　对转基因大豆油市场的看法

项　　目	频数（人）	百分比（%）
彻底取代普通豆油	24	12
会占有很大的市场份额	63	31.5
因健康问题难有长远发展	76	38
逐渐退出市场	37	18.5
合计	200	100

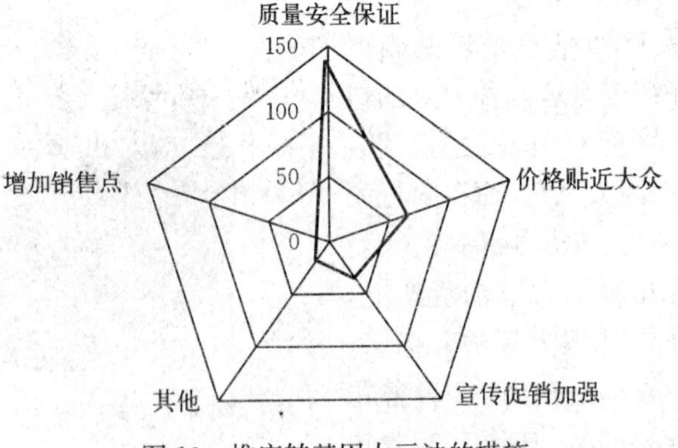

图10　推广转基因大豆油的措施

五、结论与建议

（一）结论

基于被调查者基本信息，利用SPSS统计软件，分别就年龄、学历、家庭月收入及家庭常住人口数对“居民对转基因大豆油的了解程度”、“转基因大豆油对健康是否存在影响”和“选择转基因大豆油的家庭对其的消费比重”做了相关性分析。分析结果表明：被调查者年龄、家庭月收入及家庭人口数对“居民对转基因豆油对健康的影响”这一问题上，在0.05的显著性水平上都呈现正相关。而年龄因素在0.01的水平上，也与转基因豆油的消费比重显著相关（表8）。

表8　相关性分析（$N=200$）

项　　目	年龄	学历	家庭月收入	家庭常住人口数
对转基因大豆油了解程度	0.103	0.065	−0.001	0.065
转基因大豆油对健康的影响	0.149*	0	0.150*	0.149*
转基因大豆油消费比重	0.376**	−0.203	0.278*	0.290*

*表示在0.05水平上显著，**表示在0.01水平上显著。

（二）建议

1. 利用市场优势　目前，转基因食品逐渐走入人们的生活，而对于其安全性，社会各界说法不一。在调查过程中走访了多家商场、超市，发现所售大豆油多为“转基因”且标示不明显，而非转基因产品往往有明显标示。对此，无论是销售人员还是网上专家均称安全性无法确定，但年轻人最好选择非转基因食品。在之前所做的调查中，已经得出金龙鱼、鲁花、福临门在所有品牌中处于佼佼者，因此商家可以充分利用市场与品牌优势，有效制定销售策略，开拓销售渠道，发展转基因大豆油。而超市和网店的热销也为转基因大豆油的未来发展提供了有力的保证。

2. 加强舆论宣传　在目前情况下，消费者对转基因食品的认知度总体仍比较肤浅，对转基因食品的态度在一定程度上受其认知度的影响。因此，对转基因食品知识的宣传也是推广转基因食品的任务之一。在这方面，应该加强新媒体宣传与社会引导，媒体要增加有关转基因食品知识的宣传力度，不仅要增加广度，更重要的是增加深度，使消费者真正对转基因食品有所了解。而在了解不深的情况下，消费者的态度更易受媒体态度的影响。因此，在未确定有关转基因食品利弊的前提下应减少极端的报道，因为传媒对公众理解科学发挥着举足轻重的作用。在美国，2000年10月媒体披露“星联”转基因玉米出现在食物中（“星联”

玉米事件）几个月之后，44%的消费者获得了很多转基因食品的知识。值得关注的是，某些消费者对“星联”事件的记忆是长久的，当提及这一事件时，消费者知道这是关于转基因作物安全性的问题。由此可见，媒体对事件的报道给消费者的影响是深远的。

3. 提供客观报道 客观报道、传播转基因食品争论的“是是非非”，有利于消费者正确对待转基因食品和传统食品。接触媒体、心理因素、认知程度在不同程度上影响消费者对转基因食品的态度，其中以媒体的相关性最强，心理因素次之，认知度与态度的相关性相对较弱。在影响消费者态度接受转基因食品的诸多因素中，人们对转基因食品安全性的信任度仍然是影响多数人的关键因素。

4. 考虑终端需求 转基因食品的发展不仅决定于转基因作物的种植者、转基因食品加工者的接受程度，更决定于终端消费者的接受情况。因此，转基因食品的发展更重要的是要顾及终端消费者的愿望。消费者的购买意愿主要集中在转基因食品的品质方面，更关心品质和安全性，对于抗虫、抗病等需求并不强烈。当前，转基因作物发展主要集中在对作物种植者降低生产成本等方面（如抗除草剂、抗虫抗病等），而没有很好地迎合终端消费者的需求。转基因作物的发展应更多地考虑消费者的利益，使他们能够切身体会到转基因食品的优点。尽管消费者对当前转基因食品利弊的看法有较大分歧，但总体上对转基因食品的继续发展持支持态度，对转基因食品的未来持乐观的态度并寄予厚望。

主要参考文献

孟雨，2011. 转基因食品引发的国际贸易法律问题及对策 [J]. 华中农业大学学报（社会科学版）(1)：19-24.

吴文良，夏友富，2009. 转基因大豆发展及中国大豆产业对策 [J]. 中国农业大学学报（人文社会科学版）(2).

许文涛，黄昆仑，2010. 转基因食品社会文化伦理透视 [M]. 北京：中国物资出版社.

袁瑛，吴丽，2013. 转基因大豆的转入 [OL]. 北京晨报网（要闻时事）(17).

张磊，戴瓯和，2003. 转基因大豆安全性评价与发展趋势 [J]. 安徽农学通报，9(1)：54-55.

张玲，吴建国，2007. 转基因食品发展及其影响因素研究 [J]. 社会医学与卫生事业管理(5).

Cromwell Lindemman M D，2002. Soybean meal from Round up Ready or conventional soybeans indiets for growing-finishing swine [J]. Anim. Sci (80)：708-715.

北京市农村居民的畜产品消费情况

——猪肉消费意愿满意度调查

项目组成员： 肖　璇　杨　帆　孙　静　王茹芳　罗石磊　李美轩
指 导 教 师： 胡向东

摘　要： 本文以北京市农村108位消费者的调查数据为依据，通过“2015年第二季度北京市农村居民畜禽产品消费调查问卷”进行数据统计，应用图表分析方法，就消费者对猪肉消费意愿满意度，以及消费者对猪肉品质的评价和安全问题进行调研。结果表明，消费者对猪肉的满意度及安全问题还存在一定的怀疑态度，可见向消费者增加食品安全信息供给，可以提高消费者对猪肉的满意度，改善消费者对猪肉的评价，从而有效地提高消费者对猪肉的消费意愿。

关键词： 猪肉　满意度　安全问题　产品质量　消费行为　消费意愿　解决措施

前　　言

目前，就全国而言，猪价仍然处于高位调整过程中，总体上的表现是稳中有降的趋势，或者是降中趋稳的态势。本文以北京市农村108位消费者的调查数据为依据，通过“2015年第二季度北京市农村居民畜禽产品消费调查问卷”进行数据统计，应用图表分析方法，就消费者对猪肉消费意愿满意度，以及消费者对猪肉品质的评价和安全问题进行调研。根据调研结果，得出了一系列相应的结果。

（一）研究背景

在人们的日常饮食中，猪肉是必不可少的肉类产品。随着农村与城市间经济差距的减小，农村建设逐步完善，农村居民消费支出的增加，他们逐渐成为购买猪肉的新兴力量。农村居民对猪肉的重视，使他们能够更加客观地评价自己所购买猪肉的质量和满意程度。本次主要调查点就是影响农村居民购买猪肉的原因，并以此为基础探究增加购买量的多种措施。

（二）研究目的

俗话说“民以食为天”，消费者作为购买猪肉的主要力量，能够推动猪肉消费环节的完善。消费满意度是衡量一种产品的指标，希望通过此次农村居民对当前购买猪肉满意程度的调查，来反映出农村居民在购买环节中存在的问题，并以此进行合理分析，提出解决方案，从而提高消费者对猪肉的消费意愿。

一、数据分析

（一）价格走势分析

由图1看出，2015年10月与2014年同期白条猪平均价走势明显提高，2015年10月的价格是极不正常的价格。因为影响价格的两大因素：生产成本和供求关系都不支持肉价大幅上涨。肉价之所以居高不下，一定是有其他原因。2015年毛猪供应的基本形势是供求平衡，略有结余，这从10月的日均上市量可以反映出来，仅仅比供应严重过剩的2014年有所减少。在正常情况下，农产品的价格与供求关系联系得比较紧密。通常是多了便宜少了贵。上市量比2014年减少，价格就应该比2014年高。可是6月下旬以后，上市量大幅度地高于2012年、2013年同期，价格也大幅度地高于2012年、2013年同期。因此认为，高出的这部分中就有价格虚高的部分，是涨价预期在推波助澜。后期肉价还会出现波动，这些波动有些是供应增加造成的，有些是需求增加造成的，但是总体上的趋势是供应在稳步恢复。

（二）消费者购买猪肉地点偏好分析

由图2得出：在被调查的消费者中，有57人在超市购买生猪肉，有19人在社区便利店购买生猪肉，有44人在农贸市场购买生猪肉，有4人在网上购买。可以看出，在超市和农贸市场购买生猪肉的消费者较多，大多数居民认为在这两个地方购买的生猪肉较新鲜，在其他地方购买猪肉可能相对的没有那么新鲜，尤其是网上消费。而购买熟猪肉的消费者中，有46人是在超市购买，有25人在社区便利店购买，有11人在农贸市场购买，有11人在网上购买。可以看出，在超市购买熟猪肉的消费者较多，大多数居民认为在超市购买熟猪肉卫生条件较好，也较方便。

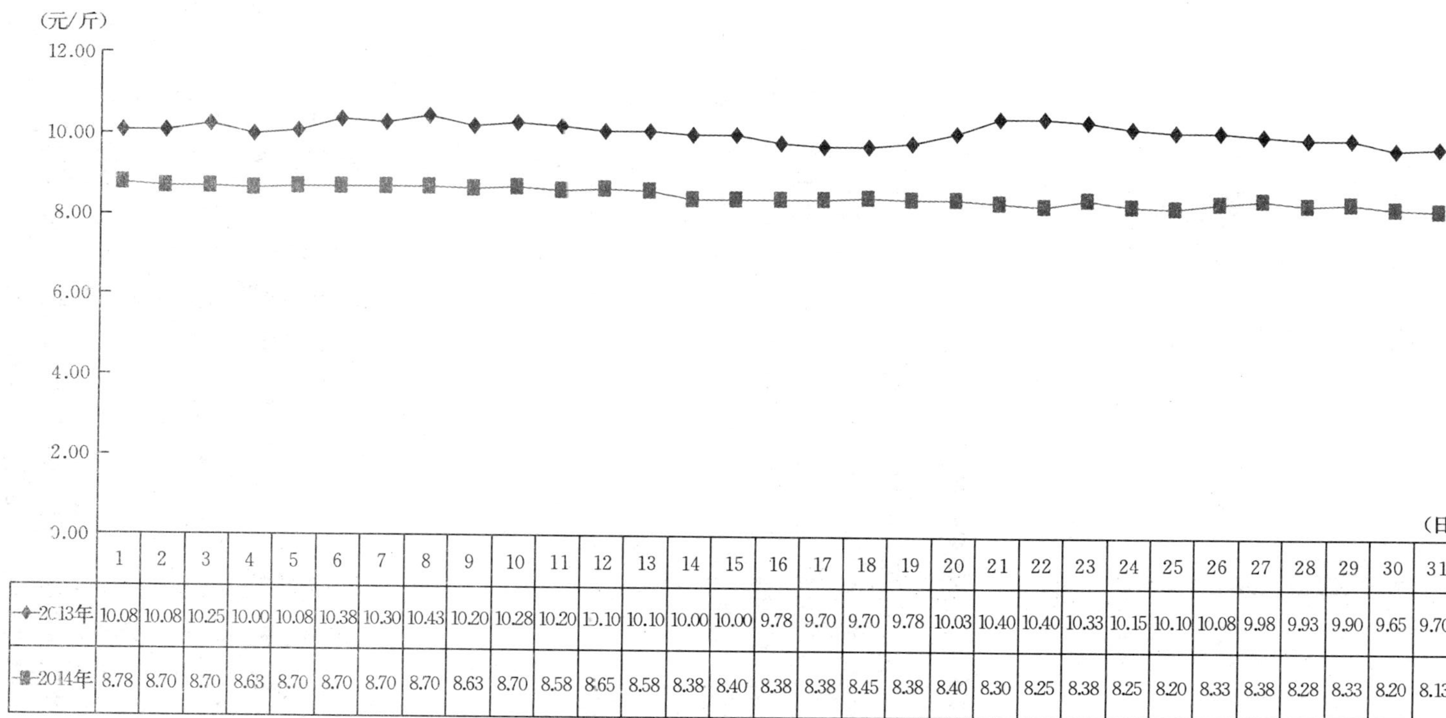

	1	2	3	4	5	6	7	8	9	10	11	12	13	14	15	16	17	18	19	20	21	22	23	24	25	26	27	28	29	30	31
2013年	10.08	10.08	10.25	10.00	10.08	10.38	10.30	10.43	10.20	10.28	10.20	10.10	10.10	10.00	10.00	9.78	9.70	9.70	9.78	10.03	10.40	10.40	10.33	10.15	10.10	10.08	9.98	9.93	9.90	9.65	9.70
2014年	8.78	8.70	8.70	8.63	8.70	8.70	8.70	8.70	8.63	8.70	8.58	8.65	8.58	8.38	8.40	8.38	8.38	8.45	8.38	8.40	8.30	8.25	8.38	8.25	8.20	8.33	8.38	8.28	8.33	8.20	8.13

图1　2015年10月与2014年同期白条猪平均价走势对比图

数据来源：51猪价网市场行情。

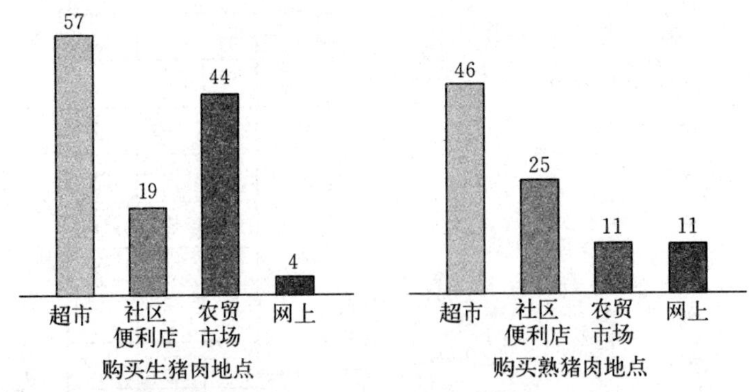

图 2　北京市农村居民购买生、熟猪肉地点选择（单位：人）

数据来源：调查问卷所得。

（三）消费者购买猪肉的质量标准分析

由图 3 得出：在被调查的消费者中，购买生猪肉时，有 41 人选择了颜色，有 42 人选择了气味，有 30 人选择洁净程度，有 52 人选择新鲜程度，有 11 人选择老嫩程度，有 19 人选择看生产日期，有 24 人选择看是否有检疫标志，有 2 人选择看是否是著名商标，有 3 人选择看是否是知名企业产品，0 人选择其他。可以看出，消费者对生猪肉的外观、洁净程度和安全问题比较看重。在被调查的消费者中，购买熟猪肉时，有 36 人选择颜色，有 27 人选择气味，有 24 人选择洁净程度，有 39 人选择新鲜程度，有 4 人选择老嫩程度，有 32 人选择看生产日期，有 14 人选择看是否有检疫标志，有 8 人看是否是著名商标，有 2 人选择看是否是知名企业产品，0 人选择其他。可以看出，消费者对熟猪肉的新鲜程度、外观和洁净程度比较看重。

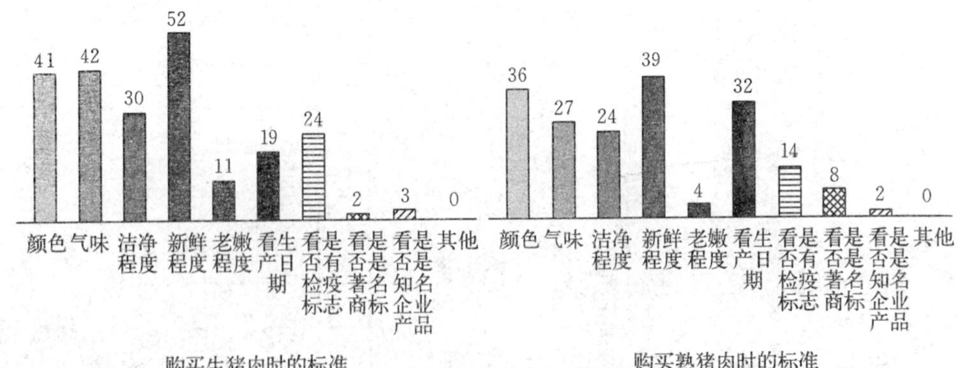

图 3　北京市农村居民购买生、熟猪肉的标准（单位：人）

数据来源：调查问卷所得。

（四）消费者购买猪肉时的方便程度分析

由图 4 得出：在被调查的消费者中，购买生猪肉时，有 37%的消费者认为方便，有 51%的消费者认为方便，有 12%的消费者认为一般。在购买熟猪肉时，有 37%的消费者认为很方便，有 46%的消费者认为方便，有 14%的消费者认为一般，有 3%的消费者认为不方便。随着中国经济的发展，国民消费水平提高，居民对猪肉的需求、对肉类的需求提高，方便程度也随着消费水平增加而增加。

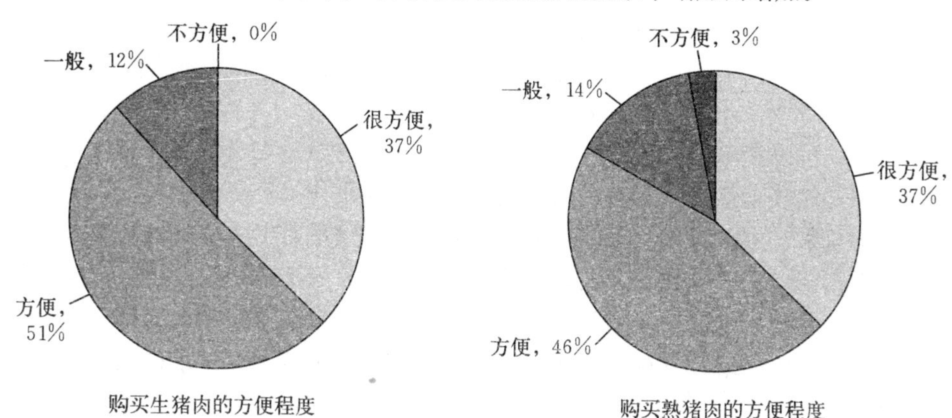

图 4　北京市农村居民购买生、熟猪肉的方便度分析

数据来源：调查问卷所得。

（五）消费者购买猪肉产品加工方便程度分析

由图 5 可知，消费者购买生猪肉加工很方便占 27%，方便占 49%，一般占

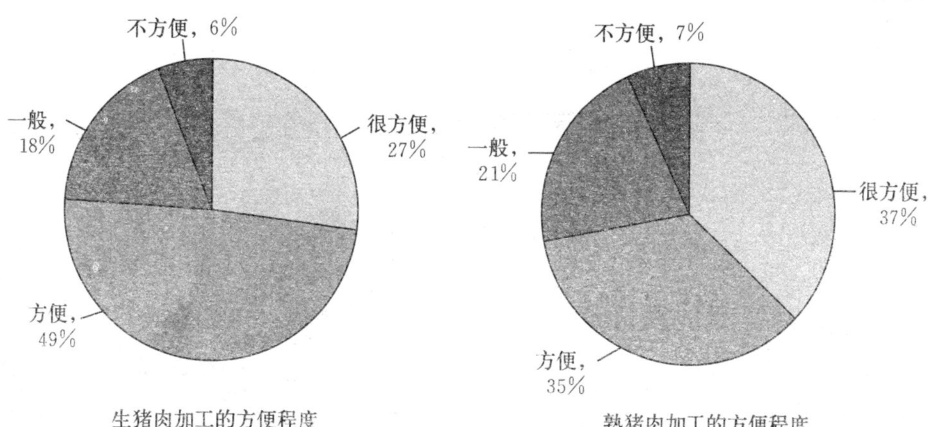

图 5　北京市农村居民对猪肉产品加工方便程度分析

数据来源：调查问卷所得。

18%，不方便占6%。消费者购买熟猪肉加工很方便占37%，方便占35%，一般占21%，不方便占7%。所以，从数据可以分析出消费者购买生猪肉或熟猪肉，对其进行加工都是比较方便的。由图2可知，购买生猪肉和熟猪肉大多在超市或农贸市场，随着经济飞速发展，人民生活水平不断地提高，超市和农贸市场配套设施也在不断地完善，所以会有很多地方为消费者提供加工服务。

（六）消费者对猪肉质量安全状况满意度分析

由图6可知，消费者对于购买生猪肉产品的质量很满意占14.63%，满意占60.98%，一般占21.95%，不满意占2.44%。消费者对于购买熟猪肉产品的质量很满意占6.90%，满意占58.62%，一般占31.03%，不满意占3.45%。所以，从图6可以看出，消费者对于生猪肉和熟猪肉的质量安全状况满意度是差不多的，都是比较满意的，不满意的都较少。其实这跟我国经济的不断发展有着密不可分的关系，由于我国经济不断发展，人们生活水平有了大幅度的提高，对食品的质量安全也越来越关心。现如今消费者不仅仅只是追求购买的价格，越来越关注自身的健康，也就越来越关注食品的安全。国家也在不断加大力度监管食品的安全问题，所以消费者对于消费的猪肉产品质量安全状况总体来说还是比较满意的。

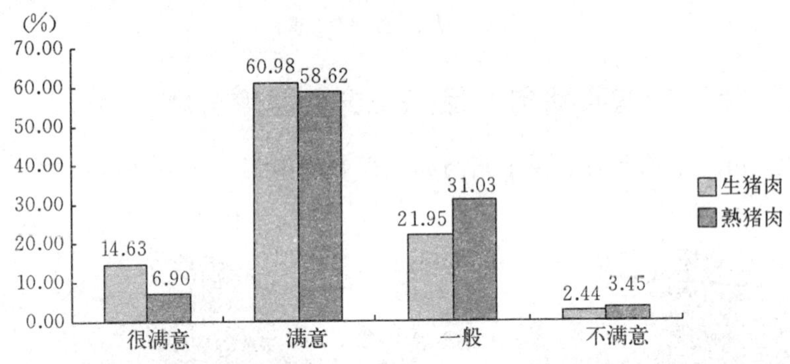

图6　北京市农村居民对猪肉质量安全状况满意度分析

数据来源：调查问卷所得。

（七）消费者对猪肉质量安全状况不满意原因分析

消费者对于猪肉产品的质量安全状况不满意的主要原因有市场上有病死的猪肉、有注水可能和不卫生这3个方面。在这一问题上，生猪肉与熟猪肉有着明显的不同。如图7所示，消费者对于生猪肉产品的质量安全状况不满意的主要原因，市场上有病死的猪肉占12.24%，有注水可能占63.27%，不卫生占

6.12%。消费者对于熟猪肉产品的质量安全状况不满意的主要原因，市场上有病死的猪肉占26.47%，有注水可能占14.71%，不卫生占38.24%。所以，从数据可以分析得出，消费者对于购买生猪肉最担心的是商家对生猪肉是否有注水可能；而消费者对于购买熟猪肉最担心的是熟猪肉是否卫生的问题。

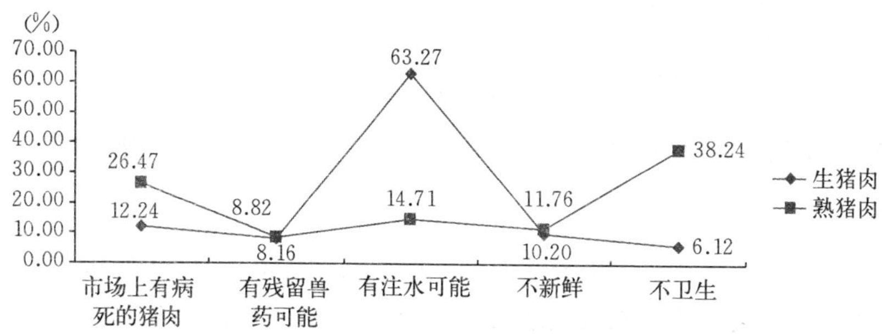

图7 北京市农村居民猪肉质量安全状况不满意原因

数据来源：调查问卷所得。

（八）消费者对猪肉质量安全了解情况分析

由表1可知，消费者对于猪肉质量安全还是很了解的。消费者买到的生猪肉不安全的有30人，占调查总人数的37.97%；消费者买到的生猪肉安全的有49人，占调查总人数的62.03%。各地出现的食品安全事件对消费者消费肉类有影响的人数为22人，占调查总人数的27.85%；各地出现的食品安全事件对消费者消费肉类没有影响的人数为57人，占调查总人数的72.15%；消费者买到的熟猪肉不安全的有15人，占调查总人数的26.79%。消费者买到的熟猪肉安全的有41人，占调查总人数的73.21%。各地出现的食品安全事件对消费肉类有影响的人数为47人，占调查总人数的83.93%；各地出现的食品安全事件对你消费肉类没有影响的人数为9人，占调查总人数的16.07%。由数据分析可知，生猪肉和熟猪肉的食品质量安全还存在着一定的问题。

表1 消费者对猪肉质量安全了解情况

项目	生猪肉		熟猪肉	
	是否买到过不安全的食品	各地出现的食品安全事件对消费者消费肉类是否有影响	是否买到过不安全的食品	各地出现的食品安全事件对消费者消费肉类是否有影响
是	30	22	15	47
否	49	57	41	9
总计	79	79	56	56

数据来源：调查问卷所得。

二、结　　论

（一）2014—2015 年猪肉价格波动较大，未来将趋于稳定

就 2014 年和 2015 年两个年度而言，猪肉平均价格走势有明显不同。2015 年相对 2014 年而言，猪肉平均价格明显上涨，且价格浮动较大。究其原因是供求关系变化所引起，但是猪肉供应将趋向稳定。

（二）超市成为北京市农村居民的主要购买点，猪肉购买方便度提高

北京市农村居民购买猪肉地点偏好不尽相同。购买生鲜猪肉，人们比较喜欢在超市或农贸市场购买。购买熟猪肉，人们比较喜欢在超市或社区便利店购买。可见，超市是大部分北京市农村消费者所选择的购买地点；80％以上的北京市农村消费者在购买生鲜、熟猪肉时，觉得方便程度较高。

（三）气味、颜色、新鲜程度成为猪肉购买标准

北京市农村消费者购买生鲜猪肉和熟猪肉的标准是不同的。人们购买生鲜猪肉大多依照气味、颜色、新鲜程度。而购买熟猪肉除颜色、新鲜程度之外，主要是依照生产日期。

（四）北京市农村消费者对猪肉产品质量安全满意度较高，对食品安全问题较为担忧

北京市农村消费者对猪肉产品质量安全满意程度中，“满意”的消费者占 50％以上。只有不 4％的消费者对猪肉质量不满意。不满意的原因中，生鲜猪肉主要是“可能注水”，熟猪肉主要是“不卫生”。在对猪肉质量安全了解情况中，多数人还是没有购买过不安全食品的。但是，各地区出现的食品安全问题，对消费者购买影响比较大。

因此，综上所述，北京市农村居民认为猪肉价格波动较大，但是购买猪肉方便，超市是大家的普遍选择；对生猪肉和熟猪肉的质量评判标准大致相同，但是熟猪肉更注重生产日期，并且北京市农村居民对猪肉质量安全还是满意的，多数人没有购买不安全的食品，但是受到其他地区食品安全消息的影响，对食品安全还是有所担心。所以，消费者追求的不仅是价廉，更多是物美。可以买得安心，吃得放心，是消费者最终消费目的。在这一点上，人们对猪肉食品的满意程度大大增加，进而影响人们对猪肉的喜爱程度，为猪肉产品创造了更大的市场。

当然，在猪肉产品质量有保障的情况下，消费者的食品安全意识也是很重要

的。在购买猪肉产品时，要有一定的购买标准，要通过多项指标来衡量，最终选出符合自己心仪的猪肉产品。而消费者对于猪肉产品的不满意也主要体现在安全问题上。那么，这一点就恰好体现了市场弊端。食品安全部门再严格把控，也难免会有“漏网之鱼”。总有个别商家保证不了猪肉产品质量，出现“注水肉”等现象。这不仅影响了猪肉产品市场，也造成人们对食品安全问题有一定心理阴影。所以说，提高猪肉产品质量，是管理部门、商家以及消费者共同努力的方向。

三、改进措施

（一）增加购买地点的卫生程度，保证生、熟猪肉的质量

在生、熟猪肉的购买上，大多数的农村居民选择了在超市购买，其次是农贸市场，而选择网上购买的只有极少数人。这说明大家对于网上购买猪肉是比较不信任的，应该让网上猪肉店增加诚信度、增加便利度，促使更多的人选择在网上购买猪肉，让更多的人了解到购买猪肉的新方式，采用多种渠道销售猪肉也会提高猪肉的购买数量。在熟猪肉的购买上，与生猪肉不同的是，原来选择在农贸市场上买生猪肉的人选择了在社区便利店买熟猪肉，这说明大家认为超市和社区便利店的熟猪肉要比农贸市场的干净、有保障。这就说明了想要提高熟猪肉的购买量就要保证熟猪肉的销售环境的干净整洁，让购买者在任何一个地方购买都能感觉到放心。

（二）提高猪肉的新鲜度，保证偏远地区的猪肉供应

农村居民在购买生熟猪肉标准上最看重的就是新鲜度，可见新鲜度对于猪肉的购买量是尤为关键。商户们应该尽量保证每天宰杀活猪，保证每天猪肉的新鲜程度，新鲜程度提升了，人们自然就愿意更多的购买猪肉。在购买猪肉的便利度上，绝大多数的人们都认为购买猪肉是方便的，但还是有少数人认为是不方便的。所以，在一些比较偏远或者交通不太便利的农村地区应增设猪肉购买点，让想买到猪肉的农村居民在需要时都可以轻松便捷地购买到猪肉。

（三）严控猪肉质量，消除食品安全隐患

在购买生猪肉的质量安全状况上，大多数人还是满意的，但还是有一部分人是不满意的，其中不满意的主要原因是认为生猪肉有注水的可能，严格把控生猪肉质量，严防注水猪肉进入市场。提高生猪肉的卫生标准，保证农村居民食用生猪肉时的卫生质量，提高养猪环境，尽最大可能防止病死或有兽药残留的生猪肉进入市场。只有尽全力提高生猪肉市场的监控，严格把关问题猪肉，人们才会更

愿意去购买生猪肉。对于熟猪肉而言，大多数的农村居民不满意的原因主要是认为熟猪肉的卫生指标不达标，生猪肉买回家中还会经过二次加工，可是熟猪肉是直接可食用的，所以熟猪肉在制作前要更保证猪肉的质量，严格确保猪肉的质量，在制作过程中严格按照生产准则，严格监控卫生标准，在熟猪肉投入市场后严格把关保质期限，保证销售环境的干净程度。只有这样才能最大限度地提高农村居民的熟猪肉购买量。加大生、熟猪肉的监控力度，对于那些有问题的猪肉一定要严格、坚决地处理掉，绝不能投入市场，食品安全问题对于农村居民的消费有着非常巨大的影响。

主要参考文献

陈琼，2010. 城乡居民肉类消费研究［D］. 北京：中国农业科学研究生院.

仇焕广，黄季焜，杨军，2007. 政府信任对消费者行为的影响研究［J］. 经济研究（6）.

戴迎春，朱彬，应瑞瑶，2006. 消费者对食品安全的选择意愿——以南京市有机蔬菜消费行为为例［J］. 南京农业大学学报（3）.

刘德寰，2006. 市场研究与应用［J］. 北京：北京大学出版社（3）.

刘军弟，2009. 消费者对有机猪肉的认知水平及其消费行为调研［J］. 现代经济探讨（4）.

迈里克·弗里曼，2002. 环境与资源价值评估——理论与方法［M］. 北京：中国人民大学出版社.

宁芳蓓，2010. 猪肉消费者超市购买行为的调查与经济学分析［D］. 泰安：山东农业大学.

孙鳌，2008. 商业模式视角的企业集群的生命周期［J］. 南京政治学院学报（1）.

孙黎黎，2012. 基于猪肉安全的消费者够满意愿研究［D］. 长春：吉林农业大学.

王慧敏，2012. 消费者对可追溯食品的认知与购买意愿［J］. 农产品质量与安全（S1）.

王志刚，2003. 食品安全的认知与消费决定：关于天津市个体消费者的实证分析［J］. 中国农村经济（4）.

周应恒，霍利玥，彭晓佳，2004. 食品安全：消费者态度、购买意愿及信息的影响——对南京市超市消费者的调查分析［J］. 中国农村经济（11）.

周应恒，彭晓佳，2006. 江苏省城市消费者对食品安全支付意愿的实证研究——以低残留青菜为例［J］. 经济学季刊（7）.

关于大学生宿舍对学生发展影响的调查

项目组成员：穆晓双　梁芳炜　林珊珊　谢宣宣　王肖月
指 导 教 师：马俊云

摘　要： 大学生宿舍，一个多元化的小集体。宿舍中的每个成员来自于不同的地区、不同的家庭、拥有不同的成长经历，因而，从每位宿舍成员身上所体现出的文化背景和流露出来的文化传统也就不同。不同文化传统的宿舍成员为着共同的目标来到象牙塔，就不得不学会集体共处，无形中在寝室这片特有的小天地里就产生各种各样不同的影响。那么，大学生宿舍到底会对学生发展有怎样的影响呢？为此，本小组以大学生宿舍对学生发展的影响展开了调查。

关键词： 大学生　宿舍　文化差异　影响

前　　言

高等学校学生的学习模式及新时期学生公寓的管理模式，决定了高校学生寝室是学生生活、学习、休息的重要场所，是高校课堂教学的延伸。据统计，大学生平均每天在宿舍时长长达 13 个小时，除去 8 小时的睡眠外，还有 4～5 小时的时间用于学习、交流、娱乐。大学生在这个 6～8 人的集体里，每个人都有自己的风格、习惯、思想情感和脾气属性。这个小集体能带领人上进，也能使人堕落。所以，不同的寝室文化会对当代大学生造成或多或少的影响。本次调查就着力于研究这些宿舍集体对大学生到底造成了哪些方面的影响。

（一）研究背景

宿舍是大学生生活和学习的主要场所，是传播信息、交流思想、探讨问题、表现自我的重要领域，是培养自我管理、自我教育、自我服务能力的实践课堂。宿舍对大学生发展的影响主要不是通过各种硬性规定来完成的，其主要是通过宿舍各位成员之间所形成的氛围等在不知不觉中形成一种无形的约束力。这种约束力将成为宿舍成员之间相互促进或抑制的力量。

宿舍就像家一样，大学生每天在宿舍里生活、学习等。了解宿舍对大学生的影响，就好比了解自身一样重要，人只有正确地认识自己，今后也才能往正确的道路上发展。

（二）研究目的

当今时代的主题是和谐社会，这是作为地球上每一个成员的共识。而大学就是一个小的社会，在大学这个小社会里生活的学生，自然希望宿舍环境可以让他们安逸快乐地度过美好而又难忘的四年。可是，怎么样的宿舍会对学生的发展产生好的影响呢？这就是课题组此次调查的目的。

宿舍和谐安逸而又舒适，说着很简单，做起来却很难。宿舍的相融也是有实际需要和必要性的相融。大学生在学校里需要学习的不仅仅是专业知识，更需要学习与他人沟通的技巧。宿舍是学生学习、交流和生活的主要场所，在由不同地域的人交集而成的宿舍内，成员不可能单独存在于宿舍之中，所以成员必须学会和其他成员交流融合。作为学校，需要为学生们创造合适的宿舍条件。

有数据统计，时下很多的大学生宿舍内部矛盾突出且日渐频繁，严重制约了学生的发展。现在大学生许多都是独生子女，他们大多以自我为中心，人际交往能力不强。加之宿舍里的同学来自全国各地、不同城乡，各自的生活习惯存在差异，导致不能很好地相处。面对宿舍各种复杂的人际矛盾，新生代大学生往往太自我，无法很好地解决矛盾，表现为语言上甚至肢体上的伤害，宿舍气氛紧张。好的环境会激励人上进，不良的氛围会对人的生活带来诸多不利因素，总之，大学生宿舍环境对于大学生的学习、生活、发展有着至关重要的影响。

一、数据分析

此次调查，小组全员对北京农学院大一、大二宿舍情况进行调查，采取了问卷抽样调查的方式，分别在学校的男女生宿舍发放了100份调查问卷，问卷主要围绕学生们的作息时间、卫生、纪律、活动以及宿舍氛围情况进行了调查，其中宿舍氛围主要是舍员之间的交流情况以及交流内容等问题。以下是对于部分调查结果进行的分析。

（一）关于作息生活习惯的分析

调查数据显示，80%的大学生认为自己的生活习惯一般，12%的人能够早睡早起，仅有8%的人经常熬夜上网、打游戏等，生活习惯不太好（表1）。

表 1

生活作息情况	有效百分比（%）
良好	12
一般	80
不太好	8
合计	100

（二）关于宿舍氛围的分析

调查数据显示，81%的学生，在宿舍的交流内容多为生活、娱乐话题，而学习话题仅占12%（图 1）。由此可见，大多数人还是把宿舍看成一个可以放松身心的地方。至于和其他宿舍间是否进行交流，2%表示从来没有，78%表示偶尔会做，只有 20%表示经常和自己宿舍以外的其他人进行沟通。涉及攀比问题，98%的人认为自己的宿舍没有，只有 2%的人认为存在。100%的人表示宿舍中会有小争论。对于寝室之间的联谊，82%的人觉得有必要，其余的则认为无所谓。

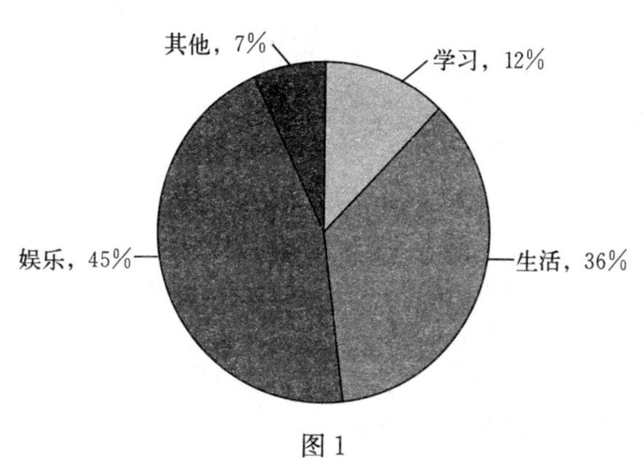

图 1

（三）关于宿舍生活对于学生学习情况影响的分析

此次调查，小组共调研了 10 个宿舍，其中有 6 个宿舍四级通过率为 100%。说明同宿舍的学习氛围好，同学之间的影响力比较强（表 2）。

表 2

宿舍	1	2	3	4	5	6	7	8	9	10
四级通过率（%）	80	100	60	100	100	100	80	100	40	100

（四）关于宿舍对于大学生发展的分析

在调查了宿舍学习、沟通等方面之后，还对大学宿舍的卫生、纪律、课余活动等方面进行了调查，以下为调查结果：

1. 卫生情况 在走访调查过程中，关于宿舍的卫生状况，62%的人表示能每天打扫一次寝室，20%表示脏了就扫（图 2）。对宿舍的相关检查，78%的人都能积极主动参与，22%的人表示不是很在意。

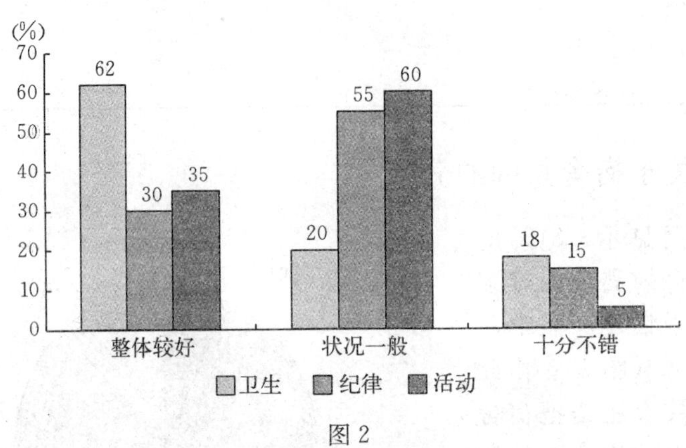

图 2

2. 纪律情况 调查显示，55%的人表示宿舍没有明确的或默认的制度，40%的人反映宿舍会有小争论，但是没有寝室会有很大的问题。所以，宿舍的纪律需要各位成员共同遵守，才能创造一个和谐的寝室环境。

3. 活动情况 调查显示，60%的人会根据个人兴趣进行抉择，5%的人很少参加，35%的人会集体参加（如学校举办的“小小设计比赛”）。

二、结　　论

通过数据分析显示，大部分学生作息习惯一般，小部分人可以早睡早起有规律的作息，剩下有部分学生晚睡打游戏。究其原因，本小组认为，宿舍给大学生给带来了很多便利与舒适，学生在宿舍休息、上网学习、与同学互动交流。但与此同时，也有很多弊端出现。

宿舍氛围以娱乐为主，大部分人都是第一次住校，不再是一个人在家，所以大家在一起谈天说地。和谐的氛围让大家都会把宿舍当成自己的家，及时整理打扫卫生，每个人都为维护着共同的家而尽一份力。

在人际关系方面，从调查情况看，大多数人认为各自有自己的小圈子，少部分认为室友间非常团结，有很强的整体意识。部分人和室友之间的交流都是看情况，有时很多，有时很少。总体看来，大学生通常喜欢和熟悉的人进行交往，但潜意识的认为应该多结交新朋友，只是实际情况与想法并没有很好地结合在一起。

在宿舍生活对于学生学习情况影响这个问题上，通过调查及数据分析可以得出，大部分学生能够顺利地通过CET4的考试，说明很多学生还是可以利用宿舍进行英语学习。学生们可以在宿舍利用网络进行英语听力、口语等强化训练。但是，随着英语考试难度的增加，部分学生的CET6的成绩不是很理想。同一宿舍的成员之间影响很大，以四级通过率为例，60%宿舍的学生都是6个人一起通过，而有的宿舍是整个宿舍没有通过。

另外，在对北京农学院宿舍的卫生、纪律、课余活动的调查中了解到，宿舍卫生在大学生生活中占有很重要的位置，良好的宿舍卫生情况不仅可以提供良好的生活与学习环境，防止疾病，减少感冒，有利于大学生健康成长，还有利于大学生的心情更愉悦，使学生之间的交往更加融洽，非常有利于和谐宿舍关系的培养。另外，积极主动地参与打扫卫生还使学生之间更加信任和依赖。在纪律情况方面，所谓无规矩不成方圆，有没有好的纪律也是衡量一个寝室好坏的重要标准。当然，好的纪律是要靠学生们的自觉才能建立起来，在这个过程中，大学生会养成为他人着想的良好品德，这也有利于以后更好地融入社会这个大家庭。在活动情况方面，多参加大学里的相关活动，不仅可以增长见识，也可以让学生得到锻炼，结交新朋友。而且，宿舍集体参加活动更会增强大学生之间的感情，培养默契，有利于在今后的生活中融洽相处。另外，社会实践是大学生接触社会、锻炼能力的好机会，所以应该多发展这方面的能力。

综上所述，宿舍的和谐离不开每一个成员的积极配合，大家只有在这个大家庭中多一些理解与包容，少一些抱怨和不满，积极主动地融入这个集体中，才能使大家的学习和生活更加有利，每个人也能从中有所收获，使大学生更好的发展。

三、存在问题和产生原因

（一）生活习惯和价值观念的不同

大学生来自全国各地，家庭情况各不相同，有着不同的生活习惯和价值观念。调查显示，51%的学生认为价值观念不同会引起宿舍矛盾，同时83%的学生选择了生活习性和个人癖好不同。部分学生认为个人性格在高中时便已形成，在大学中与其说是宿舍关系影响个人心理，不如说是个人性格影响宿舍关系，而父母处事态度、生活方式等家庭氛围的影响无疑是个人性格形成的主要因素之一。事实证明，父母感情和谐、兄弟姐妹相亲相爱的家庭氛围，往往使个体形成谦虚、礼貌、随和、诚恳、乐观、大方等良好的人格特征。反之，家庭成员之间如果经常吵闹、打骂，则易使个体形成粗暴、蛮横、孤僻、冷漠等不良的人格特征。有的大学生他们父母婚姻的不幸，也会给他们自身造成心理上的阴影。家庭背景的不同可能导致价值观念的不同，使室友间的交流无法畅通和谐地进行，使彼此间产生隔阂。

由于现在大多数大学生是独生子女，缺少和很多人紧密相处的经验，很多同学在面对宿舍冲突时，会用一种自我为中心的思想来看待或者处理。调查显示，在解决宿舍卫生时，65%的学生看到宿舍杂乱才动手；在宿舍受到影响时，即使以婉言提醒，但23%的学生表示仍会直接让室友保持安静。宿舍是一个公共场所，室友做什么事是自己的自由，只是其中有一些大家默认的规则。在宿舍里大家都是平等的，没有谁一定要迁就谁，相互交往应该是礼让三分，以诚待人。如果要求别人都要依着你、顺着你，显然是不现实的。这种自我中心的思想是宿舍关系恶化的重要原因。

由于地域差异、生活习惯的不同，也会严重影响宿舍关系，43%的学生表示作息时间差别太大是引起宿舍矛盾的主要因素。许多大学生晚睡晚起，图书馆自习室熄灯时间约在晚上十一点，回到宿舍洗漱完毕差不多十二点，即宿舍熄灯时间。同一宿舍的同学可能有的习惯早睡早起，有的习惯晚睡晚起。晚睡免不了有响动，影响早睡的同学；早起闹钟太聒噪，打扰晚起的同学。而睡眠时间的不足使大家更加重视睡眠质量，彼此间的影响会导致宿舍关系的紧张。

（二）生活条件的不同

室友之间存在的差异本可以让各位成员相互沟通学习，从而得到促进与提高。但是，如果把握不当，这种多文化、多差异的接触碰撞，往往也会导致学生们出现一些负面心理问题。

北京农学院通过发放补助学金和贷款让贫困家庭的学生少了后顾之忧，在学校里很少见到有学生互相攀比高档奢侈品，更多的是学生们学习成绩之间的竞争和比较。在激烈的高考竞争中，有幸进入大学的人往往以竞争胜利者的姿态出现，在一片赞扬声与羡慕的目光下，大学生的优越感、自豪感油然而生。但是，在群英荟萃、强手如林的新环境中，以往的优越不复存在，学习生活中遇到的困惑和挫折使大学生容易产生自卑心理，不能正确认识理想中的自我和摆在面前的客观现实，不能正确对待挫折与失败，致使一些大学生产生焦虑心理，引起心理失衡。有本书曾写道："如果你的好朋友考试挂了，你很伤心，但如果你的好朋友考得很好，你更伤心。"调查中，有20%的学生提到要和室友正当竞争。调查发现，有些学生习惯在宿舍发表消极言论，如学习无用、社会黑暗；有些学生虽然成绩优异，却经常将自己学习不好、考前准备不充分挂在嘴边；有些学生将学习视为雷区，对成绩避而不谈。这样的现象在高中较为普遍，只是北京农学院作为一个农科类大学，对综合素质的关注度不高，导致学生们过于关注成绩，从而引起不正当竞争。

（三）缺乏处理人际关系的技巧

大学生们由一个依赖父母、老师的中学生变为一个比较独立的大学生，在为人处事方面缺乏一些基本技巧，大家相处的时候更多是凭自己的感觉，遇到冲突矛盾时不能合理解决。调查显示，18%的学生在和室友发生矛盾时会选择冷战、听天由命、敌对或不知道怎么办，这些可能会激化矛盾；43%的学生选择尽最大努力避免产生矛盾，但正如上所述，大学生之间的差异免不了矛盾的产生，若力求避免，便少不了委曲求全。有些学生即使并不乐意，但对室友仍然有求必应。这样虽然避免了矛盾的产生，但这些同学心中会积聚不满，尤其是面对那些习惯求助的室友，导致与室友间产生隔阂，不利于宿舍关系和个人心理的健康发展。

四、加强宿舍文化建设的改进建议

宿舍，一个学校提供给大学生便于学习与生活的地方；一个于学生互动交流的场所；一个锻炼自己独立性的小空间。如果大学生能够把握好对宿舍的利用，那么会对学习、成长都有很大的提高进步。所以，加强宿舍文化建设的改进就成为了重中之重，以下是针对调查提出的一些改进措施：

（一）加强宿舍文化建设的统一协调管理，形成自己的特色

在调查走访时发现，每位宿舍成员都有自己鲜明的个性特征，都极力地想展示出自己的与众不同，每个人都对自己的小空间进行了装饰，造成宿舍整体布局十分凌乱不规整，看起来也不令人赏心悦目。因此，加强宿舍的统一协调管理十分有必要，学校都应该制定统一的管理条例，并严格按照条例执行，每个人都应以宿舍整体为中心，不过多地表现自己，要以宿舍的和谐美观为重。

（二）丰富宿舍文化活动，增加展示舞台

在调查时发现，很多大学生宿舍在课余时间很少有组织一些趣味活动，每个人都忙于自己的学业，彼此能够交流沟通感情的时间少之又少，使得大学四年下来，很多宿舍成员之间感情并不深厚。建议丰富宿舍文化活动，譬如开展成语接龙、沙盘模拟，在日常生活中用英语进行互动交流。这样不仅增强了宿舍成员之间的黏性，也提高了自身的英语口语水平，为顺利通过大学生英语四六级考试打下基础。

（三）增强大学生的主人翁意识，积极主动参与宿舍各种活动

通过调查数据发现，大学生在宿舍中，通常都以自己的利益为中心，很少把宿舍看成一个集体。应加强大学生的主人翁意识，让大学生深刻明白自己就是宿舍这个小家庭中的主人。这就是自己的另一个家园，要时刻保护，以宿舍的利益为重。

（四）建立宿舍文化建设的激励机制

宿舍环境对于大学生四年的学习生活有着重要影响，各高校应该加强宿舍文化建设，建立激励机制，把这项工作纳入学生工作考核的重要内容。让学生一入校门就高度重视这项工作，养成良好习惯，营造健康的宿舍氛围，让学生在四年的时间里，既享受和谐之家的温暖，又在这个幸福的家中得到激励，快乐成长，健康向上。

主要参考文献

董丁戈，1999. 当代大学生心理健康的现状及思考［J］. 中国高教研究（3）.
韩源，侯德芳，2002. 新世纪的高校思想政治教育［M］. 成都：西南财经大学出版社.
李兵宽，薛允洲，2003. 21 世纪高校德育实践与探索［M］. 北京：中国人事出版社.
吕民，1999. 大学生心理健康状况及教育对策刍议［J］. 中国冶金教育（3）.
杨作新，1999. 强化大学生心理健康教育的理论思考与对策研究［J］. 高教探索（2）.

大学生学习策略对自我教育收获的影响分析

项目组成员：高艺秦
指 导 教 师：沈文华

摘　要： 大学生找到适合自己的学习方法，就能够进一步提高自己的知识水平和学习能力，从而得到更多的教育收获。本文基于2014年CCSS问卷北京农学院返回数据，探究大学生学习策略对自我教育收获的影响。通过SPSS 18.0中相关的描述统计、相关性和回归分析，得出以下结论：北京农学院学生倾向于反思性学习与合作性学习，而接受式学习（LS－TL）带给学生的教育收获最小；大部分学生对自我教育收获情况不太满意；女生比男生教育收获水平高。

关键词： 学习策略　教育收获　逐步回归

前　　言

大学生为了提高学习的效果和效率，就要有意识地制定有关学习过程的复杂方案，在对自己的认知特点有准确的认识基础上，确立其个性化学习策略。在长期的学习活动中，大学生积累了较为丰富的学习经验，通过对自己的学习过程和认知特点的分析反思，有了较为清晰客观的自我意识，能够依据自己的兴趣、能力、思维特点、认知风格来确立适合自己的个性化的学习策略。通过运用自身形成的学习策略，获得符合自身水平的教育收获。而良好的自我教育收获对于提高学生个人能力也有不可估量的作用。本文写作的关键在于揭示北京农学院大学生学习策略的选择对自身自我教育收获的影响，并进一步剖析二者的关系，通过科学而合理的结论引导学生以科学的学习方法获取自身知识能力。

一、变量分析

为了便于研究，将本文的自变量编码为探究式学习（LS－EL）、整合性学习

(LS－IL)、接受式学习（LS－TL)、合作性学习（LS－CL）和反思性学习（LS－RL)；因变量编码为自我教育收获（SS－LO)。

（一）变量的描述性统计

表1 描述性统计量

变　量	均值	标准差	N
自我教育收获	60.72	20.730	1 801
学习策略：接受式学习（LS_TL)	55.910 4	20.182 92	1 822
学习策略：探究式学习（LS_EL)	45.421 7	19.872 55	1 822
学习策略：反思性学习（LS_RL)	58.004 7	19.741 58	1 811
学习策略：整合性学习（LS_IL)	54.565 5	20.229 95	1 822
学习策略：合作性学习（LS_CL)	57.938 1	19.191 75	1 822

从表1可以看出，在5种学习策略中，北京农学院学生在合作性学习（LS－CL）和反思性学习（LS－RL）方面的均值基本上为58，说明北京农学院学生倾向于选择这两种学习策略从而获得相应的教育收获；北京农学院学生在探究性学习（LS－EL）方面均值为45，反映了其在学习中很少用探究式的思考方式来学习知识。这也从一个侧面要求北京农学院学生应适当地调整自己的学习策略，注意培养自己在探究式学习方面的能力。也可以看出，学生自我教育收获水平也不容乐观，约为61个单位。

（二）变量分类分组描述

为了了解年级对北京农学院学生自我教育收获的影响，将学生对自我教育收获的情况进行分类汇总，分为不及格、良好和优秀3个方面，并将自我教育收获与年级做交叉分析得到了图1。

从图1中可以看出，北京农学院大学生在对自我教育收获的评价中觉得自己不及格的学生人数随着年级的增长逐渐下降；年级越高，对自己的教育收获感觉良好和优秀的学生大体上逐渐增多；总体上来说，北京农学院学生的自我教育收获情况不太乐观，大部分同学认为自己的教育收获不及格，他们并不满意；而感觉优秀的学生人数比例很小。

在之前分组的前提下，对性别与自我教育收获做交差表分析，见表2。

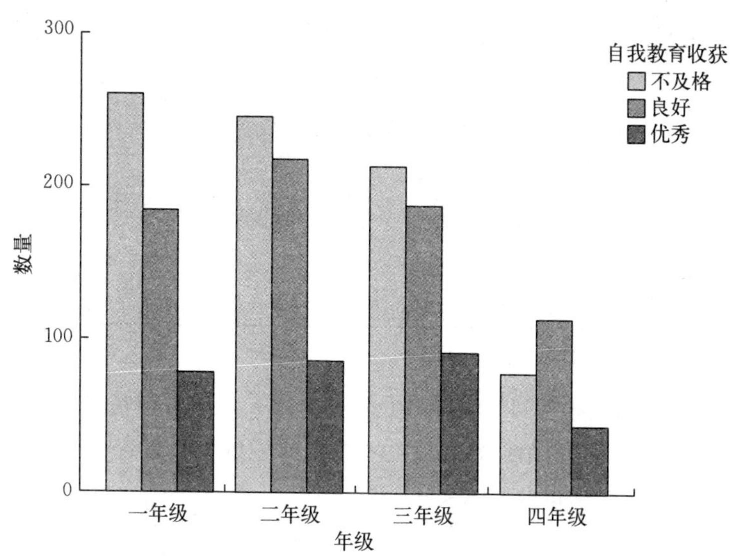

图 1　自我教育收获与年级交叉分析

表 2　性别与自我教育收获交叉分析

项　目		自我教育收获			合计
		不及格	良好	优秀	
性别	男	12.0%	13.3%	7.0%	32.3%
	女	32.3%	25.7%	9.7%	67.7%
合　计		44.3%	39.0%	16.7%	100.0%

由表 2 可知，男女学生人数分别占所有接受调查人数的 32.3%、67.7%，比例接近 1∶2，在交叉表中不能进行纵向比较。所以，利用卡方检验来证明性别对学生自我教育收获有无影响，并假设性别与自我教育收获无显著影响。

卡方检验统计见表 3。

表 3　卡方检验

项　目	值	*df*	渐进 *Sig.*（双侧）
Pearson 卡方	23.647[a]	2	0.000
似然比	23.387	2	0.000
线性和线性组合	23.569	1	0.000
有效案例中的 *N*	1 801		

[a] 0 单元格（0.0%）的期望计数少于 5，最小期望计数为 96.78。

卡方检验中，卡方值为 23.65，检验统计量为 *df* 为 2，*P* 值为 0.00，α 值为 0.05，*P* 值小于 α 值，因此拒绝原假设。由表 2 和表 3 可得出，性别与自我教育收获之间关系显著。为了更加明确这二者之间的关系，将性别与教育收获做回归分析得到表 4。

表 4　性别与教育收获回归分析[a]

模型		非标准化系数		标准系数	t	Sig.
		B	标准误差	试用版		
1	常量	2.024	0.064		31.774	0.000
	性别	−0.179	0.037	−0.114	−4.886	0.000

[a] Dependent Variable：自我教育收获。

由表 4 可得，性别在 5%的显著性水平上显著，说明当被调查者是男生时，他的教育收获为 1.845 个单位；相反为女生时，她的自我教育收获为 2.024 个单位。男生的自我教育收获水平比女生的低。

二、相关性分析与逐步回归

（一）相关性分析

以相关性分析的方法来讨论学习策略对学生自我教育收获的影响，具体的模型分析见表 5。

表 5　相关性

项　目		(SS-LO)	(LS _ TL)	(LS _ EL)	(LS _ RL)	(LS _ IL)	(LS _ CL)
(SS—LO)	Pearson 相关性	1	0.466**	0.512**	0.554**	0.552**	0.493**
	显著性（双侧）		0.000	0.000	0.000	0.000	0.000
(LS _ TL)	Pearson 相关性	0.466**	1	0.654**	0.546**	0.578**	0.648**
	显著性（双侧）	0.000		0.000	0.000	0.000	0.000
(LS _ EL)	Pearson 相关性	0.512**	0.654**	1	0.588**	0.655**	0.654**
	显著性（双侧）	0.000	0.000		0.000	0.000	0.000
(LS _ RL)	Pearson 相关性	0.554**	0.546**	0.588**	1	0.798**	0.541**
	显著性（双侧）	0.000	0.000	0.000		0.000	0.000
(LS _ IL)	Pearson 相关性	0.552**	0.578**	0.655**	0.798**	1	0.560**
	显著性（双侧）	0.000	0.000	0.000	0.000		0.000
(LS _ CL)	Pearson 相关性	0.493**	0.648**	0.654**	0.541**	0.560**	1
	显著性（双侧）	0.000	0.000	0.000	0.000	0.000	

** 在 0.01 水平（双侧）上显著相关。

由表 5 可知，自我教育收获与 5 种学习策略间各自的 P 值均为 0，拒绝两两之间不相关的原假设，即认为自我教育收获与 5 种学习策略间存在显著的相关关系，且都呈中高度正相关关系。例如，反思性学习（LS－RL）的时间越长，学生自我教育收获就会越多。

（二）逐步回归

下一步可以进行逐步回归来进一步解释它们之间的相关关系，由此得到了表 6、表 7。

表 6　模型汇总[f]

模型	R	R^2	调整 R^2	标准估计的误差	Durbin－Watson
1	0.554[a]	0.307	0.307	16.577 01	
2	0.600[b]	0.360	0.359	15.931 79	
3	0.615[c]	0.378	0.377	15.712 97	
4	0.622[d]	0.387	0.385	15.609 03	
5	0.623[e]	0.388	0.387	15.589 96	1.976

[a] 预测变量：（常量），（LS_RL）。

[b] 预测变量：（常量），（LS_RL），（LS_EL）。

[c] 预测变量：（常量），（LS_RL），（LS_EL），（LS_CL）。

[d] 预测变量：（常量），（LS_RL），（LS_EL），（LS_CL），（LS_IL）。

[e] 预测变量：（常量），（LS_RL），（LS_EL），（LS_CL），（LS_IL），（LS_TL）。

由表 6 可以看到，较其他模型而言，模型 5 的 R^2 值最大，为 38.8%，反映出 5 种学习策略可以共同解释自我教育收获的 38.8%。Durbin－Watson 检验值为 1.976，接近于 2，说明 5 种模型的回归误差项之间不存在自相关性，即不存在序列相关。

表 7　回归模型分析

模　　型		非标准化系数		标准系数	t	$Sig.$	共线性统计量	
		B	标准误差	试用版			容差	VIF
1	（常量）	28.449	1.212		23.473	0.000		
	（LS_RL）	0.558	0.020	0.554	28.226	0.000	1.000	1.000
2	（常量）	25.227	1.194		21.124	0.000		
	（LS_RL）	0.390	0.023	0.387	16.596	0.000	0.655	1.526
	（LS_EL）	0.286	0.023	0.285	12.234	0.000	0.655	1.526

（续）

模型		非标准化系数		标准系数	t	$Sig.$	共线性统计量	
		B	标准误差	试用版			容差	VIF
3	（常量）	21.059	1.313		16.033	0.000		
	(LS_RL)	0.345	0.024	0.342	14.369	0.000	0.611	1.637
	(LS_EL)	0.193	0.026	0.193	7.309	0.000	0.499	2.006
	(LS_CL)	0.189	0.026	0.182	7.171	0.000	0.536	1.864
4	（常量）	20.577	1.308		15.728	0.000		
	(LS_RL)	0.241	0.032	0.239	7.616	0.000	0.347	2.882
	(LS_EL)	0.151	0.028	0.150	5.447	0.000	0.451	2.219
	(LS_CL)	0.180	0.026	0.173	6.832	0.000	0.534	1.874
	(LS_IL)	0.165	0.033	0.167	5.001	0.000	0.307	3.254
5	（常量）	19.982	1.332		15.005	0.000		
	(LS_RL)	0.235	0.032	0.233	7.419	0.000	0.345	2.900
	(LS_EL)	0.131	0.029	0.131	4.552	0.000	0.413	2.420
	(LS_CL)	0.158	0.028	0.152	5.667	0.000	0.474	2.111
	(LS_IL)	0.158	0.033	0.159	4.763	0.000	0.304	3.284
	(LS_TL)	0.062	0.027	0.063	2.323	0.020	0.466	2.144

因变量：自我报告的教育收获（SSLO）。

由表7可以分析出模型五是本文所需的最优模型，在此模型下各变量的容差值均大于0.1。因此，基本排除各变量之间存在多重共线性的可能。回归方程模型为：

$$SSLO=19.982+0.235LS-RL+0.131LS-EL+0.158LS-CL+0.158LS-IL+0.062LS-TL+e$$

(1.332)　(0.032)　(0.029)　(0.028)　(0.033)　(0.027)

$N=1\,801$　$R^2=0.388$　调整后的 $R^2=0.387$　$F=15.589$

由上式可得出，5种学习策略在5%的显著性水平上是显著的，它们的符号也符合我们的预期，且可以共同解释因变量的38.7%，较其他模型而言，解释力度明显提高。说明学生每共同进行这5种学习策略一次，自我教育收获就会增加0.744个单位。也可以看出，反思性学习（LS-RL）对北京农学院学生自我教育收获的作用最大，每运用一次反思性学习策略，学生自我教育收获水平会提高0.235个单位；而接受式学习（LS-TL）带给学生的教育收获最小。这种数据分析结果启示学生应尽量避免固定的、死板的接受式学习，更多地发掘其他类型的学习方式提高自己的教育收获；同样也启示老师在开展教育工作时尽量引导学生探究、反思、合作、整合性学习，将这些学习方式与惯常的接受式教学结合起来，引导学生获得更大的教育收获。

三、结论与反思

北京农学院学生倾向于反思性学习与合作性学习；大部分学生对自我教育收获情况不太满意；北京农学院女生比男生自我教育收获水平高。男生应注意培养自己的学习兴趣，提高自己的教育收获水平。反思性学习（LS－RL）对北京农学院学生自我教育收获的作用最大，而接受式学习（LS－TL）带给学生的教育收获最小。学生应尽量避免死板的接受式学习，更多地发掘其他类型的学习方式提高自己的教育收获；教师在开展教育工作时尽量引导学生探究、反思、合作、整合性学习。

主要参考文献

陈红芳，2007. 成就目标、动机监控策略、学习策略与学业成绩的关系研究［D］. 上海：华东师范大学.

董海燕，2009. 大学生学习策略研究：学习生态的视角［D］. 南昌：江西师范大学.

黄秋蓉，2012.《大学》自我教育思想与大学生自我教育研究［D］. 湘潭：湖南科技大学.

李千乔，2011. 新时期以社团建设提升大学生自我教育水平的路径选择［J］. 淮海工学院学报（社会科学版）（10）：134－137.

李群，1999. 论自我教育［J］. 安徽教育学院学报（哲学社会科学版）（4）：72－74＋89.

刘让强，邓晔，2007. 课外自主学习与学习策略研究［J］. 贵阳学院学报（社会科学版）（2）：93－96.

尚雯雯，2008. 基于元认知理论的学习策略研究［J］. 和田师范专科学校学报（4）：126－127.

王敬欣，张阔，付立菲，2010. 大学生专业适应性、学习倦怠与学习策略的关系［J］. 心理与行为研究（2）：126－132.

杨易，2002. 大学生学习策略的研究与测评［D］. 郑州：河南大学.

张阔，付立菲，王敬欣，2011. 心理资本、学习策略与大学生学业成绩的关系［J］. 心理学探新（1）：47－53.

张丽，2013. 本科护生学习投入及其与专业自我概念、学习策略的相关性研究［D］. 济南：山东大学.

财务指标对融资效率影响的实证研究

项目组成员：李　晨
指 导 教 师：夏　龙

摘　要：本文通过构建线性回归模型，对中国650家中小上市公司的融资方式对融资效率的影响进行实证检验。实证结果表明，内源融资和债务融资方式有助于中小企业融资效率的提高，而权益融资方式降低了中小企业的融资效率。在此基础上，本文针对实证结果给出相应的对策建议。

关键词：中小企业　融资方式　融资效率　线性回归模型

一、研究目的

根据国家工商行政管理总局的数据显示，截至2014年底，全国中小企业达到4 564.1万户，比上年同期增长2.43%。从整体来看，中小企业的数量仍在不断增长，也成为我国企业中数量最大、最具活力的企业群体。随着经济改革的扩展与深化，中小企业已成为中国经济增长的主要动力之一。从比重上看，中小企业呈现“东高西低、外高内低”的区域发展格局，福建、河北、浙江、辽宁的中小企业比重超过60%。然而，伴随着中小企业快速发展的同时，却面临着很多困难，其中首要的就是融资方式以及融资效率的问题。为了解决这一问题，首先要知道是什么导致融资效率低，哪些财务指标影响融资效率。

本文以中国上市的中小企业作为研究对象，构建线性回归模型。以融资方式对融资效率的影响进行实证研究，从融资效率的角度出发，为已上市的中小企业选择合适的融资方式提供理论依据和决策参考，对于提高已上市的中小企业的融资效率、积极推进中小企业的健康发展具有重大的理论和现实意义。

二、数据来源

本文选择了2011年中国650家中小上市公司为研究样本，指标数据来源于国泰安数据库，数据不全的通过巨潮资讯网提供的上市公司年报补全。

具体变量是设定见表1。

表 1 变量选择

变 量	名 称	符 号	性 质	描 述	预期关系
因变量	净资产收益率	ROE	定量变量	融资效率	
自变量	资产负债率	DEB	定量变量	债务融资	正
	所有者权益比率	EQI	定量变量	权益融资	负
	留存收益资产比	RET	定量变量	内源融资	正
	流动比率	LIQ	定量变量	短期偿债能力	正
控制变量	总资产	SIZ	定量变量	公司规模	

三、描述统计

本文的描述性统计见表 2。

表 2 变量的描述性统计

项目	ROE	DEB	EQI	RET	LIQ	LSIZ
平均	0.080	0.325	0.675	0.177	4.649	9.25
标准误差	0.005	0.008	0.008	0.004	0.368	0.01
中位数	0.082	0.299	0.701 8	0.168	2.425	9.21
标准差	0.138	0.194	0.194	0.113	9.392 5	0.33
方差	0.019	0.037	0.037	0.013	88.215	0.11
峰度	135.831	−0.466	−0.466	27.440	241.242	1.92
偏度	−9.839	0.530	−0.530	−2.475	13.046	0.86
最小值	−2.143	0.008	0.073	−0.943 5	0.122	8.25
最大值	0.417	0.927	0.992	0.728	190.869 8	10.82
观测数	650	650	650	650	650	650.00

四、回归建模

（一）全模型分析

首先，进行了一个全模型回归。为了使模型的拟合优度提高，创建一个新变量，对总资产取自然对数，命名为 LSIZ，再进行回归。发现其中资产负债率（DEB）无法估计，查询原因发现是因为资产负债率等于负债总额除以资产总额，所有者权益比等于所有者权益除以资产总额，并且资产等于负债加所有者权益，所以资产负债率加所有者权益比等于 1，存在严重的多重共线性。因此，剔除资产负债率，再进行一次全模型回归，具体如表 3 所示：从全模型来看，其拟合优度为 0.31，说明 EQI、RET、LIQ 可以解释 ROE 的 31%，F 统计量为 73.95，在 10%的显著性水平上，拒绝了所有斜率系数联合为 0 的原假设，说明方程是显著的。不过，并非每一个自变量都是显著的，从估计结果上来看，EQI、LIQ 是不显著的，将该方程命名为 M1。对 M1 进行回归诊断，残差拟合值图显示有 5 个异常值点，变量添加图显示有 6 个强点。于是，检验了 M1 的 cook 距离，发现大多数样本点的 cook 距离都远远小于 0.01，仅有 12 个样本点的 cook 距离大于 0.01，利用方差膨胀因子进行多重共线性检验，发现 VIF 最大的变量为 EQI，其值为 2.00，显著小于 10，说明 M1 中没有多重共线性。最后，利用 BP 检验进行异方差检验，其卡方统计量为 129.19，在 10%的显著性水平拒绝 M1 不存在异方差的原假设，说明模型存在异方差，由于 M1 既有异常值，也有异方差，本文首先解决异常值，将 cook 距离大于 0.01 的样本点删掉，进行后面的估计。

表 3　全模型回归分析

变量名称	系数估计值	标准差	P 值
EQI	0.03	0.03	0.37
RET	0.64	0.05	0.00
LIQ	0.00	0.00	0.26
LSIZ	0.07	0.02	0.00
_ cons	−0.68	0.16	0.00
F	73.95	判决系数	0.31
P 值	0.00	调整后的判决系数	0.31

（二）逐步剔除法建模

对删除异常值的数据重新进行全模型估计。然后，采用逐步剔除法进行建模。利用逐步剔除法估计的最优模型如表 4 所示，本文命名为 M2，其拟合优度为 0.38，说明 EQI、RET 可以解释因变量的 38%，F 统计量为 128.13，在 10%的显著性水平上，拒绝了所有斜率系数联合为 0 的原假设，说明方程是显著的。EQI、RET 的 P 值都小于 0.1，拒绝 EQI、RET 对 ROE 无影响的原假设，说明自变量 EQI、RET 都是显著的。

表 4　逐步剔除法估计的最优模型

变量名称	系数估计值	标准差	P 值
EQI	−0.04	0.01	0.00
RET	0.45	0.03	0.00
LSIZ	0.05	0.01	0.00
_ cons	−0.44	0.07	0.00
F	128.13	判决系数	0.38
P 值	0.00	调整后的判决系数	0.37

（三）逐步递增法回归建模

现在利用逐步递增法进行回归建模，首先估计了所有自变量的一元方程，然后根据拟合优度从大到小依次排序，R^2最大的是 RET，为 0.266 8，且该变量的 P 值为 0，在显著性为 10%的水平上，拒绝 RET 对 ROE 无影响的原假设，说明该变量是显著的；R^2第二大的是 LSIZ，为 0.067 5，且该变量的 P 值为 0，在显著性为 10%的水平上，拒绝 LSIZ 对 ROE 无影响原假设，说明该变量是显著的；R^2第三大的是 LIQ，为 0.002 4，该变量的 P 值为 0.215，在显著性为 10%的水平上，不拒绝 LIQ 对 ROE 无影响的原假设，说明该变量是不显著的；R^2第四大的是 EQI，为 0.000 1，该变量的 P 值为 0.848，在显著性为 10%的水平上，不拒绝 EQI 的 ROE 无影响的原假设，说明该变量是不显著的；按拟合优度大小进行递增回归，选取单变量显著的两个自变量 RET、LSIZ 进行回归，最有优模型如表 5 所示，本文命名为 M3，拟合优度 0.369 3。说明所有自变量可以解释因变量的 36.93%，F 统计量为 185.90，在 10%的显著性水平上，拒绝了所有斜率系数联合为 0 的原假设，说明方程是显著的。RET 的 P 值小于 0.1，拒绝了 RET 对 ROE 无影响的原假设，说明 RET 是显著的。

表 5　逐步递增法估计的最优模型

变量名称	系数估计值	标准差	P 值
RET	0.42	0.02	0.00
LSIZ	0.06	0.01	0.00
_ cons	−0.55	0.06	0.00
F	185.90	判决系数	0.37
P 值	0.00	调整后的判决系数	0.37

（四）模型比较

现在有两个最优模型，分别为剔除法和递增法所得。为了获得最终模型，用

AIC 和 BIC 准则进行判断，具体如表 6 所示。其中，M2 的 AIC 是－2 015.841，M3 的 AIC－2 009.524，M2 的是 BIC 是－1 998.007，M3 的 BIC 是－1 996.149。因为 AIC、BIC 越小越好，综合考虑后，M2 是选择的最终模型，对 M2 进行回归诊断，通过观察残差拟合值图和变量添加图后，并没有发现异常值点和强点，利用方差膨胀因子进行多重共线性检验，发现 *VIF* 最大的变量为 EQI，其值为 1.61，显著小于 10，说明 M2 中没有多重共线性。最后，利用 BP 检验进行异方差检验，其卡方统计量为 6.45，在 10%的显著性水平拒绝 M2 不存在异方差的原假设，说明此模型存在异方差。利用异方差稳健性标准差估计 M2 后，得到最终模型见表 7，为其命名为 M4，*F* 统计量为 59.93，在 10%的显著性水平上，拒绝了所有斜率系数联合为 0 的原假设，说明方程是显著的。EQI、RET 的 *P* 值都小于 0.1，拒绝 EQI、RET 对 ROE 无影响的原假设，说明自变量 EQI、RET 都是显著的。

据此所有者权益比率（EQI）和留存收益资产比（RET）对净资产收益率（ROE）有影响，而流动比率（LIQ）对净资产收益率（ROE）无影响。所有者权益比率每减少 1 个百分点，净资产收益率增加 0.04 个百分点，呈负相关，留存收益资产比每增加 1 个百分点，净资产收益率增加 0.45 个百分点，呈正相关，与预期相符。

表 6　拟合程度

模型	自变量个数	A	AIC	BIC
逐步剔除法 M2	3	4	－2 015.841	－1 998.007
逐步增加法 M3	2	3	－2 009.524	－1 996.149

表 7　Robust 异方差稳健性标准差估计

变量名称	系数估计值	标准差	*P* 值
EQI	－0.04	0.01	0.00
RET	0.45	0.04	0.00
LSIZ	0.05	0.01	0.00
_ cons	－0.44	0.08	0.00
F	59.93	判决系数	0.377 5
P 值	0.00		

五、结论与建议

本文通过构建线性回归模型，研究中国中小企业融资方式对融资效率的影响。实证结果表明，内源融资和债务融资方式有助于中小企业融资效率的提高，而权益融资方式降低了中小企业的融资效率。

由 M4 可知，内源融资方式与融资效率正相关，表明已上市的中小企业采用内源融资方式能够显著提高其融资效率。权益融资方式与融资效率显著负相关，表明已上市的中小企业采用权益融资方式，显著降低了其融资效率。原因在于已上市的中小企业虽然通过发行股票的方式筹集了大量资金，但由于融资成本高，导致融资效率降低。由此可以得知，债务融资方式与融资效率显著正相关，表明已上市的中小企业采用债务融资方式，能够显著提高其融资效率。原因在于债务融资支付的利息可以在所得税前列支，具有抵税的作用，降低了成本，提高了经营业绩，进而促进融资效率的提升

基于以上实证结果，提出如下对策建议：

一是商业银行必须转变观念，推陈出新，创新贷款方式，积极为中小企业发展所需要的资金提供帮助，以提高中小企业的融资效率，解决中小企业融资难的现实问题。

二是目前，我国的股票市场尚不完善，存在较强的操纵性，股权融资成本较高，导致权益融资效率降低。因此，必须逐渐健全股票市场机制，以保障中小企业的健康发展，为其及时、足额融资提供良好的平台。

三是由于内源融资有助于融资效率的提高，但内源融资能力不足。为此，中小企业应该增强资产的变现性，提高企业的偿债能力，从而减少企业面临的经营风险，提高经营业绩，不断增强自身实力，拥有更多的内部积累资金，以满足中小企业的融资需求，促进中小企业的快速发展。

四是政府要加大对中小企业的扶持力度。目前，我国中小企业数量占所有企业总量的99%以上，上缴利税占国家税收总额的55%，为国家经济的发展做出了很大贡献。为此，政府应该通过税收优惠及补贴等方式加大对中小企业的支持力度，如可以适当降低税率、增大营业税的起征点及对中小企业进行专项补贴等，为中小企业的健康、长久发展提供良好的支撑。

主要参考文献

常丽莉，牛润盛，2009. 中国上市公司融资效率的实证分析 [J]. 经济论坛（3）.

陈婷婷，王俏尹，2013. 融资方式对中小企业融资效率的影响 [J]. 经营与管理（9）.

黄辉，2009. 企业特征、融资方式与企业融资效率 [J]. 预测（2）.

李铭泽，2012. 中小企业融资方式与融资对策研究 [J]. 中国集体经济（10）.

吴娟，2011. 我国中小板上市公司融资效率分析 [D]. 哈尔滨：哈尔滨工程大学.

中国上市公司资本结构关系的影响因素分析

项目组成员：张　冉
指导教师：夏　龙

摘　要：本文选取我国上市公司为研究对象，对资产负债比率、流动比率、速动比率、净利润率、总资产报酬率、存货周转率、固定资产周转率、总资产周转率、净资产比率这9个财务指标进行描述统计和回归建模和诊断，通过模型分析得出中国上市公司资本结构关系的影响因素。

关键词：上市公司资本结构　建模　影响　因素分析

前　　言

本文结合我国国情以我国上市公司为研究对象，对上市公司资本结构的关系进行研究，以2014年沪市A股房地产类上市公司为样本进行模型回归分析，找出我国上市公司财务指标与资本结构之间的关系，为上市公司确定合理资本结构提供理论依据。本文从实证角度分别运用线性回归模型对样本数据进行了模型拟合分析，以此来深入研究我国上市公司资本结构的影响因素。

一、框　　架

（一）数据来源与变量选取

本文从巨潮网上查找了20家沪市房地产类上市公司，分别对其资产负债比率、流动比率、速动比率、净利润率、总资产报酬率、存货周转率、固定资产周转率、总资产周转率、净资产比率这9个财务指标进行了整理。

具体变量见表1。

表 1　变量选择

变量	名　称	符号	性质	描　　述	预期关系
因变量	资产负债比率（%）	Y	定量变量	债权人所提供的资本占全部资本的比例	
自变量	流动比率（倍）	1	定量变量	偿还负债的能力	负
	速动比率（倍）	2	定量变量	偿还负债的能力	负
	净利润率（%）	3	定量变量	反映公司盈利能力	正
	总资产报酬率（%）	4	定量变量	评价企业资产运营效益	正
	存货周转率	5	定量变量	反映存货的周转速度	正
	固定资产周转率	6	定量变量	反映固定资产的周转速度	负
	总资产周转率	7	定量变量	评价经营质量和利用效率	负
	净资产比率（%）	8	定量变量	反应自有资本获得净收益的能力	正

（二）描述统计

本文的描述性统计见表 2。

表 2　变量的描述性统计

项目	Y	1	2	3	4	5	6	7	8
平均	69.11	1.83	0.62	13.50	3.09	0.58	56.36	0.25	27.79
标准误差	2.68	0.10	0.12	2.03	0.39	0.31	12.05	0.02	2.70
中位数	69.13	0.10	0.40	11.48	2.98	0.26	40.90	0.26	25.18
方差	143.15	0.19	0.27	82.09	3.10	1.97	40.90	0.01	145.58
峰度	2.11	0.88	9.97	2.49	−0.35	19.79	−1.00	−0.13	1.36
偏度	−1.17	0.32	2.91	1.41	0.54	4.44	0.69	0.27	0.96
最小值	35.50	0.94	0.25	2.36	0.35	0.08	2.35	0.09	8.59
最大值	84.74	2.86	2.52	39.92	6.59	6.52	155.96	0.49	59.56
观测数	20.00	20.00	20.00	20.00	20.00	20.00	20.00	20.00	20.00

一般来说，企业经营绩效的内容主要有 4 个方面：盈利能力、偿债能力、成长能力和营运能力。为全面考虑企业的发展，更为全面地衡量企业综合经营绩效的方法中对企业的获取现金的能力也加以考虑。其中，资产负债率平均值为 69.11%，最大值为 84.74%，最小值为 35.50%，说明各个房地产企业资产结构参差不齐。净利润率和总资产报酬率反映了公司的盈利能力，如表 2 所示，净利润率平均值为 13.50%，最大值为 39.92%，最小值为 2.36%；总资产报酬率的

平均值为 3.09%，最大值为 6.59%，最小值为 0.35%。存货周转率、固定资产周转率和总资产周转率反映了企业经营能力，存货周转率的平均值为 0.58%，最大值为 6.52%，最小值为 0.08%。净资产比率反映了自有资本获得净收益的能力，其平均值为 27.79%，最大值为 59.56%，最小值为 8.59%。

（三）回归建模和诊断

首先进行一个全模型回归，具体如表 3 所示。从全模型来看，其拟合优度为 0.98，说明所有自变量可以解释因变量的 98%。F 统计量为 62.53，在 10%的显著性水平上，拒绝了所有斜率系数联合为 0 的原假设，说明方程是显著的。不过，并非每一个自变量都是显著的，从估计结果上看，因素 1、因素 2、因素 3、因素 4、因素 6、因素 7 是不显著的，将该方程命名为 M1。对 M1 进行回归诊断，残差拟合值图显示有一个异常值点，变量添加图显示有一个强点，于是检验了 M1 的 cook 距离，发现有一个样本点的 cook 距离为 266.247，大于 1，确实有异常值。利用方差膨胀因子进行多重共线性检验，发现方差最大变量为 Lev，其值为 10.87，显著的大于 10，说明 M1 中存在多重共线性。最后，利用 BP 检验进行异方差检验，其卡方统计量为 3.36，在 10%的显著性水平上不拒绝 M1 不存在异方差的原假设，说明模型不存在异方差。由于 M1 既有多重共线性又有异常值，本文首先解决异常值，将 cook 距离大于 1 的样本点删掉，进行后面的估计。

表 3　全模型回归分析

因素	系数估计值	标准差	P 值
1	2.19	3.93	0.59
2	−7.04	5.05	0.19
3	−0.05	0.19	0.78
4	0.73	1.25	0.57
5	2.83	1.26	0.05
6	−0.02	0.01	0.25
7	−13.41	15.03	0.39
8	−0.99	0.07	0.00
_cons	98.07	5.16	0.00
F	62.53	判决系数	0.98
P 值	0.00	调整后的判决系数	0.96

对删掉异常值的数据重新进行全模型估计，然后采用逐步剔除法进行建模。

利用逐步剔除法估计的最优模型如表 4 所示，本文命名为 M2。从最优模型来看，其拟合优度为 0.98，说明所有自变量可以解释因变量的 98%。F 统计量为 205.48，在 10%的显著性水平上，拒绝了所有斜率系数联合为 0 的原假设，说明方程是显著的。

表 4　逐步剔除法估计的最优模型

因素	系数估计值	标准差	P 值
2	−7.06	1.77	0.00
5	3.05	0.64	0.00
7	−8.71	4.88	0.10
8	−0.91	0.04	0.00
_cons	98.83	1.63	0.00
F	205.48	判决系数	0.98
P 值	0.00	调整后的判决系数	0.98

为了获得最终模型，利用 AIC 和 BIC 准则进行判断，具体如表 5 所示。其中，全模型的 AIC 是 96.23，BIC 是 105.19；运用逐步剔除法得到的最优模型 AIC 是 79.398 42，BIC 是 84.120 61。因为 AIC 和 BIC 越小越好，由此可见，M2 选择的最终模型。对 M2 进行回归诊断，残差拟合值图显示没有异常值点，变量添加图显示有没强点，检验了 M2 的 cook 距离，发现有一个样本点的 cook 距离均小于 1，没有异常值。利用方差膨胀因子进行多重共线性检验，发现方差最大变量为 Lev，其值为 3.27，显著的小于 10，说明 M2 中不存在多重共线性。最后，利用 BP 检验进行异方差检验，其卡方统计量为 0.80，在 10%的显著性水平上不拒绝 M1 不存在异方差的原假设，说明模型不存在异方差。

表 5　判断 AIC 和 BIC

模型	自变量个数	A	AIC	BIC
全模型	20	9	96.231 42	105.193
逐步剔除	19	5	79.398 42	84.120 61

（四）模型分析

以最优模型的数据为基础来进行分析，如表 4 所示。该模型中 4 个自变量在 10%的显著性水平上是显著的，用以检验方程显著性的 F 统计量为 205.48，也是显著的。其方程的拟合优度为 0.98，说明 4 个自变量可以解释因变量的 98%，具有非常好的拟合优度。

根据最优模型可知，速动比率的系数估计值为－7.06，说明在其他条件不变时，速动比率每增加1%，资产负债比率减少7.06%。由于其估计的系数为负，验证了本文的假设。速动比率是指速动资产对流动负债的比率，它是衡量企业流动资产中可以立即变现用于偿还流动负债的能力。一般而言，速动比率越低，企业的短期偿债风险越大，速动比率越高说明流动负债相对增加量大于流动负债，企业在速动资产上占用资金越多，企业投资的机会成本越多。如表2所示，速动比率平均值为0.62%，这表明样本上市公司平均的短期偿债能力有可靠的保证，资本结构相对较好。

根据最优模型可知，存货周转率的系数估计值为3.05，说明在其他条件不变时，存货周转率每增加1%，资产负债比率增加3.05%。由于其估计的系数为正，验证了本文的假设。存货周转速度越快，存货占用水平越低，流动性越强，存货转化为现金或应收账款的速度就越快，这样会增强企业的短期偿债能力及获利能力。样本上市公司平均存货周转率为0.58%，说明就上市公司平均来讲，短期偿债能力较好，资本结构较好。

根据最优模型可知，总资产周转率的系数估计值为－8.71，说明在其他条件不变时，总资产周转率每增加1%，资产负债比率减少8.71%。由于其估计的系数为负，验证了本文的假设。总资产周转率综合反映了企业整体资产的营运能力，所取样本中最大值和最小值的差额为0.4%，说明样本总资产周转率这一指标相差不大，平均总资产周转率为0.25%，企业整体资产的营运能力较好，资产结构较好。

根据最优模型可知，净资产比率的系数估计值为－0.91，说明在其他条件不变时，净资产比率每增加1%，资产负债比率减少0.91%。由于其估计的系数为负，验证了本文的假设。净资产收益率等于税后利润比所有者权益，如表2所示，最大值为59.56%最小值为8.59%，其间的差值较大，说明各个企业的资产收益率有较大的区别。

根据最优模型可知，其他自变量是不显著的，对因变量无影响。

二、结　　论

通过前面的分析，可以得出以下结论：

第一，应该从盈利能力、偿债能力、营运能力、成长能力以及获取现金的能力这5个方面，对房地产类上市公司的绩效进行全面、综合的评价。本文通过线性回归分析，得出了最优模型M2。由M2可知，资产结构与速动比率、存货周转率、总资产周转率和净资产收益率密切相关。

第二，企业要注重提高偿债、盈利、变现能力。提高各类资产的质量是提高企业偿债能力的基础。应加强存货的日常管理，安排好生产与销售，尽力防治存货积压，由于存货本身变现能力低，过多会占用资金，直接影响偿债能力；购置资产时要与企业的实际需要相联系，防止固定资产闲置过多，占用资金。总之，在日常的经营管理中，充分保持各类资产较好的质量水平，为提高企业的资产结构打好基础。

主要参考文献

谢晓霞，2009. 中国上市公司收益与资本结构关系的实证研究［C］//中国会计学会高等工科院校分会 2009 年学术会议论文集 .

附录

附录 1　乳制品进口对消费者品牌择定影响模式研究调查问卷

我们是北京农学院大三的学生，现在需要您的帮助来完成这份调查，我们拟定了“乳制品进口对消费者品牌择定影响模式研究调查问卷”，旨在了解当下消费者对乳制品进口择定的看法。本次调查完全是匿名的，调查数据仅供作业参考，衷心感谢您的参与与合作！

注：本研究的乳制品主要为液态奶（鲜奶和酸奶）和奶粉两种，请注意区分回答，再次感谢您的支持！

A　乳制品消费习惯部分

A1. 您对乳制品知识的了解程度：

A. 不了解　　B. 了解一点　　C. 非常了解

A2. 您对乳制品知识的获取渠道：

A. 电视广播　　B. 书本知识　　C. 网络学习　　D. 无

A3. 您平时购买乳制品吗：

A. 是　　B. 否

A4. 您从不购买乳制品的原因是（仅限不购买乳制品消费者回答）：

A. 对乳制品质量的不信任　　B. 没有食用乳制品的习惯

C. 食用乳制品后身体不适　　D. 收入水平有限

E. 没有需要　　F. 其他

（若 A3 回答为“否”，终止调查）

A5. 您购买乳制品的原因是：

A. 营养健康　　B. 个人生活习惯

C. 其他饮料替代品　　D. 美容养颜

E. 送礼需求　　F. 其他

A6. 您购买乳制品的频率大致为（请在相应位置打“√”）：

类别	每天一次	每周一次	每月一次	每半年一次	每年一次	从不购买
鲜奶						
酸奶						
奶粉						
其他乳制品						

A7. 您平均每月消费乳制品的支出：

A. 50 元以下　　B. 50～99 元

C. 100～149 元　　D. 150～199 元

E. 200～249 元　　F. 250 元以上

A8. 您经常购买乳制品的地点：

A. 社区订奶　　B. 路边便利店　　C. 超市

D. 网上（或电视）订购　　E. 其他

A9. 您在购买乳制品时的品牌选择是：

A. 固定购买 1 个品牌　　B. 固定 2～3 个品牌　　C. 无固定品牌

B　乳制品品牌选择部分

请您根据真实的想法对以下描述表示态度：

题　目	非常不同意	不同意	一般	同意	非常同意
B1. 购买前会认真搜集乳制品品牌的有关信息					
B2. 对国内外乳制品价格变化比较敏感					
B3. 选择国内外乳制品时以内心参考价格为标准					
B4. 注重品牌与自己的社会地位一致性					
B5. 注重价格与价值是否相符					
B6. 选择熟人向我推荐的品牌					
B7. 购买国外乳制品可以让我更有地位和档次					
B8. 喜欢购买有促销活动的乳制品					
B9. 喜欢购买包装新颖的乳制品					
B10. 对国内乳制品质量很信任					
B11. 对国外乳制品质量很信任					
B12. 只选择经常购买的品牌，不愿意更改					
B13. 必须能及时解决消费过程中存在的问题					

B14. 在购买原料奶（鲜奶、酸奶）时，您选择以下什么品牌：

A. 仅选择国内品牌

B. 仅选择国外品牌

C. 国内外品牌都有，以国内品牌为主

D. 国内外品牌都有，以国外品牌为主

经常选择的品牌（可多选）：

国内品牌	选择	国外品牌	选择
伊利		Oldenburger 欧德堡（德国）	
蒙牛		Suki 多美鲜（德国）	
三元		Weidendorf 德亚（德国）	
光明		Anchor 安佳（新西兰）	
味全		Country Goodness 田园（新西兰）	
现代牧业		Devondale 德运（澳大利亚）	
圣牧		MeadowFresh 纽麦福（新西兰）	
夏进		ASDA 艾思达（英国）	
维他奶		Del leche 得乐思（法国）	
君乐宝		Organic Valley 有机谷（美国）	
其他国内品牌（请注明）		其他国外品牌（请注明）	

B15. 在购买奶粉时，您选择以下什么品牌：

A. 仅选择国内品牌

B. 仅选择国外品牌

C. 国内外品牌都有，以国内品牌为主

D. 国内外品牌都有，以国外品牌为主

经常选择的品牌（可多选）：

国内品牌	选择	国外品牌	选择
伊利		美赞臣/MeadJohnson	
蒙牛		惠氏/Wyeth	
贝因美		雀巢/Nestle	
飞鹤		雅培/Abbott	
爱美乐		美素佳儿/Friso	
圣元		可瑞康/Karicare	
雅士利		诗幼乐/Seyala	
光明		牛栏奶粉	
完达山		多美滋	
南山		澳优奶粉	
其他国内品牌（请注明）		其他国外品牌（请注明）	

C　消费者背景信息

消费者所在省市：________省/自治区、直辖市________市/地区

C1. 您的性别：

A. 男　　B. 女

C2. 您的年龄：

A. 18 岁以下　　B. 18～24 岁

C. 25～44 岁　　D. 45～54 岁

E. 55 岁以上

C3. 您的职业：

A. 在校学生　　B. 公务员及事业单位人员

C. 企业单位人员　　D. 离退休人员

E. 个体经商者　　F. 其他

C4. 您的月收入：

A. 1 000 元以下　　B. 1 000～1 999 元

C. 2 000～2 999 元　　D. 3 000～3 999 元

E. 4 000～4 999 元　　F. 5 000 元以上

C5. 您的受教育程度：

A. 初中及以下　　B. 高中及高职

C. 大专　　D. 大学本科

E. 硕士及以上

附录2　京津冀玉米流通损耗问题研究调查问卷

问　卷　一

您好，我们是北京农学院的学生，我们调研的是关于玉米种植、生产的相关问题，我们的问卷会严格保密，不会对您造成困扰，请放心填写。

1. 您的家庭住址是：

A. 北京农户　B. 北京非农户　C. 外地农户　D. 外地非农户

2. 您家玉米种子种植来源：

A. 自留种　B. 种子店　C. 农技部门

D. 亲戚邻里间　E. 其他

3. 您一般多长时间会更换玉米种：

A. 每年更换　B. 2～3 年　C. 3 年以上

4. 您对玉米种（苗）的满意度：

A. 非常满意　B. 比较满意　C. 一般化

D. 不太满意　E. 非常不满意

5. 您家是种植早玉米还是晚玉米：

A. 早玉米（早棒子）　B. 晚玉米（晚棒子）

6. 您最需要什么样的玉米新品种：

A. 产量高　B. 抗病性好　C. 抗虫性好　D. 口感好

E. 秧子短　F. 价格低　G. 其他

7. 您认为目前玉米生产上对产量影响最大的病害是：

A. 线虫病　B. 病毒病　C. 黑斑病

D. 根腐病　E. 其他病

8. 您家玉米产量每亩地产玉米多少千克：

A. 500 以下　B. 500～600　C. 600～700

D. 700～800　E. 800 以上

9. 您在种植玉米过程中是否得到过技术帮助：

A. 有，并且产量得到了很大的提高

B. 有，但是没有太大提高

C. 没有，每年都按照原始方法种植，每年亩产量都差不多

D. 没有，每年产量受自然因素影响，产量波动不一

10. 您家在种植玉米过程中，打垄、收获的方式是：

A. 人工打垄、人工收获　　B. 人工打垄、机械收获
C. 机械打垄、人工收获　　D. 机械打垄、机械收获
F. 其他

11. 玉米在生产过程中最常见的损失方法：
A. 种子不好，产量低　　B. 天气原因
C. 病虫害　　D. 发霉变质

12. 下列损失方式中，哪种方式造成的损失最为严重：
A. 种子不好，产量低　　B. 天气原因
C. 病虫害　　D. 发霉变质

13. 种植玉米过程中，造成过的最大损失是由什么原因造成：
A. 种子不好，产量低　　B. 天气原因
C. 病虫害　　D. 发霉变质
造成的损失有多大：
A. 100 千克以下　　B. 100～300 千克
C. 300～500 千克　　D. 500 千克以上

14. 您家种植玉米的原因是：
A. 玉米收益高　　B. 加工用　　C. 做饲料用
D. 土质适合种植玉米　　E. 跟着大家种　　F. 上市场销售
G. 其他

15. 玉米销售方式：
A. 统一销售，不分等级　　B. 分等级销售
C. 粮食站收购　　D. 私人收购

问　卷　二

您好，我们是北京农学院的学生，我们正在研究一个关于玉米损耗的问题，之前曾经委托过您来完成过我们的调查问卷，所以需要您来帮助我们完成下面的问卷调查。

1. 您认为玉米在下面哪些过程中的损耗量最大：
A. 收割　　B. 脱粒　　C. 晾晒
D. 存储　　E. 称重　　F. 其他

2. 请您估算一下每年玉米从收割到出售大约损耗多少：
A. 10%以内　　B. 10%～20%　　C. 20%～30%　　D. 30%以上

3. 请问您能接受的最大损耗是多少：
A. 1%～3%　　B. 3%～5%　　C. 5%～8%　　D. 10%以上

4. 收玉米的方式：
A. 手掰　　B. 收割机　　C. 其他

5. 您认为收割机收割玉米对玉米的损耗有多少：
A. 10%以内　　B. 10%～20%
C. 20%～30%　　D. 30%以上
6. 您是用机械来进行玉米的脱离吗：
A. 是　　B. 不是
7. 您认为在玉米脱粒过程中，机械脱粒对玉米的损耗量大吗：
A. 不大　　B. 一般　　C. 较大　　D. 很大
8. 您在玉米脱粒的过程中有没有个人的小诀窍来尽量减少玉米的破碎率：

9. 玉米脱粒后质量会比带棒时减少多少：
A. 10%以下　　B. 10%～20%
C. 20%～30%　　D. 30%以上
10. 一般需要晾晒多长时间才可以销售：
A. 3天以内　　B. 3～5天
C. 5～7天　　D. 7天以上
11. 在晾晒过程中，会蒸发大概多少的水分：
A. 10%以下　　B. 10%～20%
C. 20%～30%　　D. 30%以上
12. 您认为在储存过程中由于什么原因损耗玉米：
A. 玉米变质　　B. 玉米水分流失
C. 老鼠偷吃　　D. 其他
13. 您认为在储存过程中会损耗多少：
A. 10%以下　　B. 10%～20%
C. 20%～30%　　D. 30%以上
14. 玉米出售状态：
A. 脱粒　　B. 带叶棒　　C. 去叶带棒
15. 称重过程中大约多少重量有可能忽略不计：
A. 0.5千克以内　　B. 0.5～1千克
C. 1～10千克　　D. 10～100千克
16. 您在承重过程中，玉米损耗量会占玉米总量的比率有多大：
A. 10%以下　　B. 10%～20%
C. 20%～30%　　D. 30%以上
17. 您认为在运输过程中发生损耗的原因有哪些：
A. 运输方式落后　　B. 装玉米的袋子质量差
C. 粮食的中转调运过程长　　D. 其他

附录3 无公害猪肉的市场认知与购买行为调研与分析调查问卷

尊敬的女士/先生：

您好！我是北京农学院经济管理学院大二学生，为了研究北京市居民对无公害猪肉的消费情况，完成课程实践任务，特开展本次调研。如果您主要负责家庭食物的购买，请您按自己的实际情况在相应的选项上打“√”或在空格中填写选项代码。非常感谢您的合作与支持！

1. 您的性别：

A. 女　　B. 男

2. 您的年龄：

A. 21～30岁　　B. 30～40岁　　C. 41～50岁

D. 51～60岁　　E. 61岁及以上

3. 您家庭的月收入水平：

A. 5 000元及以下　　B. 5 001～7 000元

C. 7 001～9 000元　　D. 9 001～12 000元

E. 12 001～16 000元　　F. 16 001～20 000元

G. 20 001元及以上

4. 您的居住地

A. 城区　　B. 郊区政府所在地　　C. 郊区镇

5. 您在本次调查前了解安全食品吗：

A. 根本没听过　　B. 略知一些

C. 知道　　D. 基本熟悉

E. 熟悉

6. 您从何种渠道关注到安全食品的信息：

A. 销售点标识和人员宣传介绍　　B. 亲友介绍

C. 媒体报道（电视、广播、报纸、网络）

7. 您经常在什么地方购买猪肉：

A. 大型或连锁超市

B. 社区便利店（肉菜店、小超市、粮油店）

C. 农贸市场

D. 其他

8. 在您经常购买猪肉的地方，有无公害猪肉售卖吗：

A. 不知道　　B. 没有　　C. 有

9. 您购买过无公害猪肉吗：

A. 从不购买　　B. 偶尔购买　　C. 有时购买

D. 经常购买　　E. 总是购买

10. 您购买无公害猪肉的主要原因是：

A. 安全性高　　B. 营养高　　C. 口感、味道好

D. 体现生活品质　　E. 尝鲜

11. 您不经常购买无公害猪肉的主要原因是：

A. 价格高　　B. 无公害猪肉和普通猪肉差不多

C. 无公害猪肉不值得信任　　D. 不方便购买

E. 不知道什么是无公害猪肉　　F. 其他

12. 您信任无公害猪肉是无污染、安全、优质、营养的信息吗：

A. 完全不信任　　B. 基本不信任

C. 有些信任　　D. 基本信任

E. 非常信任

13. 您认为无公害猪肉的质量安全品质与普通猪肉的质量安全品质相比：

A. 没有区别　　B. 略好一点　　C. 有些好　　D. 好

E. 非常好

14. 假如普通猪肉 16 元/斤，您对无公害猪肉愿意支付的最高价格为：

A. 18 元/斤以下　　B. 18～20 元/斤

C. 20～22 元/斤　　D. 22～24 元/斤

E. 24～26 元/斤　　F. 26～28 元/斤

G. 28 元/斤及以上

以下由学生调查员填写

T1. 调查员姓名：

T2. 调查地点：

A. 居民小区　　B. 大型或连锁超市

附录4　基于消费视角微信营销的经济效应分析调查问卷

您好！我们是北京农学院经济管理学院大学生科研项目“基于消费视角微信营销的经济效应分析”的团队成员，十分感谢您百忙之中抽出时间填写这份问卷！本次调查是为了了解微信营销这一新兴营销方式对人们生活的影响。您所提供的情况仅供我们研究使用，我们将严格保密，谢谢您的支持和信任！

微信营销是手机或者平板电脑中的移动客户端进行的区域定位营销，商家通过微信公众平台，结合转介率微信会员管理系统展示商家微官网、微会员、微推送、微支付、微活动。

1. 您的性别：

A. 男　　B. 女

2. 您的年龄在以下哪个年龄段：

A. 18～25岁　　B. 25～40岁

C. 40～60岁　　D. 60岁以上

3. 您的职业：

A. 机关和事业单位职员　　B. 企业员工

C. 专业技术人员　　D. 农业劳动者

E. 企事业单位管理人员　　F. 商业服务业人员

G. 进城务工人员　　H. 无业

I. 学生

4. 您的每月工资是多少：

A. 3 000元以下　　B. 3 001～6 000元

C. 6 001～9 000元　　D. 9 001元以上

5. 您对微信营销的了解程度：

A. 没有　　B. 很少　　C. 一般　　D. 很多

6. 您是如何知道微信这种购物方式的（可多选）：

A. 传单宣传　　B. 网络广告

C. 街边宣传　　D. 朋友推荐

7. 您觉得微信营销在哪些方面吸引了您（可多选）：

A. 支付方式便捷　　B. 获取信息方便快捷

C. 与卖家沟通方便　　D. 优惠较多

E. 其他

8. 您平均每个月花费多少金额在微信购物上：

A. 没有通过微信购物过　　B. 100 元以下
C. 100～400 元　　D. 400～700 元
E. 700 元以上

9. 您在微信上通常购买什么类型的商品（可多选）：
A. 生活用品　　B. 饮食
C. 耐用消费品　　D. 其他

10. 以下哪些方面是影响您通过微信购买商品时所考虑的（可多选）：
A. 商品的品牌知名度　　B. 商品的销量
C. 商品的好评度　　D. 商品的优惠力度

11. 您与商家互动的频率：
A. 从不　　B. 很少　　C. 偶尔　　D. 经常

12. 您对于商家通过微信推送的商品信息做何反应：
A. 自动忽略　　B. 只是看看
C. 查看并分享　　D. 仔细查看积极购买
E. 取消关注

13. 您通过微信营销对商家有哪些了解（可多选）：
A. 品牌　　B. 促销活动
C. 产品质量　　D. 其他

14. 您对微信营销的信用程度：
A. 不太信任　　B. 一般
C. 比较信任　　D. 非常信任

15. 您认为微信营销有哪些不足（可多选）：
A. 实物与宣传信息不完全相符　　B. 售后服务不到位
C. 支付方式不安全　　D. 其他

16. 您对这种营销方式满意程度：
A. 不满意　　B. 一般
C. 比较满意　　D. 非常满意

17. 作为消费者，您觉得微信营销还有哪些方面需要改进：＿＿＿＿＿＿＿＿
＿＿＿＿＿＿＿＿＿＿＿＿＿＿＿＿＿＿＿＿＿＿＿＿＿＿＿＿＿＿

附录 5　2015 年北京市鲜食玉米消费需求调查问卷

您好！我们是营销调研组的学生，想了解一下您关于鲜食玉米的消费情况。此项调查仅为课程实践项目，对您所填的信息我们会严格保密。请对您认为合适的答案打“√”即可。期待您的帮助并诚表谢意！

说明：① 问卷主要针对有工作能力和收入的消费者开展调查（不包括无收入的学生）。

② 调查方法：以面访式且调查员亲自填写问卷为主，被访者选择亲朋等熟人；

调查员签名：姓名________班级学号________

第一部分　鲜食玉米消费基本情况

A1. 您家所有成员（________人），其中一半时间以上在家就餐的人数是________人。

A2. 按消费量计算，您家庭成员总体食用鲜食玉米较多的场所是：

A. 在家食用多　　B. 在外消费多

A3. 您家庭成员每月鲜食玉米食用量（包括在家和在外消费）平均总计大约是________根（中等大小），每月消费鲜食玉米的花费总计约________元。

A4. 您家庭成员在家烹饪鲜食玉米大约次数平均是________。在外消费鲜食玉米大约次数平均是________。

A. 每周 1 次　　B. 每周 2 次

C. 每周 3 次及以上　　D. 每月 1 次

E. 每月 2 次　　F. 每月 3 次及以上

G. 每 2 个月 1 次　　H. 每 3 个月 1 次

I. 每半年 1 次　　J. 每年 1 次

A5. 您最近购买鲜食玉米的价格是________（元/斤）。

A6. 您及家庭成员中最爱吃的鲜食玉米包括：

A. 本人　　B. 您配偶

C. 您子女　　D. 您父母（公婆/岳父母）

E. 您祖父母（爷爷/奶奶/姥姥/姥爷）　F. 您兄弟/姐妹

G. 您孙辈　　　　　　　　　　H. 其他________（请写出）

A7. 您及家庭成员消费鲜食玉米的主要习惯是：

A. 特意外出买原始鲜食玉米回家做

B. 多种选择时，优先到卖原始鲜食玉米的场所买回家做

C. 特意到有卖熟食鲜食玉米的场所（餐馆/路边等）消费；

D. 有多种选择时优先去卖熟食鲜食玉米的场所消费

E. 顺便路过卖原始鲜食玉米场所时，会买回家做；

F. 顺便路过有卖熟食鲜食玉米的场所时，会去消费鲜食玉米

G. 见到鲜食玉米就买回家或在外消费熟食，没有也无所谓

H. 有自家种的或村邻送的鲜食玉米，不用买

I. 其他________（请写出）

A8. 在有鲜食玉米和大米面食等其他主食共存的情况下，您主食中选择吃鲜食玉米在量上的比例是：

A. 100%选鲜食玉米（不吃其他主食）

B. 选鲜食玉米大于50%（其他主食不到50%）

C. 鲜食玉米和其他主食各吃50%

D. 选鲜食玉米小于50%（其他主食大于50%）

E. 100%选米面等其他主食（不吃鲜食玉米）

A9. 请根据您和家庭成员的消费偏好，对鲜食玉米烹调方法由多到少排序（填排序的字母）是：

A. 蒸/煮吃　　　　　　　　　　B. 烤吃

C. 菜中吃（松仁玉米、乱炖玉米等）　D. 鲜榨汁

E. 鲜玉米汁煮粥　　　　　　　F. 其他________（请写出）

A10. 您购买鲜食玉米回家做的时候，按购买渠道的次数，由多到少排序（填排序字母）是：

A. 超市　　　　　　　　　　B. 社区菜店/摊

C. 城区农贸市场　　　　　　D. 网络购买

E. 批发市场　　　　　　　　F. 农村市集

G. 田间采摘

H. 其他________（请写出）

A11. 您购买或消费鲜食玉米的前三个主要来源由多到少排序是：

A. 完全自家生产

B. 大部分自家生产，部分市场买

C. 大部分市场购买，偶尔是自产的

D. 完全市场购买

E. 大部分市场购买，少部分熟人赠送

F. 完全来自他人赠送

G. 其他________（请写出）

A12. 您觉得购买鲜食玉米的方便程度是：

A. 方便　B. 比较方便　C. 一般　D. 不太方便

E. 很不方便

A13. 您对经常消费的鲜食玉米，总体质量的满意度是：

A. 很满意　B. 比较满意　C. 一般　D. 不太满意

E. 很不满意

A14. 您对鲜食玉米营养方面相关报道的关注程度是：

A. 非常关注　B. 比较关注　C. 偶尔关注　D. 很少关注

E. 从不关注

A15. 您对鲜食玉米食疗或有益健康的总体感觉是：

A. 非常好　B. 比较好　C. 一般　D. 不好

E. 非常不好

A16. 您消费鲜食玉米随季节的变化程度是：

A. 完全随季节变（如夏秋季收获时消费多）

B. 多数时间随季节变

C. 少数时间随季节变

D. 与季节无关，想吃就设法买回或外出消费

E. 根本不消费鲜食玉米

购买或消费鲜食玉米时，请您对下列属性的重视程度排序，在方框里划√：

排序指标	重视程度				
	1=非常重要	2=重要	3=不确定	4=不重要	5=极不重要
A17. 购买方便（离家近或顺路等）					
A18. 价格					
A19. 外观好（薯形纺锤，表面光滑）					
A20. 口感好（熟食味道纯正，纤维少）					
A21. 有厂商和品牌的鲜食玉米					
A22. 包装					
A23. 可以当做送礼馈赠					
A24. 显示生活和消费的健康导向					
A25. 打折或附带赠品的销售					
A26. 减肥 / 防病等保健功能					
A27. 信仰、环保或素食需要					

A28. 食品安全方面的负面宣传对您在外就餐次数的影响程度是：

A. 影响非常大　　B. 影响较大

C. 有时有影响，有时没有影响　　D. 有影响，但影响不大

E. 根本没影响

A29. 您在外就餐时，消费鲜食玉米的主要地点按照消费次数由多到少排序是：

A. 高档饭店的自助餐或菜品　　B. 单位食堂

C. 一般餐馆（菜品、鲜榨汁等）　　D. 街边摊点（煮或烤）

E. 其他________（请写出）

A30. 陪同您在外就餐的人，按陪同次数由多到少排序是：

A. 自己　　B. 家人

C. 本单位同事　　D. 非工作关系的亲朋好友

E. 有工作关系的外单位熟人　　F. 其他________（请写出）

A31. 您在外就餐时，按陪同您的人数由多到少排序是：

一般在外消费鲜食玉米的金额大约每人________元。

A. 独自 1 人　　B. 2～5 人

C. 6～10 人　　D. 10～20 人

E. 20 人以上

A32. 您在外就餐的目的由主要到次要的排序是：

A. 省时间　　B. 解决温饱

C. 好友相聚　　D. 家庭亲朋聚餐

E. 感情约会　　F. 工作交际需要

A33. 您家庭成员近两个月在外消费鲜食玉米的次数是（请在相应位置填上次数）：

		本月总次数							上月总次数					
家庭成员合计在外消费次数	一日三餐	中高档饭店自助餐或桌餐	单位食堂	一般餐馆（菜品、鲜榨汁等）	街边摊点：烧烤	其他	总计	一日三餐	中高档饭店自助餐或桌餐	单位食堂	一般餐馆（菜品、鲜榨汁等）	街边摊点：烧烤	其他	总计
	早餐							早餐						
	中餐							中餐						
	晚餐							晚餐						

第二部分　被调查者（以实际从业有收入者为主）基本信息

B1. 性别：

A. 男　　B. 女

B2. 婚姻状况：

A. 未婚　　B. 已婚

B3. 年龄段：

A. ≤18 岁　　B. 19～24 岁

C. 25～34 岁　　D. 35～55 岁

E. ≥56 岁

B4. 文化程度：

A. 不识字　　B. 初中及以下

C. 高中/中专/职高/技校　　D. 大专

E. 本科　　F. 研究生（硕士、博士）

B5. 若您为农业劳动者，所在的行业是：

A. 植业（是否种鲜食玉米）　　B. 养殖业

C. 其他

B6. 若您不是农业劳动者，所在的行业是：

A. 公务员及事业单位人员　　B. 企业单位人员

C. 离退休人员　　D. 个体经商者

E. 城市自由职业者　　F. 待业

G. 其他________（请写出）

B7. 您家庭成员总计“每年总收入”的范围平均是（所有收入都包括在内）：

A. 5 000～1 万元　　B. 1 万～3 万元

C. 3 万～5 万元　　D. 5 万～8 万元

E. 8 万～10 万元　　F. 10 万～20 万元

G. 22 万～50 万元　　H. 50 万～100 万元

I. 100 万元以上

B8. 被调查者常住区域：北京市________区；调查日期：2015 年________月________日；调查地点：北京区

附录 6　北京地区消费者对转基因大豆油的态度研究调查问卷

您好，转基因技术是一项生物学技术，农业领域运用该技术生产出一部分转基因食品，如食用的大豆油，其原材料有一部分就来自转基因大豆。对于转基因大豆油，有人认为对人体健康会构成威胁，也有人认为对人体健康没有影响。现在，恳请您给我们几分钟时间，完成本次调查问卷，衷心感谢您的配合与支持！

1. 如果您购买食用油，您主要考虑哪些因素（可多选）：

A. 质量安全　B. 保健功能　C. 成分　D. 品牌

E. 价格　F. 销售场所　G. 广告宣传　H. 口碑

I. 折扣

2. 您对转基因大豆油了解多少：

A. 完全不了解　B. 不太了解

C. 了解一点　D. 完全了解

3. 您认为转基因大豆油对身体健康有无影响：

A. 有很大影响　B. 有一定影响

C. 不清楚　D. 没有任何影响

4. 您是否购买过转基因大豆油：

A. 是　B. 否

5. 如果您未购买过转基因大豆油，那您购买的是（可多选）：

A. 非转基因大豆油　B. 花生油

C. 葵花籽油　D. 玉米油

E. 橄榄油　F. 其他

6. 如果您未购买过转基因大豆油，原因是：

A. 担心转基因大豆油对身体健康有影响

B. 不喜欢转基因食品，与健康与否无关

C. 其他

7. 如果您购买过转基因大豆油，转基因大豆油在您家庭中的消费量占食用油总消费量的：

A. 20%以下　B. 20%～39%

C. 40%～59%　D. 60%～79%

E. 80%～100%

8. 如果您购买转基因大豆油，您更多考虑的是（可多选）：
   A. 价格低　　B. 质量好　　C. 促销多
   D. 买不到非转基因大豆油　　E. 其他
9. 您一般在哪购买转基因大豆油（可多选）：
   A. 超市　　B. 网店　　C. 专卖店
   D. 农贸市场　　E. 其他
10. 您经常购买的大豆油品牌（可多选）：
   A. 金龙鱼　　B. 福临门　　C. 鲁花　　D. 多力
   E. 胡姬花　　F. 嘉里粮油　　G. 海狮　　H. 香满园
   I. 其他
11. 您多久更换一次食用油品牌：
   A. 半年　　B. 一年　　C. 二年　　D. 三年
   E. 基本不更换　　F. 其他
12. 您对转基因大豆油的未来市场发展持何种态度：
   A. 转基因大豆油会彻底取代普通豆油
   B. 转基因大豆油会很大的市场份额
   C. 转基因大豆油始终存在健康问题，不会有长远发展
   D. 转基因大豆油会逐渐退出消费者市场
13. 您觉得转基因大豆油在何种方面需要改进（或提出您的建议）：
   A. 质量安全保证　　B. 价格更贴近大众
   C. 宣传促销加强　　D. 增加销售点
   E. 其他
14. 您的性别：
   A. 男　　B. 女
15. 您的年龄：
   A. 25 岁以下　　B. 25～34 岁
   C. 35～44 岁　　D. 45～54 岁
   E. 55 岁及以上
16. 您的学历：
   A. 中专/高中以下　　B. 中专/高中
   C. 专科　　D. 本科　　E. 硕士　　F. 博士
17. 您的职业：
   A. 务农　　B. 个体经营
   C. 公务员　　D. 事业单位人员
   E. 企业员工　　F. 学生　　G. 其他

18. 您的家庭常住人口数（共同吃饭、共同消费等）：

A. 1 人　　B. 2 人　　C. 3 人　　D. 4 人

E. 5 人　　F. 6 人　　G. 7 人及以上

19. 您的家庭月收入：

A. 5 000 元以下　　B. 5 000～7 499 元

C. 7 500～9 999 元　　D. 10 000～14 999 元

E. 15 000～17 499 元　　F. 17 500～19 999 元

G. 20 000 元及以上

再次感谢您的支持与配合，祝您生活愉快，谢谢。